P. Innerhofer

Das Münchner Trainingsmodell

Beobachtung Interaktionsanalyse
Verhaltensänderung

Mit 5 Abbildungen

Springer-Verlag
Berlin Heidelberg New York 1977

Dr. Paul Innerhofer, Max-Planck-Institut für Psychiatrie-Sozialpsychologie, Kraepelinstraße 10, D-8000 München 40

ISBN 3-540-08373-1 Springer-Verlag Berlin-Heidelberg-New York
ISBN 0-387-08373-1 Springer-Verlag New York-Heidelberg-Berlin

Library of Congress Catalog Ca Number: Innerhofer, Paul, 1936-Das Münchner Trainingsmodell. Bibliography: p. Includes index. 1. Psychotherapy. 2. Child psychotherapy. I. Title.
RC480.I54 618.9′28′914 77-10161

Printed in Germany.

Satz, Druck und Buchbinderarbeiten: Konrad Triltsch, Graphischer Betrieb, 8700 Würzburg.

2126/3140-543210

Vorwort

Dieses Buch ist für Psychologen, Psychiater, Kindertherapeuten, Heilpädagogen, Sozialarbeiter, Lehrer und all diejenigen geschrieben, die Aufgaben der erzieherischen Ausbildung übernommen haben.

Ich habe mich bemüht, die Trainingsmethode samt der Vorbereitungsarbeit so darzustellen, daß sie aus dem Buch erlernbar ist. Das ist sie natürlich nur für den, der ausreichend Erfahrung in diesem Bereich mitbringt. So einfach die Methode im Ansatz auch ist, zu ihrer Handhabung gehört ein differenziertes Verhaltensmuster, das nur im Üben unter Supervision oder unter anderen Formen der Rückmeldung erworben werden kann.

Man wird in dem Buch ein ambivalentes Verhältnis zur Theorie finden. Einerseits erscheint es mir notwendig, Erfahrungen vor dem Hintergrund einer Theorie zu reflektieren und ein System zu bilden, in dem versucht wird, die verschiedenen Handlungsschritte in einen logischen Zusammenhang zu bringen. Andererseits begegne ich häufig dem Fehler, daß dort theoretisiert wird, wo man handeln sollte, oder daß theoretische Vorstellungen zu Scheuklappen werden, die das Wahrnehmen alternativer Lösungen verhindern. Wo theoretische Überlegungen nicht auf Erfahrungen aufbauen, wo die Reihenfolge „zuerst beobachten, dann theoretisch reflektieren" nicht eingehalten wird, könnte ich nicht mehr mitmachen. So habe ich das, was getan werden soll, in den Vordergrund gestellt und die theoretischen Reflexionen kurz gehalten. Diese sollen den Gegenstand einer weiteren Arbeit bilden.

Eine Arbeit, die aus der praktischen Erfahrung erwächst, lebt von der Erfahrung vieler. Es ist daher nicht möglich, all die aufzuzählen, denen ich Dank schulde. Ich möchte darum nur Peter Gottwald, Elfi Seus Seberich und Andreas Warnke namentlich nennen, weil sie nicht nur in besonderer Weise an der Entstehung dieser Arbeit durch Kritik, durch Anregungen und durch Ermunterung Anteil genommen haben, sondern auch durch eigene Arbeiten den Ansatz weiterführten. Herrn Brengelmann möchte ich danken für die Beratung bei der Abfassung des Manuskriptes.

München, Juli 1977 — Paul Innerhofer

Inhaltsverzeichnis

Anhang I–XI

Einleitung

Das Münchner Trainingsmodell (MTM) ist eine Methode, Eltern und Erziehern im Spielen, Beobachten und Analysieren von Erziehungsproblemen erzieherische Erfahrung und Fertigkeiten zu vermitteln. Es wurden zu diesem Zweck eine Reihe von Übungen entwickelt, die aufeinander aufbauen, und durch die es gelingen soll, in wenigen Stunden ein Problem zu bewältigen und damit im Handeln eine Erziehungskonzeption, die auf gesicherten empirischen Ergebnissen beruht, zu erwerben.

Das MTM basiert auf den *Modellen* der Verhaltenstherapie, in die es aber *Therapiemedien* aus anderen therapeutisch-pädagogischen Modellen einbringt. Es ist hier dargestellt für Psychologen in einer Erziehungsberatungsstelle, für Sozialarbeiter, für Heilpädagogen, kurz für all diejenigen, die sich therapeutisch oder prophylaktisch vor allem mit Kindern beschäftigen.

Es wird im Laufe der Darstellung auffallen, daß die Mütter häufig, die Väter selten zu Wort kommen. Das entspricht dem Verhältnis von Müttern zu Vätern, die an einem Training teilgenommen haben. Väter sind schwer für ein Training zu gewinnen. — Aber wir müssen auch zugeben, daß wir uns bis jetzt um die Väter kaum bemüht haben, teilweise haben wir sie aus forschungsstrategischen Gründen sogar ausgeschlossen. Es müßte auf jeden Fall versucht werden, diese Einseitigkeit aufzuheben.

Diese Arbeit profitierte von der Forschung der letzten zehn Jahre zum Thema „Elterntraining" und sie ist möglich geworden durch das große Interesse, das Eltern heute der Erziehung ihrer Kinder bekunden und durch eine neu erwachte Bereitschaft der Kindertherapeuten, mit den Eltern zusammenzuarbeiten.

Man könnte die Entwicklung in den letzten 10–15 Jahren im Bereich der Kindertherapie überschreiben:

„Die Kindertherapeuten entdecken die Eltern!"

Es hat lange gedauert, bis man sich zur Einsicht durchringen konnte, daß die Eltern nicht nur diejenigen sind, die das Kind am stärksten schädigen, sondern daß sie auch weit stärker als außenstehende Personen das Kind unterstützen und fördern können. Und wie immer die Verhältnisse sein mögen, die Eltern nehmen eine Schlüsselstellung in der Erziehung der Kinder ein, die man durch Kindergarten, Schule usw. wohl teilweise umgehen, aber nie ersetzen kann. Die Hinwendung zu den Eltern in der Kindertherapie ist daher folgerichtig ein Trend, dem man sich hoffentlich auch in der Schulpädagogik und in der Frühförderung der Kinder bald anschließen wird.

Der Versuch, über die Eltern auf die Erziehung Einfluß zu nehmen ist natürlich nicht neu. „Erziehungsberatung" und „social casework" verstehen sich unmittelbar als Hilfe für die Eltern. Aber diese Hilfe war als *Beratung* bei einem bestimmten Problem konzipiert. Um das wesentlich anspruchsvollere Ziel der Ausbildung (Vermittlung von Fertigkeiten) der Eltern als Erzieher und Therapeuten ihrer Kin-

der zu erreichen, fehlte ein entsprechendes Konzept. Das psychoanalytische Modell war zu kompliziert und zu anspruchsvoll, um eine praktisch durchführbare Ausbildung für Eltern zu realisieren. Die pädagogischen Modelle auf der anderen Seite sind verknüpft mit der Vorstellung, daß eine Ausbildung über Jahre gehen müsse, und daß der zukünftige ausgebildete Erzieher unbedingt allerlei psychologische und pädagogische Theorien kennen müssen — eine Vorstellung, die trotz einer Reihe enthüllender Experimente bis heute von Pädagogen und Schulbehörden nicht revidiert wurde, einzelne Außenseiter ausgenommen.
So berichten STONES und MORRIS (1972) von zwei Experimenten (POPHAM und BARKER, 1968; PAPHAM, 1969) in dem 44 Lehrer und 44 Nichtlehrer 1900 Schüler unterrichteten. Dabei erwiesen sich die Lehrer nicht als effektivere Erzieher als die unausgebildeten Hausfrauen. GRELL (1974) kommentiert dieses Ergebnis: „Alles Faktenwissen über Lerntheorien, Unterrichtsplanung, Entwicklungs- und Differentielle Psychologie, Curriculumsforschung, Lehrverhalten usw. scheint sich jedoch kaum dahingehend auszuwirken, daß Lehrer in ihrem konkreten Lehrverhalten effektiver werden als Nicht-Lehrer." (S. 22)
Die entscheidende Wende bringt die Verhaltenstherapie. Zunächst wird nur versucht, die Therapie, die stationär durchgeführt wurde, durch Anlernen der Eltern zu Hause fortzuführen (RISLEY und WOLF, 1964; WOLF et al., 1964). Aber noch im gleichen Jahr berichtet RUSSO in zwei Falldarstellungen von der Behandlung eines sechsjährigen Mädchens mit den Symptomen Streitsucht, Zerstörungswut, Wutanfälle, oppositionelles Verhalten und Enuresis, sowie eines achtjährigen Jungen, bei dem Hyperaktivität und Aggressivität, Leistungsschwäche, Ängste und ein Gesichtstic beklagt werden, die erfolgreich über ein Elterntraining behandelt werden (RUSSO, 1964). Dieser neue Ansatz in der Kindertherapie setzte sich rasch durch und die Erfolge, von denen in einer Reihe von Untersuchungen berichtet wird, sind beachtlich.

Weiterführende Literatur zum Thema Elterntraining

INNERHOFER und MÜLLER (1974) haben in einem Literaturbericht zum Elterntraining die wichtigsten Untersuchungen tabellarisch zusammengestellt. Es handelt sich ausschließlich um englischsprachige Literatur, die damit einem breiteren Kreis von Interessierten zugängig gemacht werden sollte.

(INNERHOFER, P. und MÜLLER, G. F., Elternarbeit im Rahmen der Verhaltenstherapie. Eine Literaturübersicht. In: Elternarbeit in der Verhaltenstherapie, Hrsg. P. GOTTWALD u. A. EGETMEYER, 1974)

Überblicksreferate in englischer Sprache: PATTERSON, G. R., Behavioral intervention procedures in the classroom and in the home. In: BERGIN, A. E. und GARFIELD, S. L. (Eds): Handbook of psychotherapy and behavior change, New York, 1971. — BERKOWITZ, B. P. und GRAZIANO, A. M., Training parents as behavior therapists: A review. Beh. Res. and Therapy, 1972, 10, 297—317. — JOHNSON, C. A. und KATZ, R. C., Using parents as change agents for their children: A review. J. Child. Psych. Psychiat., 1973, 14, 181—200. —
O'DELL, S., Training parents in behavior modification: A review. Psych. Bull., 1974, 7, 418—433.

Aufgrund welcher Variablen das verhaltenstherapeutische Elterntraining so effektiv ist, können wir noch nicht sagen, aber wir können die unterscheidenden Merkmale zu anderen Methoden hervorheben.
O'DELL (1974) führt als besondere Vorteile des verhaltenstherapeutisch orientierten Elterntrainings auf: die Möglichkeit, auch unerfahrene Personen auszubilden; empirienahe Theorie; gleichzeitige Ausbildung mehrerer Personen; Kürze der Ausbildungszeit; ökonomischer Einsatz von Spezialisten; günstige Einstellung der Eltern gegenüber dem verhaltenstherapeutischen Modell, Effektivität.

Ergänzend dazu wären noch folgende Punkte zu nennen:

Einfachheit des Modells. Von allen therapeutisch-pädagogischen Modellen ist das verhaltenstherapeutische Modell nach Anzahl von Begriffen und theoretischen Aussagen das einfachste. Es wird nicht selten eben wegen dieser Einfachheit als simpel und primitiv abqualifiziert.

Sparsame Verwendung von theoretischen Aussagen. Wegen der Einfachheit des Modells und der Empirienähe seiner Begriffe ist es bei der Vermittlung möglich, sparsam mit theoretischen Aussagen umzugehen und die Prinzipien durch systematische Beobachtung in standardisierten Situationen zu vermitteln. Wir konnten beobachten, daß Studenten die Lernprinzipien durch die systematische Beobachtung ausgewählten Filmmaterials viel rascher begriffen, als durch Referieren der klassischen Experimente. Während sie nach mehrstündigen Beobachtungen durchaus in der Lage waren, neues Filmmaterial und Interviews zu analysieren, waren im letzteren Falle die meisten überfordert. Das allgemeine Vorurteil, wonach zwischen Theorie und Praxis eine Kluft bestünde, ist nur solange zu halten, als einer schlechten Theorie eine schlechte Praxis gegenübersteht.

Einschränkung der Intervention auf einzelne Verhaltensweisen. Im Training sollen nur Verhaltensweisen des Erziehers geändert werden, die unmittelbar mit dem beklagten Verhalten des Kindes in Zusammenhang stehen. Auf eine grundlegende Veränderung familiärer Strukturen, wie es in der Familientherapie angestrebt wird, wird verzichtet. Außerdem werden nur zwei bis drei Probleme in einem Training angegangen.

Einübung von Verhaltensweisen. Der Kern des Trainings ist die Einübung der erwünschten Verhaltensmuster mit dem Erzieher. Die Einübung nimmt nicht nur zeitlich den breitesten Raum ein, sondern auch inhaltlich. Der Verhaltenstherapeut handelt nach der Devise: *durch Handeln zur Einsicht gelangen, durch Verhaltensänderung Einstellungen* verändern.
Zusammenfassend kann man sagen: Das verhaltenstherapeutische Elterntraining ist charakterisiert durch ein einfaches Konzept und den Einsatz einer ganzen Reihe von Übungen.

Die Klippe „Kooperationsbereitschaft“
Man spricht heute fast ausschließlich von den neuen Möglichkeiten, die das Elterntraining im Bereich der Kindertherapie und Erziehung bietet, über Schwierigkeiten, die damit verbungen sind, wurde vergleichsweise wenig gesprochen. Die Falluntersuchungen scheiden dafür ohnehin aus, da eine mißlungene Einzelfallstudie nicht publiziert wird. Die wenigen Experimente, die durchgeführt wurden, zeigen eine große Drop-out-Quote. MIRA (1970) berichtet, daß von 113 Eltern und Lehrern, die von einem Kinderarzt oder einer Klinik an ein Trainingsteam überwiesen wurden, 15% gar nicht erschienen. Von 82, die zum Training zugelassen wurden, schlossen 39% die Therapie nicht ab (Kriterium des erfolgreichen Abschlusses war die Modifikation mindestens zweier Verhaltensweisen beim Kind).
BRANDT (1967, zit. nach SCHULZE, 1974) berichtet von Erfahrungen aus zwölf Berliner EB-Stellen, nach denen 50% aller Familien, die eine Therapie begonnen haben, vorzeitig abbrechen.

SALZINGER et al. (1970) schrieben 500 Eltern hirngeschädigter Kinder an und forderten sie zur Teilnahme an einem Elterntraining auf. Nur 47 Familien antworteten. Davon waren aber nur 22 an einem Training interessiert.
Ein ähnliches Projekt führten CHEEK und seine Mitarbeiter durch (CHEEK et al., 1971). Sie schrieben 240 Eltern mit einem Kind, das als schizophren diagnostiziert wurde, an. 26 Eltern antworteten und 18 davon erschienen zu einem ersten Treffen.
Wir haben die Schwierigkeiten der mangelnden Kooperationsbereitschaft selbst in einer ersten Arbeit zu spüren bekommen (SCHULZE et al., 1974). 19 Eltern, deren Kinder eine Sonderschule für Erziehungsschwierige besuchten, wurden aufgefordert, an einem Elterntraining teilzunehmen. 10 Eltern zeigten Interesse, aber nur mit 2 Eltern konnte ein vollständiges Training durchgeführt werden. Diese Zahlen wirken ernüchternd und sie scheinen den Skeptikern recht zu geben, die die Überzeugung äußern, daß ein großer Teil der Eltern nicht für eine Kooperation mit dem Therapeuten zu gewinnen ist. Die Ausfallquote umfaßte immerhin ein bis zwei Drittel der zu einem Training eingeladenen Eltern.
Wir haben jedoch in den letzten Untersuchungen andere Ergebnisse erzielt. Bei 63 Eltern, die sich bereit erklärten, an einem Elterntraining nach dem MTM teilzunehmen, brach kein Elternteil das Training vorzeitig ab, im Gegenteil, die Eltern bestürmten uns, das Training zu wiederholen, oder zumindest in regelmäßigen Abständen Elternabende abzuhalten, an denen die aufgetretenen Probleme in ähnlicher Weise wie im Training behandelt werden könnten.
Schwieriger ist es, die Eltern erst einmal zur Teilnahme zu bewegen. Aber auch dabei sind unsere Ergebnisse ermutigend. Bei einer Untersuchung wurden 12 Eltern angesprochen, die ihr Kind in einer Erziehungsberatungsstelle vorstellten. Alle Eltern nahmen am Training teil. Bei einer weiteren Untersuchung wurden alle Eltern einer Klasse von lernbehinderten Kindern zu einem Training eingeladen. Von jeder Familie nahm ein Elternteil am Training teil (N=16). Auch bei zwei weiteren Untersuchungen (N=8; 18) bekamen wir keine abschlägige Antwort. Nur in einer Untersuchung mit Eltern aus einer Obdachlosensiedlung, bzw. aus angrenzenden Sozialwohnungen weigerten sich 6 von 23 Eltern (=26%), an einem Training teilzunehmen. Auf diesen Zahlen beruht unser Optimismus.

Kooperation ist keine umweltstarre Persönlichkeitsvariable

Nach den ersten negativen Erfahrungen (SCHULZE et al., 1974) gingen wir daran, die Bedingungen von Kooperation zu erforschen (INNERHOFER und WARNKE, 1974). Wir untersuchten 342 Eltern geistig behinderter Kinder und kamen dabei zu dem überraschenden Ergebnis, daß die sozio-ökonomischen Bedingungen, unter denen eine Familie lebt, eine wichtige Rolle bei der Kooperation spielen. Zwischen Persönlichkeit und Kooperation konnten wir keinen Zusammenhang nachweisen. Geringe Korrelationen ergaben sich zwischen Kooperation und einigen Beziehungsvariablen (Beziehung der Eltern zur Nachbarschaft, zum Kind, usw.). Die stärksten Korrelationen ergaben sich jedoch zwischen Kooperation und einigen sozio-ökonomischen Variablen, wobei die Interkorrelationen zwischen den Variablen auch Hinweise dafür geben, daß die statistischen Zusammenhänge zumindest teilweise kausal interpretiert werden können. Da diese Ergebnisse auf die Konstruktion des MTM entscheidenden Einfluß hatten, sollen sie noch etwas genauer dargestellt werden.
Wir gingen von der Hypothese aus, daß die Bereitschaft der Eltern behinderter

Kinder mit dem Therapeuten, bzw. mit dem Sonderschullehrer zusammenzuarbeiten, nicht von situationsabhängigen Persönlichkeitseigenschaften abhängt, sondern von den sozio-ökonomischen Bedingungen, bzw. vom Verhalten der Nachbarn und anderer Bezugspersonen, sowie vom Verhalten des behinderten Kindes. Diese Hypothese ergibt sich, wenn die Verhaltenstheorie auf den Problemfall „Kooperation" angewandt wird. Nach der Verhaltenstheorie ist die Aufrechterhaltung eines Verhaltensmusters auch oder vornehmlich von aktuellen Umweltbedingungen abhängig (BANDURA, 1969).
In einer Feldstudie (N=342) versuchten wir Informationen zusammenzutragen, die zur Annahme oder Verwerfung der Hypothese führen sollte. Die abhängige Variable, Kooperation, wurde durch Einschätzen der Sonderschullehrer erhoben. Die Lehrer beurteilten mit Hilfe zweier Skalen (einer empirischen und einer rationalen Skala) die Mitarbeit der Eltern während des laufenden Schuljahres.
Ein weiteres Maß der abhängigen Variable sahen wir in der Bereitschaft der Mütter, die vorgelegten Fragebögen auszufüllen.
Die unabhängigen Variablen wurden mit Hilfe eines Persönlichkeitsfragebogens (EN), eines Fragebogens zur Erfassung von Beziehungen (MF) und eines sozio-ökonomischen Fragebogens (SF) erfaßt.
Zwischen *Kooperation und den Werten aus dem Persönlichkeitsfragebogen* ließ sich kein statistischer Zusammenhang nachweisen. Zwischen einzelnen Items des Fragebogens zur Erfassung von *Beziehungen* konnten signifikante Zusammenhänge nachgewiesen werden, wobei sich vor allem solche Items als valide zeigten, in denen Zu- oder Abwendung der Nachbarschaft aufgrund der Behinderung des Kindes zum Ausdruck kamen, wie z. B. in folgendem Item: „Die Nachbarschaft behandelt mich weniger freundlich wegen meines Kindes." Dieses Item zeigte sich trennscharf (kooperativ — unkooperativ) auf dem .001 Niveau.

Kooperation und Lebensumstände
Am auffallendsten waren jedoch die Zusammenhänge zwischen Kooperation und sozio-ökonomischen Bedingungen, unter denen die Mütter lebten. Wir wollen als Beispiel das Item 12 „Wohnverhältnisse" herausgreifen (Abb. 1, Tabelle 1).
Die Abhängigkeit der Kooperation von Wohnverhältnissen geht aus Abb. 1 und Tabelle 1 hervor.

Tabelle 1. Wohnverhältnisse und Kooperation

Wohnverhältnisse	Größe der Gruppe	Häufigkeit unkooperativer Mütter		Kontingenzkoeffizient	
		Koop I	Koop II	Koop I	Koop II
Gesamtgruppe	187	88	63		
1 Großzügig oder gut	108	37	23	T .20	T .15
2 ausreichend	56	31	22	↓ .35 .24	↓ .37 .31
3 sehr beengt	23	20	18	↓ ↓	↓ ↓

Gruppengrößen und Korrelation zwischen Kooperativität und Wohnverhältnissen der Mutter. (Nach P. INNERHOFER, A. WARNKE, Kooperation und Elterntraining. Eine Motivationsanalyse der Mitarbeit von Eltern geistig behinderter Kinder bei der Therapie ihrer eigenen Kinder. Unveröffentlichtes Manuskript, 1974)

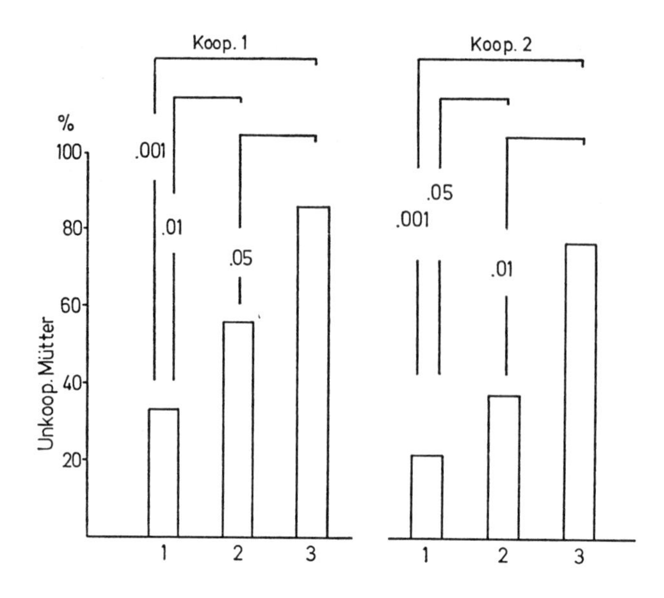

Abb. 1. Wohnverhältnisse und Kooperation. Prozentanteil unkooperativer Mütter bei guten (1), ausreichenden (2) und sehr beengten Wohnverhältnissen (3). Die Zahlen in der Tabelle geben das Signifikanzniveau an

Sicherlich kann man diese statistischen Zusammenhänge nicht einfach als kausale Zusammenhänge interpretieren. „Schlechte Wohnverhältnisse" korrelieren statistisch mit einer ganzen Reihe anderer Variablen, die allesamt negativ mit Kooperation korrelieren. Wo die Wohnverhältnisse beengt sind, haben wir es überdurchschnittlich häufig mit schulisch weniger gebildeten Müttern zu tun ($p < 0{,}02$), die Eltern haben oft keine systematische Berufsbildung ($p < 0{,}05$ bzw. $p < 0{,}001$), der Mann übt einen Beruf ohne Entscheidungsbefugnis aus ($p < 0{,}01$). Dementsprechend ist die wirtschaftliche Situation der Familie ungünstig ($p < 0{,}001$). In dieser Situation stehen insbesondere Mütter mit vier oder mehr Kindern ($p < 0{,}001$), deren Gesundheitszustand unterdurchschnittlich ist ($p < 0{,}001$) und die Beziehungen der Familienmitglieder untereinander sind häufig gestört ($p < 0{,}001$).
Aus einer Analyse der statistischen Zusammenhänge zwischen Kooperation und sozio-ökonomischen Variablen und der Interkorrelation zwischen sozio-ökonomischen Variablen kommen INNERHOFER und WARNKE (1974) zu folgendem Schluß:

> „Kooperativität der Mütter erscheint statistisch unabhängig von Alter und Gesundheit der Mutter.
> Die unkooperative Mutter hat hingegen relativ häufig Sonder- oder Volksschulbildung.
> Sie besitzt keine abgeschlossene Berufsausbildung, ist jedoch zumeist halbtags berufstätig in Berufen, wo sie keinerlei Entscheidungsbefugnis hat.
> Ist die unkooperative Mutter verheiratet, so hat auch ihr Mann zumeist keine abgeschlossene Berufsausbildung; er ist als Hilfsarbeiter tätig oder als einfacher Angestellter oder Beamter, wobei er keine Entscheidungsbefugnisse besitzt.
> Ist die Mutter alleinstehend, so ist sie relativ wahrscheinlich unkooperativ, insbesondere dann, wenn die Ehe geschieden ist, und die Familienverhältnisse gestört sind. Die unkooperative Mutter lebt signifikant häufiger als die kooperative in ökonomisch schwachen Verhältnissen, sie lebt als Haupt- oder Untermieter in sehr beengter Wohnung."

Diese Ergebnisse lassen Kooperativität der Mütter behinderter Kinder in einem neuen Lichte erscheinen. Von Psychoanalytikern wurde häufig behauptet, für mangelnde Kooperation seien innere psychische Zustände verantwortlich (EPSTEIN, 1968; SOLOMON, 1969). Aber schon EGG (1965) berichtet von der Beobachtung, daß Eltern häufig unkooperativ waren, wenn die häusliche Atmosphäre gespannt war und es viel Ehestreit gab.

Eine empirische Studie zur Kooperationsbereitschaft von Eltern behinderter Kinder gibt es von SALZINGER et al. (1970). Hier zeigten sich Art der Störung des Kindes, Alter und Geschlecht, sowie Anzahl der Geschwister als Indikatoren für Kooperativität.

Über die Art und Weise, wie Kooperationsbereitschaft mit dieser Variablen zusammenhängt, wissen wir noch wenig. Um den Mangel an Kooperation in den Griff zu bekommen, müßten wir die Interaktionsweise kennen. Wenig überzeugend erscheinen uns die Versuche Kooperativität mit primären und sekundären Verstärkern aufzubauen (WALDER et al., 1967; PATTERSON et al., 1969; JOHNSON und BROWN, 1969; PEINE und MUNRO, 1970). Diese Autoren sind mehr auf gut Glück ohne eingehende Analyse vorgegangen. Sie hatten eine Ausfallsquote von über 30% zu verzeichnen, obwohl sie die Eltern ausgesucht hatten.

Unsere Versuche, den Mangel an Kooperation zu bewältigen, lassen sich in folgenden Punkten zusammenfassen:

- Ersatz sprachlicher Instruktionen durch *Rollenspiel,* um Sprachprobleme mit Eltern aus der Unterschicht zu vermeiden;
- Durchführung des Trainings als *Kompakttraining,* um Zeitprobleme zu überwinden (lange Anfahrtswege; Versorgung der Geschwister, wenn die Mutter zur Therapiestunde geht);
- Durchführung des Trainings in einer *Gruppe,* in der sie sich angenommen fühlen;
- Behandlung von nur *ein bis zwei Problemen,* um die Eltern nicht zu überfordern;
- *Übertragung der Verantwortung* für das Gelingen des Trainings an die Eltern, um das Selbstvertrauen und die Initiative zu stärken (alle Arbeiten, die die Eltern tun können, werden ihnen vom Trainer nicht abgenommen; der Trainer tritt ihnen nicht als Experte gegenüber, sondern als Gleichgestellter u. a.);
- Ersatz theoretischer Erläuterungen durch anschauliche *Demonstrationsexperimente,* um die Eltern intellektuell nicht zu überfordern;
- Ausschalten aller *strafenden Momente* während des Trainings, und Aufbau von *belohnenden Momenten,* um das Training, die Änderung des Verhaltens, sowie letztlich die Behinderung des Kindes soweit wie möglich, nicht als Quelle neuer Strafe, sondern eher als Quelle von Belohnung erleben zu lassen.

Die Hypothese, daß das Problem der Ausfallquote zu bewältigen ist, sobald wir wissen, von welchen Variablen es abhängig ist, wurde durch die nachfolgenden Arbeiten bestätigt, in denen die Ausfallquote auf Null gesenkt werden konnte.

Kooperativität von der Seite der Eltern gesehen

Kooperativität wird meistens einseitig gesehen als Kooperationsbereitschaft der Eltern. Die Erfahrungen der Verhaltenstherapeuten mit den Lehrern sind jedoch nicht positiver, sondern eher noch negativer. Während z. B. die Eltern kaum jemals Schwierigkeiten machen, wenn wir in der Familie beobachten wollen, bringen viele Lehrer Einwände, um die Beobachtung im Klassenzimmer zu verhindern, und während Eltern fast immer bereit sind, eine empfohlene Maßnahme, die ihnen nicht einleuchtet, wenigstens einmal auszuprobieren, ist eine solche Bereitschaft unter Lehrern eher eine Ausnahme. Aus diesen Erfahrungen mit Lehrern können wir begründet vermuten, daß die Kooperationsbereitschaft auch auf der Seite des Fachpersonals ein Problem darstellt, also auch auf seiten der Trainer. Unsystematische Beobachtungen in unserem Team bekräftigen diese Vermutung. Je weiter sich eine Therapie in die Länge zieht, je weiter die einzelnen Stunden auseinanderliegen, desto schlechter ist die Vorbereitung auf die einzelne Stunde, desto häufiger werden Äußerungen des Ermüdens gemacht.

Kooperation ist auch ein Problem des Fachpersonals, und das sollte uns nicht verwundern. Warum sollten bei hauptberuflichen Erziehern andere psychologische Gesetze gelten als bei den Eltern? Wird eine Therapie für den Therapeuten zur Strafe, und steht der Therapeut unter ungünstigen situativen Bedingungen, so wird er ein Vermeidungsverhalten ausbilden. Bei der Konzeption des MTM haben wir auch die Probleme der Trainer zu berücksichtigen versucht.

Aufbau der Darstellung des MTM

Viele Leser werden in dieser Arbeit die theoretischen Überlegungen und Analysen vermissen und dieses Fehlen als Mangel empfinden. Diese Erwartung resultiert aus folgender Interpretation wissenschaftlichen Arbeitens: Man schafft sich im ersten Schritt ein Fundament, d. h. man konstruiert eine Theorie, und erst im zweiten Schritt werden Maßnahmen konzipiert, die begründet werden, indem man sie aus der Theorie ableitet.

Wir glauben, daß dieses aus der formalen Logik entliehene Ordnungsprinzip, das keinesfalls die tatsächliche Entwicklung zu spiegeln vermag, dem hier gestellten Ziel der Vermittlung eines Trainingskonzeptes eher hinderlich ist. So wie wir selber das Trainingsmodell eher als ein Werkzeug interpretieren, vergleichen wir auch die Aufgabe der Vermittlung mit dem Anpreisen eines Werkzeuges. Der Händler am Markt wird seinen Kunden nicht als erstes den Herstellungsweg oder die technische Konstruktion des Gerätes erläutern, sondern er wird sagen: Mit diesem Gerät kann man Kartoffeln schneiden, Majonäsen rühren, usw. So haben auch wir die *Einleitung* damit begonnen, zu sagen, wozu das MTM dient: Zur Vermittlung von erzieherischer Erfahrung und von erzieherischen Fertigkeiten an Eltern und Erziehern.

Wäre nicht der Irrtum weit verbreitet, daß Theorien und Modelle so etwas wie eine „grundlegende Sicht der Realität" darstellten, hätte es wenig Sinn, von einem Modell als einem Werkzeug zu sprechen (neben der Ähnlichkeit gibt es auch gravierende Unterschiede). Nachdem dieser Irrtum jedoch besteht, erscheint es mir zweckmäßig, auf diese Verwandtschaft hinzuweisen, denn tatsächlich haben Modelle mit der Realität nicht mehr gemein als ein Computer mit dem menschlichen Gehirn, wenn es auch manchmal scheint, als sei der eine der Schatten des anderen (WITTGENSTEIN, 1963; TOULMIN, 1953).

Hier schließt sich im *zweiten Schritt* die Gebrauchsanweisung an: Wie wird das Werkzeug gehandhabt? Wie wird mit ihm gearbeitet? Oder konkret: Was hat der Trainer zu tun, der Eltern nach dem MTM trainieren will? Eine detaillierte Beschreibung der Übungen, eine Reihe von Handlungsanweisungen bei auftretenden Problemen, sowie Hinweise auf mögliche Gefahren bei der Anwendung sollen diese Aufgabe in diesem Buch erfüllen. Das Trainingsprogramm ist dicht gedrängt. Es ist sehr viel, was die Eltern in zwei bis vier Tagen lernen müssen, um die

minimalen Voraussetzungen für eine einschneidende und andauernde Veränderung ihres Erzieherverhaltens zu schaffen. Diese Aufgabe kann von den Eltern nur bewältigt werden, wenn wir uns im Training auf die wesentlichen Punkte beschränken. Das wiederum setzt einen individuumzentrierten Aufbau voraus. *Jedes Training muß daher vom Trainer gründlich vorbereitet werden.* Im *dritten Schritt* wollen wir dieses Arbeitsbündel aufschnüren. Die Verhaltensbeobachtung und die Verhaltensanalyse nehmen wir heraus, um sie gesondert zu behandeln. Ebenfalls noch im dritten Schritt bringen wir einige Anmerkungen zur Nachbetreuung der trainierten Eltern. Daß die „Nachbetreuung“ nur als Korollarium dargestellt wird, entspricht nicht unserer Einschätzung der Bedeutsamkeit der Nachbetreuung. Der Nachbetreuung kommt eine entscheidende Bedeutung bei der Generalisation des Trainingserfolges über verschiedene Problemereignisse, über verschiedene Situationen und Prozesse und über die Zeit zu, aber es war uns bisher noch nicht möglich, ein Programm der Nachbetreuung auszuarbeiten und zu validieren.
Die Verhaltensbeobachtung und die darauf aufbauende Interaktionsanalyse haben wir aus dem Teil „Trainingsvorbereitung“ herausgenommen, um sie gesondert zu behandeln. Dies entspricht der Bedeutung, die wir der Verhaltensbeobachtung und der darauf aufbauenden Interaktionsanalyse beimessen: sie ergeben das Kernstück des MTM. Es gibt heute bereits mehrere ausgearbeitete Konzepte zum Verhaltenstraining. Das Besondere des MTM ist neben dem Ansatz im Rollenspiel, wie überhaupt im Spiel, die Art und Weise der Verknüpfung von Beobachtung und Analyse als Diagnose-, Kontroll- und Therapiemethode, die das Modell als eine Feedbackmethode ausweist. Auf die Entwicklung dieses Teiles wurde denn auch die meiste Zeit verwendet.
Im Anhang drucken wir die wichtigsten Arbeitsunterlagen ab, wie Fragebögen, Interviewleitfaden usw. Sie sollen dem, der das MTM verwenden will, die Arbeit erleichtern. Diese Arbeitsgrundlagen können daher auch nach Belieben fotokopiert oder sonstwie vervielfältigt werden.
Damit ist — so meinen wir — das Wichtigste über das MTM gesagt und wir wollten daher diese vier Teile in einem eigenen Band herausbringen. Ein zweiter Band ist in Planung.
Hier sollen neben der Behandlung einer Reihe methodischer Probleme auch die theoretischen Annahmen dargestellt und diskutiert werden. Diese zeitlich abgesetzte Darstellung der Theorie entspricht unserem wissenschaftstheoretischen Verständnis, nach dem zwar am Beginn einer Forschungsarbeit theoretische Überlegungen angestellt werden, im Laufe der Arbeit jedoch immer wieder neue dazu kommen und frühere Überlegungen aufgegeben werden, weil sie sich als unbrauchbar erweisen, usw., so daß man erst nach abgeschlossener Arbeit eine zusammenhängende Theorie darstellen kann. So stellt auch der Wissenschaftstheoretiker TOULMIN (1953) heraus, daß Beobachtungen und theoretische Überlegungen miteinander wachsen würden und daß letztlich die Beobachtungen die Theorie erklären müssen und nicht umgekehrt.
Abgeschlossen werden soll der zweite Band mit einer Reihe von Trainingsexperimenten mit dem MTM, die die Brauchbarkeit und Nützlichkeit des Modells erweisen sollen. Und auch hierfür können wir auf den Händler am Markt verweisen:
Nachdem ich einem Händler am Marienplatz in München 10 min lang zugesehen hatte, wie er Kartoffeln und Möhren in kleine Scheiben schnitt, eine Zwiebel in noch kleinere und einen Rettich in ganz dünne Scheibchen, konnte ich nicht umhin, das Gerät schließlich zu kaufen und selber auszuprobieren. Zwar stellte ich fest,

daß die Scheibchen unter meiner Hand nicht so schön, so dünn und so schnell den Rettich verwandelten, aber es ging jedenfalls besser als mit dem Messer. So wird es wohl auch den Lesern der Erfahrungsberichte gehen, mit denen wir das Werk abschließen wollen. Sie werden meist nicht über die technische Ausstattung verfügen, die wir dank der Großzügigkeit des Max-Planck-Instituts einsetzen können, es werden ihnen auch nicht so viele Studenten, Mitarbeiter und uneigennützige Helfer zur Verfügung stehen, wie wir sie während der Jahre der Entwicklung stets hatten, und schließlich macht es immer mehr Spaß, etwas zu entwickeln, auszuprobieren und zu beweisen, daß es funktioniert, als später im Alltag damit zu arbeiten. Aber man wird sehen, daß wir die begrenzten technischen Mittel einer Erziehungsberatungsstelle und die begrenzte motivatorische Kraft des Alltagsberufslebens nie aus dem Auge verloren haben. Wo wir die Wahl hatten, haben wir uns stets für das Einfachere entschieden und gaben dem Spielerischen vor dem Schablonenhaften den Vorzug.

Erster Teil

Das Training

Das Training lehnt sich an das Vorgehen in der Verhaltenstherapie an. Die Arbeit des Verhaltenstherapeuten beginnt mit der Darstellung oder Provokation von kritischen Ereignissen (1), die minutiös als Verhaltenseinheiten und Umweltreize beschrieben werden (2). Daraus gewinnt er das Material für die Analyse nach den Lerngesetzen (3), und aus den Ergebnissen der Analyse leitet er die Lösungen, den Therapieplan ab (4). Abgeschlossen wird die Arbeit durch das Einüben des Verhaltens, das als Lösung konzipiert wurde (5), mit der Neugestaltung der Situation, in der das kritische Verhalten auftritt (6) und mit der Erfolgskontrolle (7).
Diese sieben Arbeitsgänge, in denen die Tätigkeit des Verhaltenstherapeuten skizziert ist, stellen zugleich die Struktur des Trainings dar. Das Konzept der Therapie wird in die Erziehung nur soweit übertragen als es die *Bewältigung von Erziehungsproblemen* erfordert.
Es besteht nicht die Absicht, im Training den Erziehungsstil der Eltern völlig umzukrempeln. Im Gegenteil, wir machen die Eltern von Anfang an darauf aufmerksam, daß wir nur ein, zwei Probleme angehen werden, und daß wir uns ganz auf die Lösung dieser Probleme beschränken werden. Es ist weder wünschenswert noch möglich, das kontrollierte erzieherische Eingreifen, das notwendig ist, um ein Problem zu lösen, auf den gesamten Tag auszudehnen.
Wir gliedern das Training in vier Abschnitte und sprechen dabei von *vier Tagen,* da wir in günstigen Fällen für jeden Abschnitt einen vollen Tag zur Verfügung hatten. Es ist auch möglich, einen Abschnitt auf einen halben Tag zusammenzudrängen. Dabei hat es sich als günstiger erwiesen, jeweils einen halben Tag an vier aufeinanderfolgenden Tagen an Stelle von zwei vollen Tagen zu nehmen.

Die vier Tage gliedern den Lernprozeß:

Erster Tag: Lernen, das Kind in der Auseinandersetzung mit seiner Umwelt zu zu sehen.

Zweiter Tag: Lernen, das Verhalten des Kindes in Abhängigkeit von seiner Umwelt zu verstehen.

Dritter Tag: Lernen, das Kind durch Setzen von Konsequenzen zu lenken.

Vierter Tag: Lernen, Schwierigkeiten vorzubeugen durch angemessene Hilfestellung und durch eine geschickte Umstrukturierung der erzieherischen Situation.

Nach diesem Überblick wollen wir uns nun mit dem Programm im einzelnen beschäftigen.

Erster Tag

Lernen, das Kind in der Auseinandersetzung mit seiner Umwelt zu sehen

Die Eltern kommen gespannt und ängstlich ins Training. Das sind keine guten Lernbedingungen. Wir beginnen daher zunächst mit einer Auflockerung (1). Erst wenn die Verkrampfung und die Ängstlichkeit einigermaßen abgebaut sind, beginnen wir mit den Beobachtungsübungen (2), dem Kern des ersten Tages. Einige Kontaktübungen (3) schließen den ersten Tag ab. In ihnen soll die Spannung, die sich während der Beschreibung der Problemereignisse aufbaut, wieder gelöst werden, bevor die Eltern nach Hause gehen.

1. Die Auflockerungsphase

Wir beginnen den ersten Trainingstag mit einer Auflockerungsphase.
Die Strafbedingungen von Angst und verkrampfter Spannung, unter denen die Eltern stehen, sollen aufgelöst werden. An ihre Stelle soll eine Atmosphäre des Vertrauens und des Angenommenseins treten.

Situationsanalyse. Aus Befragungen geht hervor, daß die Anfangsspannung und die Ängstlichkeit durch die Fremdheit der Situation, sowie durch die Erwartung negativ beurteilt und überfordert zu werden, bedingt sind.
Fremdheit der Situation: Die Eltern wissen nicht, wie sie sich in der Gruppe und dem Trainer gegenüber verhalten sollen. Die gesamte Trainingssituation (der Raum, die Geräte, das Programm) ist ihnen fremd.
Negative Beurteilung: Sie rechnen damit, daß ihre Erziehungsschwächen und Erziehungsfehler aufgedeckt werden. Sie rechnen mit unangenehmen und peinlichen Fragen. Sie rechnen damit, daß sie mit anderen Müttern, die es besser machen, verglichen werden. Sie befürchten, daß für sie Bedrückendes zur Sprache kommt.
Überforderung: Sie befürchten, daß sie nicht mitkommen, daß sie zu langsam begreifen. Ungewißheit, negative Beurteilung und Überforderung sind Strafreize, und Strafe bedingt: Angst, Verkrampfung, Konzentrationsschwierigkeiten, Aggressivität oder Passivität, Verstellung usw.
Ziel der Auflockerungsübung ist daher, den Eltern die Trainingssituation vertraut zu machen, sowie ihnen das Gefühl zu vermitteln, daß wir sie verstehen, weil jeder in der Gruppe ähnliche Probleme und Ängste hat.
Eltern berichten häufig, es sei für sie entlastend, zu hören, daß andere Eltern auch Probleme mit ihren Kindern haben, man fühle sich rasch miteinander verbunden.

1.1. Jeder stellt sich ausführlich vor

Sobald die ersten Eltern am ersten Trainingstag eintreffen, führen wir sie in den Trainingsraum und laden sie zu einem Kaffee ein. Sowie die nächsten eintreffen,

werden sie eingeladen, sich dazuzusetzen. Es gibt keine Eile. Das Gespräch wird von Anfang an auf die Befürchtungen und Schwierigkeiten gelenkt, die mit dem Training für die Eltern verbunden sind. Damit soll erreicht werden, daß das peinliche und zerstreuende Gespräch über Wetter und Verkehrslage vermieden wird. Ferner werden die Eltern ermuntert, über ihre Ängste zu reden, und sie stellen bald erleichtert fest, daß noch andere im Kreise die Nacht über schlecht geschlafen und sich mit gemischten Gefühlen auf den Weg gemacht haben.
Sind alle Mütter versammelt, gibt der Trainer die Überleitung, indem er sich als erster der Gruppe vorstellt. Er erzählt von seiner Familie, ob er Kinder hat, wie sie heißen, was sie tun, oder ob seine Primärerfahrungen aus dem Geschwisterkreis stammen usw. Auch von Schwierigkeiten, die sie ihm bereiten, kann er sprechen. Damit haben die Eltern ein Muster, das sie wenigstens zunächst einmal kopieren können. Der Gesprächspartner gibt mehr persönliche Information, wenn der andere vorher von sich selbst persönliche Informationen gibt (TAYLOR, 1965, zit. nach ARGYLE, 1975). Titel, Alter und Studiengang oder ähnliche Dinge kann er für sich behalten, wie überhaupt alles, was mit dem Training nicht unmittelbar in Beziehung steht. Und damit können wir auch schon die erste Regel für den Trainer formulieren:

> *Was wir über uns sagen, soll das Selbstwertgefühl der anderen nicht belasten; wir brauchen selbstsichere Eltern, die sich etwas zutrauen.*

So stellt sich dann einer nach dem anderen vor. Ist ein Teilnehmer einsilbig, kann man ihm durch Fragen helfen, sich zu äußern. Manchen Eltern muß man viel Zeit geben. Aber es ist für den weiteren Verlauf des Trainings von großer Bedeutung, daß sich gleich zu Beginn jeder einmal ausführlich zu Wort meldet. *Die Scheu zu sprechen muß am Anfang durchbrochen werden,* sonst wächst sie im Laufe des Trainings und führt zu Unzufriedenheit und Spannung.

1.2. Der Raum und die Geräte werden gezeigt

Nachdem sich alle vorgestellt haben, zeigen wir den Eltern den Beobachtungsraum mit der Einwegscheibe, sowie die einzelnen Geräte, was sie leisten, wie sie funktionieren usw.
Damit erfahren die Eltern gleichzeitig, daß die Gespräche auf Videoband aufgenommen werden, und daß gelegentlich Leute hinter der Einwegscheibe zuschauen.

1.3. Eine allgemeine Orientierung für die Eltern

Die Gruppe versammelt sich wieder im Vorführraum. Nun gibt der Trainer den Eltern ein grobes Schema, mit dessen Hilfe sie den Ansatz des Trainings einordnen können: Das Verhalten des Kindes wird in seiner Abhängigkeit von Umweltereignissen dargestellt und der Trainer erläutert den Zusammenhang zwischen dem Verhalten der Eltern und dem des Kindes (vgl. Anhang I). Dabei stellen wir einschränkend fest: Das erzieherische Verhalten der Eltern sei nur ein Teil der bedingenden Variablen, von denen das Verhalten des Kindes abhängig ist. Diese Einschränkung muß den Eltern immer wieder gesagt werden.

Bezüglich der allgemeinen Zielsetzung des Trainings sagen wir den Eltern: Wir wollen in einer Reihe von Spielen an uns selber erfahren, in welcher Weise wir von unserer Umwelt abhängig sind, und wir werden — wiederum im Spiel — Verhaltensmuster einüben, die uns fähig machen, diese Abhängigkeiten zu verändern. „Wir werden nur ein bis zwei ihrer Probleme behandeln, sie sollen als Beispiel dienen."
Zum Schluß werden noch die Zeitfragen und anderes wie Mittagessen usw. besprochen.

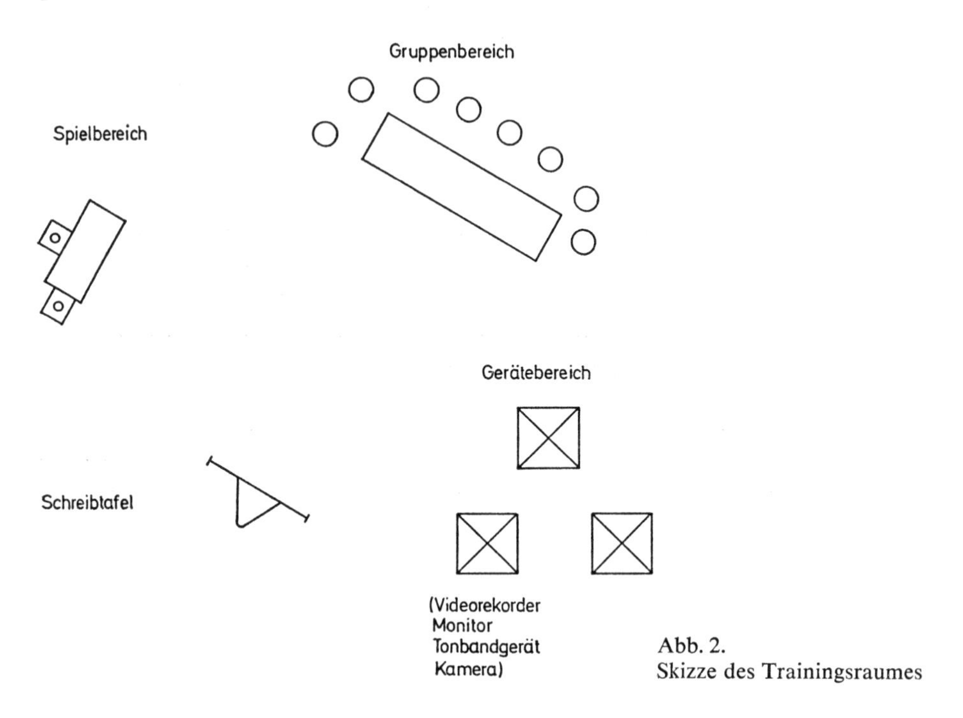

Abb. 2.
Skizze des Trainingsraumes

1.4. Anmerkungen zur Auflockerungsphase

Wenn in der Gruppe Spannung und Ängstlichkeit herrscht, ist der Trainer oft in Gefahr, zu stark zu agieren, bzw. zu oft und zu lang zu reden. Damit wird zwar Ängstlichkeit reduziert, aber an dessen Stelle tritt dann Desinteresse und Langeweile. Die allgemeine Einführung der Eltern sollte daher kurz gehalten werden. Es wird meist nötig sein, sich vorher den Text zurechtzulegen. Aus diesem Grunde haben wir im Anhang ein Beispiel aus einem Training gebracht. Bereitet man sich nicht genau vor, spricht man nach unserer Erfahrung meist zu lang.

2. Die Beobachtungsübungen

Mit den Beobachtungsübungen beginnt nun das eigentliche Training. Sie werden in zwangloser Folge durchgeführt und sollen den Großteil des ersten Tages ausfüllen. Die Beobachtungsübungen haben folgenden Aufbau:

1. Skizzieren eines Problems
2. Darstellung des Problemereignisses im Rollenspiel
3. Detaillierte Beschreibung des Rollenspiels
4. Zusammenfassung durch den Trainer

2.1. Durchführung des Rollenspiels

Skizzieren eines Problems. Eine Mutter bringt ein Problem, z. B. „Martin zankt sich andauernd mit Birgit". Manchmal jedoch erscheint es günstiger, ein bestimmtes Problem, von dem wir aus dem Interview mit der Mutter wissen, einfach vorzugeben. Hierauf wird die Frau aufgefordert, kurz die Situation und das Verhalten der verschiedenen am Problem beteiligten Personen zu skizzieren. Das Problemereignis soll so ausführlich geschildert werden, daß die Zuhörer sich in die Situation hineinfinden und eine Rolle im Spiel übernehmen können.
Wenn es soweit ist, unterbricht der Trainer das Gespräch, verteilt die Rollen und fordert die Teilnehmer auf, das Problemereignis im Rollenspiel darzustellen.
Den Spielern werden folgende zwei Instruktionen gegeben:

Instruktion 1:

„Wir wollen jetzt im Spiel das Ereignis darstellen, anstatt darüber zu reden, was dieser und jener tun würde."

Instruktion 2:

„Spielen Sie das Problem, wie es sich zugetragen hat."

Darstellung des Problemereignisses
Die Rolle des Trainers ist nun vergleichbar der eines Regisseurs. Er ermuntert zum Spielen, gibt Feed-back über das Spiel, bricht ab und läßt die Szene noch einmal spielen, wenn die wichtigen Momente des Problemereignisses nicht richtig herausgekommen sind. Tut sich eine Mutter im Spiel besonders schwer, kann er sich neben sie setzen und ihr unmittelbar Hilfe geben.
Während des Spiels erweist es sich oft als günstig, die Personen zu wechseln Z. B. spielt die Mutter zunächst ihr Kind, damit eine andere Mutter nachher das Kind besser spielen kann. Anschließend werden die Rollen getauscht.
Aber auch andere Personen auszuwechseln ist günstig, damit möglichst viele Personen am Spiel beteiligt werden können, und jede auch genügend Zeit zum Beobachten findet. Der rasche Wechsel sorgt dafür, daß die Eltern nicht ermüden.
Sobald die Hauptmomente des Problemereignisses dargestellt sind, kann das Spiel abgebrochen werden. Die Mütter haben jetzt Zeit, sich frei zum Spiel zu äußern,

sich ihren Zorn oder ihre Traurigkeit von der Seele zu reden. Sobald das Gespräch abzuflachen beginnt und sich die Spannung gelegt hat, wird das Spiel, das auf Videoband aufgenommen wurde, abgespielt. Es genügen 1—2 min Spiel.

Detaillierte Beschreibung des Spiels
Für die Beschreibung des Spiels, die Eltern und Trainer gemeinsam durchführen, werden folgende Instruktionen gegeben:

Instruktion 1:

„Wir spielen nun einen Film ab und wollen nichts anderes tun, als Schritt für Schritt beschreiben, was der Erzieher, was das Kind, was die Geschwister in der gespielten Szene getan haben, und wie die Situation ausgestaltet ist."

Instruktion 2:

„Wir gehen dabei so vor: Ich spiele jeweils einige Sekunden vom Band ab, und Sie fragen:
1. Was sagen Sie?
2. Achten Sie auf Ignorieren und Gesprächspausen.
3. Wohin schauen Sie — Blickkontakt?
4. Was tun Sie (Grobmotorik)?
5. Wie ist der Ausdruck in Stimme und Gesicht?"

Instruktion 3:

„Was wir nicht sehen oder hören, sondern nur spüren, wollen wir in Klammern dazusetzen. Die Klammern sollen andeuten, daß wir die Reaktion so empfunden haben und daß sie nicht unbedingt auch so gemeint sein muß."

Im *ersten Schritt* der Auswertung wird *das Problem herausgearbeitet*. Es zeigte sich, daß selbst die Eltern, die das Problemereignis berichten, nicht immer genau angeben können, was denn das eigentliche Problem ist. Die genaue Angabe des Problems ist jedoch eine Voraussetzung für die weiteren Schritte. So schildern z. B. Eltern ein Problemereignis: die Mutter gibt eine Aufforderung und das Kind befolgt sie nicht. Damit ist das Problem noch nicht genannt. Es kann sein, daß das Kind erst gehorcht, wenn die Mutter aggressiv wird und die Mutter will nicht aggressiv werden. Das Problem wäre dann der *Streit im Zusammenhang mit Aufforderungen*. Es kann auch sein, daß die Mutter darunter leidet, daß das Kind dem Vater gleich gehorcht, ihr aber erst nach mehrmaliger Aufforderung. Das Problem ist dann der Eindruck der Mutter, vom Kind mißachtet zu werden, weil es ihr nicht so gehorcht wie dem Vater. Diese Unterschiede sind wichtig, weil sie auch verschiedene Lösungsmöglichkeiten anbieten. In ihnen kommt die Zielsetzung und die Wertung der Eltern heraus, die den Bezugspunkt der Analyse abgeben.

Zweiter Schritt: Nachdem der Kern des Problems (Zielsetzung und Wertung) herausgearbeitet worden ist, beginnt die Beschreibung. Die Ausgangssituation (z. B. Hausaufgaben im Wohnzimmer; Tisch mit verschiedenen Sachen; Personen im Raum; usw.) wird detailliert festgehalten. Dann werden einige Sekunden des Films abgespielt. Diese ersten Sekunden beschreibt der Trainer. *Nachdem er die Inter-*

aktion modellhaft beschrieben hat, versuchen dann die Eltern, den weiteren Film zu beschreiben. Meist muß man eine Sequenz mehrmals vorspielen, bis die Eltern in der Lage sind, das relevante Verhalten zu beschreiben. Dabei kann man verschiedene *Diskriminationshilfen* geben, z. B. Abschalten des Tones, oder der Hinweis: „achten sie nur auf die Hände", usw.
Auf die Auswertung bzw. auf die Registrierung von Ignorieren und von Gesprächspausen ist ganz besonders zu achten. Wir sind selbst erst allmählich auf diese Kategorie aufmerksam geworden. Schweigen kann die verschiedensten Bedeutungen annehmen. Wir konnten beobachten, daß durch gezielt eingesetztes Schweigen der Partner in eine dominante Stellung gedrängt wurde; Blickkontakt und Schweigen, wenn der Partner einen Fehler gemacht hat, ist eine besonders unangenehme Form der Strafe; Schweigen mit Blickabwendung kann dazu führen, daß der Partner sich mißachtet und geringschätzig beurteilt fühlt; Schweigen mit Blickkontakt, während der Partner von einem schweren Erlebnis spricht, wird als Zeigen von Mitgefühl gewertet und ist stark belohnend; Schweigen der Gruppe, nachdem sie zur Stellungnahme aufgefordert worden ist, kann als Disengagement wahrgenommen/interpretiert werden und zu aggressivem Verhalten provozieren. Diese Liste von Aufzählungen könnte noch lange fortgeführt werden. *Schweigen gehört mit zu den stärksten manipulativen Mitteln.* Wie es jeweils eingesetzt wird, kann nur aus dem Kontext heraus entschieden und beurteilt werden.
Beginnt eine Mutter zu werten und zu interpretieren, wird sie darauf aufmerksam gemacht, daß wir jetzt nur lernen wollen, genau und objektiv zu beschreiben.
Während der Trainer mit der Gruppe das Spiel beschreibt, steht der Kotrainer an der Tafel und hält die Beschreibung schriftlich fest. Kommen Wiederholungen vor, genügt es, diese anzumerken, aber nicht wörtlich hinzuschreiben, damit der Text übersichtlich bleibt.
Zum Schluß faßt der Kotrainer die Beschreibung nochmals kurz zusammen, wobei er wichtige Momente hervorhebt. Damit ist ein Beobachtungsspiel abgeschlossen, und ein anderes Problemereignis kommt dran.

2.2. Anmerkungen zum Beobachtungsspiel

Nachdem wir nun wissen, wie die Beobachtungsspiele durchgeführt werden, erscheint es zweckmäßig, einige Punkte weiter zu präzisieren, auf mögliche Schwierigkeiten hinzuweisen und über Erfahrungen zu berichten. Die Strategie, die zur Konzeption dieser Übung geführt hat, zählen wir zur grauen Theorie und bringen sie erst für eventuelle Interessenten in einer weiteren Arbeit.

Lernziele und Absichten: Es besteht die Gefahr, daß man in Eile kommt. Demgegenüber muß betont werden: Es kommt nicht darauf an, möglichst *viele Szenen* zu beschreiben, sondern an ein oder zwei Szenen das Beschreiben zu lernen. Die Beschreibung eines Problemereignisses ist daher für einen Erzieher, der das Problem nicht hat, genauso wichtig. Hier beobachtet er mit größter Distanz, hier fällt es ihm leichter, alle Details zu sehen.

Erkennen von Vermeidungsverhalten: Die Beobachtung von Problemen anderer zusammen mit dem Erzieher, dessen eigenes Problem beschrieben wird, bietet für alle eine gute Gelegenheit zu erkennen, daß wir bestimmte Zusammenhänge, wenn

sie uns selber angehen, nicht sehen. Der Kommentar einer Mutter macht dies deutlich: „Sie sehen gar nicht, daß sie den Felix durch das Ermahnen stören . . . aber so ergeht es wahrscheinlich auch mir bei Karl-Heinz.“
Das Lernziel des ersten Tages ist mit „Lernen, das Kind in der Auseinandersetzung mit seiner Umwelt zu sehen“ ungenügend, vielleicht sogar unzutreffend beschrieben. Einerseits wird von den Eltern dieser Tag als außerordentlich wichtig erlebt, andererseits wissen wir wenig darüber, was sich bei den Eltern abspielt, wenn sie Problemereignisse, die sie teilweise über Jahre hindurch erlebt und an ihnen gelitten haben, im Rollenspiel darstellen, wenn sie die Rollen der Problempartner spielen, und wenn sie schließlich den Ablauf des Problemereignisses Sekunde für Sekunde minutiös beschreiben.
Um zu verstehen, was sich bei dieser minutiösen Auswertung in den Eltern abspielt, muß man sich vor Augen halten, daß das Verhalten von Menschen beobachtet wird, mit denen sie jahrelang zusammengelebt hatten, die sie „in- und auswendig“ kennen. Die Mutter weiß schon, bevor sich das Kind zu den Aufgaben setzt, „das wird nichts“, „du willst mich einfach immer ärgern“, „du hast überhaupt kein Interesse“. Ein entsprechendes Stereotyp besteht auch hinsichtlich des eigenen Verhaltens. Die sprachliche Klassifikation, die über die Jahre zu einem festen Gewohnheitsrepertoire geworden ist, dieses stereotype Verhaltensmuster steht zwischen den Eltern und ihrem Kind und bewirkt, daß sie immer wieder neu ihre Erwartungen vom Partner bestätigt sehen, gleichgültig, was er tut.
Dieser mechanistische Zusammenhang wird am ersten Trainingstag durchbrochen. Indem die Eltern aufgefordert werden, Sprache, Verhalten, Mimik, Pausen usw. genau zu beschreiben, und zwar auch ihre eigenen, und indem sie daran gehindert werden, das Verhalten gleich zu interpretieren und zu klassifizieren, lernen sie tatsächlich das Kind und sich selbst im Verhalten zum Kinde neu zu sehen. Im Verlauf des Tages werden daher von den Eltern mehr und mehr Äußerungen vom Standpunkt des Kindes aus gemacht („Er darf ja wirklich nichts tun“, statt: „ich tue alles für das Kind“; oder: „das drückt ihn nieder“, statt: „man muß streng sein mit ihm“). Indem das Kind in den Mittelpunkt gerückt wird und sein Verhalten nicht mehr nur durch die Brille der eigenen Erwartungen gesehen wird, gewinnen die Eltern Verständnis für die Bedürfnisse des Kindes, für seine Probleme und seine Nöte. Diese innere Umkehr ist nach unserer Auffassung eine notwendige Voraussetzung dafür, daß die Eltern die Techniken nicht einfach mechanistisch anwenden, so daß sie etwa nach dem Training zum Kind sagen: „das hast du gut gemacht“, so wie sie früher sagten: „das hätte aber besser gehen können“. Ein solches Vorgehen würde zurecht die Kritik herausfordern, wir würden die Eltern nur zu besseren „Manipulierern“ machen. Etwas überspitzt ausgedrückt könnte man sagen: Es kommt uns nicht darauf an, daß die Eltern weniger strafen und dafür mehr loben, sondern *daß sie lernen, die Nöte des Kindes zu sehen, daß sie lernen, das Positive am Kind zu sehen.*
Oder kurz zusammengefaßt: *daß sie lernen, das Kind von seinen eigenen Erwartungen her zu sehen.* Wo dieses Ziel erreicht wird, kann der Erzieher gar nicht mehr auf Versagen mit Strafe reagieren, und umgekehrt, wo bei den Eltern dieses Mitleben mit dem Kind erreicht wird, fällt es nicht nur leicht, das Positive zu bestärken, die Eltern spüren dann auch, was für das Kind jeweils echt belohnend ist.
Von dieser Interpretation des ersten Trainingstages aus gesehen, überrascht es nicht, daß das Engagement und die Zufriedenheit der Eltern an diesem Tage davon

abhängt, ob ein persönliches Problem gespielt wurde oder nicht. Wir haben mehrmals probeweise am ersten Tag allgemeine Erziehungsprobleme gespielt, und wir mußten feststellen, daß die Eltern rascher ermüdeten, und daß es kaum gelang, ihnen die Auswertung zu übertragen. An diesem Tag werden die Eltern eben nicht nur geschult objektiver zu beobachten, sondern es vollzieht sich durch die Beobachtung eine Einstellungsänderung.
Dieses Bemühen, durch Beobachten die Haltung der Eltern dem Kind gegenüber zu verändern, wird in den folgenden Tagen fortgeführt. Auch an den folgenden Tagen nimmt das Beobachten von Interaktionsabläufen eine zentrale Stellung ein.

Diskriminationshilfen für die Beschreibung

Die Diskriminationshilfen stellen zugleich die Reihenfolge der Beschreibung dar. Den Eltern fällt es leichter, wenn sie zuerst notieren können, was gesprochen wird. Die Sprachsequenzen — ein Satz — wird zur natürlichen Sequenz. Pausen und Ignorieren müssen anschließend an das Sprachverhalten beschrieben werden, weil es mit ihm oft eine Einheit bildet, z. B. stockendes Sprechen (die Wörter eines Satzes sind durch „ä“ und „hm“ unterbrochen), oder sie bilden eine Pause (= nicht sprechen). Pausen sind meist gleichbedeutend mit „nicht sprechen“, also mit Sprechpausen.
Wir achten streng darauf, daß die Reihenfolge bei der Beschreibung eingehalten wird. Nur auf diese Weise kann vermieden werden, daß wichtige Punkte übersehen werden.

Beschreibung des Blickverhaltens

„Blickkontakt“, „Abbruch des Blickkontaktes“, „kein Blickkontakt“ kann je nach sozialem Kontext neutral, belohnend oder bestrafend wirken. Das Blickverhalten ist eine stark steuernde Variable, und auf sie ist daher ganz besonders zu achten, zumal Beobachter im allgemeinen dazu neigen, diese Variable zu übergehen.
Wir unterscheiden „Blickkontakt“ (= Ansehen des Partners länger als eine Sekunde) von „Orientierungsblick“ (= Ansehen des Partners für eine Sekunde, kurzes Hinsehen). U. E. sind Orientierungsblicke neutral, während Blickkontakt stets als positive oder als negative Konsequenz zu bewerten ist. Blickkontakt unter der Bedingung, daß das Kind eine Antwort nicht weiß, ist meist bestrafend; Blickkontakt, während jemand etwas erzählt, ist meist belohnend, usw.
Wird „kein Blickkontakt“ registriert, notieren wir, wohin die Augen gerichtet sind (auf die Hände, auf den Fußboden, zur Decke usw.). Die Blickrichtung trägt zur Unterscheidung von Verlegenheit und konzentriertem Nachdenken bei. Seine Hände anschauen, ist meist Ausdruck von Verlegenheit, ein Blick zur Decke oder in die Ferne ist meist Ausdruck konzentrierten Nachdenkens.
Bei der Bewertung des Blickverhaltens ist immer auch das Sprachverhalten mit heranzuziehen.

Die Selbstverantwortung der Eltern

Was KANFER und ELWOOD (1974) ganz allgemein von der Verhaltenstherapie sagen, nämlich daß dem Patienten nur solange zu helfen sei, als er sich selber helfe, gilt auch für die Eltern im Elterntraining. Es besteht häufig die Gefahr, daß Eltern, wenn sie sich einmal entschlossen haben, fachliche Hilfe anzunehmen, sich dann völlig hilfsbedürftig und passiv geben. Diese Passivität drängt dann ihrerseits

dem Therapeuten die Rolle des Aktiven und Entschlußfreudigen auf, und im Laufe einer Therapie verstärkt sich diese Tendenz. Wir haben daher die Regel aufgestellt, *daß die Eltern von Beginn an all das selbst tun sollen, wozu sie imstande sind.* So plausibel diese Regel dem Trainer auch sein mag, sie durchzuführen ist schwierig und ist nur über eine strenge Supervision zu erreichen.
Die Definition der Rollen von Trainer und am Training teilnehmender Erzieher erfolgt in der direkten Interaktion (ARGYLE, 1975), und beginnt bei der ersten Kontaktaufnahme, also nicht erst im Training. Es muß daher *schon bei der Datensammlung* (im Erstgespräch, während der Anamneseerhebung, beim Hausbesuch etc.) auf eine partnerschaftlich kooperative Zusammenarbeit geachtet werden.

Belastung der Mütter
Das genaue Beschreiben eigenen Fehlverhaltens geht natürlich unter die Haut. Der Trainer sollte während der Beschreibung die Eltern stets im Auge behalten, ihnen zu Hilfe kommen oder in besonderen Fällen den Vorgang abkürzen. Im allgemeinen stellten wir jedoch fest, daß den Eltern die Spiele viel Spaß machen, daß mit Beginn der Spiele die ängstliche Spannung wic weggeblasen ist. Und wenn eine Mutter anfängt zu weinen, ist es meist ein befreiendes Weinen, unterbrochen durch Lachen über die Komik der Szene. Daß die Spiele für den Erzieher eher entlastend sind, wird auch durch die Beobachtung unterstrichen, daß sie im Laufe der Spiele über Ereignisse zu berichten beginnen, die sie im Interview verschwiegen haben und die ihr Verhalten in ein ungünstiges Licht setzen. Wären die Spiele bestrafend, wären sie eher verschlossener und vorsichtiger in ihren Äußerungen, wie wir es unter Strafbedingungen beobachten können (cf. das „Bestrafungsspiel“).

Wie realitätsgetreu müssen die Spiele sein?
Eltern bringen manchmal den Einwand, das Spiel weiche von der Handlung in der Realität erheblich ab. Solche Einwände sollte der Trainer *zum Anlaß nehmen,* den Sinn solcher Spiele im Rahmen eines Trainings herauszuarbeiten.
Er soll die Aussage des Einwandes bekräftigen: „Ganz sicher weicht das Spiel von der Realsituation ab, so wie auch der Streit der Geschwister von gestern nicht gleich abläuft wie der Streit heute früh. Wir wollen im Spiel sehen, wie wir durch unser Verhalten den Partner beeinflussen, und wenn wir das Spiel wiederholen und sie verhalten sich anders, dann verhält sich auch der Partner anders.“
Der Sinn der Beobachtungsspiele ist eben nicht, die Beschreibung eines bestimmten in der Realität geschehenen Ereignisses, *sondern an einem Beispiel zu lernen, auf die Interaktionsfolge ganz genau zu achten.*
Der Einwand, in der Realität sei es anders, wird vor allem dann vorgebracht, wenn sich der Spieler in einem ungünstigen Licht zeigt, stellt also eine Art Vermeidungsverhalten dar. Daher ist es um so wichtiger, nicht darauf zu bestehen, daß sich der Erzieher in der Realsituation wohl ähnlich verhalten haben wird. Wir wollen die Eltern ja nicht zum Eingeständnis bringen, daß sie Fehler gemacht haben, sondern zur Einsicht, *daß ein bestimmtes Verhalten in einer bestimmten Situation beim Partner eine bestimmte Reaktion bedingt.*

Beobachten statt interpretieren
Interpretieren liegt uns mehr als genaues und objektives Beobachten. So fällt es uns überhaupt nicht schwer, stundenlang über Ereignisse zu sprechen. Beobachten und Beschreiben hingegen ermüden uns rasch, sie sind ein Stück harte Arbeit.

Andererseits gehört es zu den stärksten Erlebnissen — nach den Aussagen vieler Eltern —, den Ablauf eines Problemereignisses, mit dem starke Emotionen verbunden sind, einmal ganz sachlich zu betrachten. Wir hatten bei den ersten Trainings starke Bedenken, den Eltern diese schulmeisterlichen Beobachtungsübungen zuzumuten. Wir befürchteten, die Eltern würden einwenden: Wozu das? und wir waren nicht wenig überrascht, als bei einer der ersten Trainingsgruppen sich alle Beteiligten im Rückblick auf das Training darin einig waren, daß der erste Tag der aufregendste und spannendste Tag war.

Dauer eines Spiels
Für die Auswertung genügen 1–2 min Spielzeit. In 1–2 min ist meist alles Wesentliche enthalten. Die Spiele selbst dauern meist länger, weil einzelne Teile oder das ganze Spiel oft mehrmals wiederholt werden müssen.
Für die Beschreibung von 1–2 min braucht man 30–60 min. Man wird dabei an das Wort von Rilke erinnert: „Die Wirklichkeit ist unbeschreiblich ausführlich.“
Nicht die Länge des beschriebenen Filmes ist entscheidend sondern das, was die Teilnehmer aus einer Szene herausholen.

Bestrafende Momente im Spiel
Strafende Momente müssen wir aufspüren und ausschließen. Sie verderben das Spiel und damit das Training. So kommt es vor, daß ein Spiel nicht gelingt, weil die Teilnehmer glauben, schlechte Spieler zu sein. Sie bleiben inaktiv verkrampft, die Stimme wird kaum hörbar, sie lächeln den Partner öfters um Verständnis bittend an.

Beispiel:

Frau E. soll eine Kaffeehausszene mit ihren drei Kindern spielen. Familiäres Eisessen im Kaffeehaus. Die Kinder stehen auf, schreien, laufen durch den Raum, sprechen andere Gäste an; die Mutter sitzt auf ihrem Stuhl, setzt dreimal an und sagt dann: „Benehmt euch richtig!“ Es ist eine unangenehme Spannung im Raum. Die Angst aus Hilflosigkeit überträgt sich auf die Zuschauer. Trotzdem läßt der Trainer weiterspielen, weil er meint, es müsse aus dieser Frau doch noch mehr herauskommen. Nach 6 min bricht er ab, da das Spiel in ein eisiges Schweigen überging, und es wird nicht mehr wiederholt.

Hier hat der Trainer gleich zwei Fehler gemacht:

Erstens wurde das Spiel zu spät abgebrochen, und zweitens wurde die Befangenheit der Frau nicht mehr aufgegriffen, sie bekam nicht die Gelegenheit, über ihre Befangenheit zu sprechen und in einem zweiten, dritten Versuch zu zeigen, daß sie es doch kann. Diese Mutter ist hart bestraft worden.
Richtig gewesen wäre: Gleich nachdem die Mutter geäußert hatte: „Benehmt euch richtig!“, abzubrechen und die Mutter zu verstärken: „Ja, gut, sagen Sie es nur laut!“. Das hätte ihr Mut gegeben. Dann hätte er die Anweisung geben sollen: Jetzt spielen wir diese Szene nochmals, und sie hätten die Szene so oft spielen sollen, bis sich die Mutter freigespielt hätte.
Erfahrungen, die die Eltern veranlassen zu sagen: „Ich kann es doch nicht!“ „Ich habe versagt!“ usw. gehören zu den kritischsten Ereignissen. Sie verhindern das

Entstehen von Selbstvertrauen und Initiative. Beides brauchen die Eltern, wenn sie nach dem Training wieder zu Hause sind und Veränderungen in ihrem Verhalten und in der Familienstruktur durchführen sollen.
Darum: Nie mit einer negativen Erfahrung, mit einem Mißerfolg aufhören! Selbst wenn wir nach einem verkorksten Spiel uns dazu gezwungen sehen, sich die Spieler erst einmal erholen zu lassen, müssen wir eine Anordnung treffen, so daß sie, noch bevor sie den Raum verlassen, die Erfahrung machen können: Ich schaffe es doch!
Nicht immer können wir negative Erfahrungen verhindern. Aber mit dem letzten Erlebnis des Tages gehen sie nach Hause; diese End-Erfahrungen vor allem sind es, die Lerngeschichte machen.
Zu stärkerer Bestrafung kommt es, wenn die Regel nicht eingehalten wird, nur objektiv zu beschreiben und nicht zu interpretieren. Wird interpretiert, so kommt es zu solchen Sätzen wie: „der arme Bub ...“, „Oh, mai, das gibt's doch nicht“, „ja, sehen Sie denn nicht...“, „ganz schön autoritär“.
Beschämung und Mutlosigkeit, Wut und oppositionelles Fernbleiben der Gruppe sind die Folge solcher harten Strafreize. Kein Mensch kann in einer Gruppe konstruktiv mitarbeiten, in der er bloßgestellt wird.

Ein fester Rahmen
Im Training steht ein fester, beinahe starrer Rahmen dem spontanen und unkonventionellen Verhalten der Trainer gegenüber. Das ergibt eine Spannung, mit deren Hilfe zwei gegensätzliche Aufgaben bewältigt werden sollen: *Gefordert werden bis zur Grenze der Leistungsfähigkeit und angstfreies Spiel mit viel Spaß.*

Es gehört zur Charakteristik dieses Trainingsmodells, daß die Trainer leger und unkonventionell mit den Eltern umgehen, daß sie mehr Freund und Weggefährte als Lehrer oder Meister sind. Bei allem Bemühen, den Eltern einige schöne und anregende Tage zu gestalten, darf jedoch nicht die Verpflichtung, die wir den Eltern gegenüber übernehmen, aus dem Auge verloren werden: Sie kommen nicht zu einem Happening zusammen, sondern zu dem schwierigen und mühevollen Unterfangen, ein Stück ihrer Gewohnheiten zu ändern. Dieser Mühe werden sie sich nur unterziehen, wenn wir sie entsprechend fordern.
So haben wir als Gegenpol zum unrituellen und spontanen Verhalten der Trainer dem Training einen relativ starren Rahmen gegeben. Im geplanten Ablauf und in der Situationsgestaltung liegen die strukturierenden Momente, die dem Training Festigkeit geben. Auf die genaue Einhaltung dieser Rahmenbedingungen ist daher ganz besonders streng zu achten.

Raumaufteilung
Der Absicht, strukturierende Rahmenbedingungen für das Training zu schaffen, entspricht auch die Aufteilung des Trainingsraumes in einen „Spiel-Bereich“ und in einen „Diskussions-Bereich“ (cf. Abb. 2). Mit der Raumaufteilung sind zwei Regeln verbunden, die wir den Eltern bei der Erklärung des Raumes in Form von zwei Instruktionen geben:

Instruktion 1:

„An diesem Tisch hier wollen wir nur spielen und nicht diskutieren.“

Instruktion 2:

„Zum Diskutieren setzen wir uns hierher (Diskussionsbereich). Aber während gespielt wird, soll nicht über die Spiele geredet werden."

Solche Instruktionen klingen vielleicht pingelig. Ich meine, daß Regeln nie anziehend sind, aber diese haben sich bewährt, und wir erachten sie als unbedingt notwendig. Je klarer wir den Eltern sagen, was wir von ihnen erwarten, desto reibungsloser ist die Durchführung, und wir können uns den wichtigen Dingen zuwenden.
Der Raum soll groß genug sein, daß die Aufteilung in drei Bereiche möglich ist: Spielbereich, Diskussionsbereich, Gerätebereich.
An technischen Hilfsmitteln brauchen wir nur eine große Tafel und eine Videoanlage. Einwegscheibe ist eher hinderlich. Das Gerät soll im Raum stehen und vom Trainer oder Kotrainer bedient werden.

Tafel und Problemkarten
Demselben Zweck, der Strukturierung und der Lernhilfe, dient auch die große Schreibtafel, auf der die Beschreibung der Filme festgehalten wird.
Ein weiteres strukturierendes Element stellen die sogenannten „Problemkarten" dar. Auf einer Karte im Format DIN A 4 quer wird in schematischer Form die Beschreibung von der Tafel abgeschrieben. Für jedes Problem wird so eine Karte angelegt. Im weiteren Verlauf des Trainings werden diese Problemkarten wieder hervorgeholt, besprochen und analysiert, und schließlich werden auf der Rückseite die Lösungen notiert. Die Problemkarten, die im Telegrammstil die wichtigsten Punkte des Trainingsablaufes enthalten, nehmen die Mütter mit nach Hause.
Eine genauere Besprechung, wie mit den Karten im Training gearbeitet wird, bringen wir bei der Beschreibung des dritten Trainingstages.

Teilnehmende Personen
Unsere Standardbesetzung bestand aus vier Eltern, Trainer und Kotrainer. Vier Eltern erscheint uns ein günstiges Verhältnis zu zwei Trainern zu sein. Die Gruppe ist einerseits groß genug, um voneinander lernen zu können, und um genügend Mitspieler für die Rollenspiele zu haben, und andererseits ist sie noch nicht zu groß, so daß jeder zum Handeln und Spielen kommt. Bei der Durchführung von Erziehertrainings, der Ausbildung von Psychologen und Sozialarbeitern zu Trainern, haben wir acht Personen teilnehmen lassen, wobei wir bei den Spielen die Gruppen halbierten und in zwei getrennten Räumen arbeiteten.
Zwei Trainer sind notwendig. Einer von beiden führt die Gruppe, wobei sie sich abwechseln können, und der andere beobachtet, springt ein, wenn ein Fehler passiert, verrichtet die Hilfsdienste. Als äußerst ungünstig erwies es sich, wenn beide Trainer die Gruppe führen wollten. Es verwirrt die Eltern, wenn sie sich zu gleicher Zeit auf zwei Trainer einstellen müssen.
Ein Training verdient seinen Namen nur, wenn es primär Handlung ist! Öfters haben an den Trainings Studenten teilgenommen, um die Technik zu lernen. Vorher wurden die Eltern um ihre Zustimmung gefragt. Sie haben das Training nie behindert.

2.3. Trainerregeln

Wir wollen nun noch einige Richtlinien für das Training ziehen, und sie für den Trainer in Form von „Trainer-Regeln" festhalten. Diese Regeln sollen als Gedächtnisstütze dienen. Sie stellen für den Trainer eine grobe Orientierung dar.

Einhalten der Rahmenbedingungen. Wir sagten schon, daß die lockere und entspannte Atmosphäre des Trainings die Gefahr mit sich bringt, daß man sich nur wohlfühlt, aber nicht an sich arbeitet und damit nichts verändert. Die Effektivität des Trainings, nicht die Gemütlichkeit wird durch die feste Struktur des Trainings erzielt. Die Situationsgestaltung, die Lernmedien und der planvolle Ablauf bilden eine Lernreihe. Die Hauptaufgabe der Trainer ist es, die Eltern mit fester Hand von Stufe zu Stufe zu führen. Das Training ist eine Lernreihe, und die genaue Einhaltung der Instruktionen gibt den Eltern Sicherheit: Sie wissen jeweils, auf welcher Stufe sie sind, sie wissen, was von ihnen im Moment verlangt wird, welcher Arbeits- und Lernschritt gerade vollzogen wird. So wird erreicht, daß die Eltern engagiert und ernstlich arbeiten, ohne daß der Trainer sich in vielen Instruktionen aufreibt und damit die Teilnehmer verunsichert. Daraus können wir für die Trainer die Spielregel formulieren:

> „Auf die Einhaltung des Rahmens muß streng geachtet werden. Es macht viele Ermahnungen überflüssig und steigert die Dynamik."

Teilnahme an den Rollenspielen. Jeder, auch der Trainer und der Kotrainer, sollen im Laufe des Trainings öfters bei einem Rollenspiel mitspielen. Für den Trainer ist die aktive Teilnahme am Spiel besonders wichtig, weil er im Spiel den ungezwungenen Umgang mit den Eltern lernt. Er kommt dann weniger in Gefahr, in die überfordernde Rolle des „großen Meisters" gedrängt zu werden, die das Miteinander-Arbeiten zerstört. Mitspielen des Trainers mindert Angst auf beiden Seiten, wie sich gezeigt hat.
Der Trainer sollte auch immer darauf achten, daß keiner in der Gruppe über längere Zeit nur Zuschauer ist. Spielt jemand längere Zeit nicht mit, kann sich bei ihm Angst und Langeweile einstellen, oder auch Scheu, sich dann wieder aktiv am Spiel zu beteiligen. Hemmungen einer Person greifen schnell auf die ganze Gruppe über. Ergebnis:

> *„Jeder in der Gruppe soll in regelmäßigen Abständen zum Mitspielen drankommen. So gibt es Spaß für alle."*

Geschwätzigkeit zerstört die Spannung
Ein Training bietet viele Gelegenheiten zum Erzählen (Anekdoten, Experimente, Witze usw.) und es bietet eine starke Verführung zum Interpretieren. Geschwätzigkeit aber ist der Tod des Spiels. Während der Übungen muß sich der Trainer zurückhalten, und er darf auch den Eltern Abschweifungen nicht erlauben. Daraus ergibt sich:

> *„Während des Beobachtungsspiels und der Beschreibung darf kein Kommentar und kein Ratschlag gegeben werden, denn die Mißachtung der Reihenfolge verwirrt die Eltern und schafft eine Reihe von Problemen."*

Störung im Rhythmus des Trainings. Auch so etwas wie eine Krise kann es im Training geben. Die Trainer müssen sich bewußt sein, daß mit Beginn des Trainings ein Prozeß entfacht wird, der das Training trägt und viele Aktivitäten des Trainers überflüssig macht, aber es bedarf keiner großen Fehler und dieser Prozeß gerät ins Stocken oder er gerät aus den Fugen. Die meisten Fehler werden nach unserer Erfahrung durch zu starke Aktivität der Trainer gemacht. Ist er zu aktiv, wird die Entfaltung gestört und das Training wird schwammig. Stellt der Trainer fest, daß aus dem Training eine Beratungsstunde oder ein munteres Geplauder geworden ist, soll er unverzüglich abbrechen, eine Pause einlegen und neu aufbauen. Wenn das Training einmal aus dem Rhythmus gekommen ist, ist es meist zu schwierig, die Gruppe wieder in die Hand zu bekommen. Es muß wieder ein neuer Anfang gemacht werden. Daraus ergibt sich:

„Ist das Training aus dem Rhythmus gekommen, soll der Trainer abbrechen, eine Pause einlegen und neu aufbauen."

Helfen, die Aufgabe zu leisten und nicht die Aufgabe abnehmen. Lernen, gezielt zu beobachten, ist das Ziel dieses Tages. Den Eltern fällt dieser Schritt nicht leicht. Sie brauchen lange, bis sie es einigermaßen schaffen, Beobachtung und Interpretation zu trennen. Sie brauchen dabei unsere Hilfe. Wir haben lange gesucht, bis wir eine angemessene Form der Hilfestellung gefunden haben. Zunächst sind wir der Gefahr erlegen, der auch Eltern bei Leistungsanforderungen an die Kinder erliegen, nämlich daß wir für sie die Arbeit getan haben. Das aber ist keine angemessene Hilfe, das ist allenfalls „Modellieren". Es kommt darauf an, den Eltern die Aufgabe *nicht* abzunehmen und ihnen *trotzdem* Hilfestellung zu bieten.
Wir machen es heute in der Weise, daß wir Diskriminationshilfen geben: „Achten Sie auf die Hände von ...", „beachten Sie die Kopfbewegung von ...". Oft ist es hilfreich, den Ton auszuschalten und nur auf das Bild zu achten, oder umgekehrt. Besonders schwierig ist es, das „Nichts-Tun" zu registrieren.
Erschwert wird das Beschreiben noch dadurch, daß wir immer nur eine Auswahl möglicher Notierungen treffen können und daß unter den möglichen Notierungen viel Irrelevantes ist. Irrelevantes macht die Beschreibung kompliziert, so daß sie dann für das Training untauglich wird. Beschreibung alleine tut's ja noch nicht, erst die gezielte Auswahl führt zum „Aha-Erlebnis", und ohne daß die Eltern einige solcher Aha-Erlebnisse haben, bringt man keinen Tag gut über die Runden.
Die Aufgabe des Trainers ist es, rasch die Szene in ihren Möglichkeiten für beobachtendes Lernen zu erfassen und mit zuvorkommenden Diskriminationshilfen das Auge und die Aufmerksamkeit der Eltern in die gewünschte Bahn zu lenken. Dazu gehört neben viel Erfahrung eine gründliche Vorbereitung auf das jeweilige Training. Darüber werden wir noch bei der Vorbereitung eines Trainings sprechen. Daraus können wir nun die Hilfe-Regel ableiten:

„Durch Diskriminationshilfen soll der Trainer die Aufmerksamkeit der Eltern in die gewünschte Richtung lenken und ihnen damit die nötige Hilfe für die selbständige Beschreibung geben."

3. Die Verhandlungsspiele

Das letzte Erlebnis eines Tages soll positiv sein, denn das letzte Erlebnis wirkt am stärksten nach. Der erste Trainingstag ist sehr anstrengend und der Inhalt der Spiele ist für die Eltern häufig sehr bedrückend. Wir dürfen die Eltern nicht in bedrückter Stimmung nach Hause entlassen. Wir setzen darum an das Ende jedes Trainingstages eine Spielphase. Diese Phasen werden so gestaltet, daß sie dem Training dienen, denn wir haben keine Zeit zu verschenken.
Für den ersten Tag wählen wir aggressiv getönte Verhandlungsspiele; für den zweiten Tag Kontaktspiele und für den dritten Tag ein persönliches Redespiel. Am Schluß des vierten Tages sollte ein geselliger Abend stehen. Diese Reihenfolge hat sich erst allmählich aus positiven und negativen Erfahrungen herausgebildet. Einmal hatten wir das existentielle Redespiel am ersten Tag und mußten feststellen, daß das gegenseitige Vertrauen noch nicht so gefestigt war, um dieses Spiel durchführen zu können; auch die Kontaktspiele setzen eine größere Vertrautheit mit der Gruppe voraus. So kamen die Verhandlungsspiele an den Anfang. Wenn man erst gelernt hat, sich zu verteidigen und Grenzen zu setzen, hat man weniger Angst sich zu öffnen und in engeren Kontakt zu treten.

3.1. Durchführung der Verhandlungsspiele

Instruktion:

„Jeder von uns muß ab und zu dem Partner eine Bitte versagen oder eine Verbotsgrenze ziehen. Das fällt uns nicht leicht und darum warten wir nicht selten so lange, bis wir verärgert sind. In der Verärgerung läßt sich so etwas dann leichter sagen. Aber dann geschieht es meistens in einer Form, die den anderen verletzt. Und so kommt es unverhofft zu Streit.
Eine Lösung des Problems kann darin bestehen, daß wir lernen zu einem früheren Zeitpunkt unsere Erwartungen und Forderungen zu stellen, zu dem Zeitpunkt, an dem wir noch nicht verärgert sind, und die Beziehung zum andern noch ungetrübt ist. Wenn wir unsere Erwartungen früh genug und eindeutig mitteilen, kommt es zwar immer noch zu Spannungen, aber den Streit können wir verhindern. Wir machen nun eine Reihe von Spielen, in denen der einzelne sich testen kann, wie schwer es ihm fällt, Forderungen zu stellen."

Übung 1: Anweisungen geben
Der Trainer formuliert eine Problemsituation und läßt sie durchspielen, z. B.:

„Sie haben eine Putzfrau angenommen. Nach dem ersten Tag stellen Sie fest, daß sie 10 min später als ausgemacht erschienen ist. Heute ist der zweite Tag. Wiederum kommt sie 10 min zu spät. Wie reden Sie mit ihr?"

Sinn der Übung ist: Lernen, Anweisungen klar und eindeutig zu geben, ohne verletzend zu werden bzw. sich auf einen Streit einzulassen, wenn der Partner entrüstet tut.
Man kann auch verschiedene Variationen durchspielen wie z. B. schon angedeutet: der Partner antwortet entrüstet oder beginnt zu schmollen usw. Ohne daß von den

Erwartungen etwas zurückgenommen wird, soll versucht werden, auflockernde und belohnende Momente zu setzen.
Die Spiele werden nicht auf Band aufgenommen. Nur im Gespräch wird den Spielern Feedback gegeben. Es soll vermieden werden, daß die Spiele zu einer Fortsetzung des gezielten Trainings werden.

Übung 2: Kritik üben — Kritik annehmen
Ein Teilnehmer schlägt ein Thema vor, z. B.: „Einer Mutter soll mitgeteilt werden, daß sie ihrem Kind zu wenig Eigeninitiative läßt.“ Wiederum kommt es darauf an, die Kritik in einer Form vorzubringen, daß sie der andere annehmen kann, und daß er damit auch etwas anfangen kann.
Folgende Gesichtspunkte spielen dabei eine Rolle:

1. Oft können wir negative Kritik vermeiden, indem wir auf das positive Gegenteil hinweisen. Z. B. „Sie haben ein eigenständiges, phantasievolles Kind. Mir gefällt, daß es seinen eigenen Willen durchsetzen will. In dem Beispiel von ... haben Sie den Mut gezeigt, darauf einzugehen.“
2. Blockierende Selbstverteidigung können wir abfangen, indem man sagt: *„Auf mich wirkte* die Antwort von vorhin ...“, *„Ich empfand* die Reaktion verletzend ...“ anstatt zu sagen: *„Sie sind ...“, „diese Reaktion ist ...“*
3. Der Gesprächspartner kann mit Kritik mehr anfangen, wenn wir ein konkretes Verhalten benennen oder ein bestimmtes Ereignis ansprechen anstatt zu sagen: „Sie sind inaktiv oder Sie sind dominant.“

Kritik nimmt man am besten hin, wenn man den anderen ruhig ausreden läßt und dann dazu schweigt, wenn man glaubt, sie sei unberechtigt, oder indem man sagt, daß man darüber nachdenken werde, oder — wenn man die Kritik berechtigt findet — indem man zu erkennen gibt, daß man versuchen wird, die Kritik zu berücksichtigen.

Übung 3: Nein sagen — oder: eine Grenze setzen
Wiederum ist das Spiel am spannendsten, wenn jemand ein persönliches Erlebnis spielt. Zur Verdeutlichung kann der Trainer folgendes Beispiel nennen:

> „Sie sind in einem Geschäft und wollen ein paar Schuhe kaufen. Die Verkäuferin ist sehr nett zu Ihnen. Sie hat sich viel Mühe gemacht und vor Ihnen auf der Theke eine reiche Kollektion ausgebreitet. Sie sehen jedoch, daß das gewünschte Modell nicht darunter ist. Sie sehen sich allein im Laden zwei Verkäuferinnen gegenüber und müssen nun sagen: *„Nein danke.* Vielleicht ein anderes Mal.“

Ein weiteres kritisches Beispiel kann man so charakterisieren:

> „Ein Kollege war Ihnen sehr behilflich, als Sie die neue Arbeitsstelle antraten. Er hat Sie eingeführt, mit anderen bekannt gemacht, und Sie waren froh darüber. Er ist Ihnen auch sympathisch, aber oft empfinden Sie seine Hilfsbereitschaft als aufdringlich und beengend. Sagen Sie ihm nun, daß Sie dies und jenes nicht wünschen. *Setzen Sie Grenzen!“*

Auch bei diesen Beispielen kommt es darauf an, dem anderen klar zu sagen, was man von ihm erwartet, womit er rechnen kann usw., ohne in der Form verletzend zu werden.

Wenn man im Laden nein sagen will, sollte man nicht lange herumstehen und schließlich sagen, man werde später nochmals vorbeischauen; oder wenn man sagen will, man möchte alleine nach der Arbeit nach Hause gehen, sollte man es klar sagen und sich nicht davonschleichen, als habe man den anderen nicht gesehen usw. „Ja-aber-Antworten“ führen dazu, daß der Gesprächspartner unsere Erwartungen nicht erfüllt, weil er unser Zaudern falsch deutet, und zugleich verärgert ihn unser Verhalten.
Diese drei Übungen sind nur als Vorschlag zu verstehen. Wenn Teilnehmer andere Vorschläge machen, wird man auf *sie eingehen und sie auf jeden Fall vorziehen.*

3.2. Anmerkungen zum „Verhandlungsspiel“

Der Name „Verhandlungsspiel“: In der anglo-amerikanischen Literatur sind solche Übungen unter dem Begriff „Assertive Training“ bekannt. Im Deutschen wird dafür oft der Ausdruck „Selbstbehauptungstraining“ gebraucht. Wir finden, daß der Name irreführend ist, denn es geht nicht nur darum, sich selbst zu behaupten, wir wollen auch den anderen *nicht in die Ecke drängen.* Gelernt werden soll möglichst klar, eindeutig und überzeugend seine Erwartungen und Vorstellungen zu äußern, zugleich aber in der Form so flexibel und einfühlend zu sein, daß der Partner sich nicht verletzt fühlen muß. Gerade letzteres, nicht verletzend in der Form zu sein, wird u. E. im „Assertive Training“ zu wenig beachtet und betont, wodurch das Assertive Training einen Akzent des Aggressiven bekommt, den wir nicht bejahen. Druck löst Gegendruck aus; Aggressionen provozieren Aggressionen. Wir helfen den Eltern nicht wirklich, wenn wir sie nur dazu ermuntern, Forderungen zu stellen, und ihnen nicht zugleich helfen, die Forderungen in einer Form vorzubringen, daß sie beim Partner Entgegenkommen auslösen.
Die Tätigkeit des wirtschaftlichen Verhandelns trifft unsere Absicht am besten: Man will mit dem anderen Geschäfte abschließen und zeigt sich umgänglich! Man will für seine Ware aber auch etwas bekommen und sagt klar, wieviel man will. Und genau darum geht es auch in den vorgeschlagenen Spielen: klar zu sagen, was man erwartet, wo man die Grenzen setzt, ob man etwas will oder nicht — aber es so freundlich wie möglich zu sagen.

Zweiter Tag

Lernen, das Verhalten des Kindes in Abhängigkeit von seiner Umwelt zu verstehen

Am zweiten Tag geht es um die Theorie: Wir helfen den Eltern zu sehen, daß zwischen Verhalten und Umwelt ganz bestimmte Zusammenhänge bestehen. Vorbereitet wurde dieser Schritt durch die genaue Beschreibung des Ablaufs von Problemereignissen. Das Kontingenz-Modell als neues Ordnungsschema ergibt sich daraus und wird von den Eltern ohne große Schwierigkeiten aufgenommen. So können wir uns ganz darauf konzentrieren, Ereignisse zu provozieren, die als exemplarische Beispiele gleichsam den Maßstab für die Beurteilung liefern. *An Stelle von abstrakten Aussagen setzen wir anschauliche Bilder.*
Zwei experimentelle Spiele stehen im Mittelpunkt des Geschehens und gliedern den Tagesablauf: das Belohnungs-Bestrafungsspiel und das Hilfespiel.

1. Das Belohnungs- und Bestrafungsspiel

Das BB-Spiel hat einen dreiteiligen Aufbau:

1. Durchführung von Vorträgen zuerst unter Belohnungs- und dann unter Bestrafungsbedingungen;
2. Befragung mit Hilfe eines Fragebogens und Auswertung als Einleitung zur Auswertung der Aufnahmen;
3. Auswertung der Aufnahmen.

1.1. Durchführung des Belohnungs-Bestrafungsspiels

Vorbereitung: Zu Beginn des zweiten Tages bittet der Trainer zwei Eltern, sie möchten zur Einleitung einen kurzen Vortrag von ca. 10 min Dauer halten. Sie sollen darüber sprechen, wie sie einen Tag mit dem Kind gestalten: Aufstehen, Frühstück, Schule, Vormittag, usw. Er fordert einen Erzieher gleich auf, am Spieltisch Platz zu nehmen und mit dem Vortrag zu beginnen. Die anderen hören zu.

> **Instruktion an die Gruppe:**
>
> „Wir wollen voneinander lernen. Frau N. N. wird uns nun erzählen, wie sie den Tag mit dem Kind gestaltet."

Das Spiel
Während nun der Erzieher redet, wird er vom Trainer und vom Kotrainer demonstrativ verstärkt: stilles Zuhören, interessierte Fragen, Zustimmung, Anlachen, Mitgefühl äußern, usw.

Sobald er seinen Vortrag beendet hat, wird ihm gedankt, und der zweite Erzieher aufgefordert, mit dem Vortrag zu beginnen. Trainer und Kotrainer ändern nun ihr Verhalten in dem Sinne, daß sie den Sprecher demonstrativ durch Entzug der Zuwendung bestrafen: Nicht zuhören, mit anderen reden, Lärm machen, in einem Buch lesen, in seinen Akten herumkramen, gähnen, kritische Zwischenbemerkungen, auf die Uhr schauen, bedenklich mit dem Kopf wackeln, ernste Miene, ernstes Schweigen ohne Feedback, usw. Sobald der Sprecher zu Ende ist, wird er aufgefordert am Diskussionstisch Platz zu nehmen.

Instruktion an die Gruppe:

„Sie haben wahrscheinlich gemerkt, daß während der Vorträge nicht alles mit rechten Dingen zuging. Ja, wir haben Ihnen ein Experiment vorgeführt, um Ihnen zwei wichtige Lerngesetze zu demonstrieren. Bevor ich Ihnen jedoch das Experiment erkläre, möchte ich Sie bitten, die Fragen auf diesem Blatt (cf. Anhang II) zu beantworten."

Hierauf wird nun den Eltern, die geredet haben, der Fragebogen A und den Eltern, die nur zugehört haben, der Fragebogen B gegeben. Während die Eltern den Fragebogen ausfüllen, wird das Videoband, auf dem das Spiel aufgenommen worden ist, zurückgespult, um es vorzuführen.
Der Kotrainer sammelt die Fragebögen ein und wertet sie gleich aus. Unterdessen erklärt der Trainer den Teilnehmern das Experiment. Er erklärt, daß das Verhalten der Trainer abgesprochen war. Der erste Redner sollte durch Zuwendung systematisch belohnt und der zweite durch Entzug der Zuwendung systematisch bestraft werden:

„Daß man durch Belohnung und durch Bestrafung Verhalten lenken kann, ist Ihnen gewiß nichts Neues. So sagen wir z. B.: ‚Wenn du die Suppe nicht ißt, gibt es keinen Nachtisch.' oder: ‚Wer als erster im Bett ist, bekommt ein Bonbon.' — Und da wir in der Erziehung von Belohnung und Bestrafung so häufig Gebrauch machen, wollen wir nun einmal genauer beobachten, was alles belohnend und bestrafend ist, und was Belohnung und Bestrafung beim Kind bewirken können."

Wir führen das BB-Spiel zuweilen noch in einer anderen Form durch, denn wird das BB-Spiel wie oben beschrieben durchgeführt, so braucht man eine doppelte Videoanlage, möglichst mit Mischpult, damit das Spiel auch angemessen ausgewertet werden kann. Wo wir die Mischpultanlage nicht zur Verfügung hatten, änderten wir die Durchführung in der Weise, daß sich der Trainer zum Sprechenden setzt, und mit ihm alleine das Gespräch führt. Sprecher und Trainer werden auf Videoband aufgenommen. Diese Form ist zwar nicht weniger eindrucksvoll, aber das Spektrum an Bestrafungs- sowie an Belohnungsreizen ist meist geringer, und das ist ein erheblicher Nachteil.
Nicht bewährt haben sich hingegen Mischformen. So versuchten wir eine Demonstration nach dem A-B-A-Schema durchzuführen. Zuerst wurde der Sprecher belohnt, dann bestraft und schließlich wieder belohnt. Meist kommt dabei nur Konfusion heraus — der Redner weiß nicht mehr recht wie ihm geschieht und reagiert in der zweiten Belohnungsphase verwirrt und verunsichert.

Eine andere Mischform, die wir ausprobiert haben, bestand darin, daß Trainer und Kotrainer zusammen das Gespräch mit dem Vortragenden geführt haben, wobei einer von beiden strafte, und der andere belohnte. Auch mit dieser Form war das Ergebnis nicht so klar und überzeugend.

Auswertung
Die Eltern, die die Strategie des Spielens nie durchschauen, bekommen nun die Gelegenheit, ihren verwirrten Gefühlen Ausdruck zu geben. Häufig wird über das Thema gesprochen:
Eltern eines behinderten Kindes und die Reaktionen der Umwelt. Nicht nur das Kind, auch die Eltern sind abhängig von Belohnung und Bestrafung, und die Reaktion Umwelt sind für die Eltern behinderter Kinder meist bestrafender Art. Damit wird viel unvernünftiges Handeln der Eltern verständlich.
Zum geeigneten Zeitpunkt — wenn die Eltern wieder aufnahmefähig sind — bringt der Kotrainer die Ergebnisse der Befragung ein.

Antworten des belohnten Sprechers. Seine Antworten fallen meist eindeutig im Sinne der Erwartung des Experimentes aus. Unter Belohnungsbedingungen zu sprechen, löst die Anfangshemmung, und dem Sprecher fällt es eher leichter als erwartet, zu sprechen (Frage 1). Die Gründe werden in der Vertrautheit der Gruppe gesehen oder in der eigenen Persönlichkeit. Bei gutem Abschneiden unter Belohnungsbedingungen ist man geneigt, die Gründe im Verhalten der Gemeinschaft zu sehen (Frage 2). Seine eigene Leistung beurteilt man positiv (Frage 3) und glaubt selbstbewußt, daß die anderen Eltern davon profitieren können (Frage 4). Die Einstellung zur Tätigkeit, die Erfolg gebracht hat, ist positiv und löst kein Vermeidungsverhalten aus (Frage 5). Und auch die Vergangenheit, die mit den Belohnungsbedingungen in Beziehung gebracht wird, wird positiv wahrgenommen (Frage 6). Insgesamt ergibt sich, daß Belohnungsbedingungen die Arbeit erleichtern, und daß man unter Belohnungsbedingungen eine gute Leistung erbringt.

Antworten des bestraften Sprechers. Bei der Befragung des bestraften Sprechers ergibt sich eine Komplikation. Da nämlich unter Strafbedingungen der Mensch verschlossener und unehrlicher wird, antworten die bestraften Redner nicht selten nach sozialer Erwünschtheit, so daß ihre Antworten oft weniger deutlich im Sinne der Hypothese ausfallen. Dieser Aspekt muß vom Kotrainer herausgearbeitet werden, ohne daß er dabei die Mutter erneut verletzt.
Zum größten Teil fallen die Antworten im Sinne der Hypothese aus, und es ergibt sich dabei, daß es Eltern unter Strafbedingungen schwerer als erwartet fällt, vor der Gruppe zu sprechen (Frage 1). Die Ursachen werden ausnahmslos in der Persönlichkeit des Sprechenden, im Thema oder in einer anderen neutralen Variablen gesehen, wie z. B. „ich habe heute einen schlechten Tag“ (Frage 2). Nie jedoch werden die Reaktionen der Trainer als Ursache genannt. Die eigene Leistung wird ehr negativ beurteilt (Frage 3), und sie glauben auch nicht, daß die Zuhörer daraus lernen können (Frage 4). Bei diesen Rednern zeigt sich auch ein Vermeidungsverhalten, indem sie es ablehnen, nochmals vor der Gruppe zu sprechen (Frage 5), und, was besonders drastisch ins Auge springt, sie beantworten die Frage 6 meist mit „ich weiß nicht“.
10 min unter leichten Strafbedingungen über seinen Erziehungsstil zu sprechen verunsichert die Mütter derart, daß sie geneigt sind ihre Arbeit negativ zu bewer-

ten. Aktuelle Strafbedingungen tangieren somit auch die Einstellung gegenüber vergangenen Ereignissen.
Insgesamt ergibt sich, daß Bestrafungsbedingungen die Arbeit erschweren, Vermeidungsverhalten provozieren und zu einer negativen Einstellung führen. Die Gründe werden eher in der Person oder in neutralen anderen Variablen gesehen, als in den Strafbedingungen.

Die Einstellungsänderung wird meist unter dem Aspekt behandelt, ob dem Handeln Einsicht der Einstellungsänderung vorausgeht. (JANIS und KING, 1954; JANIS und FESHBACH, 1953). Uns erscheint der Aspekt der Umweltbedingungen, also Belohnung und Bestrafung als ein entscheidender Faktor bei der Einstellungsbildung. Die Hypothese erscheint begründet, daß Einsicht und Handeln eher als Orientierungsreaktionen oder als diskriminative Hilfestellung zu verstehen sind für die Kontingenzbedingungen, und daß allein die Kontingenzbedingungen Einstellungen bedingen.

Antworten der zuhörenden Eltern: Die Fragen an die zuhörenden Eltern betreffen die Leistung des Vortrags. Es ergibt sich mit wenigen Ausnahmen, daß der Redner, der unter Belohnungsbedingungen spricht, durchwegs positiver beurteilt wird. Ihm fällt das Sprechen leicht, er spricht sicher, flüssig, gelöst und konzentriert. Während der Sprecher, der unter Bestrafungsbedingungen spricht, meist negativ beurteilt wird. Der belohnte Sprecher hinterläßt naturgemäß den besseren Eindruck. Es ergibt sich für die zuhörenden Eltern der Eindruck, daß der Sprecher, der unter Belohnungsbedingungen gesprochen hat, intelligenter, gewandter, selbstsicherer, mit einem Wort: tüchtiger ist als der Sprecher, der unter Bestrafungsbedingungen gesprochen hat. Daß sie ebenfalls die Gründe dafür in der Persönlichkeitsstruktur suchen und nicht in den Umweltbedingungen, deckt ein fatales Mißverständnis auf, das in der Erziehung negative Folgen hat: Persönlichkeitsstrukturen kann der Erzieher nicht ändern, oder zumindest weiß er nicht, wie er das anstellen soll. Umweltbedingungen hingegen wären oft sehr leicht zu ändern.
Es versteht sich, daß die Eltern nach diesen Enthüllungen erst einmal Zeit brauchen, um sich wieder zu fangen. Wir schalten hier eine freie Diskussion ein, in der die Eltern Erfahrungen, die sie gemacht haben, einbringen können, und in der sie ihre aktuellen Umweltbedingungen diskutieren können. Auch hier steht neben Partnerproblemen das Thema im Vordergrund: die Eltern eines behinderten Kindes und die Reaktionen der Umwelt. Nach einer kurzen Erholungspause folgt nun der dritte Teil: die Auswertung der Video-Aufnahmen.

Auswertung der Video-Aufnahmen

Das Bestrafungsspiel wird grundsätzlich zuerst ausgewertet. Oft steht der bestrafte Redner stark unter der Strafwirkung: d. h. er ist mit sich unzufrieden, kann sich nicht konzentrieren, will wissen, was mit ihm los ist, ist stark mit sich selbst beschäftigt.

Instruktion:

„Was alles ist Strafe? Das wollen wir nun herausarbeiten. Wir werden die vielfältigen Verhaltensweisen der Gruppe sammeln, die für Frau/Herrn ... unangenehm waren. Wir schreiben sie auf der Tafel auf und übertragen sie dann auf unsere Karten, die Sie nach Hause mitnehmen."

Nun wird das Band, auf dem die Gruppe zu sehen ist, Stück für Stück abgespielt, wie wir es bei der Auswertung der Beobachtungsspiele getan haben; abgespielt wird alles, was einer der Teilnehmer als Strafe empfindet. Dabei ergibt sich

oft, daß die Meinungen darüber, ob eine Verhaltensweise bestrafend sei oder nicht, auseinandergehen. Der Trainer soll in die Diskussion eingreifen und darauf hinweisen, daß frühere Erfahrungen, individuelle Wertvorstellungen usw., die Antwort mit beeinflussen, ob eine Reaktion bestrafend empfunden wird oder nicht. Darauf kommt es jetzt aber nicht an. Wir wollen nur sammeln, was bestrafend sein kann.
Zum Schluß faßt der Kotrainer wiederum das Erarbeitete zusammen und hebt die wesentlichen Momente hervor. Anschließend wird das Verhalten der bestraften Redner analysiert und beschrieben.

Instruktion:

„Das Verhalten der Gruppe hat Frau/Herrn ... beeinflußt. Wir wollen nun die vielfältigen Verhaltensweisen sammeln, die wir als Folge der Strafbedingungen sehen müssen und sie genau beschreiben, wie wir es vorhin mit dem strafenden Verhalten der Gruppe getan haben.“

Die Auswertung erfolgt nun in ähnlicher Weise wie bei der Auswertung des Gruppenverhaltens. Zum Schluß faßt der Kotrainer das Ergebnis wieder kurz zusammen.
In gleicher Weise wie das Bestrafungsspiel wird nun auch das Belohnungsspiel ausgewertet.

Instruktion zur Auswertung des belohnenden Verhaltens der Gruppe:

„Wir wollen nun herausarbeiten, was alles belohnend sein kann. Wir sammeln wieder die vielfältigen Verhaltensweisen und Reaktionen, die für Frau/Herrn ... angenehm waren. Wir schreiben sie wieder auf die Tafel und übertragen sie dann auf unsere Karten.“

Instruktion zur Auswertung der Folgen von belohnenden Ereignissen:

„Auch das positive Verhalten der Gruppe beeinflußte den Vortrag. Wir sollen nun die vielfältigen Verhaltensweisen sammeln, die wir als Folge der Belohnungsbedingungen sehen müssen und sie genau beschreiben, wie wir es vorhin bei der Herausarbeitung der Folgen von strafenden Ereignissen getan haben.“

Ein kurzer Ausblick schließt das Belohnungs-Bestrafungsspiel:
„Wir haben hier nur einen kleinen Ausschnitt von dem gesehen, was Belohnung/Bestrafung sein kann, und was sie bewirken können. Aber wir haben nun in der direkten Beobachtung einen Weg kennengelernt, der uns auch im Alltag die verschiedenen offenen und verdeckten Formen der Belohnung und Bestrafung erkennen hilft, und wir sind auf ihre Wirkung aufmerksam geworden.
Als wir Sie im Interview fragten, welchen Eindruck Ihnen die beiden Vortragenden gemacht haben, haben Sie Frau/Herrn ... eher positiv und Frau/Herrn ... eher negativ beurteilt. Und als wir Sie aufforderten zu sagen, warum Frau/Herr ... besser gesprochen hat und Frau/Herr ... schlechter als erwartet, suchten Sie die Gründe im Charakter der Vortragenden. Wir haben nun das Verhalten der Gruppe genau beobachtet und gesehen, daß der erste Redner unter Belohnungsbedingungen, und der zweite unter Bestrafungsbedingungen gesprochen hat, und das sind die

wahren Gründe für das unterschiedliche Verhalten von Frau/Herrn ... und Frau/ Herrn ...
Wir haben durch diesen Versuch gelernt:

1. daß wir — Eltern und Kinder — in unserem Verhalten in erheblichem Maße von der Umwelt bestimmt werden, und
2. daß unser Verhalten und unsere Gefühle von Belohnung und Bestrafung abhängig sind."

Auflockerungsübung
Die Auswertung des BB-Spiels strengt die Teilnehmer an. Sie ziehen Parallelen zu ihrem Leben, erkennen Fehler in ihrem erzieherischen Verhalten und sind daher am Ende der Auswertung stark verspannt. In der nun folgenden Auflockerungsübung bekommen die Teilnehmer die Gelegenheit, belastende Gedanken und Gefühle loszuwerden. Die Gruppe muß unbedingt entspannt sein, bevor wir mit der nächsten Übung beginnen können. Erst wenn dieser Abschnitt auch gefühlsmäßig einigermaßen abgeschlossen ist, sind die Eltern wieder fähig, die nächste Übung aufzunehmen.
Die Auflockerungsphase hat zwei Teile:

1. Vorspielen von positiven Szenen aus der Baseline 1;
2. freies Gespräch über die Erfahrungen im BB-Spiel.

Vorspielen von positiven Szenen aus der Baseline 1. Während der Vorbereitung eines Trainings werden die Eltern mit ihren Kindern in kritischen Situationen auf Videoband aufgenommen. Aus diesen Bändern werden einige Szenen ausgesucht, in denen die Eltern nicht strafen und auch nicht unangemessenes Verhalten des Kindes durch Zuwendung belohnen. Wir wollen mit dem Vorspielen solcher Szenen den Eltern das drückende Gefühl nehmen, sie würden alles falsch machen.
Es kommt immer wieder vor, daß wir bei einer Mutter oder einem Vater keine solche eindeutig positive Szene in den Baselineaufnahmen finden. Man kann sich in solchen Fällen damit behelfen, daß man eben nur auf das positive Verhalten hinweist und das andere übergeht. Die Szenen sollen kurz sein, 30–60 sec genügen.
Die Szenen werden zusammenhängend abgespielt und anschließend vom Trainer interpretiert. Dabei kann er auch die eine oder andere besonders gute Reaktion durch *nochmaliges Abspielen* hervorheben, was eine starke Belohnung für die Eltern ist, und ihre Aufmerksamkeit wird zugleich auf das positive Verhalten gelenkt.
Kommen von den Eltern Hinweise, der Trainer habe die positivsten Stellen ausgesucht und verheimliche ihnen das negative Verhalten, geben wir folgenden Kommentar:

> „Es kommt uns darauf an zu zeigen, was Sie können, wozu Sie fähig sind, und nicht zu zeigen, daß Sie Fehler machen — die machen wir alle. Wichtiger ist und hilfreicher, daß wir sehen lernen, wie das richtige Verhalten aussieht, denn das wollen wir ja lernen."

Freies Gespräch über die Erfahrung im BB-Spiel. Die Eltern, die meist in der Erwartung zum Training kommen, daß wir ihnen ihre Fehler aufzeigen oder vorhalten, und die auf die Ankündigung nach dem BB-Spiel, wir würden ihnen nun

einige Szenen ihres Umganges mit dem Kind vorspielen, geben sich nach dem Vorspielen der positiven Szenen sichtlich erleichtert. Allmählich nehmen sie es uns ab, daß wir unseren Wissensvorsprung nicht dazu benutzen wollen sie bloßzustellen, sondern daß wir ihnen helfen wollen.
Wir geben nun den Eltern in einem freien Gespräch die Möglichkeit sich über ihre Befürchtungen, Ängste und Hoffnungen zu äußern. Mit einigen Kontaktübungen kann die Auflockerungsphase abgeschlossen werden.

1.2. Anmerkungen zum BB-Spiel

Verhalten als Folge von Umweltereignissen zu verstehen ist das globale Lernziel dieses Tages. Hauptsächlich im Versagen neigen wir dazu, die Schuld in der Persönlichkeit, in den Erbanlagen, in Witterungsverhältnissen zu suchen und nicht im Verhalten der Interaktionspartner. Sätze wie: „Der Bub ist faul“, „Sein Vater war auch ein Versager“, „Er hat schlechte Nerven“, usw. sind Ausdruck eines Irrtums, über den der Erzieher an diesem Tag aufgeklärt werden soll.
Am Vortag haben die Eltern gelernt, systematisch zu beobachten. Um mit den Beobachtungsdaten erzieherisch arbeiten zu können, müssen sie miteinander in Beziehung gebracht werden. Die Eltern sollen lernen, eine Beziehung zwischen Ereignissen zu erfassen, z. B. zwischen Ereignis 1 „Kind schreit“ und Ereignis 2 „Mutter eilt herbei“. Die Eltern müssen lernen, bestimmte Ereignisse aus dem gesamten Reizspektrum zu abstrahieren; sie müssen lernen, das funktional Wesentliche vom funktional Unwesentlichen zu trennen. *Sie brauchen dafür ein geeignetes Schema.* Wir glauben, daß für viele Eltern Begriffsdefinitionen und Lerngesetze ein zu abstraktes Schema darstellen (weil die Vermittlung primär auf der verbalen Ebene geschieht), als daß sie im Alltag damit arbeiten werden. Wir geben dem *anschaulichen Bild des Demonstrationsexperimentes,* mit dem zusätzlich starke persönliche Erlebnisse verbunden werden, den Vorzug.
Das Belohnungs-Bestrafungsspiel soll den Eltern in der Eindringlichkeit und Klarheit eines Bildes das Schema für das Einordnen von Beobachtungsdaten liefern.

Das Demonstrationsexperiment als didaktische Methode. Man ist gewohnt, daß Theorie mit Worten vermittelt wird, denn Theorie scheint etwas „Geistiges“ zu sein, das nur mit Worten einfangbar ist. Im Gegensatz dazu fassen *wir* Theorie instrumentell auf und versuchen daher auch didaktisch einen anderen Weg einzuschlagen. Die Handhabung eines Instrumentes kann mit Worten allein selten angemessen vermittelt werden. So z. B. werden sie kaum Skifahren lernen, wenn ihnen der Skilehrer nur schildern würde, wie sie fahren müssen. Wer mit den Lerntheorien nicht nur Vorträge halten und Artikel schreiben will, sondern wer mit ihrer Hilfe Kinder besser erziehen will oder psychisch Gestörten helfen will, der muß sie wie ein Instrument zu gebrauchen lernen.
Das Demonstrationsexperiment ist für uns das Brett an dem wir den Hobel versuchen. Die systematische Variation der Konsequenzen soll den Eltern das beobachtende Lernen erleichtern. Das Experiment als konkretes Erlebnis steht als Paradigma für das Lerngesetz. Auf die verbale Formulierung legen wir keinen Wert — zuviele Mißverständnisse sind dabei möglich, wie die Polemik landauf landab gegen die Verhaltensmodifikation zeigt.

Begründung des Lernschrittes. Das BB-Spiel wird aus folgenden Gründen an den Anfang des zweiten Tages gesetzt:
1. Das Gelingen des Spieles setzt voraus, daß die Eltern zum Trainer Vertrauen gefaßt haben. Sie würden sonst vor der Gruppe nicht aus sich herausgehen und damit würde zumindest nicht die Eindeutigkeit erreicht, die für ein Demonstrationsexperiment notwendig ist.
2. Die Auswertung der Aufnahme, die einen integralen Bestandteil des Lernschrittes ausmacht, setzt voraus, daß man mit der Technik des objektiven Beobachtens schon vertraut ist.
3. Bei den folgenden Aufgaben, der Konzeption von Lösungen, bzw. bei der Analyse der Problemereignisse, wird die Kenntnis der Effekte von Belohnung und Bestrafung vorausgesetzt.
Der Lernschritt des zweiten Tages fügt sich daher in die Lernreihe ein, er setzt einerseits die Beobachtungsübung des Vortages voraus und schafft andererseits die Voraussetzungen für die Analyse der Problemereignisse am folgenden Tag.

Auswahl der vortragenden Redner. Um das Demonstrationsexperiment überzeugender zu gestalten, wird für das Bestrafungsspiel jemand aus der Gruppe genommen, der sich bis dahin leicht äußern konnte, und der während des ersten Tages eher eine dominante Rolle gespielt hat. Für das Belohnungsspiel wird dagegen jemand aus der Gruppe genommen, der sich am ersten Tag eher schwer äußern konnte, und der verbal nicht so geschickt ist. Das Experiment wird eindrucksvoller und überzeugender, weil sich nun im Vortrag die Redner entgegen den Erwartungen verhalten: Die dominante Mutter oder der dominante Vater wird unter Bestrafungsbedingungen *unsicher,* und die scheue Mutter oder der scheue Vater wird nun unter Belohnungsbedingungen *sicherer* und *beredter.* Eine weitere Überlegung, die für die Auswahl von durchsetzungsfähigen Personen für das Bestrafungsspiel spricht, ist die große Belastung, der der Redner während des Spieles ausgesetzt wird.

Zur Auswertung. Im BB-Spiel wird, soweit durch Instruktionen und durch Übung möglich, eine Rückwirkung des Verhaltens des Vortragenden auf die Trainer zu vermeiden gesucht, so daß keine wechselseitige Abhängigkeit des Verhaltens auftritt.
Das Verhalten des Vortragenden ist daher als *abhängig vom Verhalten der Trainer* zu betrachten und das Verhalten der Trainer als *abhängig von Instruktion und Übung,* nicht aber als abhängig vom Verhalten des Vortragenden. M. a. W.: Der Trainer *steuert* den Vortragenden.
Diese Künstlichkeit, die wir um der Klarheit und Einfachheit willen in Kauf nehmen, hat auch Auswirkungen auf die Auswertung. Das Verhalten der Trainer wird gleich funktional interpretiert als Bestrafung oder als Belohnung, während das Verhalten des Vortragenden neutral in der Art der Beschreibung vom Vortag ausgewertet wird.
Bei der Auswertung des Verhaltens der Trainer kommt es daher regelmäßig zu Diskussionen, ob eine bestimmte Äußerung als Belohnung oder als neutral oder gar als Bestrafung zu werten sei. *Die Äußerung von verschiedenen Beurteilungen halten wir für wichtig,* die Diskussion darüber hingegen für entbehrlich oder gar für hinderlich. Es gibt im Erleben von Belohnung und Bestrafung individuelle Unterschiede, auch im erzieherischen Alltag. Viele Ereignisse sind nicht so eindeu-

tig, wie wir oft glauben, und das sollen die Eltern erfahren. Sie sollen lernen, Erfahrungen anderer zu respektieren und eine Situation nicht immer nur mit den eigenen Augen zu sehen.
Hinzu kommt, daß in unserem Falle die Auswertung ein Stück Intervention ist und nicht Informationssammlung für eine Verhaltensanalyse, d. h. eine Fehlinterpretation ist kein Unglück.
Wir gehen daher bei der Auswertung des Verhaltens der Trainer in Form eines Brainstormings vor: Jeder Beitrag ist gut und wird als solcher notiert. Wir registrieren, daß manche Ereignisse von allen gleich beurteilt werden, andere wieder unterschiedlich. Das ist Realität.
Die Auswertung der vortragenden Redner empfiehlt sich auch deshalb in der objektiv beschreibenden Form, weil sie erfahrungsgemäß die am wenigsten bestrafende Auswertungsform ist. Interpretationen wecken beim Betroffenen Emotionen, die für den Lernprozeß hinderlich sind.

Der Vortrag als abhängige Variable. Ein Vortrag über den eigenen Erziehungsstil erwies sich für unsere Zwecke als günstig. Das Thema ist persönlich genug, um die vortragenden Eltern emotional zu beteiligen und sie für die Belohnung und Bestrafung durch die Trainer sensibel zu machen. Er bietet ferner in Mimik und Wort genügend Möglichkeiten, um viele und verschiedenartige Effekte von Belohnung und Bestrafung zeigen zu können.
Schließlich bietet die Gestaltung eines Tages genügend erzählerischen Stoff, um auch einer verbal ungelenken Mutter einen zehnminütigen Vortrag zu ermöglichen.
Wir haben verschiedene andere Möglichkeiten ausprobiert, sind aber immer wieder auf den Vortrag über die Gestaltung eines Tages zurückgekommen. Es gibt dabei für die bestrafte Mutter wenig Möglichkeiten, sich hinter einem Blatt Papier oder sonstwie zu verbergen.

Eine Stichprobe von Ereignissen. In unserem Demonstrationsexperiment kommt natürlich nur eine kleine Stichprobe von möglichen Belohnungs- und von möglichen Strafreizen, sowie von möglichen Reaktionen darauf, vor. Das verleitet dazu die Stichprobe zu erweitern, indem man querfeldein nach belohnenden und bestrafenden Ereignissen sucht, wobei der Phantasie natürlich keine Grenzen gesetzt sind. Solche Ausschweifungen laufen der Intention des Trainings entgegen. *Uns kommt es darauf an ein Stück realer Szene genau, Schritt für Schritt zu beschreiben;* es kommt uns darauf an die Eltern an eine Vorgehensweise zu gewöhnen, gegen die wir im Alltag alle so gern verstoßen: zuerst Beobachten und die Interpretation darauf zu beschränken, Beobachtetes in einen zeitlichen und kausalen Zusammenhang zu bringen.
Erst durch das konsequente Vorgehen nach diesem Schema während des gesamten Trainings kann den Eltern dieser Ansatz zu einem Erlebnis werden, das sie motiviert, zu Hause in ähnlicher Weise vorzugehen. Das Erlernen einer Methode ist durchaus vergleichbar dem Erlernen einer Sprache: Lernen wir verschiedene Sprachen durcheinander, werden wir keine Sprache sicher beherrschen.

Stellenwert der Befragung am Ende des Spieles. Der Fragebogen hat die Funktion, die Eltern auf die Auswertung vorzubereiten, sowie das Auswertungsergebnis zu unterstreichen. Dennoch kommen manchmal zwei Antwortfehler vor, die wir kennen müssen.

Ein Effekt von Bestrafung ist Unehrlichkeit und Verschlossenheit, der Versuch sich ins bessere Licht zu stellen, um weiteren Strafen zu entgehen — wir haben darüber schon gesprochen. Daher verleugnen bestrafte Eltern manchmal, daß sie sich während des Vortrages unwohl gefühlt haben, usw.
Der zweite Antwortfehler liegt bei den zuhörenden Eltern. Sie scheuen sich, den bestraften Redner, dem es während des Vortrages nicht gut gegangen ist, schlechter zu beurteilen und ihn nochmals zu bestrafen. Sie beurteilen ihn daher gleich wie den belohnten Redner.
Daß es sich dabei um echte Antwortfehler und nicht um unerwartete Beurteilungen handelt, wird dann klar, wenn der Trainer die Eltern über Sinn und Zweck des Spieles, sowie über die Strategie, aufgeklärt hat. Hier berichten Eltern dann oft spontan, der bestrafte Redner habe ihnen leid getan, darum sollte ihm nichts Unangenehmes gesagt werden. Oder der bestrafte Redner äußert erleichtert: „Sie haben mich da schlimm reingelegt“, „das war eine Tortur“.

Wert der Zusammenfassung. Das Ergebnis der Auswertung wird getippt und den Eltern mit nach Hause gegeben. Diese Zusammenfassung ist wichtig. Bei Nachuntersuchungen kommen Mütter immer wieder auf diese Liste zu sprechen. Zusammen mit den Listen über die günstigen und ungünstigen Hilfestellungen scheinen sie so etwas wie eine Zusammenfassung des Trainings für die Eltern darzustellen, sie werden damit bedeutungsvoller als die Problemkarten. Ein Beispiel davon bringen wir im Anhang III.

Ethische Probleme. Obwohl an diesem Tag nicht über die Probleme der Eltern und über ihr Erziehungsverhalten gesprochen wird, ist es für sie der streßreichste Abschnitt des Trainings. Eltern sehen plötzlich ihr Leben neu. Sie begreifen ihre eigene Erziehung und interpretieren die Probleme, die sie mit den eigenen Kindern haben, nicht mehr als Folge von Erbanlagen, sondern als Folge von Umweltbedingungen und nicht zuletzt als Folge ihres erzieherischen Verhaltens. Man kann geradezu von einem Bekehrungserlebnis sprechen:
„Was habe ich meinem Kind angetan“, „jetzt sehe ich mein ganzes Leben vor mir“, „wenn ich das so alles betrachte was an der Tafel steht, dann trifft das Wort für Wort auf meine eigene Erziehung zu. Ich müßte neu erzogen werden“, „nun sehe ich was wir alles an unserem Kind falsch gemacht haben, und ich habe heute früh noch gesagt: das Kind ist an allem schuld“, „Wie können wir Eltern das wieder gut machen“. Es ist oft erschütternd Mütter von denen wir glaubten, sie lassen keine Kritik an sich herankommen, plötzlich offen und schmerzzerrissen vor uns zu sehen.
Hier drängt sich die Frage auf: Was alles kann man Eltern zumuten, die nur gekommen sind um einige neue Verhaltensmuster zu lernen? Wir machen Spiele mit ihnen, Spiele, die nicht nur Emotionen wecken, sondern auch weitreichende Folgen haben. Wieweit können wir in diesen Spielen gehen?
Der Erfolg ist auf unserer Seite, aber Erfolg rechtfertigt nicht jede Methode. „Ihr habt uns ganz schön verschaukelt!“ ist ein immer wiederkehrender Kommentar, halb Erstaunen, halb Vorwurf. „Es stimmt also gar nicht, daß sie meinen Vortrag gut fanden. Zum Teufel, so eine Blamage.“ Wir wollen hier nur die Frage stellen. Später wollen wir auch versuchen, eine Antwort auf diese Frage zu geben.

1.3. Trainerregeln

Die Regeln des Vortrages sollen hier nicht wiederholt werden. Sie haben auch für diesen Tag Relevanz. Zusätzlich sind an diesem Tag noch folgende Regeln zu beachten:

Geduld üben. Am Vortag haben die Eltern gelernt, Ereignisse zu beschreiben. An diesem Tag können wir ihnen die Auswertung der Aufnahmen fast völlig überlassen. Doch wie nicht anders zu erwarten, geht die Auswertung langsam und schleppend voran. Immer wieder muß eine Szene zurückgespult werden und die Beschreibung ist umständlich. Es kann auch sein, daß der Trainer den Eindruck gewinnt, es wird den Eltern bei der systematischen Auswertung Unwesentliches abverlangt, und er vermeint Zeit sparen zu müssen.
Unsere Erfahrungen haben ergeben, daß man nicht langsam genug an diesem Tag voranschreiten kann. Die Eltern brauchen Zeit, damit sie sich die Gebärden der vortragenden Redner einprägen können, die Abwehr und die vergeblichen Versuche sich zu konzentrieren bei dem bestraften Redner, die plastische und flüssige Redeweise des belohnten Redners.
Die Spiele müssen sich in den Eltern zu klaren und eindrucksvollen Paradigmata verdichten, sie müssen sich als lebendige Vorstellung einprägen. Und das braucht seine Zeit. Daher die Regel:

> *Die Eltern sollen das Tempo bestimmen. Die Intervention soll auf das Geben von Diskriminierungshilfen beschränkt werden: „Achten Sie auf das Gesprochene!" „Achten Sie auf den Blickkontakt!" „Achten Sie auf die Hände!"* usw.

Die Forderung nach größtmöglicher Durchsichtigkeit. Obwohl das Training einfach und durchsichtig strukturiert ist, brauchen die Eltern laufend Hilfen und Hinweise, um zu wissen, was momentan ihre Aufgabe ist. Regelmäßige Zusammenfassungen und Hinweise auf den nächsten Schritt erleichtern den Eltern die Orientierung. Es ist sehr viel, was sie an diesem Tag lernen müssen, und Redundanz in der Mitteilung erleichtert ihnen das Zuhören. Daher die Regel:

> *Das Erarbeitete soll regelmäßig zusammengefaßt werden. Auch soll öfters auf den Stellenwert, der diesem Schritt im Training zukommt, hingewiesen werden.*

Achtsamkeit. Während des gesamten Trainings darf der Trainer keine Mutter und keinen Vater aus dem Auge verlieren. Aber besonders dringend ist diese Forderung während der Beschreibung der Problemereignisse am ersten Tag und da wiederum bei der Zusammenfassung am Schluß ganz besonders und schließlich am zweiten Tag während des BB-Spiels und während der Auswertung. Er muß sehen, wenn einer in der Gruppe den Halt verliert und muß ihm zu Hilfe kommen, bevor er zusammenbricht.
Dabei erscheint mir eine Erfahrung besonders wichtig. Es gibt Eltern, denen man ihre Ängstlichkeit schnell ansieht, bei denen man Anwachsen und Abklingen der Spannung förmlich beobachten kann. Aber es gibt auch Eltern, die sich erstaunlich gut verbergen können. Und unter diesen wiederum ragt ein Typ heraus: *Eltern, die durch ihre Eloquenz und interessierte Anteilnahme von ihrer inneren Spannung*

ablenken. Ihnen fällt man leicht zum Opfer. In Berichten von Kollegen wird öfters erwähnt, daß eine Mutter, die gut mitgemacht hat, die die Gruppe geradezu getragen hat, plötzlich wegblieb. Diese Mütter bleiben dem Training fern, weil sie die innere Spannung nicht mehr ertragen können.
Wir haben für dieses Problem kein Patentrezept. Viel Erfahrung ist hier nötig, um solche Eltern frühzeitig zu erkennen. Auf jeden Fall muß die Regel beachtet werden:

> *„Lassen Sie keine Mutter aus dem Auge, und kommen Sie ihr zu Hilfe, wenn sie in Not gerät, indem Sie spielen lassen, denn Spiel entspannt am meisten."*

2. Das Hilfespiel

Der Aufbau des Hilfespiels ist ähnlich dem des BB-Spiels:

1. Eine Aufgabe muß unter zwei verschiedenen Umweltbedingungen ausgeführt werden;
2. die kritischen Umweltbedingungen und das davon abhängige Verhalten der Versuchsperson werden genau beschrieben.

2.1. Durchführung des Hilfespiels

Instruktion an die Gruppe:

„Lernen das Verhalten des Kindes in Abhängigkeit von seiner Umwelt zu verstehen, ist heute unsere Aufgabe. Wir haben nun gesehen wie wir durch belohnendes oder bestrafendes Verhalten andere beeinflussen. Jetzt wollen wir eine weitere Gruppe von Abhängigkeiten kennenlernen, die für die Erziehung ebenfalls von großer Bedeutung ist."

Der Trainer fordert nun eine Mutter oder einen Vater auf, am Spieltisch Platz zu nehmen und setzt sich dazu, und zwar dicht daneben. Auf dem Tisch liegt ein Puzzle.
Als Lernmedium nehmen wir meist ein „chinesisches Puzzle", wie man es in Spielwarenläden kaufen kann. Es besteht aus sieben Klötzchen unterschiedlicher Form, die richtig zusammengelegt ein Quadrat, ein Rechteck usw. ergeben.

Instruktion an den Erzieher:

„Sie sehen hier sieben Klötzchen. Damit kann man verschiedene Figuren legen. Wenn Sie die Klötzchen richtig legen, können Sie damit ein Quadrat bilden, ohne daß ein Klötzchen übrigbleibt. Sie haben drei Minuten Zeit. Versuchen Sie es bitte."

Während sich der Erzieher nun an die Aufgaben macht, versucht der Trainer, ihm dabei zu *„helfen"*, wobei er sich um besondere *Freundlichkeit* in Ton und Mimik bemüht.

Er äußert folgendes Verhalten: „Das ist eine ganz leichte Aufgabe", „die schaffen Sie leicht", „Sie müssen planvoll vorgehen", „versuchen Sie, sich zu konzentrieren", „alle Klötzchen müssen verwendet werden, auch dieses hier", „2 min haben Sie noch Zeit", „ist das nicht eine interessante Aufgabe", „machen Sie gern Puzzle", „der Tisch wackelt", „vielleicht setzen Sie sich gerade hin", „es schadet Ihren Augen, wenn Sie so nahe rangehen", usw. Der Trainer rutscht auf dem Stuhl unruhig hin und her, fuchtelt mit seinen Händen auf dem Tisch herum, steht auf, rüttelt am Tisch usw. Dabei ist er immer von ausgesuchter Freundlichkeit und Milde, nur bestrebt, gütig zu sein und zu helfen.
Nach 3 min bricht er die Arbeit ab.

Instruktion an den spielenden Erzieher:

„Ich habe Ihnen nicht sehr geschickt geholfen, und es ist Ihnen schwergefallen, sich zu konzentrieren. Ich gebe Ihnen nun noch eine andere Aufgabe. Sie ist zwar schwieriger, aber ich werde versuchen, Ihnen besser zu helfen. Diese Aufgabe ist sehr schwierig. Es genügt, wenn Sie einen Weg zur Lösung finden."

Der Hinweis auf die beschränkte Zeit fehlt. Die Aufgabe wird als schwierig beschrieben und sie wird eingeschränkt auf das Suchen eines Weges zur Lösung.
Der Trainer setzt sich nun übereck, und während sich die Mutter oder der Vater an die Arbeit macht, schaut er aufmerksam und still zu. Ist der Erzieher auf dem richtigen Weg der Lösung, sagt er: „diese Klötzchen sind richtig gelegt", oder einfach: „ja, richtig".
Nach 3 min bricht er ab, wenn nicht schon früher die Lösung gefunden wurde.
Anschließend daran wird der Erzieher gefragt, wie er das Verhalten des Trainers während des ersten Durchgangs und während des zweiten Durchgangs empfunden hat. Auch die zuschauenden Eltern können sich zum Spiel äußern. Der Trainer soll sich mit seinem Kommentar zurückhalten, soll aber positives Feedback geben, um die Eltern nicht zu verunsichern.
In der gleichen Weise sollen nun auch die anderen Eltern drankommen. Jeder soll die Erfahrung machen können, wie zweckmäßige und unzweckmäßige Hilfe wirkt. Haben alle Teilnehmer gespielt, wird eine Pause eingelegt, und nach der Pause folgt die Auswertung der Aufnahme.

Auswertung des Hilfespieles. Am Ende des Hilfespieles wird kein Fragebogen vorgelegt. Stattdessen werden die subjektiven Eindrücke der Eltern im anschließenden Gespräch erfragt und vom Kotrainer festgehalten. Zu Beginn der Auswertung faßt er das Ergebnis des Gespräches kurz zusammen.
Daran anschließend wird ein Spiel von der ganzen Gruppe ausgewertet. Der Trainer soll dafür das Band von *dem Spiel* auswählen, das am meisten hergibt. Ein Spiel genügt, denn die Auswertung hat primär die Aufgabe, den Eltern eindringlich vor Augen zu stellen, was eine schlechte und was eine gute Hilfe für das Kind ist, und was schlechte und was gute Hilfe beim Kind bewirken.
Die Auswertung erfolgt in derselben Weise wie die Auswertung des BB-Spieles. Nachdem die Eltern diese Auswertungsform bereits beherrschen, kann der Trainer die Eltern selbständig arbeiten lassen.

Instruktion für die Auswertung schlechter Hilfen:

„Im ersten Durchgang habe ich eine Reihe von Hilfen gegeben, die unzweckmäßig waren, d. h. sie waren für Sie beim Finden der Lösung keine Hilfe. Wir wollen nun diese mißlungenen Versuche genauer beschreiben und uns dabei fragen, warum sie keine Hilfen sind."

Instruktion für die Auswertung guter Hilfen:

„Im zweiten Durchgang war ich bestrebt, Ihnen wirksam zu helfen und alles zu unterlassen, was Ihnen die Arbeit erschwert. Wir wollen nun sehen, worin die Hilfestellung bestand, und uns fragen, warum sie die Arbeit erleichtert haben."

Instruktion für die Auswertung der Auswirkungen von schlechter Hilfe:

„Ich habe beim ersten Durchgang versucht, durch freundlichen Ton und Gestik zu belohnen, aber die Hilfe war unzweckmäßig. Wir wollen nun genau beschreiben, wie Sie darauf reagiert haben."

Instruktion für die Auswertung der Auswirkungen von guter Hilfe:

„Im zweiten Durchgang versuchte ich eher distanziert zu sein, aber wirksam zu helfen. An Stelle von belohnendem Verhalten ist die richtige Rückmeldung gesetzt worden. Wir wollen nun genau beschreiben, wie Sie darauf reagiert haben."

Das Ergebnis der Auswertung wird vom Kotrainer auf der Tafel aufgezeichnet und den Eltern zum Schluß in Zusammenfassung vorgelesen.
Schließlich wird vom Trainer das Ergebnis der Auswertung aus dem Hilfespiel dem Ergebnis der Auswertung aus dem BB-Spiel gegenübergestellt. Dabei kommt es darauf an, daß die Eltern zwischen einer Hilfestellung (Vermeidung von Überforderung vom Inhalt der Aufgabe aus gesehen) und einer „Konsequenz" (Vermeidung von Überforderung von der Motivationslage des Kindes aus gesehen) unterscheiden lernen. Sie sollen die beiden Schwierigkeitskategorien beim Kind (Inhalt der Aufgabe — Motivation) unterscheiden lernen, und sie sollen auch lernen, erzieherische Maßnahmen unter diesem doppelten Aspekt zu beurteilen.
Die Zusammenfassung der Auswertung eines Hilfespieles bringen wir in Anhang IV. Sie soll die Auswertung beispielhaft erläutern.

2.2. Anmerkungen zum Hilfespiel

Skinner hat Lernen fast ausschließlich als Funktion von Konsequenzen betrachtet (Verstärkung, Verstärkungspläne, Löschung, diskriminatives Lernen usw.). Die Verhaltenstherapie, die ihre theoretischen Grundlagen fast ausschließlich von Skinner bezogen hat, hat zwar von Anfang an auch mit Hilfestellung gearbeitet (Gottwald und Redlin, 1972), aber im Modell selbst waren sie von keiner Variable repräsentiert, man behandelte sie wie situative Komponenten. So schien es lange Zeit, als bestünde ein ausschließender Gegensatz zwischen der Verhaltenstherapie und der Heilpädagogik, die sich vornehmlich auf Methoden der Hilfestellung stützt.

Wir sehen zwischen Verhaltenstherapie und Heilpädagogik nicht nur keinen ausschließenden Gegensatz, sondern eine notwendige Ergänzung. In der Praxis der Erziehung scheinen uns die Hilfestellungen größere Bedeutung zu haben als die Konsequenzen. Dies soll nicht mißverstanden werden; die Konsequenzen spielen auch in der Erziehung eine ganz zentrale Rolle und sie zu mißachten, widerspräche jeder Pädagogik. Aber, mit den Konsequenzen umzugehen ist relativ einfach mit dem Können verglichen, das der Einsatz von Hilfestellung oft erfordert. Daß Strafe kein gutes Erziehungsmittel ist, hat sich vielfach herumgesprochen; daß man mit Ignorieren manche unerwünschten Reaktionen löschen kann, ist schnell gelernt, und daß Belohnung Verhalten verstärkt, war ohnehin immer schon Allgemeingut. Das stärkste Lerndefizit der heutigen Erziehung ist bei den Hilfen zu suchen. *Ein Großteil der Erzieher straft, weil er hilflos ist.* Was tun, wenn zwei Geschwister sich nicht vertragen? Wenn es Streit in der Gruppe gibt? Wenn ein Kind stark irritierbar ist, oder wenn es geringe Frustrationstoleranz hat?
Lange Zeit haben wir das Training ohne das Hilfespiel durchgeführt. Wir mußten dabei feststellen, daß von den Eltern die Konsequenzen überbewertet wurden. Sie gewannen den Eindruck sie müßten nur richtig belohnen und richtig ignorieren, dann würden sich alle Probleme auflösen. Weiterhin mußten wir sehen, daß bei vielen Eltern die Fehler ausschließlich in falschen Hilfestellungen lagen. Diese Eltern lernten im Training ohne das Hilfespiel wenig.
In einem Therapieexperiment, in dem versucht wurde die Eltern bei der Förderung ihrer behinderten Kinder mit heranzuziehen (WARNKE, in Vorbereitung), erwies sich die positive Veränderung in der Variable „Hilfestellung“ als einziger Prädiktor für den Lernfortschritt des Kindes. Daß es sich hierbei nicht nur um ein spezielles Problem der Behindertenpädagogik handelt, zeigte sich in einem zweiten Therapieexperiment mit dem Problem „Schwierigkeiten bei den Hausaufgaben“, wo sich die Hilfestellung ebenfalls als zuverlässigster Prädiktor erwiesen hat.

Lernziel. Güte und Freundlichkeit allein sind zu wenig. Das sollen Eltern in diesem Spiel lernen. Es genügt also nicht zu sagen: „Ich wollte dir nur helfen, ich habe es gut gemeint.“ Der Erzieher muß sich fragen, ob das Kind mit der Hilfe auch etwas anfangen kann, ob die Hilfe die Aufgabe tatsächlich erleichtert, oder ob sie das Kind nur vom Arbeiten abhält und letztlich verhindert, daß es die Lösung findet.
Die Reaktionen der Eltern auf die unzweckmäßige Hilfe im Hilfespiel sind daher aufschlußreich. Sie werden unwillig, aggressiv und vorwurfsvoll. Es sind dieselben Reaktionen, die wir bei den Kindern feststellen können, wenn ihnen die Mütter während des Hausaufgabenmachens schlechte Hilfen geben. Die Mütter fragen sich bei den Hausaufgaben verwundert: „Was habe ich denn getan, daß du so ärgerlich wirst? Ich will dir ja nur helfen.“ Aber eine unnütze Hilfe in schwieriger Situation ist frustrierend und provoziert Aggressionen. Und da es Aggressionen gegen den sind, der uns helfen will, ergibt sich daraus eine paradoxe Situation. Wir sehen uns aggressiv und ausfällig gegenüber Menschen, die wir gern haben und auf deren Wohlwollen wir angewiesen sind.
Im einzelnen lernen die Eltern:

1. Was ist eine schlechte Hilfestellung, und warum ist sie schlecht?
2. Was ist eine gute Hilfestellung und warum?
3. Was bewirkt gute bzw. schlechte Hilfestellung?

Logischer Ästhetizismus. Ist eine schlechte Hilfestellung eine Bestrafung? Dann müßte konsequenterweise eine gute Hilfestellung eine Belohnung sein. Solchen und ähnlichen Fragen sehen wir uns häufig gegenüber, wenn wir *hauptberufliche Erzieher* trainieren.
Die Frage erscheint plausibel, zumal, wenn wir die Reaktionen der Eltern auf schlechte Hilfe betrachten. Wir stellen fest: sie reagieren in ähnlicher Weise emotional, als wären sie bestraft worden, d. h. die Reaktionen sind teilweise denen im Bestrafungsspiel ähnlich.
Die Frage erscheint auch von fundamentaler Bedeutung, denn wenn wir die gute und die schlechte Hilfe im Begriffspaar von Belohnung und Bestrafung unterbringen könnten, dann wäre SKINNERS operantes Modell allein zuständig, die Wirklichkeit erschiene wieder geordnet und logisch.
Wir unterscheiden zwischen Konsequenzen (Belohnung und Bestrafung) und Praesequenzen (positives Eingehen/helfen und negatives Eingehen/stören), und zwar nicht, weil wir mit den verschiedenen Begriffen verschiedene Wesenheiten zu nennen hoffen, sondern weil diese Unterscheidung die Trainings besser gemacht hat. Das soll keine Antwort, sondern eine Zurückweisung der theoretischen Fragestellung sein.
Unsere Interpretation von theoretischen Aussagen als Werkzeug vermag zwar ebenso wie andere Versuche keine „wahre", d. h. in jeder Hinsicht unumstößliche Antwort zu geben, sondern eben nur eine brauchbare, um steriles Diskutieren frühzeitig zu unterbinden. Die Einführung des Begriffspaares „zweckmäßige und unzweckmäßige Hilfe" ist dann und nur dann gerechtfertigt, wenn mit seiner Hilfe das Training effektiver gestaltet werden kann. Und das ist keine theoretische, sondern eine empirische Frage; d. h. sie kann nicht dadurch beantwortet werden, daß wir uns die Begriffe wieder und wieder ansehen, sondern nur, indem wir mit ihnen arbeiten.
Die Geschlossenheit des Systems bleibt dabei auf der Strecke, und das ist ästhetisch unbefriedigend, aber ein Verhaltenstraining ist eben nicht nur ein ästhetisches Vergnügen.

Thema des Spieles. Wir wählten für das Hilfespiel eine Aufgabe vom Typ des Problemlösens. Sie erscheint uns deshalb geeignet, weil wir das Konzentrationsstörende schlechter Hilfestellungen herausheben wollen. Dabei spielt natürlich eine Rolle, daß der Anlaß für das Training meist Leistungsschwierigkeiten sind. Günstig bei dieser Form ist auch, daß die Reaktionen des Trainers in Beziehung gesetzt werden können zu denen im BB-Spiel, so daß die Hilfe von den Konsequenzen besser abgehoben werden kann. Beide Male reagiert der Trainer unabhängig von dem, was die Eltern tun.
Das Spiel zur Demonstration von guter und schlechter Hilfe sollte strenger nach dem Problembereich der Eltern ausgesucht werden. Wir mußten dabei aber feststellen, daß die Anschaulichkeit und Einfachheit, die notwendig ist, um den Eltern den Hauptgedanken zu vermitteln, nicht mit jedem Beispiel erreicht werden kann. Zu empfehlen ist, ergänzend zum Puzzle, an dem hauptsächlich die negative Hilfe bei Konzentrationsaufgaben gezeigt werden kann, noch ein Beispiel zu nehmen, an dem die Vielfältigkeit zweckmäßiger Hilfe demonstriert werden kann, wie z. B. Eingreifen in den Geschwisterstreit, Aufräumen, usw.

Stichprobe von Ereignissen. Auch beim Hilfespiel bekommen wir nur eine kleine Stichprobe kritischer Ereignisse zu sehen. Die positive Möglichkeit zu helfen bleibt

eingeschränkt auf das Setzen von diskriminativen Reizen. Das ist jedoch eher von Vorteil, da die Eltern nur exemplarisch lernen sollen was eine Hilfe ist, und was sie bewirkt. Würde schon jetzt die breite Fächerung von möglichen Hilfestellungen aufgerollt, bestünde die Gefahr, daß sie vor „lauter Bäumen den Wald nicht mehr erblickten". Theoretische Aussagen sind nicht zuletzt wegen ihrer Simplifizierung effektiv; sie heben einen Wesenszug heraus, damit dieser eine wenigstens sicher gelernt wird.
Aufgabe der weiteren Trainingstage — vor allem des vierten Tages — ist es, mit den Eltern eine Reihe von Hilfen zu suchen und sie einzuüben, die sie brauchen, um ihre besonderen Probleme zu lösen. In den nächsten Tagen finden sie also die Gelegenheit, die Stichprobe von Hilfestellungen sich anzueignen, die sie in ihrem Problemfalle brauchen.

Begründung des Lernschrittes. Das Erkennen von Hilfestellungen ist schwieriger als die Registrierung von Konsequenzen. Eltern, die gelernt haben Konsequenzen zu registrieren, tun sich im Registrieren von Hilfestellungen leichter. Daher sollte das Hilfespiel erst nach dem BB-Spiel eingeführt werden. Andererseits erscheint es uns zweckmäßig das Hilfespiel vor dem Eintrainieren des Konsequenzengebens zu bringen, weil sich im Training Konsequenzen und Hilfen nicht völlig trennen lassen. Man kann eine Handlung nicht beliebig in zwei Teile zerschneiden. Man müßte den Eltern zu oft sagen: „Warten Sie auf morgen."

2.3. Trainerregeln

Die bereits erwähnten Regeln sollen im Hilfespiel beachtet werden. Es handelt sich beim Hilfespiel um eine eher entspannte Phase. Sie bringt aber auch die Gefahr des „Palaverns" mit sich, vor allem, da bei der Frage, warum ein Ereignis eine Hilfe ist, zum Interpretieren geradezu aufgefordert wird.

Die Führungsregel

So erwünscht es ist, wenn die Mütter von ihren Erfahrungen berichten und mit persönlichen Erlebnissen kommen, so kann es auch dazu führen, daß man den roten Faden verliert. Da diese Phase ohnehin entspannt ist, soll der Trainer sich nicht scheuen, die Mütter beim Thema zu halten und Erzählungen kurz zu halten. Da sich auch schon Ermüdungsreaktionen zeigen, womit die Bereitschaft zuzuhören geringer wird, kann er es sich erlauben, weitschweifige Redner zu unterbrechen und die Arbeit streng auf die Aufnahme einzugrenzen.

> *„Das Gespräch soll auf die Reaktionen der Aufnahme beschränkt sein. Eltern, die abschweifen, müssen konsequent zum Thema zurückgeführt werden, sonst zerfällt die Gruppe."*

2.4. Theoretischer Exkurs zu den beiden Spielen

Man hat sich im Training ständig mit einer doppelten Forderung auseinanderzusetzen:

1. Die Beschränkung auf wenige Punkte: Wir können im Training nur wenige Lernschritte bringen, sonst überfordern wir die Eltern. Werden sie überfordert, gehen sie verwirrt, unsicher, bestraft vom Training weg, und es wird infolgedessen noch schlimmer, als es vorher in der Familie war.
2. Ein Problem muß ausreichend differenziert behandelt und abgeschlossen werden: Man kann zwar beinahe jeden Lernprozeß in beliebig viele Lernschritte gliedern und strecken, aber man kann einen Lernprozeß nicht auf einer beliebigen Stufe abbrechen, sofern man ein positives Ergebnis erzielen will.

Beide Forderungen müssen erfüllt werden. Wir müssen für das Training daraus den Schluß ziehen: *Wir können im Training nur solche Probleme ansprechen, bei denen gewährleistet ist, daß wir in der vorgesehenen Zeit ein Verhalten erarbeiten können, das ausreicht, um das Problem zu entschärfen oder zu lösen.*
Die Umsetzung dieser Erkenntnis in die Praxis bereitet jedoch größte Schwierigkeiten, weil es nicht nur sehr schwer ist die Leistungsfähigkeit der einzelnen Eltern richtig einzuschätzen, sondern weil wir auch darüber wenig wissen, wie differenziert das theoretische Rüstzeug sein muß, um z. B. bei anfänglichen Mißerfolgen nicht gleich die gesamte Methodik zu verwerfen, sondern nach den Fehlern zu suchen. Hier handelt es sich um ein Problem von großer Bedeutung. Beispiele wie das folgende ließen sich endlos aneinanderreihen:

> Eine Lehrerin lehnt die Verhaltensmodifikation im Klassenzimmer ab, weil ihre Erfahrungen denen der Verhaltenstherapeuten nicht entsprechen. Sie erzählt folgendes Beispiel: Sie hat ein Kind in der Klasse, das schwer zu lenken ist. Typisch für das Kind sei folgender Ablauf:
> Lehrerin: „Schreibe die Aufgabe von der Tafel ins Heft!"
> Problemkind: Kriecht unter den Tisch.
> L.: Geht zu ihm hin und redet ihm gut zu.
> PK.: Beginnt nach einiger Zeit zu schreiben.

Analyse. Auf eine Aufforderung des Lehrers verhält sich das Kind unerwünscht; der Lehrer belohnt es daraufhin mit Zuwendung, woraufhin das Kind seiner Aufforderung nachkommt.
Prognose unter Anwendung des Gesetzes von der Verstärkung: Das Kind wird immer häufiger auf Aufforderungen mit Verweigerung reagieren.
Die Lehrerin berichtet jedoch glaubhaft:

> Dieses Verhaltensmuster des Kindes hat sich im Laufe des Schuljahres nicht verstärkt, sondern ist allmählich verschwunden, womit für sie eine zentrale Aussage der Verhaltenstherapie widerlegt war — zumindest in diesem konkreten Fall.

Der springende Punkt in diesem Beispiel ist der Begriff „Auswirkung von Belohnung". Die Lehrerin hat einen verkürzten Begriff von „Auswirkungen von Belohnung" vermittelt bekommen, wodurch ein Mißverständnis provoziert wurde. Im Belohnungsspiel erfährt die Lehrerin, daß die „Erhöhung der Reaktionsrate" *nur eine mögliche Auswirkung* von Belohnung ist. Eine andere Auswirkung ist eine Erhöhung der Rate positiven Eingehens auf den Partner. Diese Auswirkung erzielt die Zuwendung der Lehrerin schon unmittelbar in der aktuellen Situation. Nachdem die Lehrerin auf das Kind eingegangen ist, fängt es an zu schreiben. Wahrscheinlich hat sich die Lehrerin dem Kind *auch oder noch verstärkt zugewandt,* wenn es einer Aufforderung gleich nachkam; für das Kind andererseits baut sich die Lehrerin als starker Verstärker auf, den es sich erhalten will. Der Umweg — über oppositionelles Verhalten Zuwendung zu bekommen — wird aufgegeben, und stattdessen der Weg gewählt, Zuwendung über Entgegenkommen zu gewinnen.

Fazit. Das Ergebnis, das die Lehrerin erzielt hat, und von dem sie geglaubt hatte, es widerspreche dem Gesetz von der positiven Verstärkung, kann durchaus mit dem Gesetz beschrieben werden.
Wir haben versucht der Lehrerin den Irrtum mit einem analogen Beispiel zu verdeutlichen:

> „‚Belohnung erhöht die Rate des belohnten Verhaltens', das ist so, wie wenn jemand sagte: ‚Ein Tisch ist eine Holzplatte auf vier Füßen.' Die Aussage ist nicht falsch, aber sie stellt eine grobe Simplifizierung dar. Es gibt auch dreibeinige, einbeinige, steinerne, metallene Tische und noch vieles mehr, und die hölzerne Platte auf vier Füßen ist nur ein möglicher Fall unter vielen ähnlichen. Und so ist auch die ‚Erhöhung der Reaktionsrate' nur eine Auswirkung unter anderen, eine ungeheure Simplifizierung."

Wie differenziert *muß* ein Begriff eingeführt werden, damit Mißverständnisse vermieden werden? Wie differenziert *darf* er eingeführt werden, daß die Eltern mit ihm noch arbeiten können?
Wir führen die Begriffe nicht *verbal* ein, d. h. mittels sprachlicher Erläuterungen, sondern mit Hilfe paradigmatischer Spiele. Die zweite Forderung wird damit erfüllt. Die Eltern bekommen ein differenziertes Verständnis der Grundbegriffe der Verhaltenstherapie vermittelt. Wird aber auch die zweite Forderung, *nicht zu überfordern,* erfüllt? An abstraktiver Leistung muten wir den Eltern sicherlich zuweilen zu viel zu. Hier ist noch viel Arbeit zu leisten. Die Lösung sollte dabei nicht in einer stärkeren Simplifizierung gesucht werden, sondern in einer Ergänzung durch griffige Ordnungsschemata, die möglichst graphischer Natur sein sollten. Die Spannung, die sich daraus ergibt, einerseits die differenzierte Anschauung — andererseits die schematische Darstellung, reizt zum Nachdenken und dürfte sich daher positiv auswirken.
Wir versuchen dieses Bedürfnis einerseits mit den Problemkarten zu erfüllen, andererseits mit einer schematischen Darstellung typischer Problemereignisse bzw. typischer Interventionen. Wir setzen solche Beispiele nicht systematisch ein, sondern je nach Dafürhalten des Trainers.
Im nachfolgenden Beispiel sollten die Eltern nur lernen, zwischen Kurzzeit- und Langzeiteffekt einer Maßnahme zu unterscheiden. Die verschiedenen Auswirkungen über die Zeit wurden unterteilt in „jetzt unmittelbar" und „im Laufe mehrerer Wochen".

Anlaß. Wenn die Mutter im Super-Markt sich an der Kasse anstellt, entdeckt das Kind die Süßigkeiten und bittet wiederholt die Mutter, sie möchte ihm etwas geben. Die Mutter möchte dem Kind aus gesundheitlichen Gründen keine Süßigkeiten geben.

Handlungsmöglichkeiten der Mutter und ihre möglichen Folgen

	heute	im Laufe mehrerer Wochen
die Mutter gibt nach (Belohnung)	— der Konflikt wird vermieden — die Mutter sagt sich: Ich hätte nicht nachgeben dürfen	— derselbe Konflikt wiederholt sich ständig
die Mutter gibt nicht nach (Bestrafung)	— das Kind macht eine Szene — die Mutter wird einer peinlichen Situation ausgesetzt — das Kind wird bestraft	— der Konflikt verschwindet — die Auswirkungen auf die Mutter-Kindbeziehung sind nicht vorhersehbar
die Mutter lenkt das Kind ab (Ignorieren + Hilfestellung)	— der Konflikt wird vermieden — auch die wechselseitige Bestrafung wird vermieden	— der Konflikt verschwindet — keine negativen Nachwirkungen

Solche Schemata sind wie Gleichnisse didaktisch einzusetzen. Es kann mit ihrer Hilfe nur *ein Gedanke* vermittelt werden, und man muß sich vor ihrer Anwendung jeweils im Klaren sein, daß man mit ihrer Hilfe auch nur diesen einen Gedanken vermittelt, und daß jede weitere Verwendung des Schemas zu Irrtümern führen muß, die in der Generalisierung liegen. In dem gegebenen Beispiel sollen die Eltern nur lernen: Was heute wie ein Weg zur Lösung aussieht, kann sich morgen als Sackgasse herausstellen; aber nicht jeder Weg, der das Problem löst, muß schon der optimale Weg sein.
Es versteht sich wohl von selbst, daß man nur einige wenige Gedanken in dieser Weise vermitteln kann, ohne daß sich die Form abnützt. Als *Stützen des Gedächtnisses* sollen sie zugleich zentrale *Leitideen* sein.

3. Die Kontaktspiele

Auch den zweiten Tag wollen wir mit einer harmonischen und aufheiternden Phase beenden. Das erreichen wir wiederum am sichersten, wenn wir die Eltern spielen lassen.
War es am ersten Tag das aggressiv-dominante Verhalten des „Verhandlungsspieles“, so konzentrieren wir uns heute am zweiten Tag stärker auf das Sich-Öffnen. Es ist richtig, daß wir nicht mit jedem engen Kontakt aufnehmen wollen. Oft jedoch möchten wir einen engeren Kontakt, aber es fehlt uns die Freiheit, aus uns herauszugehen. Genauso wie sachlich und hart zu verhandeln, so kann man auch lernen, aus sich herauszugehen, Kontakt aufzunehmen.
Die hier aufgeführten Spiele sind nur als Anregung für den Trainer gedacht. Sie sind ausnahmslos gruppendynamisch orientierten Trainings entnommen und für unseren Zweck zurechtgerückt.

In den letzten Jahren sind auch in Deutschland eine Anzahl von Büchern erschienen, in denen Übungen für Trainings veröffentlicht wurden. Wir erwähnen hier nur stellvertretend die deutsche Übersetzung des „Aggression Lab“ von Bach (1971), Antons (1973), Vopel (1974 und 1975). Weitere Anregungen auch bei Mandel (1975).

Wir sind in letzter Zeit mehr und mehr dazu übergegangen, diese Spiele nicht nur am Schluß des Tages zur Entspannung und Aufheiterung der Eltern einzusetzen, sondern wir streuen sie auch untertags ein, um Spannungen abzubauen, oder auch nur zum Ausgleich für die anstrengende Arbeit.

3.1. Beschreibung der Übungen

Führen und Geführtwerden (Vgl. BACH, 1971 — Übung Nr. 55)
Die Übung wird gleichzeitig mit der gesamten Gruppe paarweise durchgeführt. Die führende Person nimmt den Partner, der die Augen schließt, an der Hand und führt ihn im Raum herum.
Wer führt, muß darauf achten, daß der Partner nirgends anstößt; wer geführt wird, soll sich entspannen und sich ganz dem Partner anvertrauen. Nach ein bis zwei min werden die Rollen getauscht. Nach wenigen min wird die Übung abgebrochen, man versammelt sich im Diskussionsbereich und spricht über die Erfahrungen, die mit dieser Übung gemacht werden.

Sich Fallenlassen und Aufgefangenwerden (Vgl. VOPEL, 1974)
Auch diese Übung ist ein Vertrauensspiel. Die Gruppe versammelt sich zu einem dichten Kreis, von ein bis eineinhalb Meter Durchmesser. Einer tritt in die Mitte des Kreises, schließt die Augen und läßt sich fallen, wobei er von einem im Kreis aufgefangen und im Kreis weitergereicht wird.
Während der Übung sollte man still sein. Kichern und Witze sollen vermieden werden, weil es für den, der im Kreise steht, kaum noch möglich ist, ganz entspannt zu sein.
Es wird immer wieder gewechselt, bis alle einmal dran waren. Dann versammeln wir uns wieder um den Diskussionstisch und tauschen die gewonnenen Erfahrungen aus.

Aufeinanderzugehen (Vgl. BACH, 1971, Übung Nr. 61)
Die Übung wird gleichzeitig mit der ganzen Gruppe paarweise durchgeführt. Jeweils zwei gehen aufeinander zu und blicken sich dabei unverwandt in die Augen. Die einzelnen Paare sollen den Abstand wählen, der ihnen angenehm ist.
Anschließend werden wieder Erfahrungen ausgetauscht.

Turnübungen. Oft schalten wir einfache Turnübungen ein, um die Gruppe wieder aufzulockern. Auch ein kurzer Spaziergang ist oft sinnvoll.

3.2. Anmerkungen zu den Übungen

Diese Übungen vermindern die Distanz. Auch das ist nicht ganz unproblematisch. Es wächst damit die Gefahr, daß man sich weniger Mühe gibt, aufeinander einzugehen. Es kann aber auch sein, daß die verminderte Distanz Angst auslöst.
Der Trainer darf den Stellenwert dieser Übungen nicht aus dem Auge verlieren. Er setzt sie ein, um die Gruppe aufzulockern, um Distanz, die für das Arbeiten hinderlich ist, abzubauen, und um ein „Wir-Erlebnis“ entstehen zu lassen. Er muß darauf achten, daß die Übungen nicht ausufern, oder daß einzelne, die durch die

Übungen emotional überfordert würden, nicht teilnehmen müssen, ohne als Spielverderber zu gelten. *Diese Übungen wecken Gefühle, und sie geben dem Training eine existenzielle Note.* Das wollen wir auch, weil die Wirkung des Trainings nachhaltiger sein wird, wenn diese Tage für die Eltern zu einem großen Erlebnis werden. Aber das Erlebnis darf nicht Selbstzweck sein. *Unsere Aufgabe in allen Phasen des Trainings ist die Veränderung von Verhalten.*

Wir hatten früher eine strenge Zweiteilung: Dreiviertel der Zeit sollte Arbeit sein, die mit den Spielen abgeschlossen würde. In den letzten Trainings sind wir — wie bereits erwähnt — dazu übergegangen, die Kontaktspiele während des Tages einzustreuen. In einzelnen Fällen haben wir Kontaktübungen einem Problemspiel vorgeschaltet, von dem wir vermuten, daß es für die Beteiligten wegen der Brisanz des Inhaltes angstauslösend sein würde. Ein Beispiel, wie solche Übungen bei der Lösung besonders schwieriger Probleme eingesetzt werden können, bringen wir auf S. 95–99.

Die Erfahrungen, die wir mit den Kontaktspielen gemacht haben, waren durchwegs positiv. Nachdem die ersten Hemmungen überwunden sind, finden die meisten Teilnehmer großen Spaß an solchen Übungen. Man soll sie jedoch nicht lange ausdehnen — 15–20 min genügen. Nie fehlen sollten diese Übungen am Ende eines Trainingstages. Die Eltern sollen entspannt den Trainingsraum verlassen. *Das letzte Erlebnis sollte unbedingt positiv sein.*

3.3. Trainerregeln

Ein gutes Beispiel sein

Nachdem der Trainer die Instruktion zu einem Spiel gegeben hat, wird er ratlose Gesichter sehen. Keiner will der erste sein. Gibt der Trainer die Aufforderung auch noch halbherzig — wie es zu Beginn bei uns der Fall war —, so endet der Versuch in allgemeinem Gerede und in Verlegenheit.

Darum: Nachdem das Spiel kurz erläutert worden ist, soll sich der Trainer einen Partner wählen, das Spiel der Gruppe vormachen und sie dann aufmuntern mitzumachen. Wenn der Trainer sagt: „Fangen wir an!“ und sogleich selbst aufsteht und sich einen Partner sucht, folgen ihm auch die anderen. Die Modellregel gilt daher praktisch für jedes Spiel:

> *„Der Trainer soll vormachen, was er von den anderen erwartet. Das Beispiel reißt mit.“*

Dritter Tag

Lernen, das Kind durch Setzen von Konsequenzen zu lenken

Die Eltern haben bereits gelernt, das Verhalten des Kindes im Kontext der Umgebung zu sehen und nach Verhaltenssequenzen zu beschreiben. Sie haben gelernt, das Verhalten des Kindes in Abhängigkeit von Belohnung und Bestrafung, von zweckmäßiger und unzweckmäßiger Hilfe zu verstehen.
Am dritten Tag werden drei Lernziele angestrebt: Anwendung des Rollenspieles zum Suchen von Lösungen (1); Anwendung des theoretischen Konzeptes auf die Problemereignisse (2); Einüben von Verhaltensweisen, die zur Lösung von Problemen führen (3). Der Tag wird abgeschlossen mit einem Redespiel. Die Eltern fertiden eine Kollage an, in der sie *ihre Familie* darstellen; und im anschließenden Gespräch lernen sie, über persönliche Angelegenheiten zu sprechen.

1. Die Lösungsübungen

Die Lösungsübungen haben folgenden dreiteiligen Aufbau:

1. Erspielen von Lösungen. Verschiedene Lösungsvorschläge werden entwickelt und auf ihre Brauchbarkeit getestet.
2. Anwendung der Erkenntnisse aus den experimentellen Spielen auf die Problemereignisse, um Bedingungszusammenhänge zwischen Umwelt und Verhalten des Kindes zu erkennen.
3. Einüben neuer erzieherischer Verhaltensmuster.

Wir wollen nun wiederum zuerst die Durchführung der Lösungsübungen besprechen und anschließend daran sie kritisch reflektieren und Regeln für den Trainer formulieren.

1.1. Durchführung der Lösungsübungen

Instruktion an die Gruppe:

„Heute wollen wir gemeinsam nach Lösungen suchen. Um zu verhindern, daß ein Vorschlag nicht durchführbar ist oder daß nach falschen Vorschlägen gelernt wird, werden wir die Lösungen im Rollenspiel durchspielen. Wenn Sie gegenüber einer Lösung ethische Bedenken haben, oder wenn Sie glauben, daß diese unter den erschwerten Bedingungen zu Hause nicht durchführbar sind, sagen Sie es bitte! Wir müssen dann eine Alternative suchen."

Der Trainer schlägt ein Problemereignis, das am ersten Tag besprochen wurde, zur Behandlung vor. Um den Eltern den Ablauf in Erinnerung zu rufen, kann er den Film abspielen oder eine Zusammenfassung in Worten geben.

Jetzt wird die Gesamtgruppe aufgefordert Vorschläge für eine Lösung des Problems zu entwickeln. Die Vorschläge werden gesammelt und einzeln im Rollenspiel durchgespielt. So wird unmittelbar ausgetestet, was die einzelnen Lösungsversuche wert sind. Es werden soviele Lösungsvorschläge durchgespielt, bis einer gefunden ist, den der Erzieher, der das Problem vorgebracht hat, akzeptieren kann, und der das Problem löst.

Die Lösungen sollen von der Gruppe „erspielt“ werden. Das ist ein sehr aufwendiges Verfahren, aber es gibt den Eltern Selbstvertrauen, wenn sie die Lösungen selber finden. Es kommt bei diesen Spielen nicht nur auf das Finden von Lösungen an, sondern auch auf die Vermittlung einer Methode, Lösungen zu suchen und zu beurteilen.

Die Vorschläge, die die Eltern bringen, sind oft sehr gut, oft jedoch wenig wert. So ergibt sich die Gefahr, daß sich die Gruppe zu einem Gerichtsforum über die einzelnen Vorschläge entwickelt — kritisieren ist immer leichter als Vorschläge bringen.

Das wird verhindert, indem man die Eltern in jedem Falle auffordert, die positiven Seiten eines Lösungsspieles herauszuarbeiten. Löst das Beispiel die Schwierigkeit nicht, so muß dieser negative Aspekt gar nicht gesagt werden, man spielt einfach einen besseren Vorschlag.

Die Eltern suchen sich dann schon selber den besten Vorschlag aus. Man muß auf das Positive nicht unbedingt dadurch hinweisen, daß man das Negative anderer Vorschläge hervorhebt.

Wir können uns selber als Trainer nicht oft genug sagen, daß das Positive sehen und das Negative übergehen risikobereit, engagiert, kreativ und dynamisch macht. Es stärkt das Selbstbewußtsein und die Konzentrationsfähigkeit.

Im Training sollen die Eltern lernen: Es ist sehr schön, in einer Gruppe zu arbeiten, die sich darauf spezialisiert hat, das Positive am Verhalten des anderen zu sehen, und die die Kraft hat, Negatives zu übergehen.

Kritische Momente bei Lösungsvorschlägen

1. Die Lösung ist gut, aber die Eltern haben Schwierigkeiten sich entsprechend den Anweisungen zu verhalten. In diesem Falle wird das Spiel so oft wiederholt, bis die Eltern das Verhalten eingeübt haben.
2. Es kann nicht entschieden werden, was die Lösung wert ist, weil die Eltern sich nicht entsprechend den Anweisungen verhalten haben. In diesem Falle empfiehlt es sich, daß der Trainer den Erzieher spielt. Erst anschließend daran wird mit den Eltern geübt. Dabei sollten die Mitspieler öfters gewechselt werden, damit sich die Zuschauer nicht langweilen.
3. Ein Lösungsvorschlag bringt nichts oder nicht genug, um das Problem zu lösen. Der Trainer gibt das Problem wieder an die Gruppe: „Was würden Sie vorschlagen?“ Das Suchen nach Lösungen beginnt von vorne.
4. Eine Lösung wird gefunden, die das Spiel erübrigt; z. B. Problemereignis: das Kind benutzt unerlaubt das Telefon (u. U. ein teurer Spaß). Die Lösung kann darin bestehen, daß das Telefon abgeschlossen wird. In diesem Falle sollte keine weitere Lösung durchgespielt werden. Vielmehr können die Eltern an diesem Beispiel lernen, daß situative Veränderungen Probleme oft am besten lösen können.
5. Es wird keine oder keine praktikable Lösung gefunden. Oft wird unsere Einfallslosigkeit oder mangelnde Erfahrung daran schuld sein.

Wir können den Eltern anbieten, daß man sich Rat bei einem Kollegen einholt und mit ihnen später das Problem bespricht. *Man sollte nie zulassen, daß die Eltern mit einer Scheinlösung nach Hause gehen.* Es ist besser zu sagen: „Ich weiß hier auch keinen Rat."

6. Man hat den Eindruck, den Eltern nichts Brauchbares anbieten zu können. Nach unseren Erfahrungen ist es in solchen Fällen wichtig, nicht zu früh aufzugeben, sondern verschiedene Lösungsansätze durchspielen zu lassen. Manchmal merkt man, daß ein Lösungsansatz effektiver ist, als wir ihn eingeschätzt haben, und manchmal kommt während des Spieles eine neue Anregung. Das Spiel selbst erweist sich immer wieder als Quelle von Ideen.

Erst nachdem für ein Problemereignis eine brauchbare Lösung gefunden und das entsprechende Erzieherverhalten eingeübt worden ist, wird das Problemereignis und seine Lösung analysiert.

Analyse von Ereignissen. Am ersten Tag, wenn die Eltern die Problemereignisse darstellen, wird die Beschreibung auf einer sog. Problemkarte aufgetragen. (Ein Exemplar der Formblätter A und B für die Problemkarten und ein ausgeführtes Beispiel bringen wir in Anhang VI.)
Die Eltern werden nun aufgefordert die betreffende Problemkarte hervorzuholen. Gemeinsam mit dem Trainer werden nun die leeren Spalten ausgefüllt.
Die Kenntnisse über Zusammenhänge zwischen Verhalten und Umwelt haben die Eltern am Vortag in den experimentellen Spielen erworben. Das Ergebnis der Auswertung der Spiele wird zu diesem Zwecke von uns schematisch dargestellt und den Eltern in die Hand gegeben. Bei der Analyse der Problemereignisse oder der Lösungsbeispiele gehen wir nun so vor, daß die Eltern Reaktion für Reaktion nach der schematischen Darstellung der fünf Kategorien (Belohnung, Bestrafung, Hilfe, Behinderung, Ignorieren) bewerten und im nächsten Schritt nachsehen, welche Reaktion beim Partner zu erwarten ist, wobei sie wiederum die schematische Darstellung der Auswirkungen von Belohnung usw. auf das Verhalten nachsehen müssen.
Diese Kategorien stellen eine vereinfachte Form unseres Interaktions-Analysenschemas dar. Die Vereinfachung hat den Zweck, die Eltern nicht zu überfordern.
Auf diese Weise werden die experimentellen Spiele zum Maßstab für die Bewertung von Verhalten, und, nachdem die Eltern in den Spielen die Abhängigkeiten konkret erfassen und teilweise sogar selbst erleben konnten, hoffen wir, daß Mißverständnisse und Einseitigkeiten auf diese Weise vermieden werden können.
Die schematische Darstellung der Auswertung der experimentellen Spiele zur Analyse von Problemereignissen und Lösungsbeispielen, die wir den Eltern an die Hand geben, sehen so aus:

1.1.1. Die Entscheidungstafeln (s. S. 54—64)

Blatt: A

Wie belohnen wir andere durch unser Verhalten?
Vorbedingung [1]: Die Gesprächspartner haben eine positive Beziehung zueinander.

Allgemein: Indem wir uns auf den anderen einstellen: zuhören, mitlachen und Mitleid empfinden; Hilfe geben, wo der andere darum bittet und Distanz wahren, wo er sich Distanz wünscht.

- Indem wir die Aufforderungen des anderen befolgen, seine Verbote beachten, seine Ansichten teilen.
- Indem wir dem anderen Gelegenheit geben, vor der Gemeinschaft zu glänzen oder beachtet zu werden.
- Indem wir dem anderen helfen, eine öffentliche Blamage zu vermeiden, einen Ausweg aufzutun, wo er sonst das Gesicht verloren hätte.

Speziell, indem wir

1. *(durch unser Sprechverhalten)* dem anderen zustimmen, ein Lob aussprechen, ihn ausreden lassen, helfende Fragen stellen oder helfende Bemerkungen machen, Verständnis äußern, freundlichen Umgangston pflegen.
2. *(durch unseren Ausdruck)* Begeisterung, Freude zeigen, dem anderen zulächeln, zunicken, Ruhe bewahren.
3. *(durch körperliche Zuwendung)* den anderen streicheln, tätscheln, ihm den Arm um die Schulter legen, die Hand streicheln, ihm zugewandt sitzen, Blickkontakt halten.

[1] Die exemplarische Definition von Belohnung, die hier gegeben wird, gilt nur für die beschriebene Situation des Belohnungsspieles. Entscheidendes Element der Situation ist die positive Beziehung zwischen dem Redner, der belohnt werden soll und der Gruppe. Bestünde diese Beziehung nicht, so könnte es durchaus sein, daß z. B. Lob der Trainer keine soziale Belohnung darstellt. Ein anderes Beispiel, wo uns dieser Sachverhalt noch deutlicher wird. Körperkontakt durch einen Menschen, den wir lieben, gegenüber Körperkontakt eines Menschen, den wir ablehnen.

Blatt: B

Wie wirkt sich unsere Belohnung auf den anderen aus? [1]
Zeitraum: Im Laufe eines kurzen Gespräches; Belohnungs-Bestrafungsspiel.

1. In bezug auf sein Selbstwertgefühl:

Er wird selbstbewußter,
selbstsicherer,
risikofreudiger,
bejahender,
er reagiert ruhiger auf Fragen und Kritik,
er setzt sich durch,
er gibt Schwierigkeiten zu,
er kann Fehler leichter eingestehen,
er redet mit festerer Stimme.

2. In bezug auf seine Leistung:

Er wird konzentrierter,
anschaulicher,
genauer,

---

[1] Die Auswirkungen von Belohnung sind abhängig von der Ausgangsposition bzw. von früheren Lernerfahrungen. Paradoxe Effekte lassen sich damit erklären. So wird häufig beobachtet, daß ein Kind die ersten vierzehn Tage in der Schule, im Kindergarten oder in der Klinik unauffällig und angepaßt ist und erst nach dieser Zeit äußert das Kind aggressives und anderes unerwünschtes Verhalten. Für diese Entwicklung sind folgende Bedingungen verantwortlich:

1. Das Kind wird zu Hause für verschiedene Verhaltensweisen, die nicht den Erwartungen der Eltern entsprechen, hart bestraft.
2. Infolge der Strafe wird das Selbstwertgefühl des Kindes geschwächt, und es äußert nicht mehr Kritik und Opposition aus Furcht vor Strafe. Aber die Beziehung zum Erzieher ist durch aggressive Gedanken und Gefühle bestimmt.
3. Das Kind kommt in ein anderes Setting, wo es allgemein belohnt und für unerwünschtes Sozialverhalten nicht bestraft wird.
4. Infolge der Belohnungsbedingungen wird das Selbstwertgefühl gestärkt, so daß es nun imstande ist, das bislang zu Hause unterdrückte aggressive und oppositionelle Verhalten zu äußern.

So bewirkt Belohnung bei diesem Kind im Sozialbereich zunächst aggressives und oppositionelles Verhalten, anstatt Kooperation, Aufgeschlossenheit usw., wie es nach unserem Schema zu erwarten ist. Im weiteren Verlauf jedoch wird auch dieses Kind fähiger werden, sich kooperativ und sozial aufgeschlossen zu verhalten. Diese positive Entwicklung wird jedoch nur eintreten, wenn zwei Bedingungen vom Erzieher erfüllt werden: *Erstens, er darf sich durch das provokative Verhalten des Kindes nicht hinreißen lassen, mit Strafe zu antworten* (die Strafbedingungen des Elternhauses müssen vermieden werden), und *zweitens, er muß dem Kind Hilfestellung geben, ein neues Verhalten zu erreichen. Da das Kind nicht gelernt hat, sich kooperativ zu verhalten, muß es ein neues Verhaltensmuster lernen.* Dazu bedarf es der Anleitung und Hilfe durch den Erzieher.

aktiver,
einfallsreicher,
informativer,
angespornt.

3. In bezug auf seine soziale Aufgeschlossenheit:

Er wird zugänglicher,
offener,
mitteilsamer,
freier, auch andere zu loben und anzuerkennen,
hilfsbereiter,
toleranter,
kompromißbereit und flexibel,
er lächelt und ist freundlich,
er zeigt Interesse und Anteilnahme.

4. Die wichtigste Auswirkung auf weitere Gespräche:

Das belohnende Verhalten tritt häufiger auf.

Blatt: C

Wie bestrafen wir andere durch unser Verhalten?
(Vorbedingung: Die Gesprächspartner haben eine positive persönliche Beziehung zueinander.[1])

Allgemein: Indem wir den anderen ignorieren, nicht beachten, aus dem Weg gehen, das Positive und die Anstrengung, es gut zu machen, nicht anerkennen.

- Indem wir ihm Kooperation und Hilfe verweigern.
- Indem wir seinen Aufforderungen nicht nachkommen, Abmachungen nicht einhalten.
- Indem wir ihn nicht zu Wort kommen lassen, ihn kritisieren, bloßstellen, herabsetzen, verleumden.

Speziell, indem wir

1. *(durch unser Sprechverhalten)* dem anderen dazwischenreden, kritische Fragen stellen, Vorwürfe machen, auf Fehlern herumhacken, ungeduldig drängeln, dauernde Einwände, mit anderen reden, überlegene Erklärungen abgeben.
2. *(durch unseren Ausdruck)* Desinteresse zeigen, gähnen, wegschauen, uns nicht mitfreuen, nicht mitlachen, unmotiviert lachen, mit unserer Stimme einen scharfen Ton anschlagen.
3. *(durch körperliche Abwendung)* uns distanzieren, den anderen meiden, Abbruch des Blickkontaktes, uns abwenden, wegdrehen.

---

[1] Auch für die exemplarische Definition von Bestrafung gilt, was wir schon für die exemplarische Definition von Belohnung gesagt haben: Sie ist abhängig vom jeweiligen Kontext. Das „tadelnde Verhalten" eines Menschen, den wir ablehnen, kann u. U. sogar eine Belohnung sein, dann nämlich, wenn er uns durch den „ungerechten Tadel" die Möglichkeit gibt, ihn zu beschuldigen, oder einfach auf ihn in „gerechter Weise" böse zu sein.

Blatt: D

Wie wirkt sich unser bestrafendes Verhalten auf den anderen aus? [1]
Zeitraum: Im Laufe eines kurzen Gesprächs; Belohnungs-Bestrafungsspiel.

Allgemein: Unter Strafbedingungen registrieren wir eine *Abnahme geordneter Bewegungen und Aktivität* (spontaner und zielgerichteter Handlungen), sowie eine *Zunahme ungeordneter Bewegungen und Aktivität* (nervöses Nesteln, Stereotypien, Stottern, Einnässen usw.).

In bezug auf sein Selbstwertgefühl:
Er wird unsicherer,
ängstlicher,
depressiver,
verzweifelter.
Er fühlt sich minderwertig.
Er hat keine Risikobereitschaft.
Er macht sich Selbstvorwürfe.

In bezug auf seine Leistung:
Er wird unkonzentrierter,
passiver,
einfallsloser.
Er verliert den Spaß an der Aufgabe.
Er stockt im Sprechen, verspricht sich.
Er widerspricht sich.
Seine Leistungen lassen nach.
Er versteht weniger.
Er fragt nach, als höre er nicht richtig.

---

[1] Auch die Auswirkung von Bestrafung ist nicht unabhängig von der Motivationslage bzw. der Lerngeschichte des Bestraften zu sehen. Ist z. B. ein Kind wenig motiviert eine Aufgabe auszuführen, eine Aufgabe, die es von seinen Fähigkeiten aus gesehen leicht erfüllen könnte, so wird die Strafe zu besseren Leistungen führen. *Strafe erhöht die Motivation und erschwert die Aufgabe.* Ist demnach die Motivation niedrig und die Aufgabe leicht, so bewirkt Strafe bessere Leistungen. Ist hingegen die Motivation hoch und die Aufgabe schwer, so kann Strafe die Motivation nicht mehr verändern, aber erschwert noch die Aufgabe, und die Leistungen werden dementsprechend schlechter ausfallen. In unserem Falle des Vortrages einer ungeübten Mutter vor der Trainingsgruppe ist die Motivation hoch und die Aufgabe schwer, daher die *nur* negative Auswirkung der Strafe.
Der Irrtum vieler Erzieher im Leistungsbereich liegt darin, daß sie immer wieder davon ausgehen, daß die Motivation des Schülers niedrig, und daß die Aufgabe leicht ist.
Zusammenfassend können wir sagen: Bei der Beurteilung von Auswirkungen der Strafe müssen drei intervenierende Variablen beobachtet werden: die Motivation, Blockierungen und Hemmungen, sowie der Schwierigkeitsgrad der Aufgabe. Je nachdem, welchen Wert diese Variablen haben, sind ja andere Auswirkungen zu erwarten. *Die Erziehungsfehler entstehen z. T. dadurch, daß bei der Wahl des Erziehungsmittels nicht vom Zustand dieser Variablen ausgegangen wird* und übergeneralisierend behauptet wird: Strafe ist immer schlecht, oder: das Kind muß härter angefaßt werden, wenn es sich nicht so verhält, wie der Erzieher es sich wünscht.

In bezug auf seine soziale Aufgeschlossenheit:
Er wird unehrlicher,
verschlossener,
unfreier, unfähig Fehler zuzugeben.
Er verliert die Lust zu sprechen.
Er vermeidet Blickkontakt mit uns.
Seine Mimik wird verschlossener.
Er reagiert aggressiv oder zieht sich zurück.

Wichtigste Auswirkung auf weitere Gespräche:
Das bestrafte Verhalten tritt in Zukunft seltener auf.

Blatt: E

Wie helfen wir dem anderen?
(z. B. beim Hausaufgabenmachen)

1. Abschirmung von Ablenkung:

ruhiger Arbeitsplatz
nur unbedingt notwendiges Arbeitsmaterial im Arbeitsbereich
keine Unterbrechung
konzentriertes, ruhiges Zusehen

2. Zweckmäßige Hilfe:

Anpassung der Schwierigkeit einer Aufgabe an das Leistungsvermögen
Hinweise zum Verständnis der Aufgabenstellung
Sachlich auf Fehler hinweisen und zur richtigen Lösung hinführen
Auf richtige Lösungen/Antworten hinweisen
Auf sachliche Fragen eingehen
Klare Instruktionen geben
Nicht zu viele Aufforderungen hintereinander
Auf Weigerung und Argumentieren nicht eingehen
Entgegenkommend sein und sich selbst kooperativ verhalten
Eingehen auf die Person, von der man etwas fordert

Blatt: F

Wie wirkt sich unsere Hilfe auf den anderen aus?
Ganz allgemein: Zweckmäßige Hilfe bewirkt, daß Ziele erreicht werden und hat damit teilweise dieselben Auswirkungen wie Belohnung. Sie kann daher auch materielle wie soziale Belohnung ersetzen, und auch strafende Ereignisse wie Kritik, Tadel und Nörgeleien können durch geschickte Hilfen überflüssig gemacht werden.

In bezug auf sein Selbstwertgefühl:
man traut sich mehr zu
man wird risikofreudiger
sie baut Anfangsängste ab
sie nimmt individuellen Lösungsdruck

In bezug auf seine Leistung:
man wird konzentrierter
wird selbständiger
läßt sich Zeit zu überlegen
macht weniger Fehler
ist engagierter
sie verhindert Mißerfolg
ein Teil der Kontrolle wird überflüssig gemacht
sie verkürzt Umwege
verbessert Leistungen
mindert allgemein Streß
macht sachbezogen

In bezug auf soziale Aufgeschlossenheit:
man hört besser zu
wird kooperativer
sie verhindert oder entschärft Konflikte
verhindert Mißverständnisse
ersetzt materielle Belohnung
ersetzt Kritik, Tadel, Nörgeleien
bewirkt Hilfsbereitschaft

Blatt: G

Wie behindern wir den anderen durch schlechte Hilfe?
(z. B. beim Hausaufgabenmachen)

1. Ablenkung:

unsachliche Fragen stellen
sich über Nebensächlichkeiten auslassen
ungeduldig werden
unruhiger Arbeitsplatz mit ablenkenden Materialien
Unterbrechungen

2. Unzweckmäßige Hilfe:

Wiederholung der Aufforderung
Informationen geben, die bereits bekannt sind
Aufforderung zu mehr Anstrengung
Hinweise auf die Einfachheit der Aufgabe
Zu lautem Denken anhalten
Verlegenheitsäußerungen: „Ach, das schaffst du schon".

3. Überflüssige Hilfe:

Bleistift in die Hand geben
Buch aufschlagen
Stuhl zurechtrücken
Wiederholte, stereotype Erklärungen
Überflüssige Ratschläge

Blatt: H

Wie wirkt sich unsere Behinderung auf den anderen aus?
Behinderung verhindert, daß Ziele erreicht werden. Damit wirkt Behinderung teilweise wie eine Strafe und macht daher Belohnung unwirksam.

In bezug auf sein Selbstwertgefühl:
sie verunsichert
führt zu negativer Selbsteinschätzung
führt zu Nervosität und Unruhe
macht Lösungskonflikte zu persönlichem Versagen
macht ängstlich in bezug auf Leistung allgemein
macht unselbständig

In bezug auf seine Leistung:
führt zu schlechten Leistungen
führt zu Blockierungen
führt zu Überforderung
verschärft den Streß
baut Konflikte auf

In bezug auf seine soziale Aufgeschlossenheit:
macht abhängig
macht trotzig
mißmutig
verschlossen
ungeduldig
aggressiv

Nicht-Ausblenden von Hilfe:
bewirkt, daß das Kind keine Fortschritte mehr macht — der Lernprozeß kommt zum Stillstand

Wie ignorieren wir den anderen?
Sie sagen zum Kind: „Räum deine Spielsachen auf"; das Kind antwortet: „Warum, ich möchte noch spielen."
Sie versuchen dem Kind zuzureden und Ihre Aufforderung zu begründen, obwohl die Gründe dem Kind längst bekannt sein müßten.
Ignorieren wäre: Sie gehen auf diese Frage nicht ein, stehen still und ruhig dabei und warten, bis das Kind der Aufforderung nachkommt.

Das Kind bittet Sie um Süßigkeiten und beginnt zu heulen, weil Sie ihm die Bitte abschlagen. Sie reden auf das Kind ein, erklären, daß Schokolade etc. schlecht für die Zähne seien und Sie nicht immer Geld für Süßigkeiten ausgeben können.
Ignorieren wäre: Sie wenden sich ab, sobald das Kind mit dem Heulen beginnt und beschäftigen sich wieder mit Ihrer Arbeit.

Das Kind hat gezeichnet und zeigt Ihnen das Bild.
Sie gehen auf das Kind ein und sagen etwa: „Schön hast du das gemacht" und lassen sich das Bild erklären.
Ignorieren wäre: Ohne auf die Zeichnung einzugehen, fragen Sie das Kind: „Hast du deine Hausaufgaben gemacht?"

Das Kind erzählt Ihnen etwas von der Schule, vom Spielplatz etc.
Sie unterbrechen Ihre Arbeit, hören zu, stellen Fragen und äußern Ihre Meinung.
Ignorieren wäre: Sie setzen Ihre Arbeit fort, schauen nicht hin und hören nicht zu.

Der Lehrer stellt der Klasse eine Aufgabe, fünf Kinder melden sich.
Der Lehrer zeigt den Kindern z. B. durch Kopfnicken, daß er ihr Melden gesehen hat und nennt dann den Namen eines Kindes.
Ignorieren wäre: Der Lehrer ruft nur ein Kind auf, ohne den anderen zu zeigen, daß er sie gesehen hat.

Das Kind hat die Angewohnheit, bei den Hausaufgaben mit dem Stuhl zu wackeln.
Sie sagen: „Kannst du nicht endlich ruhig sitzen?"
Ignorieren wäre: Sie lassen sich nicht anmerken, daß Ihnen die Unruhe unangenehm ist.

Das Kind kommt und sagt, das Geschwister hätte das und das getan.
Sie sagen: „Na, das ist ja wirklich nicht lieb von ihm" etc.
Ignorieren wäre: Sie tun, als hätten Sie nichts gehört.

Auswirkungen von Ignorieren
Wenn ein Verhalten über einen längeren Zeitraum ignoriert wird, verschwindet es.
Unmittelbar auf das Ignorieren wird das Kind häufig mit Unmutsreaktionen reagieren oder es verstärkt für kurze Zeit das Verhalten, das man ignorieren will, oder es wird aggressiv.
Ignorieren ohne Ablenkung und Hilfe wirkt wie eine Strafe oder Provokation.

Gefahr der Bestrafung bei der Analyse von Problemereignissen. Bei der Analyse der Problemereignisse müssen die Erziehungsfehler der Eltern unmittelbar angesprochen werden. Man erträgt zwar Kritik leichter, wenn man schon weiß wie man es besser machen kann, bzw. wenn man erfahren hat, daß man die Fehler überwinden kann; aber die Kritik bleibt ein Strafreiz. Wir sind daher dazu übergegangen, in den Fällen, in denen das Fehlverhalten für die Eltern leicht durchschaubar ist, nur die Lösungsbeispiele zu analysieren. In vielen Fällen jedoch ist das Fehlverhalten versteckt, so z. B., wenn Eltern versteckt bestrafen, wenn sie durch Schweigen Vorwürfe machen usw. Es kommt auch vor, daß Eltern ihr Verhalten völlig anders einschätzen als es sich uns bietet. In diesen Fällen wird man auf die Analyse der Problemereignisse nicht verzichten können.
Trotzdem sollten wir nie aus dem Auge verlieren: *Wir wollen die Eltern nicht mit ihrem Fehlverhalten konfrontieren, wir wollen vielmehr, daß sie sich ganz auf die Lösung konzentrieren und diese sich einprägen.* Das und nichts anderes soll auch mit Hilfe der Analyse erreicht werden.

1.1.2. Die Schemata der Problembeschreibung

Als Hilfe für die Analyse haben wir drei Schemata entwickelt, die alternativ verwendet werden können. Welches Schema genommen wird, hängt von der Art des Problemereignisses ab und von der Bildung der Eltern, wie auch davon, wieviel Zeit für die Analyse zur Verfügung steht.

Zweck der Schemata. Die Eltern haben am ersten Tag Problemereignisse gespielt und haben nun am dritten und vierten Tag Lösungen durchgespielt. Damit der Lernerfolg nun auch generalisiert werden kann, ist es notwendig, daß die Eltern verstehen, wie es zum Problem gekommen ist, und was die Lösung des Problems ausmacht. In der Analyse der Problemereignisse und der Lösungsspiele lernen sie das theoretische Wissen, das sie sich am zweiten Tag angeeignet haben, auf Erziehungsprobleme zu übertragen. *Das theoretische Wissen wird in praktisches Handeln* analysierend *umgesetzt.*
Wir werden nun die drei Schemata, die wir zur Zeit alternativ einsetzen, darstellen. Keines der drei Schemata befriedigt didaktisch, aber eine bessere Lösung konnten wir noch nicht finden.

Schema I (s. S. 67–68)

Es ist nicht schwer zu ersehen, daß die drei Schemata Verschiedenes leisten.
Schema I ist das unkomplizierteste, folgt unmittelbar der Handlungsbeschreibung und braucht wenig Platz. Einfache Interaktionen können damit gut beschrieben werden. Man kommt mit diesem Schema jedoch bald in Schwierigkeiten, wenn an einer Handlung Variablen entscheidend beteiligt sind, die nicht im Verhalten des Partners liegen, z. B. die Lerngeschichte, Befürchtungen, Strategien usw. Ähnlich ungeeignet für die Beschreibung ist das Schema, wenn an der Handlung mehrere Personen beteiligt sind. Eine übersichtliche Darstellung ist dann kaum noch möglich.

Das erste Schema ist also ungeeignet, wenn es sich um die Beschreibung eines komplexen Geschehens handelt. Andererseits ist es relativ einfach und leicht anwendbar, so daß Eltern schnell mit ihm zurechtkommen.
Um die Brauchbarkeit des Schemas besser abschätzen zu können, wollen wir nun zuerst das Schema mit den Instruktionen zur Anwendung bringen und anschließend daran ein konkretes Beispiel erörtern.
In der gleichen Weise wollen wir auch die anderen Schemata vorstellen.

Schema II (s. S. 69–72)

Schema II ist das differenzierteste von den drei Schemata. Es erlaubt die Beschreibung auch komplexerer Handlungen.
Ebenso spielt es keine Rolle, ob nur zwei oder ob mehrere Personen an der Handlung beteiligt sind. Doch die Differenziertheit ist erkauft mit mangelnder Übersichtlichkeit. Das Schema erschließt sich nicht auf einen Blick. Es verlangt von den Eltern, daß sie sich damit auseinandersetzen.
Darin liegt ein entscheidender Nachteil, und man wird es daher nur dann einsetzen, wenn genügend Zeit zur Verfügung steht, in der die Eltern mit der Handhabung des Schemas vertraut gemacht werden können.
Wir haben teilweise gute Erfolge damit erzielen können. So berichteten Eltern spontan in einer Besprechung des Trainings, daß sie durch das Schema gelernt haben, daß es in den verschiedenen Stadien des Problemablaufes verschiedene Lösungsmöglichkeiten gibt.
Weiter scheint das *„Wenn-dann-Schema“* geeignet, Strategien des Handelns griffig auszudrücken.
Wir versuchen den kognitiven Aspekt einer Reaktion mit zwei Handlungsschemata zu erfassen.
Das erste ist zielgerichtet und wird in einem „Wenn-dann“-Satz ausgedrückt. Es konkretisiert die Strategie des Handelnden.
Das zweite ist reaktiv und wird in einem „so-weil“-Satz ausgedrückt. Es zeigt, daß der Handelnde nur reaktiv agiert.

Schema III (s. S. 73–77)

Schema III besitzt den höchsten Abstraktionsgrad von den drei Schemata. Es ist zwar grafisch das klarste Schema, setzt aber voraus, daß die Interaktionsformen auf typische Formen reduziert werden, sonst gibt es zuviele Werte, wodurch die Übersichtlichkeit wieder verlorenginge. Es eignet sich daher eher zur Darstellung übergeordneter Zusammenhänge, als zur Beschreibung eines einzelnen Handlungsablaufes.

Schema I. (Problem)

Kind			Mutter/Vater
Handlung	Bewertung	Bewertung	Handlung
In der zeitlichen Reihenfolge werden die Reaktionen des Kindes beschrieben ohne Kommentar und in beobachtbaren Begriffen. Interpretative Eigenschaften sollen in Form von Adjektiven angedeutet werden.	Die Reaktionen des Kindes werden danach beurteilt, ob sie für die Mutter/Vater erwünscht sind oder ob sie unerwünscht sind.	Die Reaktionen der Mutter/Vater werden danach beurteilt, ob sie für das Kind eine Belohnung, eine Bestrafung, eine positive Hilfe oder eine unzweckmäßige Hilfe darstellen.	Die Reaktionen der Mutter bzw. des Vaters werden in der zeitlichen Reihenfolge ohne Kommentar und möglichst in beobachtbaren Begriffen beschrieben. Interpretative Eigenschaften sollen nur in Form von Adjektiven angedeutet werden.
	Durch verbindende Pfeile soll die wechselseitige Abhängigkeit des Verhaltens des Kindes und des Erziehers grafisch verdeutlicht werden.		

Die Analyse wird auf die Rückseite der Karte in Form von einfachen Aussagen geschrieben.

Spiel eines Problems: Anforderungen an das Kind führen zu „Streit“

Kind	Bewertung	Bewertung	Mutter/Vater
Spielt	erwünschtes Verhalten		
Tut, als ob es nicht gehört hätte	←	keine Hilfe	„So, räum jetzt deine Sachen in die Spielkiste!“
	unerwünschtes Verhalten →		„Hörst du nicht, muß ich es immer dreimal sagen!“
„Aber es ist doch noch gar nicht dunkel draußen.“	←	Strafe für das Kind keine Hilfe	
	unerwünschtes Verhalten →		„Jetzt wird es später dunkel, räum jetzt auf!“
„Aber du hast immer gesagt, ich darf spielen, bis es dunkel ist.“	←	Eingehen keine Hilfe	
	unerwünschtes Verhalten →		drohend: „Räum jetzt auf!“

Kind			Mutter/Vater
Handlung	Bewertung	Bewertung	Handlung
		Strafe ←	
Beginnt murrend aufzuräumen.		keine Hilfe	
	erwünschtes Verhalten →		

Erklärung:

1. Überforderung führt zu Mißerfolg. Das Kind ist in dieser Situation überfordert, wenn ihm nur die Aufforderung aufzuräumen gegeben wird ohne weitere Hilfe.
2. Strafe bedingt oft Aggression und Opposition.
3. Massive Strafe bedingt Gehorsam; der Gehorsam belohnt damit die massive Strafe.
4. Erzwungener Gehorsam führt zu Aggressionen beim Kind.

Lösungsspiel: Anforderungen an das Kind ohne „Streit"

Kind			Mutter/Vater
Spielt	erw(ünschtes) Verh(alten) →		Setzt sich zum Kind und fragt: „Was hast du da gebaut?"
		Belohnung ←	
Erzählt	erw. Verh. →		„Das gefällt mir gut."
		Belohnung ←	
„Soll ich dir was bauen?"	unerw. Verh. →		„Es ist schon spät. Jetzt räumen wir die Sachen auf." Fängt gleich selber an.
		Ignorieren ←	
„Aber ich will noch nicht!"		Hilfe	
	unerw. Verh. →		„Bring das Klötzchen dort!"
		Ignorieren ←	
		Hilfe	
Bringt das Klötzchen.	erw. Verh. →		„Tust die roten da hinein!"
„Kann ich noch ein bißchen spielen?"	unerw. Verh.		
		Ignorieren ←	
		Hilfe	
Kommt der Aufforderung nach.	erw. Verh. →		

Erklärung:

1. Zweckmäßige Hilfe führt zum Erfolg.
3. Ignorieren von unerwünschtem Verhalten plus Setzen einer konkreten Alternative überfordert das Kind nicht und erleichtert das Befolgen.

Schema II. (Problem)

Handlung	Vom Erzieher/Kind erwartete Folge	Bewertung	Nach psychologischen Gesetzmäßigkeiten zu erwartende Folge
1. Beschreibung des räumlichen (Situation) und des zeitlichen Kontextes (Lerngeschichte). 2. Beschreibung der Reaktion der am Geschehen beteiligten Personen in zeitlicher Reihenfolge. Das Geschehen soll möglichst in beobachtbaren Begriffen beschrieben werden. Interpretative Eigenschaften sollen nur in Form von Adjektiven angedeutet werden.	Die Strategie des Handelnden wird, wie sie sich aus seinem Handeln erschließen läßt, in einem Wenn-dann-Satz beschrieben. Im Wenn-Satz wird sein Handeln genannt (siehe Handlungsbeschreibung), im Dann-Satz wird die vom Erzieher/Kind erwartete Wirkung genannt.	Die Bewertung geschieht nach funktionalen Gesichtspunkten. Im B.B.-Spiel bzw. im Hilfespiel wurden die fünf Kategorien (L, S, H, B, J) für die Bewertung erarbeitet. Das Ergebnis der Auswertung liegt den Eltern in Form von Listen, also in Form einer exemplarischen Definition vor. Diese Listen werden der Bewertung zugrunde gelegt. Es wird nur die abstraktive Signierung (L, S, H, B, I) hingeschrieben.	In dieser Spalte wird eine Prognose für das Verhalten der Partner gemacht, die aufgrund psycholog. Gesetzmäßigkeiten zu erwarten ist. Die Prognose stellt natürlich nur einen wahrscheinlichen Zusammenhang dar, keinen notwendigen. Die Sätze, die hier von den Eltern eingesetzt werden sollen, werden ebenfalls im BB-Spiel bzw. im Hilfespiel erarbeitet. Sie liegen den Eltern tabellarisch vor. Es werden dabei nicht alle Möglichkeiten aufgeschrieben, es wird vielmehr nachgesehen, welche Reaktionen vom Partner erfolgen, und ob sie nach dem experimentellen Spiel zu erwarten gewesen wären.

Meist muß eine Handlung aus Platz- und Zeitmangel verkürzt wiedergegeben werden; ausgelassen können Wiederholungen werden, während vor allem die Ausgangsphase, Brüche und Ausgang beschrieben werden sollten.

Anforderungen an das Kind führen zu „Streit“

Kontext: M(utter) berichtet, sie stelle wenig Anforderungen an das K(ind) und sie traute sich jetzt wegen des Streitens kaum noch Anforderungen zu geben.	Wenn ich das K anschreie, gehorcht es.	Belohnung von strafendem Erzieherverhalten führt zu einem bestrafenden Erziehungsstil. Ein bestrafender Erziehungsstil bedingt ängstliche oder aggressive Kinder und führt zu einer gestörten Eltern-Kind-Beziehung.	Indem das K gehorcht, wenn die Mutter aggressiv wird, belohnt es bei der M strafendes Erzieherverhalten, und indem die M durch Strafe das K zur Anpassung zwingt, wird bei dem K „Eingehen auf Aufforderungen“ als Vermeidungsverhalten aufgebaut.

Schema II (Fortsetzung)

Handlung	Vom Erzieher/Kind erwartete Folge	Bewertung	Nach psychologischen Gesetzmäßigkeiten zu erwartende Folge
K: spielt intensiv mit Bauklötzen.			
M: „So, jetzt räum deine Sachen in die Spielkiste."	Wenn ich sage: „Räum jetzt auf", dann folgt das K.	B (Aufforderung, eine Tätigkeit abzubrechen, ist eine Behinderung)	Behinderung *allein* bewirkt Ungehorsam.
K: tut, als ob es nicht gehört hätte.	Wenn ich so tue, als ob ich nicht gehört hätte, dann kann ich weiterspielen.	I (Tun, als ob man den anderen nicht höre oder sehe, ist Ignorieren)	Ignorieren *allein* bewirkt *unmittelbar* Aggression.
M: „Hörst du nicht? Muß ich es immer dreimal sagen?"	Wenn ich schimpfe, dann folgt das K.	B (Wiederholung der Aufforderung ist keine Hilfe) S (Die Ungeduld ist aggressiv)	Behinderung bewirkt Ungehorsam. Bestrafung bewirkt im sozialen Bereich Aggression oder ängstliche Passivität.
K: „Aber es ist doch noch gar nicht dunkel draußen."	Wenn ich gute Argumente vorbringe, kann ich weiterspielen.	B (Argumentieren ist für die M eine Behinderung: der Versuch, das Aufräumen zu verzögern)	Behinderung bewirkt Ungeduld und Aggressivität.
M: „Jetzt wird es später dunkel. Räum jetzt auf!"	Wenn ich die Gründe widerlege und die Aufforderung wiederhole, folgt das K.	H Hilfe zum Ungehorsam (Das Eingehen der M auf die Argumente des K *erleichtert* ihm seine Strategie der Verzögerung) B (Wiederholung der Aufgabe)	Eingehen auf Ungehorsam bestärkt das K im Ungehorsam. Behinderung bewirkt Ungeduld.
K: „Aber du hast immer gesagt, ich darf spielen, bis es draußen dunkel ist."	s. o.	s. o.	s. o.
M: drohend: „Räum jetzt auf!"	Wenn ich brülle, dann folgt das K.	I (Nicht eingehen auf die Argumente des anderen ist Ignorieren) B (Wiederholung der Aufforderung) S (Drohen in der Stimme ist eine Aggression)	Ignorieren *allein* bewirkt *unmittelbar* Aggression. Behinderung bewirkt Ungeduld. Bestrafung bewirkt Angst, und Angst bewirkt Vermeidungsverhalten und in diesem Fall Gehorsam.

K: beginnt murrend aufzuräumen	Wenn ich jetzt folge, vermeide ich Strafe.	H (Befolgen der Aufforderung ist ein Entgegenkommen) S (Murren ist für die M bestrafend)	Das Einlenken des K nach dem Aggressivwerden bestärkt die M im aggressiven Verhalten. Die Strafe bewirkt Unsicherheit und eine negative Beziehung.

Lösung: Anforderungen an das Kind ohne „Streit“

K: spielt			
M: setzt sich zum K und fragt: „Was hast du da gebaut?“	Wenn ich zunächst auf das K eingehe, wird es eine Aufforderung befolgen.	H (Eingehen auf den anderen ist motivationale Hilfe)	Eingehen, Zuwenden bewirkt Entgegenkommen und soziale Aufgeschlossenheit.
K: erzählt	Ich erzähle, weil M mich freundlich gefragt hat.	L (Nachkommen der Aufforderung ist für die Mutter belohnend)	Belohnung bewirkt Entgegenkommen.
M: „Das gefällt mir gut.“	Wenn ich das K belohne, ist es eher motiviert.	L (Lob und Bestätigung ist belohnend)	Belohnung bewirkt Freundlichkeit und Zugänglichkeit.
K: „Soll ich dir was bauen?“	—	—	—
M: „Es ist schon spät. Jetzt räumen wir die Sachen auf.“	Wenn ich den Vorschlag ignoriere und eine konkrete Aufforderung gebe, dann befolgt K meine Aufforderung.	I (Tun, als ob man den anderen nicht höre oder sehe, ist Ignorieren) H (Konkrete Aufforderungen bedeuten Hilfe für das K)	Ignorieren *allein* bewirkt Aggression, aber kombiniert mit zweckmäßiger Hilfe bewirkt es Kooperationsbereitschaft.
K: „Aber ich will nicht.“	Wenn ich die Aufforderung verweigere, dann kann ich weiterspielen.	S (Verweigerung der Aufforderung ist Strafe für die M)	Bestrafung bewirkt im sozialen Bereich Aggression.
M: „Bring das Klötzchen dort.“	Wenn ich die Weigerung ignoriere und eine konkrete Aufforderung gebe, dann folgt das K.	I (Tun, als ob man den anderen nicht höre, ist Ignorieren) H (Konkrete Aufforderungen bedeuten Hilfe)	Ignorieren *allein* bewirkt Aggression, kombiniert mit zweckmäßiger Hilfe bewirkt Ignorieren Kooperationsbereitschaft.

Schema II (Fortsetzung)

Handlung	Vom Erzieher/Kind erwartete Folge	Bewertung	Nach psychologischen Gesetzmäßigkeiten zu erwartende Folge
K: bringt das Klötzchen. „Kann ich nicht noch ein bißchen spielen?“	Wenn ich zunächst folge und dann die Bitte wiederhole, dann darf ich weiterspielen.	L (Befolgen einer Aufforderung ist belohnend) B (Wiederholung der Weigerung in Form einer Bitte ist eine Behinderung)	Belohnung bewirkt Freundlichkeit und Kooperationsbereitschaft. Behinderung bewirkt Ungeduld.
M: „Tust du die roten da hinein?“	s. o.	s. o.	s. o.
K: kommt der Aufforderung nach.	—	L (Befolgen einer Aufforderung ist belohnend)	Belohnung bewirkt Freundlichkeit und Kooperationsbereitschaft. Das Befolgen der Aufforderung bestärkt die Mutter in ihrem Verhalten.

Abkürzungen: Die Abkürzungen sind so gewählt, daß sie die Eltern am leichtesten behalten und verstehen: L = Lob; S = Strafe; H = Hilfe; B = Behinderung; I = Ignorieren.

Schema III. (Problem)

Handlungsschema des Kindes	Psychologisches Gesetz	Verhaltens-Beschreibung (Signierung)	Psychologisches Gesetz	Handlungsschema des Erziehers
cf. Schema II Spalte 2	Die psychologischen Gesetze werden in ähnlicher Weise wie im Schema II angeführt. Oft jedoch erweist es sich als notwendig, sie etwas ausführlicher, umfassender darzustellen.	Die Beschreibung des Verhaltens geschieht in ähnlicher Weise wie im Schema II. Die zeitliche Reihenfolge muß jedoch nicht strikt eingehalten werden. Beschrieben werden nur typische Verläufe, wobei verschiedene Reaktionsvarianten nebeneinander — beigeordnet — angeführt werden können, um Platz zu sparen. In diesem Schema sollen nur typische Zusammenhänge hervorgehoben werden. Unterhalb des Pfeiles wird die abstraktive Signierung (funktionale Interpretation) beigefügt. Zur Signierung siehe S. 72.	cf. 2. Spalte	cf. Schema II Spalte 2

(Problemereignis)

Aufforderungen an das Kind führen zu „Streit“

Handlungsschema Kind	Nach psycholog. Gesetzmäßigkeiten zu erwartende Folge	Handlung	Nach psycholog. Gesetzmäßigkeiten zu erwartende Folge	Handlungsschema Erzieher
		Kind spielt intensiv mit Bauklötzen →		
	Behinderung allein bewirkt Ungehorsam	„So, jetzt räum deine Sachen in die Spielkiste.“ ← B		Wenn ich sage: „Räum jetzt auf“, dann folgt das K.
Wenn ich tue, als ob ich nicht gehört hätte, dann kann ich weiterspielen		Spielt weiter → I	Ignorieren *allein* bewirkt *unmittelbar* Aggression	
	s. o. Bestrafung bewirkt im soz. Bereich Aggression od. ängstliche Passivität	„Hörst du nicht, muß ich es immer dreimal sagen?“ ← B/S		Wenn ich schimpfe, dann folgt das K.
Wenn ich gute Argumente vorbringe, kann ich weiterspielen		„Aber es ist doch noch gar nicht dunkel draußen.“ → B	Behinderung bewirkt Geduld und Aggression	

Handlungsschema Kind	Nach psycholog. Gesetzmäßigkeiten zu erwartende Folge	Handlung	Nach psycholog. Gesetzmäßigkeiten zu erwartende Folge	Handlungsschema Erzieher
	Eingehen auf Ungehorsam verstärkt das Kind im Ungehorsam s. o.	„Jetzt wird es später dunkel. Räum jetzt auf.“ ← H/B		Wenn ich die Gründe widerlege und die Aufforderung wiederhole, folgt das K.
s. o.		„Aber du hast immer gesagt, ich darf spielen bis es dunkel ist.“ → B	s. o.	
	Ignorieren *allein* bewirkt *unmittelbar* Aggression. s. o. Intensive Bestrafung bewirkt Angst und Angst bewirkt Vermeidungsverhalten und in diesem Fall Gehorsam	Drohend: „Räum jetzt auf!“ ← I/B/S		Wenn ich brülle, dann folgt das K.
Wenn ich jetzt folge, vermeide ich Strafe	Beginnt murrend aufzuräumen ← H/S		Das Einlenken des Kindes nach dem aggress. Verhalten des Erziehers bestärkt ihn in seinem aggress. Verhalten. Strafe bewirkt Unsicherheit und eine negative Beziehung.	

Lösung: Anforderungen des Kindes ohne „Streit“

Handlungsschema Kind	Nach psycholog. Gesetzmäßigkeiten zu erwartende Folge	Handlung	Nach psycholog. Gesetzmäßigkeiten zu erwartende Folge	Handlungsschema Erzieher
		Kind spielt intensiv mit Bauklötzen →		
	Eingehen auf die anderen bewirkt Entgegenkommen und Aufgeschlossenheit	Setzt sich zum Kind und fragt: „Was hast du denn da gebaut?“ ← H		Wenn ich zunächst auf das K eingehe, wird es meine Aufforderung befolgen
		Kind erzählt → L	Eingehen auf den anderen bewirkt Entgegenkommen und Aufgeschlossenheit	
	Belohnung bewirkt Freundlichkeit und Zugänglichkeit	„Das gefällt mir gut.“ ← L		Wenn ich K belohne, wird es auf meine Aufforderung eingehen
		„Soll ich dir was bauen?“ →	Positive Vorschläge bewirken Eingehen beim Partner	

	keiten zu erwartende Folge		keiten zu erwartende Folge	Handlungsschema Erzieher
	Ignorieren plus zweckmäßige Hilfe bewirkt Eingehen beim Partner	„Es ist schon spät. Jetzt räumen wir die Sachen auf.“ Fängt gleich selber an. ← I/H		Wenn ich den Vorschlag ignoriere und eine konkrete Aufforderung gebe, dann folgt das K.
Wenn ich die Aufforderung verweigere, dann darf ich weiterspielen		„Aber ich will noch nicht.“ → S	Weigerung ist Strafe, sie bewirkt Ungeduld und Ärger	
	s. o.	„Bring das Klötzchen dort.“ ← I/H		Wenn ich die Weigerung ignoriere und eine konkrete Aufforderung gebe, dann folgt das K.
Wenn ich zunächst folge und dann die Bitte wiederhole, werde ich weiterspielen dürfen		Bringt das Klötzchen. „Kann ich nicht noch ein bißchen spielen?“ → L/B	Belohnung plus freundliche Bitte bewirkt Freundlichkeit und Kooperation	
	s. o.	„Tu die roten da hinein.“ ← I/H		s. o.
		K. kommt der Aufforderung nach. → L	Belohnung bewirkt Freundlichkeit und Kooperation	

Das Schema soll dem Erzieher die Beispiele in einer Weise aufschlüsseln, daß ihm seine Möglichkeiten eindrücklich vor Augen gestellt werden, und daß er die kritischen Momente erkennen kann. Es entspricht diesem Trainingsmodell, nur positive Beispiele darzustellen, also das Positive hervorzuheben und das Negative zu übergehen.
Oft füllt der Trainer die Spalten aus um Zeit zu sparen und erklärt den Eltern die Zusammenhänge. Dabei greift er immer wieder auf die Erfahrungen aus den experimentellen Spielen zurück. Z. B.

> „Ungeduld (‚mach schon weiter') haben wir gestern gesehen, ist Strafe. Und Strafe sagten wir, führt beim anderen zu Aggressionen oder zu Rückzug oder zu störendem Verhalten. Das Kind reagiert darauf mit aggressiver Selbstverteidigung ärgerlich: ‚Wenn du mich immer störst!'."

Die Problemkarten nehmen die Eltern mit nach Hause.

1.2. Anmerkungen zu den Lösungsspielen

In den Lösungsspielen sollen die Eltern nun das an den Vortagen Gelernte auf ihre eigenen Probleme anwenden. Die Mitarbeit der Eltern ist daher in ganz besonderem Maße gefordert, weil nur in Zusammenarbeit mit ihnen Lösungen gefunden werden können, die *effektiv und zugleich praktikabel* sind.

Lernziele. Vordergründig geht es darum, daß die Eltern ein bis zwei ihrer Probleme in ihrer Umweltabhängigkeit verstehen lernen, und daß sie einige effektive Techniken zu ihrer Lösung einüben. Wenn das Training dieses Lernziel erreicht, hat es einen Sinn gehabt. Trotzdem mischt sich unter solche Erfolgsmeldungen („Kind näßt nicht mehr ein", „Die Schreikrämpfe sind völlig verschwunden") ein Gefühl des Unbehagens. Wenn der Erzieher nur lernt, eine Technik konsequent anzuwenden, gerät das Kind dann nicht in Gefahr, die Freiheitsgrade einzubüßen, die ihm der ineffektive Erziehungsstil belassen hat? Wird der Erzieher nicht bald versuchen auch Strafe kontingent einzusetzen, wo es doch sogar Therapeuten gibt, die sich nicht scheuen, Strafe (E-Schocks) als Mittel der Verhaltensänderung einzusetzen?
Strafe kontingent und kombiniert mit Belohnung eingesetzt dürfte sicherlich zu den stärksten, d. h. effektivsten Methoden der Verhaltensänderung zählen. Und können wir erwarten, daß Eltern diese Techniken nicht auch einsetzen werden, um mit dem Kind auch Ziele zu verwirklichen, die uns unvertretbar erscheinen? Wir wollen diese Probleme im theoretischen Teil ausführlicher besprechen. Hier sollte nur darauf hingewiesen werden, um verständlich zu machen, weshalb wir den Erwerb von Techniken nur als vordergründiges Ziel erachten und es teilweise als Vehikel einsetzen, um das zentralere Lernziel wenigstens ansatzweise zu erreichen: Einsatz des Rollenspiels als Problemlösungsstrategie.

Das Rollenspiel als Problemlösungsstrategie. Die Ratlosigkeit in einem bestimmten Erziehungsproblem äußert sich meist nicht darin, daß man keine Erklärung weiß; im Gegenteil, man hat eine Erklärung, und eben weil man sie hat, wird man blind, die tatsächlichen Zusammenhänge zu sehen und wird unfähig, den Rat des Nachbarn anzunehmen.

Folgender Gesprächsablauf charakterisiert diesen Sachverhalt:

> Nachdem eine Mutter ein Problem vorgebracht hat, wird darüber diskutiert. Die Nachbarin weiß eine Lösung: „Sie möchten mehr auf das Kind eingehen." Die Mutter antwortet, das mache sie ohnehin, und es brachte keine Erleichterung. Eine andere Frau macht einen anderen Lösungsvorschlag. Die Mutter antwortet: „Haben wir alles versucht, vergebens." Und es bleibt schließlich bei der anfangs geäußerten Erklärung: Das Kind will eben nicht, und darum nütze nichts, was immer man versuchen mag.

Die vielen Mißerfolge haben bei dieser Mutter zu einem Vorurteil geführt. Es nützt alles nichts. Ratschläge der anderen Mütter werden daher abgeblockt. Das Problem, vor dem der Trainer hier steht, ist nicht nur, daß die Mutter nicht weiß was sie tun soll, sondern, *sie glaubt nicht daran, daß sie selbst durch eine Änderung ihres Verhaltens das Problem in den Griff bekommen kann.* Dieses Vorurteil, das schon ihre Wahrnehmung beeinflußt und zu der mißerfolgsorientierten Haltung provoziert: „Ich tue es schon, aber es nützt nichts", muß als erste Hürde vor der Lösung genommen werden.
Mit Überredungsversuchen würden wir diese Frau nur noch stärker in die Opposition drängen. Sie weiß ja, wie das Kind ist, wie das Problemereignis tagtäglich abläuft — wir nicht. Erfahrungen können Worte auslöschen, aber Worte können nicht Erfahrungen aufheben. Darum versuchen wir, der Mutter im Rollenspiel neue Erfahrungen zu vermitteln. Im Rollenspiel wird über Lösungsvorschläge nicht diskutiert, sondern sie werden, einer nach dem anderen, ausprobiert. Sehr schnell zeigt sich im Spiel, was die einzelnen Vorschläge wert sind.
Das Rollenspiel wird hier eingesetzt als *Problemlösungsstrategie,* wobei das Problemlösen neben den kognitiven auch emotionale Prozesse einschließt. Der Trainer muß darauf achten, daß folgende Teilmomente am Lösungsspiel zum Tragen kommen:

1. Die Eltern erleben unmittelbar — z. B. indem sie das bockige Kind spielen —, daß eine Änderung des Erziehungsverhaltens eine Änderung des Verhaltens des Kindes zur Folge hat.
2. Es wird ihnen das Erfolgserlebnis vermittelt, daß auch sie selbst dieses Verhalten erwerben können, und daß es bei ihnen die gleiche Wirkung hat.
3. Es werden mehrere Lösungsmöglichkeiten erarbeitet, so daß der Erzieher die Möglichkeit wählen kann, die ihm mehr liegt.
4. Es wird ausgetestet, ob der Erzieher das geforderte Verhalten beherrscht, oder ob es erst eingeübt werden muß.
5. Dadurch, daß auch Lösungsvorstellungen durchgespielt werden, die ineffektiv sind, oder gar zu einer Verschärfung des Problems führen, gewinnen Eltern ein differenzierteres Verständnis des Problems wie auch der schließlich angenommenen Lösungsmöglichkeit.
6. Die Lösung wird gemeinsam erarbeitet, so daß Eltern sich nicht nur leichter mit einer Lösung identifizieren, sondern auch das Erfolgserlebnis einer selbst gefundenen Lösung machen.
7. Die Eltern beginnen, sich mit den Problemen der Nachbarsfamilie auseinanderzusetzen — z. B. wenn eine Mutter die Rolle des Kindes einer anderen Familie spielen muß, oder wenn sie die Rolle einer anderen Mutter spielt.

8. Auseinandersetzung mit Erziehung wird zur Quelle von Belohnung. Es macht Spaß, es ist faszinierend, einmal auszustesten, was man alles *auch noch* kann.

Und immer wieder stehen die „belohnenden Konsequenzen" im Vordergrund. *Wo man früher an das Gewissen des Individuums appelliert hat, an Verantwortungsbewußtsein und Ehre, setzen wir den Aufruf an die Umwelt: Macht das Verhalten, das ihr von Partnern wünscht, zur Quelle von Belohnung, und macht den Gegenstand selbst zur Belohnung: Erziehung, Schule, Hausaufgaben.* Dasselbe gilt auch für die Lösungen, die wir den Eltern anbieten. In etwas pointierter Form könnte man sagen, die Lösung, die im Rollenspiel erarbeitet wird, verhält sich zur Lösung, die der Therapeut konzipiert und im Labor mit den Eltern einübt, wie das Spiel zur Arbeit. Spaß, Humor, emotionales Engagement, Flexibilität sind auf seiten des Spiels stärker akzentuiert, und Ernst, Distanz, Kontrolle, Mühsal würden wir stärker der täglichen Arbeit zuschreiben. Das Rollenspiel kommt natürlich erst dann voll zum Tragen, wenn es in der Familie durchgeführt wird, wie wir es in der Familientherapie versucht haben oder im Arbeitsteam, wie wir es im Training von Erziehern versucht haben. Wenn das Training mit einer Gruppe von Müttern durchgeführt wird, wie wir es bis jetzt meist gemacht haben, steht Modellernen im Vordergrund. Die Mütter erfahren, daß der Trainer ihnen nicht eine Lösung aufzwingt, sondern er schafft eine Situation, in der die Gruppe gemeinsam die Lösung suchen und finden kann.

Die Indikation für ein Elterntraining ist u. E. nur dort gegeben, wo die Erziehungsprobleme nicht primär in gestörten familiären Verhältnissen liegen. Um in gestörten Familien eingreifen zu können, haben wir das Trainingsmodell weiterentwickelt und zu einer Methode der Familientherapie umgebaut. Dieses Modell einer verhaltenstherapeutisch orientierten Familientherapie sieht eine Behandlung vor, die über ein bis drei Monate geht, und in die alle Familienmitglieder und wichtige Bezugspersonen außerhalb der Famlie (z. B. der Lehrer) einbezogen werden. Über diese Untersuchung soll in einer späteren Arbeit berichtet werden.

Spielen an Stelle von Diskutieren. Verhaltensänderung bedeutet Kritik am alten Verhalten — sonst brauchte man ja nicht zu verändern. Es bedeutet mitschuldig sein am Versagen der Kinder und vieles andere mehr, das keiner von uns gern hört. Ganz können wir diese Verletzungen nie ausschalten, aber wir können sie mindern. Dazu wiederum gibt es sicherlich verschiedene Methoden. Unsere Trainingsmethode sieht die Lösung darin, daß Gespräche über Erziehungsfehler und Belehrungen vermieden werden, indem die Lösung gespielt wird, bzw. indem das Problem gespielt wird. Daß Spiel Hemmungen und Blockierungen aufheben kann, ist für uns erwiesen. Wodurch Spiel dieses Ergebnis bringt, wissen wir nicht. Von Künstlern wissen wir, daß sie emotionale Probleme bewältigen, indem sie sie bildnerisch gestalten. Möglicherweise ist das Spiel seiner eigenen Probleme ein ähnlicher Vorgang. Wenn in der Gruppe starke Spannungen sind, und Verkrampfung um sich greift, wirkt das Spiel wie ein Wind, der die Nebelschwaden vertreibt.

Zweck der Analyse. Fast könnte man glauben, im Training würde nur gespielt. Wir heben den spielerischen Moment besonders hervor, weil es ein Charakteristikum oder vielleicht *das Charakteristikum des MTM* ist. Doch die Analyse der Problemereignisse und der Lösungsspiele, sowie die sprachliche Fixierung der Zusammenhänge und der Lösungen trägt entscheidend zum Erfolg bei. Um auf die Bedeutung der sprachlichen Fixierung für die Generalisation über die Zeit hinzuweisen,

möchte ich folgendes, jedem geläufige Phänomen erwähnen. Wenn Sie einen Traum am nächsten Morgen jemandem erzählen, d. h. daß Sie ihn sprachlich beschreiben, bleibt er Ihnen längere Zeit in Erinnerung. Wenn Sie es schriftlich machen, ist der Effekt bezüglich des Gedächtnisses noch stärker. Behalten Sie ihn jedoch für sich und schreiben ihn nicht auf oder erzählen ihn niemandem, so werden Sie ihn nach zwei, drei Tagen vergessen haben.
So dient uns die Analyse hauptsächlich dazu, das Gelernte in einer kurzen Formel dem Gedächtnis einzuprägen.
Gefahr der Überforderung. Wir achten, daß am dritten Tag vornehmlich Probleme drankommen, in denen die Konsequenzen eine zentrale Rolle spielen (Strafe ausblenden, Belohnung kontingent mit erwünschtem Verhalten einsetzen, ausblenden von Belohnung kontingent auf unerwünschtes Verhalten). Durch die Beschränkung auf die Konsequenzen soll verhindert werden, daß die Eltern zuviel auf einmal lernen müssen. Überforderung müssen wir unbedingt verhindern. Es hat sich zudem immer wieder gezeigt, daß auf einmal *nur eine Regel* gelernt werden kann. So sind Eltern z. B. überfordert, wenn sie zugleich angehalten werden, erwünschtes Verhalten zu belohnen und unerwünschtes zu ignorieren. Erst wenn die Regel „erwünschtes Verhalten belohnen" sicher beherrscht wird, kann man zur nächsten übergehen, „unerwünschtes Verhalten zu ignorieren". Jede Klasse von Verhalten muß einzeln eingeführt und eingeübt werden.
Vor allem wenn wenig Trainingszeit zur Verfügung steht, und der Trainer eindringlich vor Augen hat was alles noch zu lernen wäre, ist die Gefahr groß, daß die Eltern überfordert werden. Damit aber würde die wertvolle Zeit vollends verspielt. Die Folge von Überforderung ist Verwirrung, Unsicherheit, Ängstlichkeit und im Endeffekt Vermeidung des Trainings und alldessen, was mit dem Training gelernt werden soll.
Ein spezielles Problem: Die Zielanalyse. Die Signierung ist auch abhängig von der Zielsetzung der beobachteten Person, z. B. die Beurteilung der steuernden Ereignisse. Darum wird vor jeder Analyse genau herausgearbeitet, was der Kern des Problems ist. Trotzdem treten oft bei der Analyse unvermutet Schwierigkeiten auf. Das Problem soll an einem Beispiel erläutert werden:

> In einem Psychologentraining in einer Institution wurde ein Problem der Kompetenzüberschreitung behandelt. Gespielt wurde eine Situation, in der ein Psychologe mit einem zweiten ein kritisches Gespräch führte.
> Als Ziel wurde von beiden Psychologen angegeben: Austausch von Informationen zur Klärung des Vorfalles. Dabei ergab sich zusammenfassend dargestellt folgender Interaktionsverlauf:

Die Analyse ist nach dem Analysenschema, wie es im dritten Teil, S. 138–144 beschrieben ist, durchgeführt (s. Tabelle S. 82). Zur Signierung s. S. 138–143.
Die 1. Auswertung ergibt wenig Sinn. Auf „Geben von Information", die als Befolgen der Erwartungen des Partners als Z und als Zielannäherung mit K^+ gewertet wurde, reagierte der Partner bald mit Abblocken und mit Strafe, bald mit Zustimmung und Belohnung.
Wir besprachen daraufhin nochmals die Zielsetzung des Gesprächs, die von P_2 angegeben wurde: „Geben von Information." Daß P_2 auf „Geben von Information" mit Abblocken und Strafe reagiert, ist ein Hinweis darauf, daß sie mit dem Gespräch ein anderes Ziel verfolgte. Der Trainer forderte die Gruppe auf, zu

	1. Auswertung		2. Auswertung	
P_1: Gibt Information (A)	K^+ Z		K^- Z	
P_2: Reagiert averbal mit verletzenden Reaktionen		Z^- K^-		Z^- K^-
P_1: Gibt Information (B)	K^+ Z		K^+ Z	
P_2: Reagiert averbal mit belohnenden Reaktionen		Z K^+		Z K^+

überlegen, welche Zielsetzung P_2 haben müßte, daß ihr Verhalten konsistent wäre. Es gab offensichtlich zwei Arten von Informationen, die P_1 ergab.
Wir kamen dahin, daß P_2 mit dem Gespräch das Ziel verband, P_1 solle der Darstellung des Sachverhaltes von P_2 zustimmen. Abweichende Information von P_1 erlebte sie daher als Behinderung der Zielannäherung, als Strafe und Übereinstimmung als Belohnung. Information A entlastet P_1; Information B belastet P_2, und P_2 ging es offensichtlich nur darum P_1 anzuklagen, als Schuldige hinzustellen. Daraufhin werteten wir den Film nochmals aus, und bekamen dann konsistente Werte.
Unstimmigkeiten im signierten Interaktionsverlauf sind entweder Hinweise auf Signierungs-/Beobachtungsfehler oder auf Fehler in der Zieldefinition. Dabei kann es durchaus vorkommen, daß die handelnde Person sich ihrer Ziele und Motive selbst nicht bewußt ist. Wird sich ein Trainingsteilnehmer im Laufe der Analyse seiner widersprüchlichen Handlungsweise bewußt, so kommt es zu großer Erschütterung. Häufig ist es damit verbunden, daß hinter einer moralischen Fassade die eigennützigen und egoistischen Bestrebungen sichtbar werden. So notwendig es für die Verhaltensänderung auch ist, auf eine realistische Selbsteinschätzung hinzuarbeiten, so müssen wir doch darauf achten, daß der Übergang nicht zu abrupt geschieht. Die Bestrafung und die Verunsicherung, die die plötzliche Konfrontation mit seinem Verhalten auslösen würde, müßte sich negativ auf das Training auswirken.
Ein anderes Problem der Zielanalyse besteht darin, daß konträre Ziele nebeneinander bestehen können. Auch dafür ein Beispiel:
Eine Mutter gibt als Problem an, ihr Sohn arbeite zu unkonzentriert. Das Problem zeige sich am schärfsten, wenn sie ihn Englischvokabeln abfrage.
Wir bekommen zusammenfassend folgenden typischen Verlauf (s. Tabelle S. 83).
„Konzentriertes Arbeiten" ist nur eine Erwartung dieser Mutter. Sie erwartet weiterhin, daß ihr Sohn *genau* arbeitet. Sie erwartet, daß sie ihn auf Ungenauigkeiten nicht ansprechen muß. Sie erwartet ferner wenn sie ihn kritisiert, daß er ihr die Schuldgefühle des Kritisierens nimmt. Bei genauem Hinsehen stellt sich heraus, daß die Konzentration gar nicht das eigentliche Problem ist, sondern „ungenaues Arbeiten" und „mangelnde Zustimmung auf Kritik". Sie will zugleich ungenaues Arbeiten und Kritik am ungenauen Arbeiten vermischen.
Beim erneuten Signieren haben wir drei Ziele der Mutter formuliert: 1. „Arbeiten ohne Pausen"; 2. „Genaues Arbeiten"; 3. „Auf Kritik der Mutter mit Entschuldigung und Zustimmung reagieren". Auch in diesem Beispiel ist es im Training wich-

	1. Auswertung		2. Auswertung	
M: „gehen“	K Z^+		K Z^+	
K: „go“		(K) Z		K^- Z
M: Wartet für 2 sec, holt tief Atem (Unmut)	(K^-) O		K^+ O	
K: rührt sich nicht		(K) O		K^- O
M: „fahren“	K^+ Z		K^+ Z	
K: „drive“		(K) Z		K^- Z
M: „Vielleicht sagst du ‚to drive‘“ (betont, streng)	K^- (Z^+)		K^+ Z°	
K: „immer so pingelig“		K^- Z'		K^- Z^-
M: „Mir wäre es gleich, aber der Lehrer ...“	(K) Z^+		K^+ Z°	

tig zu klären, weshalb die Mutter Schuldgefühle entwickelt sobald sie das Kind kritisiert.

Das Beispiel zeigt uns aber noch eine weitere Falle. Der Unmut der Mutter wurde als K^- signiert, aber es fällt auf — und das Interview mit dem Kind hat die Hypothese bestätigt —, daß das Kind *die* Fehler macht, die die Mutter am schlechtesten ertragen kann. Sind die strafenden Reaktionen der Mutter vom Kind gewollt, provoziert? Und wenn sie bewußt provoziert sind, was dann? Sind sie für das Kind als Belohnung zu werten im Sinne einer Zielannäherung? Das Kind kennt seine Mutter genau. Es wäre ihm leicht diese Strafe zu vermeiden. Wir haben uns daher entschlossen, die Unmutreaktionen der Mutter als K^+ für das Kind zu signieren.

Warum das Kind die Unmutsreaktion der Mutter als belohnend empfindet, wissen wir nicht, aber es entspricht einer allgemeinen Erfahrung, daß uns „jemand hochnehmen“ und „jemand provozieren“ manchmal Spaß bereitet, und dann sind seine Unmutsreaktionen für uns Belohnung.

Das Interview mit dem Kind ergab folgende Begründung für seine Zielsetzung. Es empfand das Verhalten der Mutter als unehrlich. „Einerseits sagt sie, sie sei nicht pingelig, andererseits kritisiert sie jede Kleinigkeit. Und damit sie als nicht pingelig dasteht, soll ich dann jedesmal sagen: ‚Ja, Mutter, nur für mein Wohl.‘“ Verdeckt scheint hier das Motiv durch, die Mutter durch Provokation auf den Widerspruch in ihren Erwartungen aufmerksam zu machen. Der Kritik der Mutter begegnet das Kind mit Kritik, wenn auch in sublimer und versteckter Weise.

Die Diskussion über Lösungen wird ersetzt durch das Durchspielen von Lösungsvorschlägen und durch die Besprechung des Ergebnisses. Ferner spielt an diesem Tag die Frage der Überforderung der Eltern eine wichtige Rolle. Wir sind darauf schon bei den Anmerkungen eingegangen, und hier soll das Problem noch für den Trainer spezifiziert werden.

Die Beschränkungs-Regel. Der Trainer muß sich klar vor Augen stellen, daß im Training nicht alles mögliche besprochen und trainiert werden kann und soll. Es geht um den Aufbau einer bestimmten Haltung gegenüber Erziehungsproblemen und um die Einübung einzelner weniger Techniken.
Andererseits ist das Bedürfnis nach Beratung bei den Eltern groß. Einmal, weil sie aufgrund des gewonnenen Vertrauens tatsächlich Lösungsvorschläge aus dem Munde des Trainers erfahren wollen, zum andern jedoch, weil Reden über ein Problem allemal bequemer ist als das Durchspielen, Analysieren und Beobachten, so daß Fragen auch als eine Form des Vermeidungsverhaltens gegenüber den Spielen auftritt. Hinzu kommt, daß auch für den Trainer Beratung bequemer und weniger mühevoll ist als das Erarbeiten von Lösungen im Spiel, so daß auch er ständig vom Bedürfnis geplagt wird vom Spiel auf das feste Ufer der Beratung auszuweichen. Nicht zufällig sind die Erholungspausen ausgefüllt mit Sprechen über Erziehungsprobleme und nicht mit Spielen. Es erleichtert über Probleme zu sprechen, und man ist immer wieder geneigt auf Lösungen der Probleme zu Gunsten von Besprechungen der Probleme zu verzichten. Natürlich währt die Befriedigung nicht lange, und bald stellt sich ein schales Gefühl des „Zerredens" ein, der Spannungslosigkeit und des Vertuns wertvoller Zeit.
Auf die Spiel-Regel kann nicht eindrücklich genug hingewiesen werden.
Sie wird hier ergänzt durch die Beschränkungs-Regel. Sie besagt, daß Probleme, die im Spiel nicht drangekommen sind, auch nicht als Gegenstand der Beratung drankommen sollen.
Der Trainer sollte sich nicht scheuen zu sagen: „Auf dieses Problem können wir hier nicht mehr gründlich genug eingehen", oder er weist direkt auf die Regel hin: „Wir haben gelernt, daß Probleme nicht am grünen Tisch gelöst werden sollen, sondern durch das Durchspielen von Lösungen nach gründlichen Beobachtungen."
Daraus folgt:

> *„Es soll zu keinem Problem Stellung genommen werden, das nicht durchgespielt werden kann. Wir bewahren so unseren Rat vor der Inflation."*

Die Kritik-Regel. Sobald der Trainer beginnt, Vorschläge zu machen, setzt er sich auch der Kritik aus; seine Vorschläge werden beurteilt. Das belastet ihn, aber es schadet nicht unbedingt der Arbeit. Angriffe und Kritik aus der Gruppe deuten auf Mißverständnisse oder auf emotionale Blockierungen hin und geben damit dem Trainer die Möglichkeit darauf einzugehen. Der Trainer sollte daher für Kritik dankbar sein.
Andererseits ist auch verständlich, daß ihn Kritik verletzt, und daß er geneigt ist sich zur Wehr zu setzen oder zu resignieren. Dabei sind diese Reaktionen um so wahrscheinlicher, je berechtigter die Kritik ist, bzw. je unsicherer sich der Trainer fühlt.

Was ist zu tun, wenn Kritik kommt und den Trainer verunsichert? Wenn man weiß, nun ist man in Gefahr einen Fehler zu begehen, wird man *zunächst auf Zeit spielen*. Man muß sich fangen und besinnen. Diese Zeit bekommen wir wenn wir auf Kritik nicht mit verbalen Erklärungen antworten, sondern den fraglichen Sachverhalt spielen lassen. Bald werden wir merken, daß Spiel ein besseres Medium ist, um sich zu rechtfertigen, als Worte, daß Spiel mehr klärt als Erläuterungen, die der Partner vielleicht gar nicht hören will, weil er aggressiv gestimmt ist und Möglichkeiten der Ablehnung und Kritik förmlich sucht; selbst wenn wir beigeben müssen, haben wir im Spiel eine Form, die auch uns erlaubt, Fehler einzugestehen, ohne dabei das Gesicht zu verlieren.

„Sich nicht rechtfertigen, wenn Kritik kommt, sondern den Sachverhalt spielen lassen. Spiel bringt Zeit zum Überlegen und ist das bessere Medium auf Kritik kreativ zu antworten."

2. Das Redespiel

Diese Übung wurde bis jetzt nur im Training von Psychologen, Ärzten, Heilpädagoginnen und anderen hauptberuflichen Erziehern eingesetzt, wenn vier volle Trainingstage zur Verfügung standen.

2.1. Durchführung

Das Redespiel besteht aus zwei Teilen. Es wird von jedem Teilnehmer eine Collage hergestellt, und daran schließt sich ein Gespräch an.
Für das Spiel wird folgendes Material angeboten: Ein Stoß illustrierte Zeitschriften, eine Schere, ein Brett (60×40 cm oder 50×50 cm) und ein Klebeband.

Instruktion:

„Wir machen nun ein Gestaltungsspiel. Stellen Sie ihre Familie dar, so wie Sie sie erlebt haben. Hier liegt ein Stoß alter Illustrierten, die Sie als Material verwenden können. Jeder nimmt sich eine Schere, um die Bilder auszuschneiden, die er verwenden will. Das Bild tragen Sie dann auf einem Brett auf und kleben es mit Tesafilm fest."

Wenn alle die Instruktion verstanden haben, geht es an die Arbeit. Sie dauert gewöhnlich zwei Stunden. Auch die Trainer machen mit. Die Gestaltung der eigenen Familie macht gewöhnlich Spaß, aber auch Unwille und Abneigung gegenüber dieser Arbeit werden beobachtet. Es hat sich für das anschließende Gespräch als günstig herausgestellt, wenn der Trainer Hinweise, die Angst, Ablehnung usw. signalisieren, registriert und die Beobachtungen im Gespräch später einbringt. Sobald der letzte fertig ist, setzt man sich im Kreis auf den Boden, und ein Bild wird in die Mitte gestellt. Nun wird über das Bild gesprochen. Kommen keine Beiträge zum Bild mehr, wird ein anderes in die Mitte gestellt.

Instruktion:

„Wir haben gelernt, unser Verhalten im Zusammenhang mit dem zu sehen, was um uns vorgeht. Dazu gehört auch das, was wir im Laufe unseres Lebens durchgemacht haben: enttäuschte Hoffnungen, Zurücksetzungen und Mißhandlungen, eine geborgene Kindheit, Erfolge usw. Wer unsere Vergangenheit kennt, wird oft verstehen, weshalb wir so und nicht anders handeln. Dieses Verständnis hilft uns aber auch, wenn wir uns ändern wollen. Es fällt uns allen jedoch schwer, über unsere inneren Erfahrungen zu sprechen. Es fällt uns leichter, wenn wir es indirekt tun können. Dazu sollte uns nun das Bild der eigenen Familie, das Sie zusammengestellt haben, helfen. Jeder kann sagen, was ihm zum Bild einfällt. Es muß nicht immer stimmen, aber es soll uns Anregungen geben, über Erfahrungen zu sprechen oder Sie einmal von einem anderen Standpunkt aus zu sehen."

Um zu vermeiden, daß einer dem anderen etwas aufzuschwätzen sucht, wollen wir folgende Regeln einhalten:

Regel 1: „Sagt einer zum Bild oder zur Person des anderen etwas, so soll er sagen: ‚Auf mich macht das Bild den und den Eindruck.' Er soll vermeiden zu sagen: ‚Das Bild / du bist so und so.'"

Regel 2: „Fühlt jemand sich durch die Äußerung vom Eindruck, den jemand über uns hat, verletzt, soll er sich nicht verteidigen."

2.2. Anmerkungen zum Redespiel

Lernziel. Es mag vielleicht überraschen, daß im Rahmen eines verhaltenstherapeutisch orientierten Trainings eine Übung vorkommt, die wir gewohnt sind mit tiefenpsychologischen Methoden in Verbindung zu bringen. Bei genauerem Hinsehen wird man jedoch bemerken, daß wir die Collage nicht als projektiven Test, sondern als Medium verwenden um über Lernerfahrungen zu sprechen. Mit den Gesprächen über frühere Lernerfahrungen möchten wir zwei Ziele erreichen:

1. Sich-Kennenlernen: Die Lerngeschichte stellt einen Teil der Variablen, die aktuelles Verhalten determinieren. Manche Verhaltensweisen eines Menschen sind nur aus seiner Lerngeschichte verständlich. Dieses Verständnis ist für die Konzeption von Therapieplänen nicht unbedingt notwendig, aber es erleichtert in jedem Fall die Arbeit.
2. Die Motivation zur Mitarbeit im Training ist um so stärker, je existentieller die Probleme sind, die behandelt werden. Die Gespräche über die Lerngeschichte sollen dazu führen, daß im Training mehr persönlich-intime Probleme vorgebracht werden.

Erfahrungen mit dem Spiel. Es ist ein Spiel mit hoher emotionaler Beteiligung. Spontan berichten Teilnehmer am nächsten Tag von intensiven Träumen, schlechtem Schlaf und von „Aufgewühltsein". Daraus geht hervor, daß das Spiel geeignet ist den Teilnehmern zu helfen, über wichtige Erfahrungen nachzudenken und zu sprechen. So wird diese Übung im Rückblick auf das Training meist als bedeutsam und wichtig erlebt. Die Eltern haben den Eindruck über Erfahrungen gesprochen

zu haben, über die sie kaum jemals reflektieren und nie sprechen. Dem sich selber Darstellen entspricht auf der anderen Seite das Verstehenlernen des anderen. Für das letzte Ziel ist diese Übung wie keine andere geeignet. Anhand der Collage werden Ereignisse aus der Kindheit geschildert, die den Sprecher ausgeliefert an seine Umwelt zeigen. Das schaltet beim Zuhörer eventuelle Distanziertheit und Reserviertheit aus und bedingt Mitempfinden. Eine wichtige Rolle spielt dabei das Bild, das es nicht nur erlaubt Erfahrungen indirekt auszusagen, sondern das sich gleichzeitig für den Zuhörer als Gedächtnisstütze erweist. Im Trainingsteam machten wir die Erfahrung, daß uns die Trainingsgruppen wesentlich besser in Erinnerung geblieben sind, mit denen wir die Collagenübung gemacht hatten, als jene, bei denen wir diese Übung ausfallen ließen.
Zusammenfassend kann man sagen, daß diese Übung ein starkes Gemeinschaftserlebnis bedingt, das sich auf das Training gut auswirkt.

Stellenwert der Übung im Training. Eine ähnliche Übung kommt auch in den anderen Tagen. Durch sie gewinnt das Training an Spannung. Dreiviertel der Zeit ist objektiv Arbeit, ist der Verhaltensmodifikation gewidmet. Das eine Viertel, das einem Spiel gewidmet ist, steht im Kontrast dazu. Es werden nicht nur persönliche Äußerungen gemacht — sie kommen auch im Laufe des ersten Teiles vor —, hier wird vor allem nicht mehr nur von beobachtbarem Verhalten gesprochen, sondern auch von Gefühlen, Eindrücken usw. Und durch die harte, anstrengende Arbeit vorher wird das Spielerische und Ungezwungene dieser Übung noch unterstrichen.
Dieser Spannungsgegensatz ist nicht nur für das Training gedacht. So sehr wir Selbstkontrolle für den Erzieher als notwendig erachten, so aufdringlich und zum Widerspruch reizend kann es sein, wenn diese Kontrolliertheit zur beherrschenden Eigenschaft erzieherischen Verhaltens wird. Verhaltensmodifikation ohne Humor und ohne Sinn für Ausnahmen ausgeführt, kann tatsächlich den Appetit verderben und Resignation und Opposition fördern. Die Objektivität in der Beobachtung und Beurteilung menschlichen Verhaltens, so wie die Kraft es zu verändern, die die Verhaltensmodifikation zu vermitteln vermag, führt unseres Erachtens folgerichtig dazu, die jeweilige Entwicklungsstufe der Verhaltensmodifikation zu relativieren und damit ideologische Starrsinnigkeit zu verhindern.

2.3. Trainerregeln

Der Trainer muß verhindern, daß die Collage und das Sprechen über frühe Kindheitserfahrungen zu einem projektiven Test umfunktioniert werden. Es geht in dieser Übung nicht um die Frage, wie jemand ist, sondern darum, daß der einzelne es schafft, persönliche Erlebnisse zu schildern und darzustellen, und die Zuhörer sollen diese Schilderung aufnehmen, ohne es besser wissen zu wollen.
Der Trainer muß verhindern, daß von den Zuhörern beurteilende Äußerungen gemacht werden.

Vierter Tag

Lernen, Schwierigkeiten durch Hilfestellung und Verändern des Wohnraumes und der Zeitpläne vorzubeugen

Der vierte Tag ist in drei größere Abschnitte gegliedert:

1. Fortführung der Lösungsübungen. Die Lösungsübungen werden in ähnlicher Weise wie am Vortage fortgeführt, mit dem Unterschied, daß am vierten Tag komplexere Probleme aufgegriffen werden, bei deren Lösung die angemessene Hilfestellung des Erziehers im Vordergrund steht.
2. Planung der Umstrukturierung des Wohnraumes und der Zeitpläne. Einrichtung der Wohnung, Aufteilung des Wohnraumes, Arbeitsplatzgestaltung und andere situative Komponenten werden in Hinblick auf das Auftreten von Problemereignissen analysiert und neu geplant.
3. Die Übung in der Familie über erzieherische Probleme und Maßnahmen zu sprechen. Die Eltern kommen nach dem Training nach Hause und sollen in ihrem Erzieherverhalten, wie auch in der Wohnung, einiges ändern und umstellen. Diese Änderungen betreffen das Problemkind unmittelbar, mittelbar meist auch die Geschwister oder auch noch andere Personen, die mit zum Haushalt gehören. Über diese Änderungen müssen die Eltern mit der gesamten Familie sprechen, entweder einzeln oder in der Gruppe. Dabei fühlen sie sich meist überfordert. Darum wird im Labor die Aufgabe bis ins Detail durchgespielt.

1. Fortsetzung der Lösungsübungen

Die Lösungsübungen werden am vierten Tag fortgesetzt. Während jedoch am dritten Tag das richtige Setzen von Konsequenzen und das gezielte Ausblenden von Konsequenzen im Vordergrund standen, geht es am vierten Tag um das Geben von Hilfestellung, um die Bildung von Lernreihen, um das Ausblenden von Hilfen, sowie um die zweckmäßige Gestaltung der Lernsituation.
Wiederum wird die Lösung im Spiel gesucht, und im Spiel wird auch das angemessene Verhalten, das zur Lösung führt, eingeübt. Dabei gelten die gleichen Überlegungen und die gleichen Trainerregeln wie am Vortag.

Bedeutung der Hilfestellung
In den Lerntheorien werden die Hilfestellungen nur als diskriminative Stimuli und als Schrittlernen behandelt. Damit wird aber der Bereich der Hilfestellungen keineswegs ausreichend erfaßt. Situationsgestaltung, manuelle Hilfe, Vorwegnahme von Schwierigkeiten usw. gehören ebenso zu einer geschickten Erziehung, wie der Umgang mit den Konsequenzen. Dem Lerntheoretiker mag sich der Einfluß der Konsequenzen so erdrückend darstellen, daß im Vergleich dazu die Hilfestellungen vernachlässigt werden können.

Aber in der Praxis der Erziehungsberatung oder Therapie stellt sich die Frage anders. Jede Erziehung arbeitet mit dem Einsatz von kontingenter Belohnung. Ähnlich gezielt wird auch Strafe eingesetzt. Und der Versuch, ohne Strafe zu erziehen, wird ebenfalls ernstlich gemacht, nur greift man letztlich doch wieder zur Strafe, weil man sonst keine Möglichkeit sieht, weil man „hilflos" ist. Echte aufklärende Arbeit wird hingegen in den Fällen gemacht, wo Belohnung unerwünschten Verhaltens durch soziale Zuwendung aufgewiesen wird; ansonsten besteht der Fortschritt der Verhaltenstherapie lediglich in der Systematik. Wir können somit sagen, daß die Möglichkeiten der Erziehung, die in der Konsequenzkontrolle liegt, zu einem Gutteil ausgeschöpft sind, während über die Möglichkeiten der Erziehung, die im richtigen Geben von Hilfe liegt, vergleichsweise wenig bekannt ist. Damit gewinnt für uns die Hilfestellung im Vergleich zu den Konsequenzen an Bedeutung. In diesem Bereich kann bei den meisten Eltern von einem echten Lerndefizit gesprochen werden.

2. Räumlich-zeitliche Umstrukturierung

Sobald die Lösungsspiele abgeschlossen sind, wendet sich die Gruppe den Problemen der räumlich-zeitlichen Gestaltung zu.

Instruktionen:

„Die Teller bleiben fettig, wenn wir sie ohne Spülmittel abwaschen, und wir können das Brot nicht in dünne Schnitten schneiden, wenn das Messer stumpf ist. Sorgfalt und Geschicklichkeit nützen dabei wenig. Aber das ist nicht alles. Das Kind kann nicht schön schreiben, wenn der Bleistift nicht gespitzt ist, und es kann nicht konzentriert arbeiten, wenn die kleineren Geschwister mit im Zimmer sind und spielen.
So können wir oft durch eine geschickte räumliche Aufteilung und Gestaltung, sowie durch einen günstigen Zeitplan verhindern, daß Probleme entstehen, oder wir können sie wenigstens entschärfen. Darüber sollten wir nun sprechen."

Meist haben wir diese Instruktion durch eine ausführlichere Erläuterung ergänzt, in der ganz spezifisch auf die Erziehungsprobleme Bezug genommen wird. Als Beispiel einer solchen ausführlicheren Erläuterung bringen wir in *Anhang VII* die schriftlich ausgearbeitete Instruktion aus einem Projekt „Hausaufgabentraining". Der Trainer hatte die Anweisung bekommen es frei vorzutragen, sich aber streng an den Wortlaut zu halten.
Die Auswahl der Fragen orientiert sich an den vorgebrachten Problemen. Als Beispiel nehmen wir hier das Problem „Hausaufgabenmachen".

1. Raumwahl. Die Wahl des Raumes, in dem das Kind Hausaufgaben machen soll, wird unter dem Blickpunkt der „Ablenkbarkeit" getroffen. Der Raum sollte ruhig gelegen sein. Es ist wichtig, daß der Raum von anderen Familienmitgliedern während des Hausaufgabenmachens nicht betreten werden muß. Der Ausblick aus dem

Fenster sollte wenig Anreiz bieten. Es sollte hell sein und muß — im Winter — heizbar sein. Auch die Ausstattung des Raumes sollte wenig Anreiz zum Spielen bieten.
In vielen Fällen hat das Elternschlafzimmer all diese Eigenschaften. Oft jedoch ist es nicht geheizt. In diesen Fällen kommt es für die Wintermonate natürlich nicht in Frage. Für und Wider wird im einzelnen durchgesprochen und die Entscheidung schriftlich festgehalten.

2. Gestaltung des Arbeitsplatzes. Ein Minimum an Ablenkung sollte auch der Arbeitsplatz bieten. Zudem sollte er bequem sein. Daraus ergibt sich, daß der Tisch leer sein sollte. Wegen des Lichtes ist es günstig, wenn er nahe am Fenster ist, aber das Fenster verlockt auch zum Hinausschauen. Auch hier muß ein Kompromiß gesucht werden. Der Stuhl sollte zweckmäßig sein, ebenso auch der Tisch.
Der Platz zum Hausaufgabenmachen muß nicht unbedingt freundlich sein. Radio und ähnliche Geräte sollten nicht erreichbar sein.
Oft gefällt den Eltern soviel Nüchternheit nicht. Es ist wichtig sie aufzuklären, daß das Kind im Grundschulalter kaum jemals länger als eine Std Hausaufgaben machen muß. Es soll sich im Arbeitsraum daher nicht zum Wohnen und auch nicht für den ganzen Nachmittag einrichten, sondern nur für die eine Std des Hausaufgabenmachens. Je genauer ein Kind unterscheiden lernt: Hier Arbeit — dort Spiel, desto leichter wird es ihm fallen sich in der Zeit der Arbeit auch wirklich zu konzentrieren und nicht vor sich hinzuträumen.

3. Wahl des Zeitpunktes. Günstig wirkt es sich aus, wenn das Kind immer zur gleichen Zeit und im gleichen Raum die Hausaufgaben macht. Das läßt sich häufig nicht machen wegen der Unregelmäßigkeit der Schulstunden, bzw. anderer Veranstaltungen. Trotzdem sollte man sich bemühen einen festen Plan zu vereinbaren. Der Anfang sollte möglichst so gewählt werden, daß er in einen natürlichen Einschnitt fällt, z. B. nach dem Essen, nach der Schule, nach dem Turnen usw. Ungünstig ist es, wenn das Kind vom Spiel weg zu den Hausaufgaben muß. Ungünstig ist auch eine Zeit, in der der Rest der Familie etwas Interessantes unternimmt wie z. B. Fernsehen.

4. Dauer der Hausaufgaben. Beim Abschätzen der Dauer von Hausaufgaben sind viele Faktoren zu beachten: ob der Gegenstand dem Kind Spaß macht, wieviel die Schule verlangt, Konzentrationsfähigkeit des Kindes u.a.m. Als Richtlinie für Entscheidungen können wir nur festhalten: dauern Hausaufgaben zu lange, wird das Kind überfordert. Überforderung wirkt wie Strafe, sie bewirkt Vermeidungsverhalten und in dessen Folge schlechtere Leistungen. So bewirken zu lange Arbeitszeiten das Gegenteil von dem, was ursprünglich mit ihnen bezweckt werden sollte.
Die Vorschläge und Begründungen werden schriftlich festgehalten und der Mutter mit nach Hause geben (vgl. Anhang VIII). Sie muß dann zu Hause im Gespräch mit dem Ehepartner und den Kindern die Umstrukturierung vornehmen.
Oft erweist es sich notwendig oder zumindest als zweckmäßig, mit den Eltern einen Erziehungsplan zu erarbeiten. Im Grunde handelt es sich dabei auch nur um eine räumlich-zeitliche Strukturierung, die meist in einer Reihe aufeinanderfolgender Schritte systematisiert wird. Die Vorgehensweise beim Erarbeiten des Erziehungsplanes ist daher mehr oder weniger dieselbe wie bei der schon geschilderten räumlich-zeitlichen Strukturierung.

Wiederum ist auf das Einhalten der Beschränkungs-Regel ganz besonders zu achten.

3. Das Familiengespräch über das Training

Die Eltern haben im Training einiges gelernt und gehen nun mit guten Vorsätzen nach Hause. Was geschieht nun? Das Training ist aus der Vorstellung entworfen, daß Probleme, die mehrere betreffen, auch mit allen Beteiligten gelöst werden sollen, daß Arbeiten gemeinsam bewältigt werden können. Werden sich die Eltern mit ihren Kindern zusammensetzen und gemeinsam über eventuelle Änderungen sprechen, wenn sie vom Training nach Hause kommen? Werden sie ihr Hauptaugenmerk zunächst auf die Gestaltung der Situation lenken, damit ein echtes Gespräch entstehen kann? Oder werden sie nach Hause gehen und bei sich überlegen was sie nun alles anders machen werden? Wir wollen die Bewältigung des ersten Schrittes nicht dem Zufall überlassen, und daher wird das Gespräch mit der Familie im Rollenspiel durchgespielt.

3.1. Durchführung

Es ist kaum jemals nötig, den Eltern lange zu erklären, daß das Durchspielen des einführenden Gespräches in der Familie notwendig ist. Die Eltern nehmen diese Hilfe dankbar an. Erstaunlich für uns jedoch war, wie wenig Eltern in der Lage sind, mit ihren Kindern über erzieherische Probleme zu sprechen. Das Rollenspiel über das familiäre Gespräch kann daher leicht zu einem Strafspiel und zur Erfahrung von Mißerfolgen führen. Daß wir diese Bestrafung am Ende des Trainings, wo wir die Eltern bald nach Hause entlassen, am allerwenigsten brauchen können, ist klar, und wir müssen daher vorbeugen.
Wir tun dies in zweifacher Weise:

- durch Modellernen: der Trainer spielt den Eltern das erste Gespräch vor und analysiert es mit ihnen;
- durch eine ausführliche Instruktion, in der die Hauptmomente, auf die es im Gespräch ankommt, hervorgehoben werden.

Erklärende Instruktion für das Gespräch in der Familie. „Wir haben jetzt für das Kind geplant. Sie gehen nun nach Hause und müssen den Kindern und Ihrem Ehepartner mitteilen und besprechen, was sich nun in der Erziehung ändern soll. Ein solches Gespräch so zu führen, daß es von allen als konstruktiv (belohnend) und nicht als Provokation (bestrafend) erlebt wird, ist sehr schwer. Wir sollten es daher üben.

a) *Erzählen Sie zunächst ruhig, was Sie im Training erlebt haben.* Das gibt Ihnen und den anderen Zeit, sich langsam auf die kritischen Punkte zuzubewegen. Und je genauer Sie den anderen schildern, was Sie erlebt haben, was Ihnen durch den Kopf gegangen ist, als Sie sich selbst vor dem Bildschirm gesehen haben, desto leichter wird es den anderen fallen zu verstehen, daß Sie den Wunsch mit nach Hause gebracht haben, tatsächlich etwas im Zusammenleben zu ändern.

b) Schließlich müssen Sie ganz *konkret auf die Veränderungen zu sprechen kommen*. Sagen Sie klar, was Ihre Erwartungen sind, aber sprechen Sie sie als Vorschlag aus, über den noch gesprochen werden soll.

c) Vielleicht kommt es dann vor, daß das Kind einen *Alternativvorschlag* macht, der nicht falsch ist, sondern nur anders als Ihr Vorschlag. Dann sollten Sie dem Kind entgegenkommen und seinen Vorschlag annehmen. Sie zeigen dadurch dem Kind, daß Sie ihm wirklich helfen wollen, und daß Sie nicht starr auf Ihren Vorstellungen beharren wollen.

d) Bringt ein Kind einen *Gegenvorschlag*, so sind wir in Gefahr, ihn gleich zu widerlegen, weil wir uns angegriffen fühlen. Verteidigung macht uns unglaubwürdig. Machen Sie eine Pause, fragen Sie sich: Ist der Vorschlag wirklich schlecht, und gehen Sie zunächst auf das Positive des Vorschlages ein. Damit zeigen Sie wiederum, daß Sie das, was das Kind sagt, ernst nehmen, und zugleich gibt es Ihnen die Möglichkeit, das Positive des Vorschlages oder zumindest seine positiven Ansätze zu erkennen und darauf einzugehen.

e) Es wird auch vorkommen, daß *das Kind mit einem Vorschlag ganz und gar nicht einverstanden ist* und daß es darauf nicht eingehen will. Das ist ein Problem. Sie sollten dann nicht hart werden und dem Kind Ihren Willen aufzwingen. Das hat keinen Sinn. Vielmehr sollten Sie die Gründe, die das Kind vorbringt, einmal ruhig überdenken. Vielleicht finden Sie doch einen Kompromiß. In einem Kompromiß geben immer beide ein Stück nach, und das heißt, daß die angenommene Lösung für Sie nicht die beste Lösung ist. Aber ein Kompromiß ist besser als ein Auftrag, der abgelehnt wird. Bedenken Sie, Sie können vom Kind nicht erwarten, daß es einlenkt, wenn Sie in keiner Weise von Ihrem Standpunkt abzurücken gewillt sind.

f) *Vielleicht kommen Sie trotz guten Willens zu keiner Einigung*. Jetzt wird Ihre Geduld auf die Probe gestellt. Behalten Sie den Überblick und sagen Sie sich, es hat keinen Sinn, wenn wir jetzt aufeinanderprallen. Spielen sie lieber auf Zeit. Sagen Sie, es sei gut, wenn Sie die Angelegenheit einmal überschlafen würden und morgen nochmals darüber reden. Sie haben nun eine Verhärtung der beiden Fronten vermieden.
Erinnern Sie sich an das Bild. Die Fliege hinter der Scheibe. Immer wieder fliegt sie an, blind, sie hat nicht die Fähigkeit, zwei Schritt zurückzutreten, die Erfahrungen zu überdenken und zu sehen, daß nebenan das Fenster weit offen steht. Ein Stück von diesem Verhalten der Fliege hinter der Scheibe steckt in uns allen. Und im Urteil des Kindes über unser Verhalten sieht es dann so aus: ‚Meine Eltern sind stur, sie sehen immer nur das ihrige. Wenn das Gespräch darauf kommt, weiß ich schon, was kommen wird.'

g) *Vermeiden Sie in der Form alles, was das Kind als Zurücksetzung, als autoritär, als verletzend empfinden könnte*. Seien Sie auch mit Lob sparsam, weil das Lob in solchen Situationen ausgesprochen leicht als ‚Bauernfängerei' erlebt werden kann. Es ist für das Kind echt belohnend, wenn Sie sich auf seine Argumentation ganz einlassen und wenn Sie denken, bevor Sie antworten.

h) Gespräche verlaufen im Sande, wenn nicht Schlußfolgerungen daraus gezogen werden. Beenden Sie nicht ein solches Gespräch, ohne *das Besprochene verbindlich zu machen*. Es hat sich dabei als günstig erwiesen, die Abmachungen in Form einer Verhaltensregel zu konkretisieren. Ein Beispiel dafür haben wir bereits erarbeitet. Nimmt die gesamte Familie am Gespräch teil, so ist es entsprechend schwieriger für Sie, aber es gelten dieselben Regeln. Jeder muß ernstgenommen werden, und Sie müssen darauf achten, daß auch die anderen einander ernst nehmen.

i) Was aber tun, *wenn eine Einigung nicht erzielt werden kann,* oder wenn ein Lösungsvorschlag nur widerwillig angenommen wird und Sie wissen schon, die Zustimmung wird nur gegeben, um das lästige Gespräch zu beenden? Wir haben Probleme und Lösungen gespielt. Das Spiel kann auch Ihr Verbündeter werden. Wagen Sie einmal einen Rollentausch; lassen Sie das Kind einmal Ihre Rolle spielen und scheuen Sie sich auch nicht, so wie hier im Training einmal die Rolle des Kindes zu spielen."

Natürlich behalten die Eltern nicht diese lange Rede im Gedächtnis. Um ihnen dies zu erleichtern, formulieren wir die wichtigsten Punkte in Form von Regeln — als Gedächtnisstütze.

Anschließend führt der Trainer selbst das erste Gespräch. Das Gespräch wird auf Videoband aufgenommen und anschließend abgespielt. Dabei werden die Regeln, die ihnen zuvor gegeben wurden, im Bild konkretisiert. Erst dann folgt das erste Gespräch der Eltern.

In dieser Übung wird vor allem Wert gelegt auf das Einüben von: Aussprechen von Erwartungen in der sprachlichen Form eines Vorschlages (1); Aufgreifen eines Gegenvorschlages oder einer Ablehnung in der Weise, daß sich der Partner ernstgenommen fühlt (2); Bilden eines Kompromisses (3); der Einsatz von Schweigen, um den Partner dazu zu bewegen, daß er auch auf das eingeht, was wir vorbringen (4); Vorbringen von Gründen, ausreden lassen und nicht unterbrechen (5).

Die Regeln für das Familiengespräch

1. *Berichten Sie,* welche Änderungen wir Ihnen empfohlen haben und warum wir sie Ihnen empfohlen haben.
   Wenn Sie schlicht berichten was wir besprochen haben, vermeiden Sie, in einen belehrenden Ton zu verfallen, und Sie selbst sind freier, über die Vorschläge zu verhandeln, Änderungen anzunehmen oder einen Vorschlag ganz fallenzulassen, wenn er nicht akzeptiert wird.
2. *Geben Sie den anderen Zeit, dazu Stellung zu nehmen* — unterbrechen Sie nicht. Sie müssen unbedingt erfahren, was Ihr Ehepartner und Ihre Kinder davon halten, denn die Maßnahmen müssen gemeinsam beschlossen werden.
3. *Bevor Sie antworten, wiederholen Sie den vorgetragenen Standpunkt des anderen.* Einmal fühlt sich der Gesprächspartner eher ernstgenommen, wenn Sie seine Meinung wiederholen, und zum anderen ist es für Sie selbst eine Rückversicherung, daß sie ihn richtig verstanden haben. Das Gespräch bekommt damit einen sachlichen Ernst, der das Finden von Kompromissen und die Einigung erleichtert.
4. *Reden Sie nicht davon, was der andere falsch gemacht hat, sondern was er nun tun soll.* Sie können damit Verletzungen des anderen vermeiden.
5. *Vermeiden Sie alles, was den anderen verletzen könnte.* Verletzungen führen zu Aggressionen, zu Mutlosigkeit, zu Opposition. Verletzungen gefährden damit den Erfolg des Gesprächs.
6. *Verwenden Sie das Spiel, um die anderen zu überzeugen.* Am besten spielen Sie mit vertauschten Rollen — das macht den Erfolg wahrscheinlicher.
7. *Am Schluß sollen die Maßnahmen schriftlich formuliert und mit genauer Angabe des gewünschten Verhaltens vorliegen.* Auch wenn das Gespräch in großer

Harmonie und mit gutem Einverständnis abgelaufen ist, sollten Sie auf die genaue und schriftliche Fixierung nicht verzichten.

Das Gespräch mit der Familie über das Training ist eine Art Generalprobe. Wird das Gespräch mit allen vier Familien durchgespielt, lernen die Eltern mehrere Varianten des gleichen Gespräches kennen, und Generalisation wird wahrscheinlicher.

3.2. Anmerkungen zum Familiengespräch

Lernziel. Mit dem Familiengespräch wollen wir ein doppeltes Ziel erreichen; Zusammenfassung des Gelernten am Ende des Trainings und gleichzeitig Hilfestellung für den Anfang in der Familie. Die Zusammenfassung im Familiengespräch verlangt von den Eltern, daß sie kurz das Training reflektieren. Sie müssen in eigenen Worten ein Resümee ziehen. Die Zusammenfassung sollte starke Erlebnisse und Einsichten, aber vor allem das enthalten, was die Eltern oder andere Personen nun tun sollten. Wir halten es für notwendig, daß die Eltern bei dieser Zusammenfassung die Blätter, die sie im Laufe des Trainings bekommen haben, vor allem die Problemkarten, benutzen. Die Wahrscheinlichkeit, daß sie die Problemkarten zu Hause nochmals ansehen ist größer, wenn sie sie schon einmal durchgesehen haben.
Das zweite Lernziel ist die Hilfe für die Generalisation. Kommen die Eltern nach Hause und verkünden in belehrendem Ton was nun alles anders werden soll, so wird für die Kinder das Trainingsergebnis gleich mit einem Strafreiz gekoppelt. Ablehnung und Opposition gegen das Vorgetragene werden wahrscheinlich. Wir wollen es daher nicht nur bei einem Appell, alles was den Partner verletzen könnte zu vermeiden, belassen, sondern wollen das Gespräch einüben.
Die Gefahr, daß die Eltern in strafender Art über das Training mit den Kindern reden, wird dadurch noch erhöht, daß sie meist wenig Erfahrung im Gespräch mit den Kindern haben, daher verunsichert sind, und unter Bedingungen der Verunsicherung zeigt sich der Erzieher meist starr ich-bezogen und wenig bereit auf Einwände und Vorstellungen des Kindes einzugehen. Bestrafung ist daher wahrscheinlich, Belohnung unwahrscheinlich.

Erfahrungen mit dem Familiengespräch. Wir müssen zugeben, daß ein befriedigendes Ergebnis eher die Ausnahme ist. Ein Nachmittag reicht nicht hin, um den Gesprächsstil zu ändern. Es war wohl unrealistisch das Gegenteil davon anzunehmen.
Andererseits wurde dabei offenbar, wie schwer sich die meisten Eltern tun, wenn sie mit ihren Kindern in einer Weise über Erziehungsprobleme sprechen sollen, die die Kinder in den Entscheidungsprozeß mit einbezieht.
Die Fähigkeit der Kinder, die Strategien der Eltern zu durchschauen, ihre Fehler und Schwächen zu erkennen, wird von den Eltern häufig stark unterschätzt. Die Anpassungsfähigkeit der Kinder, d. h. ihre Fähigkeit kongruent mit den Lerngesetzen zu operieren, ist enorm. Sie sind noch unbeschwert von Theorien und ethischen Vorstellungen, und sie sind daher erstaunlich erfolgsorientiert.
Den Gesprächsteil der Eltern werden wir nur dann wesentlich verbessern können, wenn wir zugleich ihr Bild vom Kind verändern. Schon bei der Analyse der Problemereignisse fällt auf, daß die Handlungsstrategien der Kinder meist aufgehen,

während die der Eltern, zumindest bei den Problemereignissen, nicht aufgehen. Die Kinder könnten in vielen Fällen für die Eltern als Modell für erfolgreiches Handeln dienen. Eltern, die diesen Sachverhalt erkennen, werden anders mit ihren Kindern reden. Diese Ansätze der Verhaltensänderung können wir im Elterntraining gar nicht richtig nutzen, weil dafür die Anwesenheit der gesamten Familie notwendig wäre. Hier kann die *Familientherapie* ansetzen. Sie hat die Möglichkeit, je nach familiärer Konstellation, *die Eltern als Therapeuten ihrer Kinder, oder die Kinder als Therapeuten ihrer Eltern* einzusetzen. Wenn in der Interaktion die Abhängigkeit immer wechselseitig ist, so empfiehlt sich auch für die Verhaltensänderung ein wechselseitiger Ansatz.
Zusammenfassend können wir sagen: Die Übung mit der Familie über Erziehungsfragen zu sprechen ist notwendig. Ein Nachmittag reicht dafür nicht aus. Wenn aber nicht mehr Zeit zur Verfügung steht, gibt es nur noch die Möglichkeit die Forderungen herabzusetzen, und d. h. das Gespräch muß vereinfacht werden.

4. Der Einsatz von Verhandlungs- und Kontaktspielen zur Bewältigung besonderer Probleme

Mit den Erziehungsproblemen der Eltern hängen häufig auch schwierige persönliche Probleme zusammen. Wir sehen uns daher vielfach gezwungen, stärker in ein Problem einzusteigen, nicht nur ein erzieherisches Verhaltensmuster zu verändern, sondern tiefer in das Leben des Erziehers einzugreifen. Der Umgang mit schwerwiegenderen persönlichen Problemen im Rahmen eines kurzen Elterntrainings erfordert besondere Techniken.

Ein Beispiel mag dies verdeutlichen:

Frau S. hat an einem Training teilgenommen, weil sie mit ihren beiden Kindern Michaela (9 Jahre) und Gabi (7 Jahre) Ordnungsprobleme hatte.
Als sie am ersten Tag ein Problemereignis (Aufräumen der Schulsachen) spielen sollte, bat sie eine neutrale Situation spielen zu dürfen. Wir spielten daraufhin ein Kegelspiel. Eine mitspielende Mutter (sie spielte Gabi) und ein mitspielender Vater (er spielte Michaela) spielten die Rollen zweier etwas frecher Mädchen. Nach 50 sec Spielzeit fing die Mutter stark zu zittern an. Der Trainer unterbrach das Spiel, wechselte die Rollen und ließ die Mutter die Rolle von Gabi spielen.
Der Rollenwechsel brachte für die Mutter eine Erleichterung. Durch Einschaltung von Zwischenübungen wurde das Training so geführt, daß das Spiel der Mutter mit den Ordnungsproblemen nicht weitergeführt wurde, ohne daß es der Gruppe auffallen mußte. In einem privaten Gespräch ergab sich, daß die Frau eine massive Aggressionshemmung verbunden mit sozialen Ängsten hatte. Die Störung war so stark, daß sie dadurch auch im privaten Leben stark behindert war. Am nächsten Tag berichtete sie dem Trainer, daß sie die Nacht über kaum schlafen konnte, und sie fühle sich wie „starr".

Der Trainer steht hier vor der Frage die Frau aus der Gruppe herauszunehmen und in Einzelsitzungen das Problem zumindest einmal aufzufangen, oder in und mit der Gruppe das Problem anzusprechen. Wir entscheiden uns für den letzteren Weg. Um Zeit zu gewinnen, ohne das Problem zu verschärfen, gaben wir der Gruppe Beobachtungsaufgaben, in die auch Frau S. einbezogen wurde. So war sie gezwungen sich in der Gruppe zu äußern (in kurzen Beiträgen) — eine Vorbereitung für die späteren Übungen. Für den Nachmittag, den wir ganz ihrem Problem widmen wollten, wählten wir folgenden Aufbau:

1. Der Nachmittag wurde eingeleitet mit Entspannungsübungen nach JACOBSON (1938).
2. Anschließend an die Entspannungsübungen wurden verschiedene Verhandlungsspiele und Kontaktspiele durchgeführt.
3. Der Trainer erklärte der Gruppe das Entstehen und die Löschung von Ängsten anhand des Pawlowschen Modells des bedingten Reflexes.
4. Nun ließ der Trainer Frau S. das Spiel vom Vortag wiederholen, spielte aber mit ihr zusammen die Rolle der Mutter. Er ließ mehrmals ganz kurz (ca. 30 sec) spielen, dazwischen wurden kurze Gespräche und einzelne Selbstsicherheits-Übungen geschaltet. Er führte mit ihr mehrmals das Spiel durch, in dem die Partner sich gegenseitig mit „*Nein*" niederschreien sollten. Auch diese Spiele dauerten immer nur Sekunden.
5. Allmählich blendete sich der Trainer aus und bezog andere Personen in das Spiel ein.
6. Erst nachdem sich Frau S. richtig freigespielt hatte, wurde eine Aufnahme am Videorecorder abgespielt und analysiert. Die Frau war nun so stark entspannt, daß sie fast alleine den Film analysierte. Die Einschaltung von Zwischenspielen war nicht mehr notwendig.

„Nicht nur ein Stein, ein ganzer Zentner ist mir heute vom Herzen gefallen", sagte Frau S. am Abend dieses Tages. Am nächsten Tag wurden mit ihr noch einige Erziehungsmuster eingeübt. In einer Katamnese, drei Monate später, berichtete sie, daß sie kaum noch Probleme mit ihren Kindern habe, und alle in ihrer Umgebung seien erstaunt über ihre Veränderung. Der Erfolg blieb stabil.
Die Verhandlungs- und Kontaktspiele werden hier zum Zweck der Entspannung und auch zum Einüben bestimmter Verhaltensweisen benutzt. Sie erlauben es dem Trainer, sich langsam an ein Problem heranzutasten, die Eltern ständig zu fordern, ohne sie zu überfordern. Man kann mit ihrer Hilfe starke emotionale Ausbrüche verhindern.
Von Leuten, die hinter der Scheibe zuschauten, wurde uns auch schon vorgeworfen, wir würden starke Gefühle unterdrücken. Dieser Vorwurf stimmt soweit, als wir tatsächlich heute bestrebt sind, starke Gefühlsausbrüche zu vermeiden. Wir glauben, daß der Lernerfolg größer ist, wenn Eltern schrittweise, und ohne daß sie sich vor der Gruppe stark exponieren, ein Verhalten ablegen können.

Abschließende Bemerkung zum Training. Abschließend wird man sich fragen, wieviele überflüssige Elemente enthält dieses Trainings-Modell? Wieviel Notwendiges fehlt? Was müßte bei einer Änderung und bei einer Anpassung an individuelle Gegebenheiten der Zielgruppe, der Trainer, der situativen Umstände auf jeden Fall beachtet werden?
Diese Fragen lenken uns auf die Konstruktionsprinzipien, auf die zentralen Gesichtspunkte des Trainings. Wir können sie danach ordnen, wieweit sie dazu bei-

tragen die beiden Hauptaufgaben des Trainings zu bewältigen: den Erwerb neuer Verhaltensmuster, um Erziehungsprobleme lösen zu können und den Aufbau der Motivation, das Gelernte über lange Zeit auch anzuwenden.

Prinzipien für den Erwerb neuer Verhaltensmuster. Wir haben sorgfältig darauf geachtet, daß wir nicht nur den Eltern Prinzipien und Techniken zur Verhaltenskontrolle vermitteln, sondern daß dieselben Prinzipien und Techniken auch bei der Vermittlung an die Eltern angewandt werden. Wir fassen das Training als eine Lernreihe auf, und wir versuchten jeden Schritt aus Prinzipien abzuleiten, die sozialpsychologischen, verhaltenstherapeutischen und heilpädagogischen Beobachtungen, Untersuchungen und Erkenntnissen entsprungen sind. Sie sollen hier nicht mehr im einzelnen aufgeführt werden. Eine ausführliche, theoretische Begründung des Trainings ist z. Z. in Vorbereitung und soll im Zusammenhang mit dem Experiment zur Validierung des Trainingsmodells in einer späteren Arbeit dargestellt werden.

Ansätze zur Beeinflussung der Motivation. Es wurde schon darauf hingewiesen, daß in der Motivation das entscheidende Problem des Elterntrainings liegt, in der Motivation sich im Training zu engagieren und in der Motivation das Gelernte zu Hause über einen langen Zeitraum, Tag für Tag auszuüben. Für die Zeit nach dem Training haben wir wenig Anstrengungen unternommen das Problem zu lösen; für die Zeit des Trainings sind wir von einer Reihe verschiedener Ansätze ausgegangen:

Spiel als motivationales Element. LOVAAS (1967) sagt von Kindern sie würden lieber auf Essen verzichten als auf das Spiel. Die motivationale Kraft, die im Spiel liegt, ist bekannt. Wir waren daher bestrebt das Training als ein Spiel zur Veränderung von Verhalten aufzubauen. Man soll mich nun nicht fragen was das Wesen des Spieles ist, eine Frage, die selbst so gründliche Forscher wie HUIZINGA (1956) nicht befriedigend zu beantworten vermochten. Das Training als Spiel aufgebaut bedeutet für uns: eine Reihe von Teillernzielen werden in Form von Tätigkeiten durchgeführt, die wir landläufig als Spiele bezeichnen. Im einzelnen sind das: Rollenspiele zur Darstellung von Problemereignissen; Gesellschaftsspiele zur Auflockerung; experimentelle Spicle zur Vermittlung von Theorien; Gesellschaftsspiele zur Vermittlung einzelner Verhaltensmuster; Rollenspiele zur Gewinnung von Lösungsansätzen; Rollenspiele zur Einübung erzieherischer Verhaltensweisen; Rollenspiele mit vertauschten Rollen zur Vermittlung von Ansichten und Erfahrungen. Wo in der traditionellen Erziehungsberatung das beratende Gespräch als Medium eingesetzt worden ist, versuchen wir das Spiel an seine Stelle zu setzen. Dies und nichts anderes meinen wir mit dem Postulat der spielerischen Gestaltung des Trainings.

Vermeidung von Strafe und Einblenden von Belohnung. Wir versuchen Strafreize, soweit es in unserer Möglichkeit liegt, d. h. soweit wir Alternativlösungen finden, systematisch auszuschalten. Wie wir dies im einzelnen versucht haben, und vor welchen Schwierigkeiten wir dabei oft stehen, ist im Laufe der Darlegung deutlich geworden. Parallel dazu versuchten wir das Training so zu gestalten, daß es für die Teilnehmer möglichst belohnend ist.

Einplanung von Gewohnheiten und der individuellen Situation. Ein weiterer Ansatz, der uns von Bedeutung erscheint, ist der individuelle Zuschnitt des Trainings. Es wird während des gesamten Trainings versucht auf die Eigenart der Eltern einzugehen — bis hin zur Kleidung, die die Trainer tragen. Die Lösungen, mit denen die Eltern dann nach Hause gehen, sind theoretisch gesehen nicht immer die optimalen Lösungen. Wir bevorzugen Minimallösungen, wenn sie das Problem auch noch lösen, aber für die Eltern einen geringeren Aufwand bedeuten, oder ihrer Eigenart und den situativen Gegebenheiten ihrer Umgebung angemessener sind. Nach dem Prinzip der Trägheit ist auch in Fällen, wo die Methode effektiv ist, und wo die Methode für die Eltern belohnend ist, ein Mißerfolg zu erwarten, wenn die Durchführung sehr aufwendig ist, oder die Eltern eine Reihe von Gewohnheiten ablegen müßten.
Wir sind bestrebt eine Verhaltensänderung herbeizuführen unter Ausnutzung von Gewohnheiten und situativen Bedingungen, niemals gegen sie.

Rhythmus von Spannung und Entspannung. Ein weiteres Element, das wir einzusetzen suchen, ist die rasche Folge von Spannung — Entspannung. Auf die motivierende Kraft dieses Zirkels wird in verschiedenen Arbeiten hingewiesen (BERLYNE, 1960; HECKHAUSEN, 1964). Im formalen Aufbau wird diesem Rhythmus in folgenden Punkten Rechnung getragen: Darstellung eines Problems — Beschreibung eines Problems; Aufteilung des Tages in Arbeitsteil — freies Spiel; Aufteilung der einzelnen Durchgänge in eine erste streng strukturierte Phase — und einer freien Gesprächsphase, Teilnahme am Spiel — Zuschauer. Dieser Rhythmus trägt das Training und gibt ihm eine Dynamik, die es von Stufe zu Stufe drängt, ohne daß der Trainer besondere Anstrengungen machen müßte. Die tragende Kraft dieses Rhythmus wird dort deutlich, wo durch Fehler des Trainers das Training aus dem Rhythmus gekommen ist. Die Arbeit wird dann zäh, der Trainer fühlt sich wie eine Lokomotive, die Mitarbeit geht verloren.
Der Rhythmus umfaßt auch den emotionalen Bereich. Ein existentielles Problem wird aufgegriffen, es wird langsam entfaltet, allmählich wird eine Lösung vorbereitet, die dann in einer Reihe von Übungen vollzogen wird — emotionale Spannung und Entspannung. Auch dieser Rhythmus ist von großer Bedeutung. Er setzt voraus, daß wir uns im Training an die existentiellen Probleme heranwagen, so belastend für den Trainer solche Stunden auch sein mögen. Diese Spannung darf nicht mit der Verkrampfung verwechselt werden wie sie Angst bewirkt. Aber es besteht immer die Gefahr, daß die Spannung überzogen wird. Dann löst sie Angst und Verkrampfung aus, wie auch die Gefahr besteht, daß die Spannung abgeblockt wird, wodurch die Entspannung nicht mehr richtig gelingt. Auch dadurch kann Verkrampfung provoziert werden.

Kein Appell ans Gewissen. Die Eltern, die ins Training kommen, haben meist ein doppeltes Handlungsmodell. Einerseits ist ihnen nicht fremd, daß sie in ihrem Verhalten umweltbestimmt sind (daher die Anklagen an das Kind, den Ehepartner, die Schule usw.), andererseits haben sie die Vorstellung, daß Verhalten vom Willen und Gewissen des einzelnen abhängig und determiniert ist (daher die Selbstvorwürfe, die guten Vorsätze usw.).
Dieses Verhaltensmodell, das in seinem Ansatz durchaus brauchbar sein könnte, wird aber dadurch zu einer kognitiven Hürde, daß kein Zusammenhang der Teilmodelle angestrebt wird. Aus der Beschreibung des Verhaltens als „freies Han-

deln“ wird das Postulat abgeleitet: sei gut!, sei hilfsbereit!, kontrolliere dich! usw. Aus der Beschreibung des Verhaltens als umweltbedingt wird das Postulat abgeleitet: Ich kann mich nicht anders verhalten wenn die Umwelt so und so ist. Und daraus ergibt sich das Postulat: Umwelt, ändere dich selbst! Den Selbstvorwürfen stehen dann die Vorwürfe an die Umwelt gegenüber, daß sie sich nicht ändert, daß sie so und so ist. D. h., man sieht zwischen freiem Handeln und Umweltbedingtheit keinen Zusammenhang, beide stehen mit der Forderung sich aus sich selbst zu ändern, isoliert da.

Unsere Vorstellung von den Teilmodellen und ihrem Zusammenhang kann so charakterisiert werden: Der Mensch ist in seinem Handeln weitgehend umweltabhängig. Aber, indem er auf die Umwelt einwirkt, kann er indirekt seine Umweltabhängigkeit verändern, d. h. es ergibt sich eine mittelbare Freiheit. Daraus ergibt sich das folgende Postulat: Versuche, auf die Umwelt den Einfluß zu nehmen, daß es dir möglich wird, so und so zu handeln. In diesem Postulat wurzelt der kooperative Ansatz unseres Trainingsmodells. Es wird sowohl der individualistische — moralische Standpunkt vermieden, in dem der einzelne für sein Handeln verantwortlich gemacht wird, wie auch der sozialmoralische, in dem die Gesellschaft für das Verhalten des einzelnen haftbar gemacht wird. Wir sagen, die Umweltbedingungen waren so und so, und darum konnten sie nicht anders handeln; nun versuchen wir diese Umweltbedingungen so und so zu ändern, damit sie sich in ihrem Verhalten ändern können, d. h. miteinander müssen wir uns ändern, indem wir uns gegenseitig helfen und kontrollieren, zum Wohl der Gemeinschaft.

Daß dieser Ansatz sicherlich oft mißbraucht wird, ist betrüblich. Daß er mißbraucht werden kann — darin liegt die Würde des Menschen; nicht zum Guten gezwungen zu werden, nicht helfen zu müssen, aber doch helfen zu können.

Zweiter Teil

Vorbereitung des Trainings und Nachbetreuung

Ein gutes Training setzt eine sorgfältige Vorbereitung voraus, und der Effekt des Trainings würde schnell verpuffen, wenn keine Nachbetreuung erfolgte. Nur eingebettet in eine Vorbereitung und in eine Nachbetreuung kann das kurze Kompakttraining voll wirksam werden.

1. Vorbereitung des Trainings

Die Aufgaben der Vorbereitung sind durch das Training selbst bestimmt. Die Gruppe muß zusammengestellt werden. Informationen über die Familie, eventuell über die Schule und über die Freunde müssen eingeholt werden, und die Information sollte in einer übersichtlichen Form und analysiert vorliegen, um sie während des Trainings jederzeit zur Verfügung zu haben. Soweit als möglich wird man auch jeweils einen Vortest durchführen, um die Arbeit der Trainer zu kontrollieren. Und schließlich sind eine Reihe von organisatorischen Aufgaben damit verbunden: Herrichten des Trainingsraumes, Bereitstellen der Fragebogen, der Beschreibungsschemata für die Erzieher usw.
Schließlich müssen sich auch Trainer und Kotrainer genau absprechen, wie sie die Arbeit aufteilen wollen, und wie sie bei eventuell eintretenden Krisensituationen eingreifen wollen.
Je besser ein Training organisiert ist, je genauer und umfassender die Information ist, die wir über die einzelnen Familien haben, desto stärker kann man sich auf die Vermittlung konzentrieren, das Ziel des Trainings.

1.1. Zusammenstellung der Gruppe

Das Training wird grundsätzlich in Gruppen durchgeführt. Die Trainingsgruppe hat mehrere Vorteile:

- Eltern erfahren, daß andere Eltern gleiche oder ähnliche Probleme haben. So äußern Eltern im Training immer wieder, es sei für sie entlastend, unmittelbar zu erfahren, daß auch andere Eltern Probleme haben. Damit wirkt die Gruppe streßreduzierend.
- Eltern erfahren in der Gruppe, daß sie anderen Eltern helfen können. Die Gruppe bietet die Möglichkeit, den Eltern nicht nur ihr erzieherisches Versagen zu demonstrieren, sondern ihnen auch zu zeigen, daß sie erzieherische Fertigkeiten haben, die sie weitergeben können. Die Bestärkung der Eltern in ihrer Erzieherrolle halten wir für besonders wichtig, weil ein verunsicherter Erzieher

kaum imstande sein wird, die erzieherische Verantwortung glaubhaft zu übernehmen.

- In der Gruppe summieren sich die erzieherischen Erfahrungen. An praktischer Erfahrung sind die Eltern dem Trainer meist überlegen — sie leben ja mit den Problemen, erfahren ihr Kind in verschiedenen Situationen. Vor allem für die praktische Durchführbarkeit einer Maßnahme geben Eltern oft wichtige Hinweise.
- Modellernen. Man erkennt eigene Fehler bei anderen leichter als an sich selbst. In der Gruppe demonstrieren die Eltern sich gegenseitig ihre Fehler. Genauso wird das Lösungsspiel zum Modell für die Zuschauer. So lernen die Eltern die Lernprinzipien in einer Reihe von verschiedenen Problemereignissen kennen.
- Ökonomie. Die gleichzeitige Behandlung von vier Eltern ist ökonomischer als die Behandlung in Einzelsituationen. Die Ökonomie einer Trainingsmethode ist die Voraussetzung dafür, daß sie in größerem Ausmaß angewandt werden kann.
- Motivation. Das Training in der Gruppe macht mehr Spaß. Neue Bekanntschaften werden gemacht, man tröstet sich untereinander und kann sich notfalls auch gegen den Trainer solidarisieren.

Was ist bei der Zusammenstellung einer Gruppe zu beachten?
Die Zusammenstellung der Gruppen erfolgt meist aufgrund der Vorinformation, die wir über die Erziehungsberatungsstelle, über den Lehrer oder über einen überweisenden Arzt bekommen. Diese Information ist meist zu undifferenziert, um danach eine Auswahl zu treffen, die differenzierten Kritiken genügt. Dies ist aber auch nicht nötig. Inhomogenität der Eltern bezüglich der sozialen Schicht, des Alters des Kindes und der Schwierigkeiten, deretwegen sie am Training teilnehmen, macht die Gruppe lebendiger und bietet weniger Gelegenheit rivalisierende Reaktionen zu äußern. Doch einige Momente sollten bei der Zusammenstellung der Gruppe beachtet werden:

- *Altersunterschiede der Problemkinder.* Eltern mit Kleinkindern haben andere Probleme als Eltern mit Schulkindern. So kann es sein, daß die Probleme zu verschieden sind, und daß nicht mehr gewährleistet ist, daß die Eltern voneinander durch Modellernen profitieren können. Wir würden deshalb Eltern von Kleinkindern nicht mit Eltern von Schulkindern zusammen in eine Gruppe geben.
- *Unterschiedliche Probleme.* Dieselben Überlegungen betreffen auch die Unterschiede in den Problemen. So sind die speziellen Anweisungen zur Behandlung von Legasthenie für die Mutter, die bei ihrem Kind stark rivalisierendes Verhalten mit dem Geschwister beklagt, wenig interessant. Auch bezüglich der Störung soll gewährleistet sein, daß die Mütter voneinander lernen können.
- Ein besonderes Problem kann entstehen, *wenn ein Kind* aus der Gruppe herausfällt. Bei einem Hausaufgabentraining wurden drei Mütter mit einem normalen Kind zusammen mit einer Mutter trainiert, deren Kind stark „lernbehindert" war. Die drei Mütter mit einem gesunden Kind zeigten sich betroffen durch das anormale Verhalten des behinderten Kindes. Für die Mutter mit dem behinderten Kind entsteht damit eine beschämende Situation, und die Lernbedingungen sind damit ungünstig.

  Unter dem Gesichtspunkt der Integration der behinderten Kinder in die Nachbarschaftsgemeinschaft ist die Mischung von Eltern mit behinderten und gesunden Kindern nicht ungünstig, aber man müßte unbedingt zwei Mütter mit einem behinderten Kind in die Gruppe nehmen.

- Ein wichtiger Gesichtspunkt bei der Zusammenstellung einer Gruppe ist schließlich der *Kontakt unter den Eltern vor dem Training*. Kennen sich die Eltern bereits, oder haben sie einen gemeinsamen Bekanntenkreis, so entstehen besondere gruppendynamische Probleme. Man will sich vor Bekannten nicht blamieren oder man befürchtet, daß Äußerungen über die Familie im Bekanntenkreis weitergetragen werden usw. Wir halten es für günstiger, Eltern in eine Gruppe zu nehmen, die sich vor dem Training nicht gekannt haben. Es ist jedoch auch sinnvoll, Eltern zu einer Gruppe zusammenzufassen, die viel miteinander zu tun haben, aber dann bekommt das Training einen anderen Akzent, und man sollte dann nur Eltern nehmen, die sich *alle* gegenseitig kennen. Letzteren Fall haben wir bei der Familientherapie, wo neben Vater, Mutter und dem Problemkind noch andere Geschwister oder Mitbewohner der Familie teilnehmen, oder wir haben ähnliche Verhältnisse, wenn die Erzieher einer Institution an einem Training teilnehmen. In diesen Fällen erscheint uns jedoch das Kompakttraining weniger geeignet, und wir würden ein stundenweises Training über eine längere Zeit vorziehen.

1.2. Informationsquellen

Die gesamte Informationsgewinnung beim Elterntraining steht im Spannungsfeld der beiden Fragen: Was müssen wir von der Familie wissen, um ein erfolgreiches Training durchführen zu können? Was können wir den Eltern an Zeitaufwand, an Wartezeit und an Ausbreiten der Intimsphäre zumuten? Wie unangenehm Eltern das Sprechen über Ehe- und Erziehungsprobleme ist, wie belastend die Zeit der Informationsgewinnung, in der sie nur befragt werden und kein oder kaum Feedback erhalten, weiß jeder, der einmal mit Eltern gearbeitet hat. Wir versuchen daher den Zeitabstand zwischen Erstgespräch und Training so kurz wie möglich zu halten (meist zwischen ein und zwei Wochen) und so zu strukturieren, daß wir den Eltern im Erstgespräch sagen können mit welchen Belastungen sie rechnen müssen. Außerdem versuchen wir auch in dieser Phase den kooperativen Ansatz zu verwirklichen.
In der Regel werden folgende Informationsquellen und in folgender Reihenfolge genutzt:

- ein Erstgespräch zum Austausch von ersten Informationen;
- ein Hausbesuch, um das Milieu kennenzulernen;
- ein Interview mit den Eltern und anderen Erziehungspersonen;
- mehrere direkte Beobachtungen der Interaktionen von Erzieher und Kind in kritischen Situationen;
- zwei Fragebogenerhebungen zum Erfassen sozio-ökonomischer Bedingungen und Kooperationsbereitschaft;
- und schließlich, je nach Fragestellung und Möglichkeiten, Fremdinterviews oder Fremdbeobachtungen.

1.2.1. Das Erstgespräch mit den Eltern

In der Regel hat der Trainer über die Familie schon Informationen, bevor mit ihr ein Training ins Auge gefaßt wird. Je nachdem, ob die Eltern über eine Erziehungs-

beratungsstelle, über eine Kinderambulanz oder über die Schule auf die Möglichkeit der Teilnahme an einem Training aufmerksam gemacht wurden, haben wir mit dem Psychologen, mit dem behandelnden Arzt oder mit der Lehrerin die Möglichkeit eines Trainings besprochen und mit der vermittelnden Institution gemeinsam eine Entscheidung getroffen. Hierauf werden die Eltern von der vermittelnden Institution zu einem Vorgespräch eingeladen, an dem alle Eltern, die an einer Trainingsgruppe teilnehmen sollten, die Lehrerin oder der Psychologe, sowie der Trainer und Kotrainer teilnehmen.
In wenigen Sätzen wird den Eltern der therapeutische Ansatz des Trainings erklärt, daß nach unserer Auffassung die Schwierigkeiten der Kinder, *soweit wir sie beheben können,* in Umweltereignissen wurzeln, und daß sie daher durch ein entsprechendes Erzieherverhalten behoben oder zumindest entschärft werden können; wir böten ihnen zu diesem Zweck ein Verhaltenstraining an.
Die Eltern nehmen dazu Stellung und erläutern ihre Vorstellungen. Weiters wird darüber gesprochen, welche zeitliche Belastung mit dem Training für die Eltern verbunden ist, und wie der Zeitplan aussehen wird.
Nach dem Gespräch müssen folgende Entscheidungen getroffen werden:

1. die Teilnahme;
2. der Zeitpunkt des Trainings;
3. der Zeitplan für die Beobachtungen, den Hausbesuch und das Interview.

Meist entscheiden sich Eltern nach dem Erstgespräch spontan zur Teilnahme. Zögern sie, bieten wir ihnen an, die Entscheidung bis zum Abend des folgenden Tages aufzuschieben und uns dann anzurufen.

1.2.2. Fragebogenerhebungen

Zwei Fragebogen (ein Fragebogen zur Erfassung sozio-ökonomischer Daten [SF], vgl. Anhang X, und ein Fragebogen zum Erfassen der Kooperativität der Eltern [MF], vgl. Anhang XI) gehören zur Standarderhebung. Durch den SF erhalten wir Aufschluß über die sozio-ökonomischen Verhältnisse der Familie. Diese Information spielt eine Rolle, wenn es darum geht, die Möglichkeiten der Familie bezüglich situativer Veränderungen oder Veränderungen, die Geld kosten, abzuschätzen.
Durch den MF versuchen wir Hinweise auf die erzieherischen Fähigkeiten der Mütter zu gewinnen sowie auch auf Einstellungen gegenüber dem Kind und dem Therapeuten. Doch ist noch nicht gesichert, ob der MF diese Information erbringen kann. Vorläufig dient er nur einem wissenschaftlichen Programm. Sobald die Ergebnisse einer repräsentativen Stichprobe ausgewertet sind, können wir darüber mehr sagen.
Die Fragebogen werden im Anschluß an das Erstgespräch vorgelegt, damit wir bei der weiteren Informationssammlung über einige allgemeine Punkte schon unterrichtet sind, z. B. über Anzahl der Geschwister, Beruf usw.

1.2.3. Der Hausbesuch

Hausbesuch, Interview und direkte Beobachtung sollten so konzipiert werden, daß sie sich in der Information ergänzen. Durch den Hausbesuch wollen wir vor allem Information über die Wohnverhältnisse bekommen. Folgende Fragen dienen als Anregung: Wo führt eine ungünstige Wohnraumaufteilung zu Problemen? Welche

Anordnung könnte sie entschärfen? Wie ist die Wohnung eingerichtet? Bringt die Einrichtung Probleme mit sich? Wie sieht der Arbeitsplatz des Kindes aus? Kann das Kind beim Arbeiten leicht gestört werden?, z. B. durch Besucher?, durch Blick aus dem Fenster? Größe der Wohnung in m^2 und Anzahl der Zimmer.
Zusammenfassend kann man sagen: Störmomente, die in der Raumaufteilung oder in der Wohnungseinrichtung liegen, sollen erfaßt werden, desgleichen die Möglichkeiten, Konflikte zu entschärfen. Erweist sich der Interviewer als ein guter „Zuhörer“, so wird er über die Wohn- und Einrichtungsverhältnisse hinaus noch andere Informationen erhalten über Lerngeschichte, über Ziele und Werthaltungen der Eltern usw.
Ein Problem beim Hausbesuch ist die Informationsspeicherung. Kommt der Interviewer mit einem Tonbandgerät, oder wird jedes Wort gleich auf dem Notizblock notiert, oder kommen gleich zwei Interviewer, wobei der eine protokolliert und der andere das Gespräch führt, so beeinflußt das alles die Atmosphäre und hat Auswirkungen auf die Beziehung der Eltern zum Trainingsteam. Wir halten es für günstig, beim Hausbesuch primär darauf zu achten, daß ein unmittelbarer und herzlicher Kontakt zu den Eltern hergestellt wird, Informationen über die Wohn- und Einrichtungsverhältnisse zu sammeln und alle weiteren Absichten diesen beiden Zielen unterzuordnen. Um die Wohnverhältnisse grob festzuhalten genügt es, zwischendurch einmal eine kurze Skizze in den Notizblock oder ab und zu eine Eintragung zu machen. Es sollte aber noch *am gleichen Tage* zu Hause ein Gedächtnisprotokoll angefertigt werden.
Zur Organisation. Die Zeit sollte so gewählt werden (vorher anrufen), daß sie für das Familienleben nicht störend ist (ungünstige Zeiten: z. B. Zeit des Kochens, Nachhausekommen des Vaters). Der Besuch sollte nicht länger als eine Std ausgedehnt werden.

1.2.4. Interviews mit den Eltern und mit anderen Personen

Das Interview nimmt in der Trainingsvorbereitung als Informationsquelle wie auch als Schrittmacher für ein partnerschaftliches Rollenverständnis von Trainer und zu trainierenden Eltern eine wichtige Stelle ein. Jedes einzelne Interview sollte daher sorgfältig geplant und wenn möglich von den Trainern selbst durchgeführt werden.
Es entspricht der Grundintention des Trainings das Interview zusammen mit beiden Ehepartnern durchzuführen und nicht getrennt. In letzter Zeit sind wir auch dazu übergegangen, das Interview durch zwei Mitglieder des Trainingsteams durchzuführen und es damit stärker als echtes Gespräch zu gestalten.

a) Ort und Zeit der Durchführung. Als Durchführungsort bietet sich oft ein Raum in der Schule an, wenn es sich beim Problemkind um einen Schüler handelt. Auf jeden Fall sollte das Interview nicht zu Hause aufgenommen werden. Es hat sich herausgestellt, daß die Eltern in der häuslichen Umgebung durch die Kinder und durch sonstige Verpflichtungen leicht abgelenkt werden können, so daß sie sich nicht mehr ausschließlich auf die Fragen und auf die Antworten konzentrieren können. Bei der Wahl der Zeit soll darauf geachtet werden, daß die Eltern nicht in Verlegenheit gebracht werden.

b) Informationsspeicherung beim Interview. Während wir beim Hausbesuch auf ein direktes Mitschreiben oder eine Tonbandaufnahme verzichtet haben, um leichter eine günstige Gesprächsatmosphäre herstellen zu können, können wir beim Interview auf eine Tonbandaufnahme nicht verzichten. Unser partnerschaftliches Verständnis vom Umgang mit den Eltern impliziert natürlich, daß wir diese Aufnahmen nicht vor den Eltern verbergen (keine versteckten Mikrophone).

c) Stellenwert des Interviews im Elterntraining. FIEDLER (1974) unterscheidet drei Funktionen der Gesprächsführung bei verhaltenstherapeutischen Explorationen: die diagnostische, die motivierende und die therapeutische Funktion. Diese Gliederung erscheint uns geeignet, um dem Interviewer die drei zentralen Aufgaben, die er in der Durchführung des Interviews erfüllen muß, vor Augen zu stellen.

Die therapeutische Funktion des Interviews. „Diese Situation (Exploration) ist für beide Seiten neu und prägend für den Erwerb von Interaktionsgewohnheiten" (FIEDLER, 1974). Schon bei der ersten Kontaktaufnahme im Interview müssen wir uns darüber im klaren sein wie wir die Interaktionen mit den Eltern im Training gestalten wollen, denn die Neuheit der Situation gibt uns die Möglichkeit die Rollen nach unseren Vorstellungen zu definieren, und die bedeutendste Phase in diesem Vorgang ist die erste Begegnung.

Die Rolle der Trainer ist durch folgende Aufgaben bestimmt: Sie organisieren das Training und koordinieren die Gruppe; sie strukturieren das Training und stellen apparative Mittel zur Verfügung in einer Weise, daß die Eltern ein unmittelbares Feedback über ihr Verhalten bekommen; sie stellen die theoretischen Mittel zur Verfügung, die notwendig sind, um aus dem Feedback geeignete Konsequenzen für das weitere Verhalten zu ziehen. Darüber hinaus haben die Trainer die Aufgabe die Eltern in ihrer Initiative zu unterstützen, ihnen Angst und Unsicherheit zu nehmen und sie zu fordern, indem sie dort die Hilfe verweigern, wo die Eltern nicht überfordert sind. Die Rolle des Trainers ist also die eines Moderators, der den Teilnehmern die lästigen organisatorischen Aufgaben abnimmt und der den Akteuren durch seine Anteilnahme Sicherheit und Engagement vermittelt.

Die Rolle der Eltern ist komplementär zur Rolle der Trainer: Sie sollen die eigentlichen Akteure des Trainings sein. Sie bestreiten im wesentlichen die Rollenspiele, sie werten sie aus und erarbeiten das Feedback. Sie erspielen sich Lösungen für ihre Probleme und üben sie ein. Sie lernen aktiv zu sein, Probleme zu analysieren, zu bewerten und Lösungen zu konzipieren; sie probieren Lösungen aus und planen einen neuen Alltag. Sie erarbeiten sich die Veränderungen in ihrem Verhalten selbst, Schritt für Schritt.

Dieses Rollenverständnis sollte nun schon bei der ersten Begegnung angebahnt und auf das richtige Geleise gesetzt werden. Es setzt voraus, daß wir die übliche Arbeitsteilung aufgeben, wonach der eine fragt, und sich allmählich ein Bild über Lebensgewohnheiten und Lebenslage des anderen macht, und der andere gibt Antworten und entwickelt eine Haltung des Unterlegenseins. Diese Asymmetrie kann durchbrochen werden, wenn wir das Interview zu einem *gegenseitigen Informationstausch* machen. Die Instruktionen am Anfang können so lauten:

> „Die meisten Eltern/Erzieher sind zunächst unsicher, wenn sie mit einem Problem zum Psychologen kommen. Man weiß nicht was er fragen wird, oder

was alles an den Tag kommen könnte, und man ist daher unruhig und nervös. Wir wollen versuchen Befürchtungen zu beseitigen. Ich glaube das können wir am besten, indem ich anfange, Ihnen von unserer Arbeit zu berichten."

Der Interviewer gibt nun Auskunft über das Training und seinen theoretischen Ansatz. Bei der Vermittlung des theoretischen Ansatzes finden wir es weder notwendig noch wünschenswert Fachtermini einzuführen, wie es gelegentlich empfohlen wird. Wir verzichten auch auf die Formulierung der Lerngesetze und verwenden stattdessen Sprichwörter, z. B. für Vermeidungslernen: „Gebranntes Kind scheut das Feuer", für Verstärkung und Sättigung: „Wenn die Maus satt ist, schmeckt das Mehl bitter" usw. (INNERHOFER, 1975).
Die Einführung kann ähnlich geschehen wie zu Beginn des Trainings mit der gesamten Gruppe (cf. Auflockerungsphase 1. Tag), wobei wir besonders herausstellen, daß auch das erzieherische Verhalten der Eltern unter dem Druck der Umwelt zustande kommt.
Nachdem über das Training gesprochen worden ist, leitet der Interviewer über zum diagnostischen Teil des Interviews.

Instruktion:

„Wenn wir uns die Entstehung von Verhaltensweisen genauer ansehen, zeigt sich uns ein verwirrtes Knäuel von wechselseitigen Abhängigkeiten, und wir können ein Problem nur dann richtig verstehen, wenn wir die gesamte individuelle Situation kennen. Daher ist es für mich nun wichtig, Sie selbst, Ihre Familie, die Schule, in die das Kind geht, die Freunde, mit denen es spielt, näher kennenzulernen. Könnten Sie mir schildern, wie ein Arbeitstag bei Ihnen abläuft?"

Aufgrund der eingangs gegebenen Informationen über das verhaltenstherapeutische Verständnis von Erziehungsproblemen und ihre Genese wissen nun die Eltern ansatzweise, worauf es bei der Information ankommt. Es ist klar, daß Eltern sich aufgrund der Informationen, die wir ihnen geben, auch besser verstellen können. *Es ist unsere Entscheidung von Anfang an mit offenen Karten spielen,* um in einer echten Kooperation mit den Eltern die Aufgabe zu bewältigen. Wir müssen dabei zwar die Nachteile dieser Vorgehensweise (geringere Autorität, bessere Möglichkeiten der Verstellung und Irreführung, größerer Zeitaufwand, geringere Lenkungsmöglichkeit) in Kauf nehmen, wir schätzen sie aber geringer ein als die Vorteile, die wir dabei gewinnen (größere Selbstverständlichkeit der Eltern, mehr Möglichkeiten für die Eltern aktiv zu sein, kreativerer Arbeitsprozeß, das Schaffen einer Vertrauensbasis).

Die motivierende Funktion des Interviews. Daß die erste Kontaktaufnahme zwischen Eltern und Trainer einen Einfluß darauf hat, ob die Eltern zu den weiteren Terminen kommen, oder ob sie abspringen, ist ohne weiteres einsichtig. Wir haben die Kooperation von Eltern behinderter Kinder einer eingehenden Analyse unterzogen (INNERHOFER und WARNKE, 1974), und was für das Training gilt, trifft auch für das Interview wie für jeden Kontakt zwischen Eltern und Trainer zu. Die Kooperation ist eine Funktion von Belohnung, Bestrafung und Hilfe.

Belohnung:

Der Umgang mit dem Trainer (d. h. das Training) ist belohnend, wenn den Eltern Angst und Verkrampfungen genommen werden, wenn sie Hoffnung schöpfen, daß ihnen im Training geholfen werden kann, wenn sie Aufmerksamkeit und Mitgefühl für das bekommen, was sie erzählen und berichten, wenn sie aktiv sein können. Wird das Training zu einer Quelle von Belohnung, wächst auch die Bereitschaft zur Kooperation.

Bestrafung:

Das Training wird zur Quelle von Bestrafung, wenn es Angst und Verkrampfung erzeugt, wenn die Eltern überfordert werden, wenn ihnen ein schlechtes Gewissen gemacht wird, wenn sie vor der Gruppe bloßgestellt werden. Wird das Training zur Quelle von Bestrafung, wächst die Neigung des Trainings und alles, was damit in Beziehung steht, zu meiden.

Hilfestellung:

Die Hilfestellung wirkt sich indirekt auf die Kooperation aus, weil ungeschickte Hilfestellung als Bestrafung wirkt; wirkliche Hilfe dagegen ist eine Belohnung.
Hilfe wirkt sich positiv aus, wenn sie nur dort eingesetzt wird, wo sie gesucht wird, wo Überforderung vorliegt, wo sie dazu führt das Training spannend und packend zu gestalten, wo sie aus den Eltern Leistungen hervorholt, deren sie sich nicht für fähig hielten.
Und sie wirkt sich negativ aus wo sie die Eltern zur Untätigkeit drängt, wo sie ihnen Initiative und Aktivität abnimmt, wo sie das Training zur Schule degradiert und den Eltern die problematische Rolle des Schülers aufdrängt.

Die diagnostische Funktion des Interviews. Die Hauptaufgabe des Interviews ist das Zusammentragen von Information über das Problemkind und seine Umgebung sowie über die am Training teilnehmenden Eltern. Da aber das Interview nur eine unter anderen Informationsquellen darstellt, soll es in der Weise durchgeführt werden, daß es die Information aus anderen Quellen ergänzt. So sind wir im Interview nicht daran interessiert den genauen Ablauf eines Problemereignisses zu erfahren, genau zu wissen, was, wer, zu welcher Zeit tut oder nicht tut. Hierüber gibt uns die direkte Beobachtung von Problemereignissen sowie die Darstellung der Problemereignisse im Rollenspiel brauchbare und zuverlässige Information. Ausklammern aus dem Fragekatalog des Interviews können wir ebenfalls Angaben zu den sozio-ökonomischen Variablen, die wir in einem Fragebogen erheben, sowie Angaben über die Wohnverhältnisse, über die ein Hausbesuch informieren soll. Im Interview müssen Informationen erhoben werden, an die wir sonst nicht herankommen. Das sind:

1. Angaben über Problemereignisse
z. B. Angaben über Hausaufgaben; Anfangen mit den Hausaufgaben; Auseinandersetzungen beim Zubettgehen; Eisessen im Kaffee usw.
Hier ist auf Vollständigkeit großer Wert zu legen. Wir müssen die auftretenden Problemereignisse kennen, weil wir aus ihnen die Ereignisse aussuchen, die sich als Ansatz für das Training eignen. Es ist weiterhin wichtig von jeder Problemklasse

ein exemplarisches Ereignis zu kennen, das, wenn möglich, nicht lang zurückliegen sollte, um im Training einen konkreten Spielvorschlag machen zu können.
Erfragt werden sollen die Probleme, die die Eltern mit dem Kind haben, aber darüber hinaus auch Probleme, die andere Personen mit dem Kind haben und — soweit sie Auskunft geben können — Probleme, die das Kind hat.

2. Angaben zum räumlichen Kontext der Problemereignisse
Um ein Problemereignis richtig beurteilen zu können, müssen wir auch die situativen Bedingungen kennen, die möglicherweise einen Einfluß auf das Geschehen haben können. Bei Schwierigkeiten mit den Hausaufgaben sind z. B. Informationen über den Arbeitsplatz nötig. Diese Informationen gewinnen wir über den Hausbesuch. Doch wenn z. B. über Eßprobleme geklagt wird, sind andere Angaben notwendig, z. B. über Sitzordnung, über anwesende Personen usw.

3. Angaben zum zeitlichen Kontext der Problemereignisse
Zum zeitlichen Kontext, der im Interview gefragt werden soll, zählen wir Angaben über den Zeitpunkt des Auftretens, über Ereignisse, die dem Problemereignis unmittelbar vorausgingen, Angaben über Häufigkeit und Wiederholungen. Den Interaktionsverlauf hingegen wollen wir wiederum lieber direkt beobachten.

4. Angaben zur Lerngeschichte
Hierzu gehören Angaben über erstmaliges Auftreten einer Störung und Angaben zur Entwicklung. Ebenfalls soll erfragt werden was die Eltern schon unternommen haben um das Problem zu lösen und mit welchem Ergebnis.

Die bisherigen Fragen waren stark problemzentriert, und die damit gewinnende Information sollte dazu dienen einen Überblick über das problematische Verhalten zu gewinnen und Arbeitshypothesen über Entstehung und kontrollierende Variablen zu gewinnen. Wir gewinnen damit inselhafte Informationen. Um sie richtig einordnen zu können, brauchen wir auch einen allgemeinen Überblick über Leben und Gewohnheiten der Familie. Deshalb erheben wir noch folgende Informationen:

5. Ablauf eines Arbeitstages
Der Ablauf eines Arbeitstages gibt uns Hinweise auf Überforderung, auf Mängel in der Planung und Strukturierung, auf mögliche Konfliktherde usw.
Ganz allgemein können wir einzelne Konflikte besser einordnen, wenn wir den gesamten Tagesablauf überblicken.

6. Gestaltung eines Wochenendes
Während der Ablauf eines Arbeitstages uns Information zum Berufsleben bringt, ergeben sich bei der Schilderung wie ein Wochenende geplant wird Hinweise auf das mehr intime Leben der Familie. Partnerkonflikte z. B. treten gehäuft an den Wochenenden und an den berufsfreien Tagen auf.
Auch die Informationen, die wir über das intime Leben der Familie gewinnen, dienen zunächst einer besseren Einordnung von einzelnen Konfliktereignissen sowie einer besseren Abschätzung der Durchführbarkeit von Maßnahmen.

7. Angaben über Ziele, Werthaltungen und Erwartungen
Ziele, Werthaltungen, Erwartungen dienen als explizite oder implizite Bezugssysteme der Einordnung und der Bewertung von Ereignissen. Bei strenggläubigen,

katholischen Eltern z. B. kann die Onanie ihres Kindes ein Ereignis darstellen, das sie nicht akzeptieren können. Wieweit man diese Bezugssysteme akzeptieren muß, um innerhalb ihrer Grenzen Lösungen zu finden, und wieweit wir versuchen sollten, diese Bezugssysteme selbst zu verändern und damit das Problem zu lösen, ist eine Frage, die bis jetzt von niemandem befriedigend beantwortet werden konnte. Auf jeden Fall jedoch müssen wir diese Bezugssysteme kennen, denn rechnen müssen wir mit ihnen.

Durch diese mehr allgemeine Information über die Eltern sollen Fragen wie folgende beantwortet werden: Wie belastbar sind die Eltern? Wer muß alles in die Veränderung eingeplant werden? Wo können sie gefordert werden? Womit würden wir sie überfordern? Welche Therapieziele sollen angestrebt werden? Welche Probleme sollen ausgespart werden, weil sie die Möglichkeiten eines Kurztrainings übersteigen? Welche intellektuellen Voraussetzungen kann man machen?

d) Die Gestaltung des Interviews. Für unseren Zweck erscheint uns das „zentrierte Interview" (MERTON et al., 1956) am geeignetsten. Es garantiert, daß wichtige Fragen nicht übergangen werden und läßt dem Interviewer dennoch genügend Spielraum, um sich den individuellen Bedingungen der einzelnen Familien anzupassen.
Wie soll der Interviewer sich verhalten, daß der Interviewte nicht mit dem Eindruck weggeht es sei ihm etwas wider Willen entrissen worden, und daß andererseits nicht nur unbedeutende Facetten von zweitrangigen Ereignissen in Erfahrung gebracht werden?
Zu dieser Frage bringt der Sammelband von Rene KÖNIG (Hg), Das Interview, 1954, eine Menge an Erfahrungen und Hinweisen. Es soll hier nicht wiederholt werden. Bezüglich der Abhängigkeit des Verbalverhaltens von aktuellen Umweltbedingungen haben wir Erfahrungen durch das Belohnungs- und Bestrafungsspiel gewonnen, das wir auch in Form eines Interviews durchführen. Wir wollen nun die wichtigsten Ergebnisse daraus kurz zusammenfassen.

Das Verbalverhalten unter Belohnungs- und unter Bestrafungsbedingungen
Es geht uns hier natürlich nicht um die Frage ob die einzelnen Reaktionen des Interviewers als Bestrafung, als Ignorieren oder als Belohnung zu bezeichnen sind; uns kommt es nur auf die beobachteten Zusammenhänge an:

Bestrafendes Verhalten im Interview. Nicht richtig zuhören (z. B. den Kopf wegwenden während der Interviewte erzählt; gähnen; sich mit anderen Dingen beschäftigen, wie seine Nägel polieren; Unterbrechen des Gesprächs (nicht ausreden lassen, plötzliche Fragen zu einem anderen Thema stellen, verneinendes Schütteln des Kopfes); zeigen von Ungeduld (drängen, Äußerungen: man habe wenig Zeit); emotional nicht mitschwingen, etwa wenn der Interviewte eine lustige Anekdote erzählt oder etwas Ernstes; Unruhe zeigen (Trommeln mit den Fingern, am Stuhl hin und her rücken, klappern mit dem Lineal); direkte Fragen stellen, bei deren Beantwortung der Interviewte schlecht dasteht (z. B. Schlagen sie das Kind?); Verweigerung von Feedback (z. B. Mutter berichtet, sie diktiere dem Kind die Hausaufgaben, wenn es gar nicht weiterkommt — Interviewer geht ohne Kommentar zur nächsten Frage über); verwenden von negativen Ausdrücken zur Etikettierung von Verhalten (z. B. eine Mutter sagt: „da hab' ich ihm eine gelangt" — der

Interviewer darauf: „Sie schlagen das Kind?“ oder: Vater: „da habe ich die Nacht bei meiner Bekannten verbracht“; darauf der Interviewer: „Betrügen Sie öfters Ihre Frau?“); akzentuieren von Problemverhalten (z. B. „Wenn Sie die Kontrolle über sich verlieren ...“; „wenn ... zu Ihnen sagt ‚Du Schwein‘ ...“).

Reaktionen auf bestrafendes Verhalten im Interview. Vorsichtiges Sprechen (Häufigeres Benutzen von Wörtern wie „manchmal“, „Vielleicht“); Zurückhalten von Informationen (Informationen, die den Sprecher in ein schlechtes Licht setzen, werden nicht mehr gegeben); irreführende Information wird gegeben (Schwierigkeiten werden heruntergespielt, positive Verhaltensweisen werden vorgeschoben); die Schilderungen werden sparsamer (bei der Schilderung von Ereignissen werden weniger Details erwähnt); schlechtere Konzentration (viele Pausen, Satzwiederholungen und verstümmelte Sätze). Der Redner wird ganz allgemein verschlossener. Man äußert aggressives Verhalten (Anschuldigungen, Mißverständnis, Zweifel, Entrüstung) oder depressive Reaktionen (Weinen, Selbstvorwürfe, Verzweiflung), die die Durchführung des Interviews erheblich erschweren.

Belohnendes Verhalten im Interview. Wie „nicht zuhören“ bestrafend ist, so ist „zuhören“ belohnend. In ähnlicher Weise sind eine Reihe von bestrafenden Reaktionen konträr zur belohnenden Reaktion. Darüber hinaus ist belohnend: Zulächeln, zunicken, zustimmen; sich über Leistungen berichten lassen (Mutter berichtet, wie sie mit dem Kind spielt); Anerkennung geben („das war ein guter Einfall“, „gut beobachtet“); durch Fragen helfen sich zu äußern.

Reaktionen auf belohnendes Verhalten im Interview. Auch die Reaktionen auf belohnendes Verhalten sind konträr zu denen auf bestrafendes Verhalten. So ist der Interviewte unter Belohnungsbedingungen konzentrierter, er spricht flüssiger, anschaulicher, bringt mehr Details und ist ganz allgemein mitteilsamer und offener. Besonders wichtig jedoch ist, daß man unter Belohnungsbedingungen leichter Fehler eingesteht, und daß man bereiter ist über intimere Angelegenheiten zu sprechen. Das positive Eingehen des Interviewers bewirkt auch beim Interviewten ein bereitwilligeres Eingehen auf die gestellten Fragen. Damit wird das Interviewen leichter, auch der Interviewer kann sich leichter und besser konzentrieren und behält besseren Überblick.
Zu teilweise ähnlichen Ergebnissen ist man auch in Laborexperimenten in natürlichen, sozialen Situationen gekommen. Einen Überblick über Arbeiten zum verbalen Konditionieren bringen Krasner (1958), Williams (1964) und Kanfer und Phillips (1970).

Folgerungen für die Gestaltung des Interviews. Wodurch nun im einzelnen diese Effekte erzielt werden, muß als ungeklärt gelten. So rät Argyle (1975) zur Vorsicht bei der Interpretation der experimentellen Ergebnisse zum verbalen Konditionieren. Er vermutet, daß bei solchen Experimenten ein starker „Experimentiereffekt“ (Rosenthal, 1966) mit im Spiel sein könnte. Er stützt sich dabei auf ein Ergebnis von Azrin et al. (1961), der bei der Replizierung des Verplanckschen Experimentes (1955) einen Einfluß der Erwartung des Interviewers auf das Verhalten des Interviewten nachweisen konnte. Die Interviewten verhielten sich im Sinne der Erwartung der Interviewer und zeigten eine gesteigerte oder verringerte Interaktionsrate auf Zustimmung des Interviewers, je nachdem es vom Interviewer erwartet wurde.

Aber dabei ist sicherlich nicht einfach die „Erwartung“ als kognitive Variable wirksam, wie auch ARGYLE vermutet. „Vermutlich stimmten die ‚befreienden‘ Interviewer auf andere Art zu, als die anderen — vielleicht sagten sie „yes“ in einem abwertenden Tonfall, eher in der Bedeutung ‚ja-ja‘ als etwa im Sinne ‚Erzählen Sie mir mehr darüber‘“ (ARGYLE, 1975).
Die Folgerungen, die man aus den Ergebnissen aus den Experimenten zum verbalen Konditionieren für die Gestaltung des Interviews ziehen sollte, werden durch diese Unsicherheit nicht betroffen. Es geht dabei nicht um die Erklärung und Interpretation des Zusammenhanges, sondern um die Tatsache, daß der Zusammenhang nachgewiesen werden konnte.
Der Vergleich des Sprechens unter Bestrafungs- und unter Belohnungsbedingungen zeigt uns, daß wir im Interview Belohnungsbedingungen schaffen müssen, weil wir unter Belohnungsbedingungen mehr und konkretere Informationen bekommen, und weil wir unter Belohnungsbedingungen auch eher ehrliche Auskunft über kritische Ereignisse bekommen.
Zuweilen wurden aversive Konsequenzen wie eine Form des Time-out (GREENSPOON, 1955) gezielt eingesetzt, um unerwünschtes Reden zu löschen. Eine solche Strategie mag sich empfehlen, wenn Eltern in einer Weise und in einer Ausführlichkeit über banale Dinge sprechen, daß dem Interviewer das Interview wertlos erscheint. In solchen Fällen mag das Time-out des Interviewers geeigneter sein, um das Interview inhaltsreicher zu machen als das sonst unvermeidliche ständige Unterbrechen und Zurückführen auf die Frage des Interviewten durch den Interviewer.
Das belohnende Verhalten des Interviewers besteht im wesentlichen im *guten Zuhören*. Wir können daraus folgern, daß der Interviewer vor allem ein guter Zuhörer sein sollte. Ein guter Zuhörer wird er aber nur dann sein können, wenn er sich selbst als Gesprächspartner und nicht nur als „Datensammler“ versteht, dessen Hauptaufgabe darin besteht möglichst geschickt zu fragen.

Hilfestellung im Interview. Meist wird bei der Gestaltung des Interviews der Verhaltensaspekt zu wenig beachtet, so daß unser ausführliches Eingehen auf diesen Aspekt gerechtfertigt ist; andererseits dürfen wir auch nicht übersehen, daß ein gutes Interview nicht allein mit Zuhören zu gestalten ist. Durch Wiederholen von Sätzen und Wörtern, durch Stellen von Fragen usw. kann der Interviewer ein Thema vertiefen oder zu einem neuen Thema überleiten, Stellungnahmen und Wertungen provozieren, ohne daß der Interviewte sich verhört fühlen muß. In der Gesprächstherapie (TAUSCH, 1970) wurden eine Reihe von Techniken erarbeitet, die dem Interviewer eine große Hilfe sein können. Ergänzend dazu möchten wir noch einige Hinweise für das Formulieren von Fragen und für das Loseisen des Gespräches geben wenn es sich festgefahren hat.

Formulierung von Fragen

- Aufgreifen eines Stichwortes, das der Interviewte genannt hat: z. B. „Sie sprachen von Disziplinarschwierigkeiten . . .“, „Sie sagten, sie haben andere Vorstellungen — können sie diese Vorstellungen etwas ausführen?“, „wie meinten sie das, ‚die Großmutter verziehe das Kind?‘“.
- Aufgreifen eines neuen Themas:
  Dabei sollen die Fragen kurz gestellt werden, ohne Präzisierungen, ohne Rechtfertigung. Z. B. „Welche Noten hatte . . . im letzten Zwischenzeugnis?“, „Unterstützt Ihr Mann Ihre erzieherische Arbeit?“, „Wie denkt Ihr Mann darüber?“

Das Gespräch ist festgefahren
Oft kommt es vor, daß man sich an einer Frage festbeißt, immer wieder dreht man sich im Kreise und kommt nicht weiter. Man muß aus der Sackgasse heraus. Dabei kann folgendes hilfreich sein:

- Man faßt zusammen, was an wichtigen Bereichen schon besprochen wurde. Anschließend kann man mit einem neuen Thema beginnen. Z. B. „kann ich kurz zusammenfassen was wir bereits besprochen haben: ...“ und fährt dann fort: „Das Verhältnis von ... zu seinem Vater haben wir noch nicht besprochen.“
- Man definiert die Aufgabe etwa so: „Wir haben jetzt ausführlich über die Schulprobleme gesprochen. Wie geht es denn zu Hause?“

Im Anhang IX bringen wir einen kurzen Interviewleitfaden, den wir zur Durchführung von Elterninterviews für das Elterntraining entwickelt haben. Er soll dem Interviewer als Gedächtnisstütze dienen.

e) Auswertung des Interviews. Die Auswertung des Interviews stellt meist ein Zeitproblem dar und ist für den Interviewer eine unangenehme Aufgabe. Andererseits wird dem Trainer die Information des Interviews erst in ausgewerteter Form zugängig. Um nun einerseits die Auswertung möglichst zeitsparend zu gestalten und andererseits die Information in einer leicht zugänglichen Weise zu ordnen, haben wir unser Analysenschema (cf. Anhang X) zu diesem Zweck eingesetzt. Folgende Vorgehensweise hat sich als zweckmäßig erwiesen:

1. Der Interviewer, der das Interview auf Tonband gespeichert hat, spielt das Band ab.
2. Er hat die Formblätter des Analysenschemas vor sich liegen und trägt die Äußerungen, soweit sie brauchbare Information enthalten, in die Formblätter ein (vgl. Anhang X).
3. Anschließend faßt er die Information zusammen und analysiert sie. Dazu füllt er die restlichen Spalten der Formblätter aus.

Auf diese Weise kann ohne weiteres ein Interview von 1 Std Dauer in 2 Std ausgewertet werden. Dem Trainer liegt die Information in der analysierten Form vor, aber zugleich auch die Roh-Information, falls er in einem Punkt einmal genauer nachlesen möchte. Außerdem ist sie in der gleichen Form geordnet, wie wir allgemein Informationen darstellen.

1.2.5. Verhaltensbeobachtung in kritischen Situationen
Die direkte Verhaltensbeobachtung in kritischen Situationen gehört zu den wichtigsten Informationsquellen für das Training, aber sie ist auch die aufwendigste Methode zur Gewinnung von Information. Wir haben daher diesem Teil der Trainingsvorbereitung einen eigenen Teil gewidmet, in dem wir die von uns entwickelte Beobachtungsmethode und die darauf aufbauende Interaktionsanalyse darstellen und besprechen (vgl. Dritter Teil: Verhaltensbeobachtung und Interaktionsanalyse).

1.3. Trainer und Kotrainer

Das Training wird von einem Trainer zusammen mit einem Kotrainer durchgeführt. Einer alleine wäre physisch überfordert. Außerdem ist es oft wichtig, daß er durch

einen zweiten Trainer unmittelbares Feedback bekommt, z. B. wenn er eine Mutter öfters übergeht, oder wenn ihm sonst etwas entgeht. Aber es ergeben sich damit auch eine Reihe von Problemen.
Einmal ist es für den Kotrainer schwierig in der Gruppe Fuß zu fassen, wenn der Trainer die Gruppe straff führt. Er empfindet sich dann als Beobachter oder gar nur als Anhängsel. Andererseits kann sein Eingreifen leicht dazu führen, daß die Trainer durcheinanderreden, und daß sich die Eltern auf zwei Führungspersonen einstellen müssen. Sind sie in der Arbeit nicht gut aufeinander abgestimmt, so kann es leicht dazu kommen, daß einer den andern hindert, wodurch natürlich in der Gruppe Konfusion entsteht. Um diese Probleme, die sich in der Zusammenarbeit nach und nach zeigten, zu lösen, haben wir eine Reihe von Kooperationsregeln für die Zusammenarbeit von Trainer und Kotrainer ausgearbeitet:

„Nur einer führt jeweils die Gruppe!"
Es muß für die Gruppe jederzeit klar sein wer die Gruppe führt. Das wird erreicht, indem nur einer die Gruppe führt. Er stellt Fragen an die Gruppe, gibt Orientierungshilfen, faßt Ergebnisse zusammen, bereitet neue Aufgaben vor usw.

„Systematischer Wechsel in der Führung!"
Damit der Kotrainer ebenso wie der Trainer in die Gruppe integriert wird, wechseln sie sich in der Führungsfunktion regelmäßig ab. Der Wechsel geschieht nach den natürlichen Einschnitten des Trainings, so daß die Gruppe vom Wechsel möglichst wenig irritiert wird. Am ersten Tag sind es die einzelnen Problemereignisse, die diesen Einschnitt markieren. Ein Trainer läßt ein Problemereignis spielen und auswerten, dann tritt er zurück, und die Kotrainer übernimmt das nächste Problemereignis.

„Der zweite Trainer muß die Kontrollfunktion wahrnehmen!"
Der zweite Trainer bildet eine Art Kontrollfunktion. Während nämlich der Trainer, der gerade die Gruppe führt, stark mit inhaltlichen Fragen beschäftigt ist und auf die Arbeit der Gruppe konzentriert ist, muß der zweite Trainer die gruppendynamischen Aspekte im Auge behalten. Er muß unter anderem darauf achten:

- ob zuviel geredet wird, so daß die Übungen darunter leiden, und die Spannung abflacht;
- ob ein Teilnehmer überfordert wird und abschaltet, oder ob gar die ganze Gruppe auf den Stühlen unruhig hin und her zu wetzen beginnt;
- ob ein Teilnehmer emotional zu stark gestreßt wird und aufgefangen werden muß;
- ob Äußerungen des Trainers mißverstanden werden, oder ob das, was der Trainer sagt, für die Eltern zu unklar ist;
- ob sich der Trainer mit einem Teilnehmer in einer Frage „verbeißt", so daß es zu einem unfruchtbaren Redestreit kommt.

„Feedback für den Trainer, der die Gruppe führt!"
Der zweite Trainer sollte dem Trainer, der die Gruppe führt, Feedback geben, z. B. durch einen Blick, oder durch einen Hinweis, oder indem er eine Frage stellt usw. Er sollte also nicht direkt in die Gruppe eingreifen wenn etwas schief läuft, sondern über den ersten Trainer. Greift er direkt ein, besteht die Gefahr, daß Verwirrung entsteht.

„Fehler müssen übergangen werden!"
Ein delikates Problem ergibt sich oft daraus, daß sich die Trainer bezüglich einer Maßnahme nicht einig sind. Solche Uneinigkeiten gibt es auch dann noch, wenn man gut aufeinander eingestellt ist. Handelt es sich um Nebensächlichkeiten, so wird es nicht schwer fallen sie einfach zu übergehen. Oft jedoch ist man der Meinung der Trainer habe sich verrannt. In einem Fall z. B. lag „Fortlaufen von zu Hause; unehrliches Verhalten; kleine Diebstähle" vor. Der Trainer, der die Gruppe führte, interpretierte dieses Verhalten als Vermeidungsverhalten. Der Trainer, der gerade die Kontrollfunktion hatte, sah darin ein „psychopathisches Verhalten", das nicht durch Angst kontrolliert wird, sondern durch äußere, positive Belohnungsreize (ULLMANN und KRASNER, 1969).
Für solche Fälle haben wir folgende Regelung getroffen: Hat der Trainer die Gruppe gut in der Hand, so kann der Kotrainer *beim Führungswechsel* das Problem nochmals aufgreifen und das Problem mit der Gruppe nochmals durchbesprechen. Wenn die Gruppe gut läuft, halten wir es nicht von Nachteil wenn offenbar wird, daß die Trainer nicht in allen Punkten einer Meinung sind. Ist die Gruppe jedoch in einer kritischen Phase, sollte der Fehler unbedingt übergangen werden. Man kann dann versuchen, am nächsten Tag, wenn sich die Trainer besprochen haben, das Problem nochmals aufzugreifen, und den Fehler wieder auszubügeln. In einer kritischen Phase wäre mit dem Aufdecken des Fehlers nichts gewonnen. Gruppe und Trainer würden noch mehr verunsichert.

„Mitarbeit des Kotrainers nach Aufforderung"
Oft wird der Trainer die Meinung des Kotrainers einholen wollen. Er soll dann bei der Lösung des betreffenden Problems mitarbeiten, dann aber wieder in seine beobachtende Rolle zurücktreten.
Diese Anhaltspunkte für das Verhalten des Kotrainers sind nicht immer gleich wichtig. Geht ein Training gut, gibt es keine allzu großen Spannungen in der Gruppe, so ergibt sich meist ein zwangloses Zusammenspiel von Trainer und Kotrainer. Die Regeln sind in kritischen Situationen wichtig, dann nämlich, wenn das Training in einer Krise ist, oder wenn ein Trainer stark verunsichert wird. Hier ist der Kotrainer stark in Gefahr unkontrolliert einzugreifen, indem er helfen will. Das ruhige Verhalten des Kotrainers, ein aufmunternder Blick, ein positives Feedback ist dann die viel größere Hilfe. Die Fehler in kritischen Situationen liegen ohnehin größtenteils darin, daß man zu viel tut und weniger darin, daß man etwas unterläßt. Bleibt der Trainer ruhig und gibt der Gruppe durch Fragen, Hinweise usw. eine präzise Aufgabe, so stabilisiert sie sich von selbst. Von ihm wird zuallererst verlangt, daß er Spannungen aushalten kann.

2. Die Nachbetreuung

Der Erfolg des Trainers ist erst dann gesichert, wenn die Eltern das im Training gelernte auch in der häuslichen Situation anwenden, und wenn das neue Erzieherverhalten zu einer festen Gewohnheit geworden ist. Das ist der Themenbereich, der in der verhaltenstherapeutischen Literatur unter dem Stichwort „Generalisation" behandelt wird.

Generalisation heißt: der Lernzuwachs bleibt auch in der häuslichen Situation, mit anderen Kindern und bei verschiedenen Problemen aufrecht und stabil über die Zeit. Wie der Lernprozeß selbst, so unterliegt auch die Generalisation bestimmten Lerngesetzen, so daß gezielte Methoden entwickelt werden können um Generalisation wahrscheinlich zu machen. Die Konzeption und die Durchführung dieser Maßnahmen umschreibt den Aufgabenbereich der Nachbetreuung.
Wir haben erst in letzter Zeit begonnen die Probleme der Nachbetreuung systematisch zu untersuchen. Wir können daher zur Bewältigung der verschiedenen Generalisationsprobleme keine erprobten Lösungen anbieten. Es sollen daher nur diese Probleme dargestellt werden, sowie einige Ansätze zu ihrer Lösung.

2.1. Probleme der Nachbetreuung (Generalisation)

Man unterscheidet 4 Gruppen von Generalisationsproblemen: Generalisation über verschiedene Situationen, über verschiedene Personen, über verschiedene Problemereignisse und über die Zeit. Die Probleme überlappen sich. Trotzdem aber wird in jedem der angeführten Bereiche ein bestimmtes Thema akzentuiert. Bei der *Situationsanalyse* stoßen wir auf verschiedene ungünstige Momente und Belastungen, die die Heimsituation mit sich bringt (1); die Übertragung des Gelernten von *Person zu Person* scheitert oft an ungünstigen Einstellungen (2); die Anwendung des Gelernten auf *verschiedene Problemereignisse* zeigt uns die Bedeutsamkeit individueller Details für das Gelingen eines Programms (3); und die Stabilisierung des Verhaltens über längere Zeit scheitert häufig an mangelnder Motivation (4).

2.1.1. Situative Belastungen

Im Labor gibt es eine Reihe von Bedingungen, die es den Eltern erleichtern ein bestimmtes von ihnen gefordertes Verhalten zu äußern. Die Sitzungen werden nicht unterbrochen durch das Klingeln des Telefons, es kommt kein Postbote vorbei, es sind keine Nachbarn zu fürchten, die durch das Geschrei der Kinder in ihrer Ruhe gestört werden. Die Nachbarschaft und die Besucher stellen oft für das erzieherische Verhalten der Eltern eine nicht unwesentliche Belastung dar. Sie fällt im Labor gänzlich weg. Auch was das Verhalten anderer Familienmitglieder anlangt, befinden wir uns im Labor in einer wesentlich einfacheren Situation. Es muß kein Säugling gefüttert werden, es heult kein Kind auf, das sich gerade weh getan hat, oder das sich mit einem anderen Kind gezankt hat, es ist kein Ehemann da, der zusätzliche Ansprüche anmeldet.
Schließlich ist ein Trainingslabor ein Raum, der nur einem Zweck dienen soll, dem Training. Die Wohnung hingegen ist ja nicht nur „Erziehungsraum", sie ist zugleich Wohnraum für die gesamte Familie, sie ist Besuchsraum, Arbeitsraum für den Vater, Arbeitsraum für die Schulkinder usw. Im Labor gibt es weder wertvolle Möbel, noch zerbrechliche Vasen. Die gesamte Einrichtung dient dem Training, aber viele Wohnzimmer, die wir betraten, dienten weit eher repräsentativen Aufgaben als der Erziehung.
Man muß die vielen für die Erziehung negativ motivierenden Ereignisse (Z^-) unbedingt sehen um zu begreifen, in welch schwierige Situation sich Eltern oft durch ihre Wohnraumgestaltung bringen. Es ist immer wieder überraschend festzustellen, wie wenig selbst von Erziehungsberatungsstellen die ungeheure Bedeutung der Situationsgestaltung für die Erziehung und das Auftreten von Erziehungsschwierigkeiten erkannt wird. Immer wieder müssen wir feststellen, daß das Kind in dem

Raum der Wohnung seine Hausaufgaben macht, der ein Maximum an Zerstreuung bietet, im Wohnzimmer oder in der Wohnküche. Es ist unrealistisch von einer Mutter zu erwarten, daß sie den Tobsuchtsanfall ihres Kindes ignoriert, wenn auf einem Schränkchen neben dem Kind eine wertvolle Vase steht. Und so ist es unrealistisch zu erwarten, der Trainingserfolg würde sich auch im Verhalten des Erziehers in der häuslichen Situation zeigen, wenn nicht eine entsprechende Veränderung der ungünstigen situativen Bedingungen vorgenommen wird.

2.1.2. Die negative Einstellung gegenüber dem Problemkind

Im Rollenspiel im Labor wird die Rolle des Problemkindes von einer anderen Mutter oder von einer anderen fremden Person gespielt. Das erweist sich zunächst als hilfreich, weil der Erzieher einer fremden Person unbefangener gegenübertritt, auch wenn sie das kritische Verhalten ihres Problemkindes spielt. Für die Generalisation jedoch erweist sich dies als Nachteil, weil der Erzieher u. U. nur dem Problemkind gegenüber das kritische Verhalten zeigt, und er fremden Personen gegenüber vielleicht keine Schwierigkeiten hat. Um das Problem zu verstehen erscheint es wichtig etwas weiter auszuholen. Hat ein Erzieher mit einem Kind besondere Probleme, so kann häufig beobachtet werden, daß seine Beziehung zum Kind ablehnend ist, oder besonders distanzlos, oder beides zugleich. Wir erklären uns das Entstehen dieser erzieherisch gesehen ungünstigen Beziehungen damit, daß das problematische Verhalten des Kindes für den Erzieher einerseits eine Strafe bedeutet. Strafe aber bewirkt Vermeidungsverhalten, Ablehnung. Andererseits jedoch ist der Erzieher gerade wegen des problematischen Verhaltens um dieses Kind besonders besorgt, wodurch der konträre Effekt, nämlich starke Identifikation auftritt.

Die starke Identifikation wiederum bewirkt, daß der Erzieher dazu neigt das Kind ständig mit Hilfe zu umgeben, andauernd zu sagen: „laß das", „paß auf", „du mußt das . . ." usw.

Beim Kind wiederum können wir einen gegenteiligen Effekt feststellen. Es wird durch die ständige und inkontingente Strafe des Erziehers stark verunsichert und kommt damit in eine zwanghafte Abhängigkeit zum Erzieher, oder es fühlt sich durch die ständige und unerbetene Hilfe des Erwachsenen eingeengt und geht nun in Opposition. Sagt der Erzieher: „Laß das Strickzeug!", so wird es gleich angefaßt. Eingreifen des Erziehers bedingt beim Kind Opposition und umgekehrt, so daß sich allmählich ein stabiles Handlungsschema bildet mit der Tendenz zur Verselbständigung, ähnlich den bedingten Reflexen.

Wie groß dieses Problem sein kann, können wir nur aufgrund unsystematischer Beobachtungen ermessen. Sicher ist, daß dieses Problem stark von der Art des Problemverhaltens abhängig ist. Nicht immer führt das Problemverhalten des Kindes zu dem eben skizzierten Handlungsschema. Wo es aber auftritt, ist die Wahrscheinlichkeit, daß das Trainingsergebnis generalisiert, gering. Unter Umständen kann dabei sogar ein negativer Transfer zu beobachten sein, den wir damit erklären, daß sich der Erzieher nach dem Training seines Anteiles am Zustandekommen des Problemes besser bewußt ist, womit der Streß ansteigt. Und unter Streß beobachten wir meist eine Verschärfung des Problemverhaltens.

2.1.3. Die individuellen Details eines Problemereignisses

Bei der Kürze des Trainings ist bei der Vermittlung eine Beschränkung auf das Wesentliche notwendig. Da wir im Training Verhaltenstherapie nicht abstrakt, sondern exemplarisch an einem Beispiel vermitteln, gehen immerhin noch eine Reihe individueller Aspekte mit ein. Doch wie in so vielen anderen Bereichen, so stecken auch die Probleme der Erziehung häufig in theoretisch betrachtet unbedeutenden Details, z. B. richtige Auswahl der Verstärker, Konzeption von Hilfestellungen, Bildung von Lernreihen usw. Eine Mutter, die gelernt hat, in der Hausaufgabensituation „Arbeiten des Kindes" durch Zuwendung zu verstärken und „unruhiges Verhalten", „Trödeln" usw. zu ignorieren, kann nicht unbedingt auch schon das Problem „Aufräumen des Kinderzimmers" lösen, wo vielleicht die gleiche Technik anzuwenden wäre.

Trotzdem scheint uns, daß die Generalisation über verschiedene Problemereignisse nicht das zentrale Problem der Nachbetreuung ist. Zwar fehlen uns auch hier systematisch gewonnene Daten. Wenn man jedoch von Einzelberichten ausgeht, so erstaunt man wie gut Eltern die abstrakte Technik bei verschiedenen Problemen anwenden können. Wir vermuten, daß die Intelligenz des Erziehers dabei eine wesentliche Rolle spielt. So zeigte sich bei zwei Müttern mit Sonderschulbildung keine Generalisation auf nicht trainierte Problemereignisse, obwohl sie bei den trainierten Problemereignissen gute Ergebnisse erbrachten. Umgekehrt stellten wir bei intelligenten Müttern oft fest, daß sie in nicht trainierten Problemereignissen gute Ergebnisse erbrachten, daß sie bei auftretenden Schwierigkeiten das Programm sinnvoll abänderten, oder daß sie gar die empfohlene Technik zur Lösung eines Problems verwarfen und eine Alternativtechnik wählten, die sie bei der Lösung eines anderen Problemereignisses kennenlernten.

2.1.4. Die Anstrengung über längere Zeit ein Erziehungsprogramm durchzuführen

Das Problem der Generalisation über die Zeit: dahinter verbirgt sich die jedem bekannte Erfahrung, daß gute Vorsätze eine Zeitlang halten, und dann stellen sich die alten Zustände wieder ein. Auch gut konzipierte Selbstkontrolltechniken helfen dagegen wenig. Der Student, der gelernt hat, durch Selbstkontrolltechniken seine tägliche Arbeitszeit von Null auf 5–6 Std zu steigern, und der die angenehme Erfahrung macht, daß sich Studienerfolg einstellt, ist nicht dagegen gefeit die Selbstkontrolle wieder zu verlieren und in die alten Zustände zurückzufallen, sobald der ärgste Druck der Schule nachläßt.

Es sind wahrscheinlich zwei Faktoren, die dafür verantwortlich sind, daß das neu gewonnene erzieherische Repertoire allmählich wieder aufgegeben wird. Einmal verlangt die Anwendung verhaltenstherapeutischer Techniken große Konsequenz über den gesamten Tag.

In sehr vielen Fällen ist es gerade die mangelnde Konsequenz, die zu den Problemen geführt hat. Wer aber ist imstande sich über 10, 15 Std täglich zu kontrollieren und das über lange Zeit hinweg? Der Erzieher befindet sich dabei in einem Konflikt, den man nach dem Konfliktmodell von DOLLARD und MILLER (1950) darstellen kann; überwiegt der Leidensdruck, der durch die Erziehungsprobleme entsteht über den Aufwand, den kontrolliertes Verhalten erfordert, so wird sich der Erzieher an die Instruktionen aus dem Training halten. Doch infolge des kontrollierten Verhaltens des Erziehers verändert sich das Verhalten des Kindes, die Erziehungsprobleme werden entschärft, und damit sinkt der Leidensdruck, und der Aufwand des kontrollierten Verhaltens übersteigt den Leidensdruck. Damit sinkt die Wahrscheinlichkeit, daß sich der Erzieher kontrolliert verhält.

Der zweite Faktor ist darin zu suchen, daß der Streß, den der erzieherische Aufwand mit sich bringt, unmittelbar wirkt, während der Nutzen, den der erziehe-

rische Aufwand bringt, oft nicht kontingent wirkt. Dafür ein einfaches Beispiel. Das behinderte Kind soll lernen sich alleine anzukleiden. Das bringt auf längere Sicht eine Erleichterung der erzieherischen Arbeit der Mutter. Aber heute kostet es sie viel Zeit dem Kind zu helfen, die Hilfe zu geben, die es braucht um lernen zu können. Der Gewinn, wenn sich das Kind alleine ankleiden kann, liegt weit in der Zukunft. Umgekehrt, wenn die Mutter das Kind ankleidet, spart sie heute viel Zeit. Und auch der Schaden, nämlich daß das Kind es nicht lernen wird sich alleine anzukleiden, liegt ungreifbar vage in der Zukunft.
In den nun dargestellten Problemen ist der Aufgabenbereich der Nachbetreuung umschrieben.

2.2. Nachbetreuung als spezifisches Problem des Kompakttrainings

Bei der Darstellung der Generalisationsprobleme ist ansatzweise deutlich geworden, daß diese Probleme eng mit der Trainingsform zusammenhängen, und daß sie bei einem Kompakttraining wie in unserem Falle besonders stark sein werden. Wir führen nämlich das gesamte Training im Labor durch, wobei nicht am eigenen Kind, sondern mit fremden Personen geübt wird.
Weiters wird das Training in 2–4 Tagen durchgeführt, so daß die Eltern keine Gelegenheit haben das Gelernte anzuwenden und dann wieder Feedback vom Trainer zu erhalten. Die meisten Elterntrainings, wie sie in der Literatur beschrieben werden, gehen über einen langen Zeitraum, der den Eltern genügend Möglichkeiten zum Feedback gibt.
Es ist daher nicht verwunderlich, daß in der Literatur das Problem Nachbetreuung bei den Elterntrainings kaum einmal angeschnitten wird. Uns ist keine Arbeit bekannt, in der ein gesondertes Programm zur Nachbetreuung entwickelt worden wäre. Oft dauert die Behandlung mehrere Wochen. CLEMENT (1970) behandelte einen Jungen mit der Symptomatik Schlafwandeln, Ängstlichkeit gegenüber Kindern mit Hilfe eines Elterntrainings. Die Therapie allein ging über 18 Wochen. BERNAL (1969) berichtet von der Behandlung eines Kindes mit allgemeinen Erziehungsproblemen (Ungehorsam, Trotz usw.), die über 25 Wochen ging, wobei die Baselineerhebung mit eingeschlossen ist. MATHIS (1971) berichtet von einer Sprachtherapie, die über 30 Wochen ging. Solche Zeiträume sind natürlich ausreichend, um einen Teil der angesprochenen Probleme in Angriff zu nehmen, auch wenn die gesamte Anzahl der Trainingsstunden nicht sehr hoch sein mag.
Vor allem bei kleineren Problemen verschwindet die Schwierigkeit nach kurzer Behandlung, so daß die Intervention der Eltern nur von begrenzter Dauer ist. HALL et al. (1972) behandelte über Elterntraining einen Jungen, der sich weigerte, die Zahnprothese zu tragen; ein Mädchen, das sich weigerte, im Haushalt mitzuhelfen; einen Jungen mit Weinanfällen und häufigem Schreien; und ein Mädchen, das beim Anziehen trödelte. Die Eltern besuchten einen 16wöchigen Kurs mit drei Wochenstunden über Elterntraining und führten anschließend ein Programm durch, das in mehrere aufeinanderfolgende Schritte gegliedert war. Das Training ging über 49–68 Tage, wobei die Mütter weitgehend selbständig arbeiteten.
In einer interessanten Studie versuchten HERBERT und BAER (1972), das erzieherische Verhalten der Mütter durch eine Art Selbstkontrolle zu stabilisieren. Die Mutter eines autistischen Jungen und die Mutter eines hirnorganisch geschädigten Mädchens wurden angeleitet einfache Übungen zur Verhaltensmodifikation zu

Hause mit ihren Kindern durchzuführen. Trotz guter Erfolge wurden die Instruktionen nicht genau ausgeführt. Hierauf erhielten die Mütter schriftliche Instruktionen zur Selbstbeobachtung und eine ausführliche Einführung in die Beobachtung von Verhalten. Daraufhin wurden sie angehalten ihr Verhalten und das des Kindes zu beobachten. Unter dieser Bedingung kam es zu einer Reduzierung des unerwünschten Verhaltens von 40 auf 10%. Die Autoren erklären das Ergebnis als Folge des positiven Feedbacks (Verhalten der Kinder), das die Mütter durch die Selbstprotokollierung erfahren haben.

Protokollierung ist eine Form der Kontrolle; täglich durchgeführt, bedeutet sie tägliche Kontrolle. Kontrolle aber in doppelter Hinsicht: Belohnung, wenn sich die Mutter kontrolliert verhalten hat, Bestrafung, wenn sie sich nicht kontrolliert verhalten hat. Aber eine Frage bleibt dabei unbeantwortet. Wie kann man Mütter motivieren täglich systematische Beobachtungen durchzuführen? Haben sie dazu überhaupt die nötige Zeit?

Realistischer halten wir daher das Vorgehen von TAHMISIAN und MCREYNOLDS (1971), die die Eltern wöchentlich angerufen haben und sich nach dem Ergehen erkundigten. Sie lobten dabei die Eltern und gaben ihnen weitere Instruktionen.

Soweit wir die Literatur überblicken, wurde außer in unserem Falle noch nie versucht Eltern in einem Kompakttraining auszubilden. Die meisten Elterntrainings, wie sie in den Falluntersuchungen dargestellt werden, ähneln einem allmählichen Anlernen verhaltenstherapeutischer Techniken, wobei die Eltern von Stunde zu Stunde Gelegenheit haben Erfahrungen mit den neu gelernten Erziehungsmethoden zu sammeln. Diese Vorgehensweise hat aber einen entscheidenden Nachteil. Sie ist für die Eltern sehr aufwendig (Fahrtzeiten zur Klinik) und stellt auch besondere Anforderungen an die Motivation. Wie schon erwähnt, liegen bei den wenigen Gruppenexperimenten, die vorliegen, die Ausfallquoten zwischen einem und zwei Dritteln. Um diese Schwierigkeiten in den Griff zu bekommen, haben wir das Kompakttraining konstruiert. Das Problem der Drop-outs haben wir damit unter Kontrolle — die Quote der Drop-outs von Beginn des Trainings an gerechnet (Training — Nachkontrolle — Elternabende) ist auf Null gesunken. Aber wir haben uns damit ein neues Problem eingehandelt, das Problem der Stabilisierung des Trainingserfolges.

2.3. Bewältigung des Generalisationsproblems

Dem Problem der Generalisation des Trainingserfolges müssen wir uns schon bei der Konzeption des Trainings stellen, denn die Art der Darbietung des Lernstoffes hat darauf entscheidende Bedeutung, wie schon in einem der ersten Transferexperimente von JUDD (1908) nachgewiesen wurde. So dürfte es von großer Bedeutung sein, ob die Eltern die abstrakte Regel der Verstärkung erfassen, oder ob sie nur die Beobachtungsfolgen mitbekommen. So meint FOPPA: „Nicht die Tatsache, daß unter relativ invarianten Bedingungen gelernt wird, bedarf einer Erklärung, sondern daß *trotz* variabler Gegebenheiten ein Lernfortschritt möglich ist. Die Lerntheorie müßte daher von diesem allgemeineren Fall ihren Ausgang nehmen und die Gesetzmäßigkeiten des Prozesses unter den üblichen experimentellen Anordnungen als (extreme) Sonderform behandeln. Das würde u. a. bedeuten, daß die Generalisation nicht mehr als ein Mechanismus konzipiert werden müßte, der nach dem Abschluß einer Lernphase wirksam würde, weil erst dann auf Modifikationen der gelernten Situation reagiert werden kann (FOPPA, 1966). Unsere Bestrebungen gingen daher dahin, schon in der Konstruktion des Trainingsmodells das Generalisationsproblem anzugehen.

2.3.1. Verbesserung der erzieherischen Situation über Beratung

Situative Variablen kann man über eine fachgerechte Beratung leichter ändern als man zunächst anzunehmen geneigt ist. Da wir im Training den Schwerpunkt auf das Einblenden angemessener Hilfe und auf das Ausblenden unangemessener Hilfe legen, lernen die Eltern eine Reihe von Ereignissen kennen, die sie vorher mehr oder weniger als unbedeutend für die Erziehung und das Entstehen von Erziehungsproblemen eingeschätzt haben. Sie sind damit schon für ungünstige bzw. günstige Umweltreize, die in der Gestaltung der Wohnung liegen, sensibilisiert. Bevor das Training abgeschlossen wird, gehen wir zusammen mit den Eltern die kritischen Stimuli durch und suchen in jedem einzelnen Fall eine Lösung zu finden.

Vorausgesetzt ist, daß schon während des Hausbesuches die kritischen Stimuli identifiziert werden, weil die Eltern selbst oft nicht daraufkommen.

Ferner wird bei der Konzeption von Maßnahmen stets darauf geachtet, daß die situativen Bedingungen mit eingeplant werden. Es gibt z. B. wenig Sinn einer Mutter, die mit einer 6köpfigen Familie eine Dreizimmerwohnung bewohnt, eine Time-out-Prozedur zur Löschung von Trotzanfällen zu empfehlen. Kann eine Situation durch bloßes Umstellen nicht wesentlich entschärft werden, so müßte unbedingt eine tiefer einschneidende Maßnahme getroffen werden. So kann es z. B. notwendig sein, daß die Familie in eine andere, größere Wohnung umzieht. Wir halten es durchaus für legitim bei der Lösung solcher Probleme auch die anderen Eltern der Trainingsgruppe mit zu beteiligen.

2.3.2. Auflösung negativer Einstellungen der Eltern zum Kind

Das Rollenspiel, in dem eine erwachsene, fremde Person die Rolle des Problemkindes spielt, ist als Reduktion der Schwierigkeit für die Mutter/Vater zu verstehen, (ihr)sein eigenes Verhalten als stereotype Reaktionsgewohnheit zu erkennen.

Ein Beispiel dafür:

Problemereignis. Auf ein Verbot oder eine Aufforderung der Mutter beginnt das Kind still vor sich hinzuweinen und zeigt einen stark leidenden Ausdruck.

Rollenspiel. M: „Brigitte, jetzt gehen wir langsam schlafen, ja?“ B: Wendet sich von der Mutter ab und beginnt zu schluchzen. In diesem Augenblick lacht die Mutter und sagt: „Genau, jetzt würde ich gleich sagen: ‚Komm, Brigitte, das ist doch nicht so schlimm . . .‘ Es geht mir jedesmal ans Herz, wenn sie weint. Dieses stille Schluchzen.“

Das Rollenspiel wirkt distanzierend. Im Beispiel von oben ging das so vor sich. Der Trainer instruiert die Mutter, die die Rolle des Kindes spielt: „Sobald die Mutter die Aufforderung stellt, wenden Sie sich von ihr ab, beginnen zu schluchzen und zeigen einen leidenden Ausdruck.“ Daraufhin wird die Mutter des Kindes aufgefordert, das Verhalten des Kindes modellhaft vorzuspielen. Dann beginnt das Rollenspiel.

Diese Vorbereitung des Rollenspieles halten wir für sehr wichtig, weil die Mutter hier erfährt wie ihr „Mitleid“ planvoll und berechnend provoziert wird.
In der Wiederholung des Spieles äußerte die Mutter zu Beginn: „Du legst mich nicht mehr rein.“
Für die Änderung der Einstellung zum Kind ist auch die Beobachtung des eigenen Verhaltens im Zusammenhang mit dem Verhalten des Kindes bedeutsam. Doch halten wir es für eine notwendige Voraussetzung dafür, daß streng beobachtet wird, und daß Interpretationen auch von der Mutter selbst vermieden werden. Interpretationen, wo es um Fehlverhalten geht, nehmen schnell aggressive Formen an; zumindest werden sie vom Empfänger als aggressiv-anklagend empfunden. Daher beobachten wir dort, wo interpretiert wird, vermehrt Verteidigungs- und Vermeidungsverhalten bei der Person, deren Verhalten interpretiert wird. Die Vermeidung oppositionellen Verhaltens beim Erzieher erscheint uns aber eine Voraussetzung für die Änderung von negativen Einstellungen gegenüber dem Kind (cf. dazu auch Janis und King, 1954; Culbertson, 1957; Janis und Gilmore, 1965). Wo der Erzieher das Verhalten des Kindes interpretiert, realisiert er meist Einstellungen, d. h. Interpretieren ist häufig eine einstellungsverseuchte Beobachtung.
Die objektive Beobachtung hat auch den Vorteil, daß sie meist auch gerechter ist als die interpretative, da sich dabei der Haloeffekt auswirken kann, so daß sich daraus die Tendenz ergibt positive Ansätze zu übergehen. Die Einstellungsänderung ist aber wahrscheinlicher, wenn der Erzieher auch Verhaltensweisen beobachtet, in denen Ansätze zu einer positiven Einstellung deutlich werden.

2.3.3. Förderung der Generalisation über verschiedene Problemereignisse

Die Generalisation über verschiedene Problemereignisse ist davon abhängig, wieweit die Eltern aus dem analysierten Beispiel das Gesetz abstrahieren können, und andererseits, wieweit sie gelernt haben, das Gesetz bei verschiedenen Beispielen anzuwenden. Das erstere Ziel versuchen wir im Training dadurch zu erreichen, daß wir die Gesetze nicht abstrakt, sondern eingebettet in ein experimentelles Spiel vermitteln. Sie sollen das Lerngesetz nicht verbal sich aneignen, sondern konkretisiert in einem Bild, zugleich mit den Begriffen des Gesetzes aber auch eigene Erfahrungsinhalte verbinden.
Hinweise dafür, daß wir im Training dieses Ziel erreichen, sehen wir darin, daß Eltern bei Nachuntersuchungen häufig von den experimentellen Spielen erzählen („da ist mir einiges aufgegangen“, „Strafe, ja die hemmt, das haben wir ja damals gesehen“). Wir haben Eltern, die an einem Training teilgenommen hatten, andere Eltern trainieren lassen. Dabei zeigte sich ebenfalls, daß sie in diesen Spielen das Wesentliche erkannt haben, und daß sie es anhand des Spieles auch anderen Eltern vermitteln konnten.
Das zweite Ziel: lernen das Gesetz unter verschiedenen situativen Bedingungen anzuwenden, versuchen wir dadurch zu erreichen, daß die Eltern im Laufe des Trainings bei den verschiedenen Familien mit mehreren und verschiedenartigen Problemen vertraut gemacht werden, als Modell und als Mitspieler.

2.3.4. Stabilisierung der Motivation, sich kontrolliert zu verhalten

In der Kontrolle der Variablen, die geeignet sind, die Motivation zu kontrolliertem Verhalten über einen langen Zeitraum hinweg konstant zu halten, sehen wir die größten Generalisationsprobleme. Einschränkend muß jedoch gesagt werden, daß gerade über diesen Punkt schwer generelle Aussagen gemacht werden können. Schon ein oberflächlicher Vergleich verschiedener Störungen macht deutlich, daß wir keine allgemeine Aussage machen können.

Beispiel 1:

Bei einem Kind mit operanten Trotzanfällen wird die Mutter angehalten auf das Problemverhalten mit Time-out zu reagieren. Bei konsequenter Befolgung der Anweisung verschwindet das Problemverhalten meist sehr rasch (PATTERSON und BRODSKY, 1966).

Beispiel 2:

Bei einem autistischen Jungen, der neben anderen verschiedenen auffälligen Verhaltensweisen auch Sprachanomalien zeigt, wird die Mutter angehalten, die Sprachtherapie zu Hause fortzuführen; diese Therapie muß über Monate und Jahre gehen (WETZEL et al., 1966).

Beispiel 3:

Bei einem schwer redartierten autistischen Jungen wird die Mutter angehalten, das Kind aufzufordern 5–10 min auf der Toilette zu sitzen und für Koten materiell zu verstärken. Nach 45 Sitzungen zeigt sich *ein* Trend der Toilettenbenutzung für Koten (WOLF et al., 1967).

Der Erziehungsplan und die Bedingungen, unter denen er durchgeführt werden soll, sind von Fall zu Fall verschieden und zwar wesentlich verschieden. Im Falle der Sprachtherapie z. B. wird die Generalisation über die Zeit wesentlich davon abhängen, ob die Mutter berufstätig ist oder mehrere Kinder aufzuziehen hat, so daß sie wenig Zeit und Kraft für das behinderte Kind hat, ob die Therapie Fortschritte macht, und wie die Mutter die Fortschritte einschätzt, ob die Umgebung das Bemühen der Mutter anerkennt, oder ob sie der Überzeugung ist, daß ohnehin jede Anstrengung umsonst sei usw.
Im Training selbst kann man zur Stabilisierung der Motivation nach dem Training nicht viel mehr tun als Programme zu erstellen, die den Eltern Erfolgserlebnisse bringen. Aber darüber hinaus hat das Training wahrscheinlich kaum Einfluß. Hier müßten unbedingt Maßnahmen für die Zeit nach dem Training konzipiert werden, sozusagen ein Interventionsprogramm der Nachbetreuung.

2.4. Ansätze für eine Intervention nach dem Training

Schon während des Trainings äußern Eltern häufig den Wunsch, der Kontakt zum Trainingsteam möchte nach dem Training weiterhin aufrechterhalten bleiben. In der ersten Zeit nach dem Training vor allem möchten sie berichten wie es ihnen mit den neu erworbenen Erziehungstechniken geht und erwarten Rat bei neu auftretenden Problemen. Die begrenzte Zeit, die wir für eine Familie zur Verfügung haben, erlaubt uns nicht ein umfangreiches Programm durchzuführen. Wir mußten daher uns auf wenige, zeitsparende Kontakte beschränken.

2.4.1. Feedback und Beratung über Telefon

Ein Telefonanruf ist ökonomisch und zeitsparend für beide Seiten. Wir bieten daher den Eltern an uns anzurufen, wenn es Probleme gibt. Auch wir selbst rufen ab und zu die Eltern an, um uns zu erkundigen wie das Problemverhalten des Kindes sich verändert.

Es hat sich ferner bewährt, die Eltern einer Trainingsgruppe zu ermuntern sich gegenseitig anzurufen. Von dieser letzteren Möglichkeit machen viele Eltern Gebrauch. So entsteht ein wechselseitiger Beratungsdienst unter den trainierten Eltern. Sie tauschen ihre Erfahrungen aus, ermuntern sich gegenseitig und besuchen sich auch öfters.

2.4.2. Fortlaufende Beratungsstunden

Beratungsstunden haben den Vorteil, daß man individueller auf die Eltern eingehen kann. Wegen des großen zeitlichen Aufwandes haben wir bis jetzt nur in einzelnen Fällen davon Gebrauch gemacht.

2.4.3. Elternabende

Auch der Vorschlag, regelmäßig einen Elternabend zu gestalten, ging von den trainierten Eltern aus. Schon der Telefonkontakt zeigte uns, daß die Bereitschaft der trainierten Eltern weiterhin untereinander in Kontakt zu bleiben groß ist. Viele Eltern haben nach unserer Erfahrung wenig Kontakte und fühlen sich isoliert. In der Trainingsgruppe haben viele von ihnen erstmals Gesprächspartner gefunden; hier bekamen sie die Hilfe, die sie brauchten, um Kontakte mit einem anderen Ehepaar aufzunehmen. Zu diesen Elternabenden laden wir auch immer die Väter mit ein, wenn sie nicht am Training teilgenommen haben. Mit den Elternabenden verfolgen wir drei Ziele:

1. Wir versuchen den Erziehern ein positives Feedback über ihr Bemühen zu geben. Wir wollen ihr Selbstvertrauen stärken, und zeigen ihnen meist Ausschnitte aus der Nachkontrolle, wobei wir nur positive Ausschnitte zeigen.
2. Es soll versucht werden, die Position der Mutter in der Erziehung zu stärken. Es ist üblich, daß Väter die erzieherische Verantwortung auf die Ehefrau abwälzen, und damit wird sie auch für die auftretenden Probleme verantwortlich gemacht.
3. Es soll Zeit gegeben werden über weitere bestehende Probleme zu sprechen, Mißverständnisse auszuräumen, wobei am Gespräch immer die gesamte Gruppe beteiligt wird.

2.4.4. Die Idee eines Elternklubs

Im Zusammenhang mit den Elternabenden ist öfters schon der Vorschlag geäußert worden, man sollte einen Klub der Eltern gründen, die im Training teilgenommen haben, und die ein behindertes Kind haben. Was ein solcher Klub leisten könnte, wird ansatzhaft in den Trainingsgruppen deutlich. Sie organisieren eine Art nachbarschaftlicher Hilfe (will eine Mutter einen Nachmittag einkaufen gehen, oder sonst einmal wegfahren, kann sie ihr Kind in einer anderen Familie unterbringen; sie organisieren Spielnachmittage für die behinderten Kinder, usw.); die einzelne Familie findet einen Kreis, in dem sie sich mit ihrem behinderten Kind wohlfühlen kann; sie organisieren gemeinsame Ausflüge usw.

Es sei in diesem Zusammenhang auf die „Anonymen Alkoholiker" hingewiesen, einer Gemeinschaft aus ehemaligen Alkoholikern, die sich zum Ziel gesetzt haben sich gegenseitig zu helfen. Wir wollen nun nicht Eltern behinderter Kinder mit Alkoholikern vergleichen, aber auch sie fühlen sich teilweise als Außenseiter, und auch sie können sich gut gegenseitig helfen, weil sie die Probleme einer Familie, die ein behindertes Kind hat, kennen.

2.4.5. Beobachtungskontrolle mit Feedback

Wir haben schon auf das Experiment von HERBERT und BAER (1972) hingewiesen, in dem nach einer Einführung in die Technik der Verhaltensmodifikation die eigentliche Modifikation über Selbstbeobachtung durchgeführt wurde. Es verblüfft auf den ersten Blick, daß Beobachtung allein zu einer Veränderung führt, vor allem da es sich hier nicht um den Erwerb neuer Verhaltensweisen handelte, sondern um die konsequente Durchführung des Programmes. Doch der Lernprozeß, durch den die Veränderung wahrscheinlich bewirkt wurde, läßt sich rational darlegen. Wenn ein Erzieher eingesehen hat, daß z. B. das Kind bei einem Verbot oder einer unangenehmen Aufforderung deshalb quengelt, weil er selbst, der Erzieher, daraufhin von der Forderung abläßt, und wird er nun angehalten seine erzieherischen Fehler zu zählen, so wird die einzelne Fehlreaktion eben durch ihre unmittelbare Registrierung als Fehler kontingent bestraft.

Und da Bestrafung zu einer Unterdrückung der bestraften Reaktion führt, müßte, auch theoretisch betrachtet, die Fehlerzahl abnehmen. Der Erzieher wird also entweder aufhören die Fehler zu zählen, oder er wird sich ändern. Aber damit ist das zentrale Problem dieser Selbstkontrolle auch schon angesprochen. Der Erzieher kann auch aufhören seine Fehler zu registrieren, was ihm um so leichter fallen wird, als die Beobachtung selbst einen Aufwand bedeutet.

Die Selbstkontrolle kann auch so angesetzt werden, daß nicht die Fehler, sondern der Fortschritt des Kindes registriert wird. Damit vermeidet man — so sich das Kind in seinem Verhalten entsprechend den Erwartungen des Erziehers ständig verbessert — die Bestrafung, und wird statt dessen für konsequentes Verhalten belohnt.

Aber auch diese Methode dürfte nicht ohne Tücke sein. Verschlechtert sich das Verhalten des Kindes, oder macht es unmerkliche Fortschritte, so ist die Enttäuschung um so größer. Eine parallele Methode, die das angeführte Problem der Selbstbeobachtung vermeidet, besteht in der Fremdbeobachtung. Aber eine solche Methode steht wohl vor noch größeren praktischen Problemen.

Die Stabilisierung des Trainingserfolges durch die Methode der Selbstkontrolle erscheint uns der richtige Ansatz für die Lösung des Problems. Es ist jedoch für uns erstaunlich, daß HERBERT et al. (1973) in einem späteren Experiment diesen Ansatz wieder aufgegeben haben. Weitere Untersuchungen wären hier notwendig.

Dritter Teil
Verhaltensbeobachtung und Interaktionsanalyse

Im Verhaltenstraining nach dem MTM wird Beobachtung von Interaktionen nicht nur eingesetzt, um Informationen zu sammeln, sondern auch um Verhalten zu ändern, also auch als Interventionsmethode. Wie nicht anders zu erwarten, nimmt die Beobachtung auch bei der Vorbereitung des Trainings einen wichtigen Platz ein. Für ein Training, das nun so stark auf der Beobachtung von Interaktionen aufbaut, ist die Wahl des Beobachtungssystems und der damit verbundenen Implikationen von nachhaltiger Bedeutung.
Es ist daher gewiß nicht verwunderlich, daß wir auf die Entwicklung des Beobachtungssystems besondere Sorgfalt verwendeten, und daß wir nicht einen, sondern viele Ansätze verfolgten, um in deren Vergleich Hinweise auf die Leistungsfähigkeit eines Systems, Angaben über Meßgenauigkeit und Validität zu gewinnen.
Trotz der vielen Mühe, die wir uns mit der Konstruktion eines geeigneten Beobachtungssystems gemacht haben, herrscht im Team bezüglich der Beobachtungsfragen noch große Unsicherheit. Das Beobachtungssystem, das wir heute im Elterntraining verwenden, dürfte daher wohl kaum die Endform darstellen, vielmehr ist es als ein Entwicklungsschritt auf dem Weg zu einer befriedigenden Lösung zu sehen.
Auch bei der Darstellung der Beobachtung wollen wir so verfahren, daß zunächst die Durchführungen genau beschrieben werden. Daran anschließend soll in Form von losen Anmerkungen der theoretische Hintergrund der Konstruktion etwas aufgehellt werden. Eine gründliche Diskussion des Ansatzes sowie die Darstellung anderer Ansätze und Versuche soll in einer späteren Arbeit erfolgen.
Zunächst müssen wir jedoch auf einige Vorentscheidungen eingehen. Muß man in der natürlichen Umgebung, oder kann man auch unter simulierten Bedingungen im Labor beobachten, bzw. Beobachtungsstunden aufnehmen? Soll man unmittelbar beobachten oder mittelbar mit Hilfe von Videoaufzeichnungen? Und — wohl die peinlichste Frage — wie gelangt man zu repräsentativen Beobachtungsstichproben ohne die Mitarbeit der Eltern aufs Spiel zu setzen und ohne unzumutbare Forderungen an sie zu stellen? Das sind Fragen, die so oder so entschieden sein müssen, wenn die Arbeit des Beobachtens beginnt. Wie sehen die Probleme aus, die man sich dabei einhandelt?

1. Diskussion einiger Vorentscheidungen

1.1. Labor versus natürliche Umgebung

Man tut in der Elternarbeit gut daran, mit generalisierenden Aussagen sparsam zu sein. Das gilt ganz besonders für Beobachtungsfragen.
Die Beobachtung zu Hause führt bei der einen Familie dazu, daß sie ein sozial erwünschtes Verhalten zur Schau stellt, bei einer anderen Familie hingegen wirkt

der Beobachter in einem Ausmaß verunsichernd für den Erzieher, daß sich die Probleme vielleicht größer darbieten als sie im Alltag sind. Auch die Art des Problemereignisses spielt dabei eine wichtige Rolle. Wir haben Videoaufnahmen bei 8 Familien mit Problemen beim Hausaufgabenmachen jeweils 10 Std im Labor und 10 Std zu Hause aufgezeichnet und die Ergebnisse miteinander verglichen. Der quantitative Vergleich erbrachte keine signifikanten Unterschiede, während der qualitative Vergleich zeigte, daß die Mütter in der Laborsituation häufiger verschiedene, negative Verhaltensweisen zeigten als in der Heimsituation, wahrscheinlich ein Effekt der Verunsicherung. Hausaufgabenprobleme erscheinen mithin quantitativ gesehen situationsinvariant zu sein. Daß in der Laborsituation eine größere Vielfalt von Problemverhalten gezeigt wurde, interpretieren wir damit, daß es Eltern unter Streßbedingungen schwerer fällt sich sozial erwünscht zu verhalten. Die Laborsituation bedeutet für die Eltern mehr Streß als die gewohnte Heimsituation.

Dieses Ergebnis kann aber sicherlich nicht auf beliebige Probleme übertragen werden. Bei einem zwölfjährigen Jungen mit Weinkrämpfen, Selbstmorddrohungen und depressiven Symptomen bestand die Vermutung, daß die Symptome durch die Zuwendung der Mutter aufrechterhalten werden. Beobachtungen im Labor bestätigen die Arbeitshypothese nicht. Erst die Heimbeobachtung brachte Ergebnisse, die die Hypothese bestätigten. Die darauf aufbauende Therapie mit dem Schwerpunkt „Löschung von Zuwendung auf das symptomatische Verhalten“ führte rasch zur Löschung des beklagten Verhaltens, womit sich die Heimbeobachtung als erfolgreich erwies.

Ob man Beobachtungen im Labor oder in der Heimsituation durchführt, wird jedoch meist nicht von Überlegungen bestimmt wo man die valideren Daten gewinnt, sondern hängt zum größtenteil von Fragen der *Durchführbarkeit* ab. Die Heimbeobachtung ist personell sehr aufwendig, und sie belastet mehr oder weniger stark die Kooperation. In Fällen, wo die Mutter nur unter Duldung ihres Mannes am Training teilnimmt, besteht die Gefahr, daß ihr der Mann Vorwürfe macht, oder daß er ihr die weitere Teilnahme schlichtweg verbietet.

Als Situationsgestaltung im Labor sowie zu Hause wird von uns auch das Rollenspiel herangezogen. Das Spektrum des geäußerten Verhaltens ist im Rollenspiel — wie zu erwarten — am breitesten. Aber dabei stellt sich wiederum die Frage nach der Validität der gewonnenen Daten.

Die Verhaltenstherapie operiert erfolgreich mit der Voraussetzung, *daß Verhalten umweltbedingt ist* (zumindest muß man sagen, daß für den Therapeuten Verhaltensmuster nur in soweit von Interesse sind, als sie veränderbar sind).

Damit aber ist zu fragen, ob das Verhalten der beobachteten Eltern im Rollenspiel nicht zu einem entscheidenden Teil durch die Situation provoziert ist, und das Ergebnis somit nicht als repräsentativ für das erzieherische Verhalten der Mutter angesehen werden kann.

Doch diese Frage ist natürlich sowohl an die Laborbeobachtung als auch an die Heimbeobachtung zu stellen. Das Wissen der Familie, daß sie beobachtet, oder daß sie gefilmt wird, verändert entscheidend ihre Situation. Es ist sicherlich nützlich zu untersuchen, wieweit das beobachtete Verhalten der Eltern im Labor vom beobachteten Verhalten in der Heimsituation sich unterscheidet, aber es klärt nicht die Frage, welche Beobachtungen dem unbeobachteten Verhalten näher kommen. Vielmehr ist die Frage der Validität vom Ziel der Beobachtung her zu sehen. *Welche Beobachtung erweist sich im Training oder in der Therapie als erfolgreich, als brauchbar?* Nach unseren unsystematischen Erfahrungen zu urteilen, müssen wir sagen: Die Beobachtung im Rollenspiel war der Labor- und der Heimbeobachtung überlegen.

1.2. Mittelbare versus unmittelbare direkte Beobachtung

Wir haben nur mit Hilfe von Videoaufzeichnungen die Beobachtung durchgeführt. Wir sahen uns aus Gründen der Durchführbarkeit dazu gezwungen, denn die unmittelbare Beobachtung gibt uns nicht die Möglichkeit Szenen wiederholt anzusehen, was für unsere Art der Beobachtung eine Voraussetzung ist. Mit der mittelbaren Beobachtung handelt man sich aber eine Reihe von Fehlerquellen ein.
So führte die große *Störanfälligkeit der Geräte* dazu, daß immer wieder Aufnahmen ausfallen. Manchmal fällt auch eine Aufnahme aus, weil in der Bedienung des Gerätes ein Fehler gemacht wird.
Ein weiterer Nachteil der mittelbaren Beobachtung liegt im *Qualitätsverlust durch die Videoaufzeichnung.* Vor allem die Tonqualität ist häufig schlecht. Nach unserer Erfahrung kommt es dabei leicht zu systematischen Fehlern durch selektive Wahrnehmung. Ist es für den Beobachter sehr schwer zu erfassen was gesprochen wird, neigt er dazu sich ganz auf das Gesprochene zu konzentrieren und andere Reizgegebenheiten zu vernachlässigen. *Dieser Fehler wird durch das übliche Verfahren der Objektivitätsprüfung mittels zweier unabhängiger Beobachter nicht aufgedeckt,* weil beide Beobachter unter dem selben Einfluß stehen. Wir sind auf den Fehler im Training aufmerksam geworden, wo wir die Aufnahmen zuerst akustisch auswerten, dann den Ton abschalten und visuell auswerten.
Wieweit bei den Phänomenen selbst eine Nivellierung eintritt, so daß aggressive Reaktionen weniger aggressiv und belohnende Reaktionen weniger belohnend erscheinen, wenn sie am Videoband wiedergegeben werden, haben wir noch nicht untersucht. Unter den Beobachtern wurde häufig geäußert, daß durch die Speicherung die Phänomene nivelliert würden.
Trotz dieser Nachteile der mittelbaren Beobachtung ist sie der unmittelbaren vorzuziehen, weil nur sie die Möglichkeit gibt Szenen öfters anzusehen.

1.3. Anzahl erforderlicher Beobachtungsstunden

Eine Beobachtung muß solange fortgeführt werden, bis man einen repräsentativen Querschnitt des Verhaltens hat. Oder anders ausgedrückt: bis eine Generalisierung von den beobachteten Stunden auf andere Stunden mit hinlänglicher Sicherheit gewährleistet ist. Je größer die Streuung, desto mehr Beobachtungsstunden sind erforderlich, um die Irrtumswahrscheinlichkeit auf gleichem Niveau zu halten. Was man als hinlängliche Sicherheit akzeptiert ist eine Ermessensfrage. Eingebürgert hat sich die Fünfprozentgrenze als Tolcranzlimit.
Um das Beobachtungsergebnis mit solcher statistischer Sicherheit generalisieren zu können, wären aufgrund der großen Streuung der Daten von Erzieherverhalten sehr viele Beobachtungsstunden erforderlich. Kaum eine Studie erfüllt diese Forderung.
Der Grund, weshalb man sich meist mit wenigen Beobachtungsstunden zufriedengibt, ist in der Schwierigkeit zu suchen Eltern für eine lange Beobachtungszeit zu motivieren. So sieht man sich gezwungen mit wenigen Beobachtungsstunden auszu-

kommen, will man nicht von vornherein die untersuchte Gruppe einer starken Auslese unterziehen.
Zur Lösung dieses Problems wurden zwei Wege beschritten. Einmal versucht man die Verhaltens-Grundkurve (Baseline) zu stabilisieren indem man die Situationsvariablen reduziert, eine Lösung, die in der experimentellen Lernforschung schon seit langem mit Erfolg angewandt wird. Damit kann zwar die Vergleichbarkeit von Vor- und Nachmessung (Baseline 1 und Baseline 2) erreicht werden — und oft ist man damit auch zufrieden —, aber die Generalisierung von den Baselinedaten auf Verhalten außerhalb der Meßsituation ist nicht mehr statthaft.
Der zweite Lösungsversuch setzt an der Definition der abhängigen Variable an (INNERHOFER, in Vorbereitung). Ein Grund der Instabilität von Erzieherverhalten liegt in der wechselseitigen Abhängigkeit des Verhaltens von Erzieher und Kind, das „Aufschaukelungsprozesse" provoziert. Etwas pointiert, aber nicht untypisch für ein solches sich gegenseitiges Aufschaukeln, ist folgendes Beispiel:
Die Mutter fordert Thomas auf, das Wort „turnte" in die nächste Zeile zu schreiben. Thomas aber besteht darauf es noch in die obere Zeile zu schreiben.
M: „Schreib turnte in die nächste Zeile!"
T: „Warum? Das geht doch noch hin?"
M: „Nein, du siehst doch, daß es nicht mehr hingeht."
T: „Schau her" (M unterbricht)
M: „Schreib turnte in die nächste Zeile!"
T: „Jo mei."
M: „Bub, schreib turnte in die nächste Zeile!"
Wir zählten 24 solcher Interaktionen, bis dann die Mutter die Geduld verlor und die Sitzung mit einer Ohrfeige beendete. Die Länge dieser Interaktionsszene beeinflußt die absoluten Werte der Beobachtung, aber therapeutisch gesehen ist für uns alle u. a. der Zusammenhang wichtig, daß die Mutter die Weigerung des Kindes mit einer Wiederholung der Aufforderung reagiert. INNERHOFER und MÜLLER stellten fest, daß die absoluten Häufigkeiten von Erzieher- und Kindverhalten parallel zueinander schwanken, was die Hypothese nahelegt, daß die Art der Interaktion konstant bleibt, und nur die Häufigkeit schwankt. Konkret heißt das: Wenn der Beobachter registriert: „T. opponiert", folgt mit einer Wahrscheinlichkeit, die nahe 1 liegt, daß anschließend registriert wird, „M. wiederholt die Aufforderung". Wenn wir also nur zählen wie oft die Mutter auf Weigerung des Kindes mit Wiederholung der Aufforderung reagiert und den erhaltenen Wert in Beziehung setzen mit den Fällen, in denen die Mutter anders reagiert, so bekommen wir einen stabilen Wert, auch wenn die absoluten Werte beträchtlich schwanken.
Da nun das Training auf die Auflösung bzw. auf den Aufbau solcher Zusammenhänge (Kind-Erzieherverhalten) abzielt, erscheint ein Verhältniswert der bedingten Wahrscheinlichkeit erzieherischer Verhaltensweisen geeignet, um in wenigen Beobachtungsstunden zu einem repräsentativen Wert zu gelangen.

1.4. Beeinflussung des Beobachtungsgegenstandes durch Beobachtung

Die Beeinflussung der Person, die man beobachten will, durch die Prozedur der Beobachtung stellt ein kaum kalkulierbares Problem dar. Es stimmt einfach nicht, wenn behauptet wird, Beobachtung würde das Verhalten nur geringfügig beeinflussen (BAYER, 1974).

Aber auch aus der Tatsache, daß Besucher eines Museums sich weniger bewegen und den Raum schneller verlassen, wenn sie sich beobachtet sehen (BECHTEL, 1967), würden wir nicht den allgemeinen Schluß ziehen, daß der Beobachter immer eine Störvariable für das beobachtete Verhalten darstellen muß.
Diese Frage kann allgemein überhaupt nicht beantwortet werden. Wir haben schwer verhaltensgestörte Kinder beobachtet, die sich, sobald sie sich beobachtet fühlten, völlig angepaßt verhielten, und wir haben Kinder beobachtet, die — soweit man es beurteilen kann — sich in ihrem Verhalten durch die Beobachtung nicht veränderten.
Die Fragestellung lautet demnach nicht mehr: „beeinflußt Beobachtung das Verhalten der beobachteten Person?“, sondern „unter welchen Bedingungen muß man mit einer Beeinflussung *des beobachteten Verhaltens* rechnen, die nicht vernachlässigt werden darf und unter welchen Bedingungen nicht?“.
Eine ganze Reihe von Variablen scheint dabei von Bedeutung zu sein:

Alter der Versuchsperson. In den ersten Lebensmonaten wird die Anwesenheit eines Beobachters auf das Verhalten des Kindes wahrscheinlich keinen Einfluß ausüben, und das Kindergartenkind wird anders auf Beobachter reagieren als das Schulkind oder als der Erwachsene.

Wissen, bzw. vermeintliches Wissen über den Zweck der Beobachtung. Der Vorarbeiter, der seine Untergebenen bei der Arbeit beobachtet, wird sie anders beeinflussen als der Psychologe, der dem Vater beim Spiel mit dem Sohn zuschaut.

Verhalten des Beobachters. Auch die Art, wie sich der Beobachter zum Beobachten verhält, hat einen Einfluß. Die Anweisung an den Beobachter z. B. Annäherungsversuche des Kindes zu ignorieren kann dazu führen, daß das Kind die Toleranzschwelle des Beobachters auszutesten beginnt.

Situation in der die Beobachtung stattfindet. In einer reizarmen Situation wird der Beobachter mehr Beachtung bekommen und mithin die beobachtete Person stärker beeinflussen als in einer reizstarken Situation. Auch der Bekanntheitsgrad dürfte dabei eine Rolle spielen; verunsichert die Situation die beobachtete Person oder nicht.

Art der Betätigung der beobachteten Person. Ein Kind, das mit einem spannenden Spiel beschäftigt ist, wird sich von der Beobachtung weniger irritieren lassen, als das Kind in derselben Situation ohne Spielmöglichkeit.

Persönlichkeitseigenschaften. Manche Behinderungsarten machen das Kind besonders irritierbar gegenüber fremden Reizen. Neurotiker und ängstliche Personen lassen sich ebenfalls stärker durch den Beobachter irritieren als selbstsichere Menschen.

Länge der Beobachtungszeit und Häufigkeit der Beobachtung. In der ersten Beobachtungsstunde wird die beobachtete Person stärker auf die Beobachtung reagieren als in der 50. oder 100. Beobachtungsstunde. Ebenso wird die Beeinflussung am Beginn einer Stunde am stärksten sein. Aber wir haben auch ein allmähliches Ansteigen des Unbehagens und der Verunsicherung der beobachteten Person über die Stunden beobachten können.

Diese Liste von beeinflussenden Variablen ist sicherlich nicht vollständig. Aber sie zeigt uns, daß wir noch zu wenig über diese Variablen und ihren Einfluß auf das Verhalten wissen um eine allgemeine Aussage machen zu können. Zudem ist die Forschung auf diesem Gebiete stark eingeschränkt und oft kaum objektiv durchführbar, weil es praktisch unmöglich ist Vergleichswerte unter den beiden Bedingungen, Verhalten unter Beobachtungsbedingungen und unter Nicht-Beobachtungsbedingungen zu bekommen. *Was wir sagen können ist allenfalls: Viele Untersucher sind überrascht, daß das Verhalten der beobachteten Person nicht anders ist, d. h. sie haben den Eindruck, daß sich die beobachtete Person so verhält, als würde sie nicht beobachtet. Aber auch die gegenteilige Erfahrung wurde gemacht. Man gewinnt den Eindruck, die beobachtete Person verhalte sich so, weil sie beobachtet wird.*

2. Durchführung der orientierenden Beobachtung und der Interaktionsanalyse

Unterscheidung von „orientierender" und „testender" Beobachtung. Nach der Dimension des Verwendungszweckes von Beobachtungsdaten können wir zwei Grundformen von Beobachtungen unterscheiden: Beobachtungen, die wir anstellen, um Hypothesen zu bilden und Therapieziele zu definieren und dann Beobachtungen, die wir anstellen, um die Hypothesen zu testen. Entsprechend dieses Verwendungszweckes unterscheiden wir eine „orientierende Beobachtung" von einer „testenden Beobachtung".

In Abhandlungen über Beobachtung (Hutt und Hutt, 1970; Bayer, 1974; Schulte und Kemmler, 1974, u. a.) wird häufig die Unterscheidung von „freier" und „systematischer" Beobachtung gemacht, wobei man unter „freier Beobachtung" eine unsystematisch durchgeführte Beobachtung versteht. Fragt man genauer nach, so erfährt man, daß die besagten Autoren mit der Unterscheidung „frei — systematisch" nicht in erster Linie nach der Dimension der Durchführung von Beobachtung differenzieren wollen, sondern nach der Dimension des Verwendungszweckes. Darum halten wir die Terminologie „frei — systematisch" für irreführend. Wir sehen uns zwar häufig gezwungen eine hypothesenbildende Beobachtung unsystematisch durchzuführen, aber das müßte nicht sein und muß als entscheidender Nachteil angesehen werden. Auch eine hypothesenbildende Beobachtung sollte systematisch durchgeführt werden, und das Beobachtungssystem, das wir entwickelt haben, versteht sich als Versuch die Hypothesenbildung und die Therapiezieldefinition, die auf direkter Verhaltensbeobachtung aufbaut, zu objektivieren und zu systematisieren.

Den Zusammenhang von orientierender und testender Beobachtung sehen wir so: Mit Hilfe der orientierenden Beobachtung und der darauf aufbauenden Interaktionsanalyse werden die Therapieziele auf dem Niveau von beobachtbaren Verhaltensklassen definiert. In der testenden Beobachtung werden diese Verhaltensklassen nach einem bestimmten und schriftlich festgelegten Design erhoben.

Wir wollen hier nur die orientierende Beobachtung darstellen, die wir zur Trainingsvorbereitung einsetzen und klammern dabei die testende Beobachtung aus, die im Zusammenhang mit den Trainings zur Erfolgskontrolle und zur Testung anderer Hypothesen parallel dazu durchgeführt wird.

Die Art und Weise der orientierenden Beobachtung ergibt sich aus der doppelten Aufgabe, die sie erfüllen soll. Mit ihrer Hilfe sollen Lernziele definiert und kontrollierende Variablen aufgedeckt werden.

Definition der Lernziele. Die genaue Festlegung der Verhaltenseinheiten, die auf dem Verhaltensniveau geändert werden sollen, ist eine Voraussetzung um im Training gezielt ein bestimmtes Verhalten ab- oder aufzubauen.

Diese Forderung ergibt sich schon aus der Notwendigkeit mit den Eltern auf unterstem Abstraktionsniveau über die Lernziele zu reden um sprachliche Mißverständnisse auszuschließen.

Aufdecken der kontrollierten Variablen. Die Verhaltensmodifikation geht von der Annahme aus, daß das Verhalten von aktuellen Umweltbedingungen abhängig ist. Damit ist die Kenntnis der aktuellen Umweltbedingungen, von denen das zu verändernde abhängt, eine Voraussetzung für eine erfolgsversprechende Intervention. Ein Teil dieser Bedingungen kann am sichersten durch direkte Beobachtung ausgekundschaftet werden.

Diese beiden Aufgaben können auf verschiedene Weise bewältigt werden. Unser Ausgangspunkt für die orientierende Beobachtung ist die Interaktion, denn auf dieser Ebene wird auch im Training die Auflösung von Erziehungsproblemen versucht. Wir gehen davon aus, daß das Kind den Erzieher und der Erzieher das Kind steuert, und dieses Geflecht wechselseitiger Steuerung soll durch die orientierende Beobachtung und durch die Analyse offengelegt werden. Wir werden nun die Durchführung der Beobachtung und der Analyse im einzelnen darstellen und jeweils die entsprechenden Beobachtungsanweisungen anführen. Es handelt sich dabei um folgende Schritte:

1. Auswahl der Beobachtungsstichproben.
2. Bildung von Beobachtungssequenzen.
3. Beschreibung des Verhaltens in der Umgangssprache.
4. Abstraktion der funktionalen Momente.
5. Einbeziehung des Kontextes einer Reaktion durch die sachlich-zeitliche Vergröberung der Kategorien.
6. Bewertung der Interaktionen nach erzieherischen Maßstäben, ausgehend vom Individuum und der individuellen Situation, in der es sich befindet.

2.1. Auswahl der Beobachtungsstichproben

Wir können davon ausgehen, daß wir nie soviel Zeit für die Beobachtung zur Verfügung haben wie wir haben möchten. Daraus folgt, daß wir uns einschränken müssen. Es ergibt sich folgende Alternative: Kürzere Beobachtungsstichproben — genauere Auswertung; längere Beobachtungsstichproben — ungenauere Auswertung.

Wir haben uns zugunsten der genaueren Auswertung entschieden und kürzen entsprechend die Beobachtungsstichproben. Wir verzichten auf eine vollständige Auswertung der Beobachtungssitzungen und begnügen uns mit kurzen Stichproben daraus. Wieviele Stichproben genommen werden müssen, wie lange sie sein müssen, und wie sie über die Stunde verteilt sein sollen damit die Verhaltensstichproben repräsentativ für die gesamte Stunde sind, wissen wir nicht genau. Wir begnügen uns mit 3–5 Stichproben von jeweils 2 min Dauer, die Abschnitte von Anfang und Ende und aus der Mitte erfassen. Diese Entscheidung wurde aus folgenden Überlegungen getroffen:

- Der Anfang weicht oft erheblich vom Rest der Stunde ab. So werden beim Hausaufgabenmachen zu Beginn meist von den Müttern sehr viele Hilfen gegeben (Herrichten des Heftes, Bleistiftspitzen, Aufschlagen des Buches usw.). Oder beim Essen. Die Mutter schöpft für das Kind in den Teller, lange Erklärungen usw.
- Das Ende der Sitzung hingegen zeigt uns häufig wie Problemsituationen beendet werden (mit einer Standpauke, mit Belohnung und Spiel, mit einer Drohung oder einer Ohrfeige usw.), so daß auch das Ende vom Mittelabschnitt oft erheblich abweicht.
- Aus dem Mittelstück genügen 1–3 Stichproben um die Variation mit zu erfassen. Für die Auswahl der Beobachtungsstichproben sind folgende Regeln zu beachten:

Instruktion 1:

1. Aus einer Videoaufnahme von 20–30 min Länge wird eine Gesamtstichprobe von fünfmal einer Minute ausgewertet.
2. Die einzelnen Ausschnitte von einer Minute Länge werden in gleichen Abständen auf den Film verteilt, aber so, daß ein Abschnitt am Anfang und ein Abschnitt am Ende des Films liegt.

2.2. Bildung von Beobachtungssequenzen

Unter einer *Beobachtungssequenz* verstehen wir einen Ausschnitt aus dem Verhalten einer Person, die zusammenhängend beschrieben und als eine Steuerungseinheit interpretiert wird. Eine Beobachtungssequenz kann einen Bruchteil einer sec, aber auch mehrere Sekunden dauern.
Aber die Bestimmung von Anfang und Ende einer Beobachtungssequenz stellt ein erhebliches Problem dar. Wie immer man dieses Problem zu lösen versucht, es bleibt ein unbefriedigender Rest zurück (SCHULTE und KEMMLER, 1974).
Wir haben uns nach vielen Versuchen entschieden *Steuerungseinheiten* zu registrieren. Eine Steuerungseinheit ist eine Verhaltenssequenz, die im Sinne unseres Beobachtungssystems als „Konsequenz“, als „Praesequenz“, als „Ausbleiben einer Konsequenz“, als „Ausbleiben einer Praesequenz“, interpretiert werden kann.
Eine Steuerungseinheit kann somit in einer abwehrenden Handbewegung bestehen und nur einen Bruchteil einer sec dauern, aber sie kann auch über mehrere Sekunden gehen wie bei folgendem Hilfeversuch einer Mutter: „Mutter öffnet die Schultasche. Nimmt Bleistiftspitzer heraus. Nimmt den Bleistift. Spitzt ihn. Gibt ihn dem Kind in die Hand.“ In diesem Falle haben wir eine Kette von Reaktionen vor uns. Das einzelne Glied dieser Kette kann nicht als selbständige Steuerungseinheit interpretiert werden, und es ergibt somit keinen Sinn diese Sequenz, die über 46 sec ging, in kürzere Abschnitte zu zerlegen. Es wäre jedoch denkbar, daß das „Öffnen der Schultasche“ eine eigene Steuerungseinheit ist, und sie würde mithin auch als eine Beobachtungssequenz registriert.
Beobachtungssequenzen können sich in gewissem Sinne auch überlappen.

Beispiel:

Mutter nimmt dem Kind das Lineal, mit dem es spielt, aus der Hand. Parallel dazu fragt sie: „Fünf plus zwei, wieviel ist das?“

In diesem Falle haben wir zwei Steuerungseinheiten. Abblocken einer Tätigkeit und Hilfe für Rechnen. Ein solches Ereignis wird als eine Sequenz beschrieben. Einen besonderen Problemfall haben wir bei der Bildung von Steuerungseinheiten, wenn das Kind kontinuierlich arbeitet, und der Erzieher still daneben sitzt und zuschaut. Das Problem besteht darin, daß wir einerseits glauben, auch in solchen Fällen von einer Interaktion sprechen zu können (würde z. B. die Mutter ein Buch zur Hand nehmen und nicht mehr still zuschauen, würde das Kind mit hoher Wahrscheinlichkeit die Arbeit unterbrechen), andererseits drückt sich die Interaktion nicht in unterscheidbaren Ereignissen aus. Wir haben uns entschlossen einen solchen Abschnitt, auch wenn er über längere Zeit geht, als eine Sequenz zu behandeln.
Unter einer Interaktion verstehen wir den funktionalen Zusammenhang einer Beobachtungssequenz von Partner 1 mit einer zeitlich unmittelbar folgenden Beobachtungssequenz von Partner 2 (u. U. wird die funktionale Beziehung auf mehrere Beobachtungssequenzen ausgedehnt). Das Ende einer Beobachtungssequenz deutet somit zugleich auch einen Aktionswechsel an d. h., daß regelmäßig auf eine Sequenz von Person 1 eine Sequenz des Partners folgt. Oft jedoch folgen die Sequenzen bei einer Person so dicht aufeinander, daß wir zwischen zwei Steuerungseinheiten einer Person keine Reaktion bei der anderen Person registrieren können.

Beispiel:

Auf einen Vorschlag des Kindes reagiert die Mutter mit „nein“ und heftigem Kopfschütteln und sagt weiterfahrend: „Gehen wir doch zusammen hin!“ (freundlich).

Wenn wir als zwischen zwei steuernden Ereignissen einer Person keine Reaktion beim Partner beschreiben können, fügen wir die Einheit „Keine Reaktion“ ein.

Instruktion 2:

1. Der Verhaltensstrom der Interaktionspartner wird in einer Weise in Beobachtungssequenzen gegliedert, daß regelmäßig auf eine Sequenz von Person 1 eine Sequenz von Person 2 folgt und umgekehrt.
2. Das Interaktionsschema (S. 147) bildet den Bezugspunkt für die zeitliche Abgrenzung der Beobachtungssequenzen.
3. Die exemplarischen Definitionen der Beobachtungsklassen sind Beispiele für Beobachtungssequenzen (S. 138 ff.).
4. Folgen zwei Beobachtungssequenzen (Steuerungseinheiten) so dicht aufeinander, daß beim Partner keine Reaktion beschrieben werden kann, wird eine Sequenz als „Keine Reaktion“ beschrieben.
5. Normalerweise dauert eine Sequenz höchstens wenige Sekunden. Im Falle des stillen Arbeitens ohne aktiven Eingriff des Erziehers kann eine Sequenz auch über einen längeren Zeitabschnitt gehen, es sei denn, daß im individuellen Falle eine andere Entscheidung getroffen wird.
6. Überlappen sich zwei Steuerungseinheiten, so werden sie als eine Beobachtungssequenz beschrieben.

2.3. Beschreibung des Verhaltens in der Umgangssprache

Die Beschreibung des Verhaltens geschieht zunächst in der Umgangssprache in einer Form, die man seit BARKER und WRIGHT (1949) als „Specimen Description" bezeichnet. Bevor jedoch mit der Beschreibung begonnen wird, soll der Ausschnitt von einer min ganz abgespielt werden.
Die Beschreibung des Verhaltens in der Umgangssprache beginnt mit einer Situationsbeschreibung, z. B.

> „Mutter und Kind sitzen in einem leeren Raum an einem Tisch übereck. Auf dem Tisch liegt ein Spiel. Das Kind macht Hausaufgaben: Abschreiben aus einem Buch."

In der Situationsbeschreibung sollten all die Situations-Variablen genannt werden, die das Verhalten des Kindes mutmaßlich beeinflussen, wie z. B. Anwesenheit der Mutter, unbequemer Stuhl, Art der Aufgabe usw.
Nach der Situationsbeschreibung wird das Verhalten (verbal oder averbal) in der Umgangssprache beschrieben. Die Beschreibung sollte streng in zeitlicher Reihenfolge geschehen, da zeitliche Verschiebungen Auswirkungen auf die funktionale Interpretation, die im nächsten Schritt folgt, haben.
Man ist an dieser Stelle geneigt zu sagen: „Das Verhalten soll möglichst vollständig beschrieben werden." Diese Aussage ist im operationellen Modell natürlich eine Irreführung, denn der Ausdruck „vollständig" kann nicht definiert werden. Im Grunde machen wir immer wieder die Erfahrung, daß das Verhalten einerseits zu genau und andererseits auch wieder zu ungenau beschrieben wird. Der Beobachter muß sich im Klaren sein, mit welcher Information wir bei der Analyse etwas anfangen können, und mit welcher wir nichts anfangen können.
Zu ungenau ist eine Beschreibung dann, wenn Reaktionen nicht beschrieben werden, die unsere Analyse beeinflussen würden, und zu genau ist die Beschreibung, wenn Informationen bei der Analyse nicht berücksichtigt werden können. Diese Grenze wird von Therapeut zu Therapeut verschieden sein, und sie wird auch von Patient zu Patient nicht unverrückbar feststehen.

Letzter Maßstab ist immer das Trainingsziel
Das Verhalten sollte soweit als möglich ohne Interpretation beschrieben werden. Dort, wo eine Interpretation notwendig ist um die Steuerungsfunktion einer Reaktion zu vermitteln, soll dies durch interpretative Beiwörter geschehen. Z. B. „Lachen (spöttisch)", „mach weiter (ungeduldig)", usw. Wir halten es für zweckmäßiger, die Interpretation durch Beiwörter in Klammer zu vermitteln, um einerseits die Interpretation von der Beschreibung deutlich abzuheben und um dem Beobachter die Möglichkeit exzessiver Interpretation zu nehmen. Wo interpretiert wird, und die Interpretation in Sätzen hingeschrieben wird, besteht immer die Gefahr, daß nur noch die Interpretation hingeschrieben wird und nicht mehr das Verhalten, das interpretiert werden soll, z. B. „M will das Kind zum Arbeiten bringen", statt: M: mach weiter (drängend)". Damit aber würde die Beschreibung zu ungenau und zu vieldeutig.
Wird die Regel, Interpretation durch Beiwörter in Klammern zu vermitteln, eingehalten, kann man die Beobachter ermuntern mit der Interpretation nicht zu sparsam zu sein. Der Beitrag z. B. „Kind hört auf zu schreiben, kaut am Bleistift" ist zu

ungenau, weil aus dieser Beschreibung nicht hervorgeht, ob das Kind die Arbeit unterbricht, oder ob es nur nachdenkt. Oft wird es der Beobachter nicht entscheiden können, ob das Kind träumt oder nachdenkt; sofern er jedoch Hinweise für das eine oder andere hat, sollte er sich nicht scheuen die Interpretation auszusprechen.
Es darf nicht übersehen werden, daß auch die Entscheidung kein interpretatives Beiwort zu setzen eine Interpretation darstellt, die das Endergebnis nicht minder beeinflußt als das Setzen eines Beiwortes.
Meist wird die Interpretation aus der Kenntnis des Kontextes getroffen. Auch dabei müssen wir festhalten, daß der Beobachter in dem Moment, wo er den Film protokolliert, der einzige ist, der die gesamte Information zur Verfügung hat, um eine Verhaltensweise zu interpretieren. Indirekte Aggressionen, aber auch indirekte Belohnungen, können nur vom Beobachter selbst erschlossen werden.

Instruktion 3:

1. Bevor mit der Beschreibung eines Einminutenausschnittes begonnen wird, wird der Ausschnitt einmal zusammenhängend abgespielt.

2. Anschließend werden zunächst die situativen Bedingungen angegeben. Bei allen weiteren Ausschnitten werden nur situative Bedingungen angegeben, die sich in der Zwischenzeit geändert haben.

3. Die Beobachtung und Registrierung erfolgt in der Weise, daß einige Sekunden abgespielt und gleich in der Umgangssprache beschrieben werden. Es kann dabei so oft zurückgespult und erneut abgespielt werden als vom Beobachter für nötig erachtet wird, um die Sequenz beschreiben zu können.

4. Um die Gefahr zu mindern, daß Reaktionen übergangen werden, soll die Auswertung in folgender Reihenfolge durchgeführt werden:
- Was wird gesprochen?
- Kommen Pausen vor (Ignorieren, sich Zeit lassen, Nachdenken usw.)?
- Welches Blickverhalten (Blickkontakt, Orientierungsblick, Abbruch des Blickkontaktes, zu Boden schauen, usw.)?
- Welcher Ausdruck (Sprechton, Mimik, Pantomime, Haltung)?
- Welche grobmotorische Bewegungen (Aufstehen, sich wegwenden, usw.)?

5. Die Beschreibung soll streng in zeitlicher Reihenfolge geschehen.

6. Die Beschreibung soll soweit als möglich (d. h. ohne wichtige Informationen zu übergehen) keine interpretativen Aussagen enthalten. Hinweise auf nicht „beobachtbare Sachverhalte“ sollen durch interpretative Beiwörter gegeben werden.
Z. B. *(böser)* Blick, *(abwehrende)* Handbewegung, Hochziehen der Augenbrauen *(Enttäuschung)*, „Nein“ *(heftig)*, „es wird schon gehen“ *(zärtlich)*, usw. Nicht gut wäre: „M *will* K zum Arbeiten bringen“, da zu abstrakt und interpretativ; besser wäre: „M ‚geh weiter, da‘ *(drängend)*“.

7. Die Beschreibung erfolgt im Telegrammstil.

8. Aussagen über eine Person, die gleichzeitig beobachtete Reaktionen beinhalten, werden zusammenhängend, ohne Abstand, geschrieben.
Z. B. „M: ‚Was hast du auf?‘ ‚Schaut K an. Kramt mit den Händen in der Schultasche.‘“
Aussagen über das Verhalten einer Person, die nacheinander geäußerte Reaktionen beinhalten, werden durch einen Zeilenabstand getrennt geschrieben.

9. Erfolgt während eines Abschnittes eine situative Veränderung, z. B. Wechsel des Faches beim Hausaufgabenmachen, muß diese zeitlich parallel angegeben werden.

2.4. Informationsreduktion

2.4.1. Abstraktion der funktionalen Momente

So wichtig es ist zunächst möglichst unvoreingenommen das Verhalten der Interaktionspartner zu beschreiben und die Vielfalt der Nuancen sprachlich wiederzugeben, so müssen wir doch schließlich die Information soweit als möglich wieder reduzieren um aus ihr kontrollierbare Schlüsse für die Intervention ziehen zu können. Wir müssen in zweifacher Hinsicht eine Informationsreduktion vornehmen:

1. Einmal müssen alle Verhaltensdifferenzierungen, die funktional gesehen bedeutungslos sind, ausgeschieden werden. *Wir beobachten, um Verhalten zu verändern, bzw. um bestimmte Lernziele zu erreichen.* Information, die nicht kritisches Verhalten betrifft, Information, die Verhalten betrifft, das funktional als Kontrolle des Verhaltens des Partners unbedeutend ist, muß ausgeschieden werden; denn ohne etwas zur Verbesserung des Trainings beitragen zu können, würden solche Informationen nur die Übersichtlichkeit verwischen. So interessiert uns nicht, ob die Ohrfeige mit der rechten oder mit der linken Hand ausgeführt worden ist, ob die Mutter sagt „ja, gut" oder einfach „gut" usw.
2. Die zweite Form der Informationsreduktion betrifft die Klassifizierung. Wenn wir uns Interaktionen genau ansehen, so überrascht uns die Vielfalt wie Menschen sich gegenseitig beeinflussen: eine Bitte, ein oppositionelles „nein", die nörgelnde Kritik „ja, aber", der hilflose Blick, das zornige „wird's bald", usw. Doch auch hier wiederum müssen wir uns sagen, wir können diese Vielfalt der Information nicht verarbeiten; jedenfalls nicht so, daß wir von daher kontrollierte Entscheidungen treffen können. Wir müssen die Vielfalt der Information reduzieren und ähnliche Reaktionen in einer Klasse zusammenfassen. Im Grunde ist diese Simplifizierung nichts anderes als eine Gewichtung der Aufgaben. Nachdem wir nicht alles tun können, ja nachdem wir nur ganz Weniges tun können, wollen wir uns auf die wichtigsten Aufgaben beschränken. Und daher betrachten wir *funktional ähnliche Reaktionen als „gleich" und fassen sie in einer Beobachtungsklasse zusammen.* So sind ein freundliches Lächeln, das Lob „gut gemacht", zärtliches durch die Haare streichen funktional ähnliche Phänomene, und wir bezeichnen sie als K^{+}, als Belohnung.

Wie bei der Konstruktion eines Werkzeugs viele Gesichtspunkte zu berücksichtigen sind, die nicht alle auf einen Nenner gebracht werden können, so ist es auch bei der Konstruktion eines Kategoriensystems für die Beobachtung. Ökonomie in der Anwendung, Einfachheit der Darstellung, Trennschärfe der Items, Differenziertheit der Beschreibung — all das sind Gesichtspunkte, die schwer gleichzeitig realisiert werden können. Das Kategoriensystem, nach dem wir vorgehen, hat zwei Dimensionen, die sich nach dem Zeitpunkt der Wirkung einer Verhaltensweise unterscheiden.

Die eine Dimension (K-Dimension) soll die indirekte emotionale Steuerung erfassen, während die zweite Dimension (Z-Dimension) auf das Erfassen der direkten sachlichen Steuerung aus ist. Die Prinzipien der Verstärkung rechnen mit einem

Einfluß, der u. U. erst nach Stunden oder Tagen sichtbar wird. (Das Schreien des Säuglings, den die Mutter durch die soziale Zuwendung belohnt, wiederholt sich nicht unbedingt in den nächsten Sekunden, sondern erst nach einem längeren Zeitabschnitt. Das Ignorieren des Schreiens führt nicht gleich zur Löschung, sondern erst nach einer Reihe von Durchgängen, die über Tage gehen können.)
Die funktionalen Momente der Verstärkung sollen in der K-Dimension erfaßt werden. Die Prinzipien der Praesequenz hingegen beschreiben kurzfristige Zusammenhänge, wie wir sie vor allem zur Vorhersage eines Interaktionsverlaufes brauchen. Z. B. Jemand stellt eine Frage — der andere beantwortet sie. Oder: Das Kind, das eine Aufforderung nicht befolgen will, beginnt zu argumentieren — der Erzieher beginnt die Gründe zu widerlegen.
Eine ausführliche Diskussion des Kategoriensystems bringen wir im Anschluß an die Durchführung im Teil der Anmerkungen, weil wir glauben, daß eine genauere Kenntnis der Anwendung des Systems notwendig ist, um darüber diskutieren zu können, was es leisten kann und was nicht, was seine Schwächen und was seine Stärken sind.

2.4.2. Das Kategoriensystem für die orientierende Beobachtung

Bei der Festlegung der Zuordnungsregeln für die einzelnen Beobachtungsklassen gehen wir in drei Schritten vor:

Erster Schritt: Aufgrund der theoretischen Konzeption der Beobachtungsklasse wird eine *allgemeine Zuordnungsregel* festgelegt. Sie enthält die allgemeine Leitlinie der Bewertung.

Zweiter Schritt: Dabei ergeben sich jedoch eine Reihe von Grenzfällen, die einerseits zu häufig auftreten, um sie übergehen zu können, und die andererseits nach der allgemeinen Zuordnungsregel nicht sicher klassifiziert werden können. So haben wir aus der Praxis der Beobachtung heraus eine Reihe von *Zusatzregeln* festgelegt, die dem Beobachter die Entscheidung bei solchen Grenzfällen erleichtern soll. Die Zusatzregeln grenzen also die allgemeine Regel ein, d. h. die allgemeine Regel hat nur Gültigkeit in den Fällen, die nicht durch Zusatzregeln erfaßt werden.

Dritter Schritt: Allgemeine Regeln und Zusatzregeln sind überindividuell festgelegt worden und berücksichtigen nicht individuelle Eigenheiten. Aber individuelle Unterschiede treten so stark als Störmoment auf, daß ohne individuelle Anpassung des überindividuellen Systems keine hinreichende Objektivität und damit auch keine hinreichende Validität erreicht werden kann. So versuchen wir in einem dritten Schritt durch eine Reihe von Festlegungen, die nur für die Signierung der Protokolle eines Individuums in einer bestimmten Beobachtungssituation Gültigkeit haben. Wie die Anpassung des allgemeinen Systems auf den einzelnen Fall durchgeführt wird, ist auf Seite 144 f. beschrieben.

Die K-Dimension

Die K-Dimension ist in folgende vier Beobachtungsklassen gegliedert: Belohnendes Ereignis (K^+); aversives Ereignis (K^-); nicht Eingehen (K°); Restklasse (K). Bei Bewertung nach der K-Dimension werden die Beobachtungssequenzen unter dem Gesichtspunkt betrachtet, daß sie als nachfolgende Ereignisse einen steuernden Einfluß ausüben. Ihr Einfluß auf das Verhalten des Partners wird nach den Gesetzen des operanten Konditionierens erklärt.

1. Beobachtungsklasse K^+

Allgemeine Zuordnungsregel. Es wird K^+ registriert, wenn die Hypothese besteht, daß das Ereignis zu einer Erhöhung der Wahrscheinlichkeit des vorausgehenden Ereignisses führen wird.
Im allgemeinen sind dies Ereignisse, die für den Empfänger angenehm sind, wie z. B. Zärtlichkeit, Lob, Süßigkeiten, Versprechungen, physische, positive Zuwendung, Eingehen auf die Wünsche des anderen.

Regel: Beobachtungssequenzen, die für den Empfänger angenehm/belohnend sind, werden als K^+ signiert.

Zusatzregeln:

1. Steht das averbale Verhalten im Widerspruch zu verbalen Äußerungen, so wird die Wertung nach dem averbalen Verhalten vorgenommen (z. B. die nach längerem Zögern vorgebrachte richtige Antwort des Kindes wird von der Mutter beantwortet: „gut“ [ungeduldig]).
2. Ereignisse, die für den Partner Zielannäherung bedeuten, wie angepaßtes Verhalten, Beantworten einer Frage, Befolgen von Aufforderungen, Arbeiten, sind nicht ohne weiteres als K^+ zu signieren. Für die Beurteilung solcher Ereignisse ist die Häufigkeitsrelation ausschlaggebend. Ist ein Kind allgemein angepaßt und folgsam, wird man solche Ereignisse eher als K (Restklasse) signieren; wenn ein Kind hingegen häufig Unfolgsamkeit oder Nicht-Arbeiten zeigt, dann eher als K^+.
3. Passive Verhaltensweisen, wie „jemandem bei der Arbeit zuschauen“, „zuhören“, „sich ruhig verhalten“ u. ä. Ereignisse werden nicht als K^+, sondern als K signiert.
   Begründung: Die Unsicherheit unter den Beobachtern über die Wertung solcher Ereignisse ist groß. Nach vielen Beobachtungen neigen wir eher dazu, einen sachlich direkten steuernden Einfluß auf das nachfolgende Ereignis anzunehmen, d. h. sie haben einen hohen Vorhersagewert für das nachfolgende Ereignis. Dies wird deutlich, wenn z. B. das Kind aufhört zu arbeiten, sobald die Mutter ein Buch zur Hand nimmt oder den Raum verläßt.

2. Beobachtungsklasse K^-

Allgemeine Zuordnungsregel. Es wird K^- registriert, wenn die Hypothese besteht, daß das Ereignis zu einer Verringerung der Wahrscheinlichkeit des zukünftigen Auftretens der vorangegangenen Reaktion führen wird.

Im allgemeinen handelt es sich um Ereignisse, die für den Empfänger unangenehm sind, wie z. B. Schmerz, Tadel, Entzug von Belohnung, Drohungen, Isolation, negative Kritik, u. a.

Regel: Beobachtungssequenzen, die für den Empfänger unangenehm/bestrafend sind, werden als K^- gewertet.

Zusatzregeln:
1. Negatives Feedback (z. B. Kritik) wird als K^- gewertet, auch wenn es in der Form für den Empfänger nicht verletzend ist.
   Begründung: In der K-Dimension wird unterschieden zwischen positivem Feedback (K^+) und negativem Feedback (K^-).
2. Reaktionen der Ungeduld, des Mißmutes, der Enttäuschung sowie des Drängens werden als K^- gewertet, z. B. „mach schon", „geh weiter", Seufzer, Stöhnen, u. a.
3. Direkt-steuernde Reaktionen (z. B. Aufforderungen, ungebetene Hilfe) werden als K^- signiert, wenn sie den Interaktionspartner stören.
4. Auch bei der Bewertung von K^- hat das averbale Verhalten Vorrang vor dem verbalen Verhalten.

3. Beobachtungsklasse K°

Allgemeine Zuordnungsregel. Ein Ereignis wird als K° bewertet, wenn die Hypothese besteht, daß das betreffende Ereignis den Ausfall einer Reaktion bedeutet, die der Empfänger erwartet hat. Funktional ist K° dadurch charakterisiert, daß es die vorausgehende Verhaltenskette unterbricht und damit meist auch Löschbedingungen setzt für die Klasse der Reaktionen, die K° vorausgeht. Es sind also Ereignisse wie „sich einem Dritten zuwenden", „sich mit etwas anderem beschäftigen", „ablenken", „ein neues Gesprächsthema beginnen". Eine K°-Signierung bedeutet also in der Regel nicht Passivität, sondern das Setzen einer Reaktion, die nicht die Fortsetzung der vorausgehenden Verhaltenskette bedeutet.

Regel: Eine Beobachtungssequenz wird als K° signiert, wenn die vorausgehende Reaktion des Partners einen sicheren Hinweis gibt, daß er eine bestimmte Reaktion erwartet, und das nachfolgende Ereignis diese, aber auch keine konträre, sondern eine dritte unabhängige Reaktion darstellt.

Erläuterung durch Beispiele
- Wiederholung einer Aufforderung. Wird auf das Ersuchen um eine Begründung für eine Aufforderung dieselbe nur wiederholt, so wird *nicht K°* gewertet. (E: „Laß die erste Seite frei"; K: „Warum?" E: „Laß die erste Seite frei, habe ich gesagt.")
- Ablenkung: Die abgelenkte Reaktion wird als K° gewertet. (K: „Mutti, kauf mir Bonbons"; E: „Trägst du mir die Tüte?")
- Passives Verhalten: Redet eine Person und der Partner tut nichts — man weiß nicht, hört er zu, oder ist er mit den Gedanken woanders —, so wird das passive Verhalten *nicht als K°* gewertet.
- Demonstratives Ignorieren: Demonstratives Ignorieren („da gehe ich jetzt gar nicht darauf ein", „da schaue ich gar nicht hin") wird *bei Schulkindern nicht als*

K° gewertet, bei jüngeren Kindern *u. U. jedoch als* K°. Nach unseren Beobachtungen führt das demonstrative Ignorieren bei Kleinkindern häufig zum Abbruch der Verhaltenskette, bei Schulkindern jedoch nicht.

4. Beobachtungsklasse K

Allgemeine Zuordnungsregel. K bezeichnet eine Restkategorie und wird kodiert, wenn eine Sequenz keine eindeutige Bedeutung im Sinne von K^{+}, K^{-} oder K° erlaubt. Sie charakterisiert emotional neutrales Verhalten und bringt insofern über manchen Erzieher eine nicht unwesentliche Information.

Regel: Eine Beobachtungssequenz wird als K gewertet, wenn sie für den Partner weder belohnend noch aversiv bestrafend, noch als Nichteingehen interpretiert wird, d. h. wenn sie emotional neutral ist.

Zusatzregeln:
1. Wird bei einem Akteur „keine Reaktion" registriert, so wird K signiert.
2. Eine Reaktion, die als „sich steuern lassen" (Z) signiert wird, wird auf der K-Dimension mit K bewertet, wenn der Empfänger aufgrund der Häufigkeit das „Sich-Steuernlassen" des Partners als selbstverständlich voraussetzt.

Die Z-Dimension

Die Z-Dimension ist in fünf Beobachtungsklassen gegliedert: Zweckmäßige Steuerung (Z^{+}); oppositionelle Steuerung (Z^{-}); unzweckmäßige Steuerung (Z°); sich steuern lassen (Z); Null-Steuerung (0). Bei der Bewertung unter dem Gesichtspunkt der Z-Dimension werden die Beobachtungssequenzen als vorausgehende Ereignisse betrachtet. Es ist ein Aspekt, nach dem Ereignisse als Praesequenz (primär als Praesequenz) die Wahrscheinlichkeit der *nachfolgenden* Reaktion beeinflussen. Ihr Einfluß auf das Verhalten des Partners wird interpretiert als Initiative, Hilfe, Förderung (Z^{+}), als Behinderung, Opposition, Störung (Z^{-}), als ineffektive und unzweckmäßige Hilfe (Z°), als Folgsamkeit, Nachgeben, Anpassung (Z), als Mitmachen, Teilnehmen, Ausblenden von Hilfe (0).

5. Beobachtungsklasse Z^{+}

Allgemeine Zuordnungsregel. Eine Klasse von Reaktionen wird als Z^{+} signiert, wenn die einzelnen Reaktionen beim Empfänger in einer Häufigkeit, die signifikant über der Zufallswahrscheinlichkeit liegt, ein Verhalten bedingen, das vom Sender intendiert ist.
Im allgemeinen sind dies Ereignisse wie „Vorschläge machen", „Fragen stellen", „Erbitten von Hilfe", „Erklären eines Sachverhaltes", usw.

Regel: Beobachtungssequenzen, in denen der Sender den Empfänger mit überzufälliger Wahrscheinlichkeit im Sinne seines Zieles steuert, werden als Z^{+} signiert.

Zusatzregeln:

1. Hilfestellung: Geben von Hilfe ist an sich ein reaktives Verhalten und wird als „sich steuern lassen" (Z) signiert. Unter folgenden Bedingungen wird Hilfe jedoch als Z^+ signiert:
   a) Spontane Hilfe: Gibt jemand Hilfe, ohne daß er darum gebeten wird, und ist die Hilfe effektiv, so signieren wir Z^+ (effektiv ist eine Hilfe, wenn sie die erstrebte Reaktion wahrscheinlich macht). Überflüssige Hilfe: Hilfe, die nicht erbeten wurde, die gegeben wird bevor der Partner Zeit gefunden hat sich selber anzustrengen, oder die unnötig sein dürfte, weil der Partner ähnliche Aufgaben schon selbst gelöst hat, wird als Z^+ signiert, sofern der Partner die intendierte Reaktion äußert.
   b) Eingeschränkte Hilfe: Wird Hilfe nicht im erbetenen Ausmaß gegeben, sondern in abgewandelter oder eingeschränkter Form, so daß sie dem Partner die Lösung der Aufgabe nicht abnimmt, so wird Z^+ signiert.
2. Eine Aufforderung wird beim ersten Auftreten als Z^+ gewertet, oder wenn zwischen erstem und nächstem Auftreten ein Zeitraum von mehr als 30 sec dazwischenliegt.
3. Motivationale Hilfen:
   a) Jemandem bei der Arbeit zuschauen, zuhören, sich ruhig verhalten u. a. Ereignisse werden in manchen Fällen als *motivationale Hilfen* interpretiert und damit als Z^+ gewertet. Sie sind dann als Z^+ zu werten wenn die Hypothese besteht, daß dem Empfänger die Konzentration und die Arbeit erleichtert wird. Diese Regelung ist aus der Erfahrung entstanden, daß viele Kinder motivierter und konzentrierter bei der Arbeit sind, wenn die Mutter still zuschauend daneben sitzt.
   b) Z^+ wird ebenfalls registriert, wenn die Effektivität der Steuerung primär auf der angebotenen Belohnung beruht: z. B. „Wenn du gleich mit den Hausaufgaben anfängst, bekommst du ein Bonbon."
   c) Unter bestimmten Bedingungen wird auch eine Strafandrohung als Z^+ signiert, dann nämlich, wenn der Partner eine Routinearbeit ausführen soll, zu der er nicht motiviert ist, und wenn die Drohung Folgsamkeit wahrscheinlich macht.
4. Diktieren und analoge Reaktionen werden als Z^+ signiert, es sei denn, eine andere Regelung wurde getroffen.
5. Es gibt Ereignisse, in denen eine zweckmäßige und eine oppositionelle Steuerung zusammenkommen. (Im operanten Modell sind sie unter dem Begriff der „Gegenkonditionierung" beschrieben worden.) Das Individuum wird gehindert ein Verhalten zu äußern, indem ihm ein anderes Verhalten aufgedrängt wird. Die Mutter z. B. schlägt dem Kind eine Bitte ab (oppositionelle Steuerung), indem sie geschickt (zweckmäßige Steuerung), oder indem sie es ungeschickt ablenkt (unzweckmäßige Steuerung). In diesem Fall gilt folgende Rangregel:
   Z^+ *geht vor* Z^-, und Z^- *geht vor* Z°.

6. Beobachtungsklasse Z^-

Allgemeine Zuordnungsregel. Z^- ist konträr zu Z^+ und charakterisiert die Funktion des Abblockens. Während bei der positiven aktiven Steuerung jedoch eine effektive Steuerung (Z^+) unterschieden wird von einer ineffektiven (Z°), wird bei der Behinderung auch der ineffektive Versuch als Z^- signiert. Es wird Z^- kodiert, wenn die Hypothese besteht, daß der Sender durch sein Verhalten nur den Partner abblocken will und verhindern, daß der Partner sein Ziel erreicht, indem er selbst nicht mittut, oder den anderen am Handeln hindert. Dies sind im allgemeinen Verbote aussprechen, Aufforderungen, eine Handlung abzubrechen, Ablehnungen, oppositionelles Verhalten u. ä.

Regel: Beobachtungssequenzen, die im wesentlichen in einer Behinderung des Partners bestehen, werden als Z^- gewertet, gleichgültig ob der Versuch zum Erfolg führt oder nicht.

Zusatzregeln:
1. Verzögerung des Befolgens einer Aufforderung, Ablehnung eines Vorschlages oder einer Initiative wird als Z^- signiert. Verzögerung geschieht häufig in indirekter Form, z. B. durch Stellen von Fragen; auch eine indirekte Form wird als Z^- gewertet.
2. Motorische Unruhe wird als Z^- gewertet, wenn die Hypothese besteht, daß der Empfänger davon irritiert wird. Analog dazu werden auch andere motorische Reaktionen bewertet, die die Konzentration beim Empfänger behindern.
3. Desinteresse zeigen (sich mit etwas anderem beschäftigen, während man angesprochen wird, u. ä.) wird als Z^- gewertet.
4. Unterbrechen und nicht ausreden lassen wird als Z^- gewertet.

7. Beobachtungsklasse Z°

Allgemeine Zuordnungsregel. Eine Klasse von Reaktionen eines Interaktionspartners wird mit Z° signiert, wenn diese mit überzufälliger Wahrscheinlichkeit beim anderen Partner das intendierte Verhalten nicht bewirken. Hierher gehören zu lange, umständliche und abstrakte Erklärungen, Wiederholungen von Instruktionen und Diskriminationshilfen, die der Partner schon kennt, Ermunterungen, wie „das ist ganz leicht“, „das macht dir gewiß Spaß“, u. ä.

Regel: Beobachtungssequenzen, die als Steuerung des Partners gedacht sind, aber ineffektiv sind, werden als Z° gewertet.

Zusatzregeln:
1. Hastige Hilfe: Eine spontane Hilfe wird als Z° signiert, wenn der Partner zu erkennen gibt, daß ihm die Hilfe lästig ist.
2. Schlechte Hilfe: Spontane oder erbetene Hilfe wird als Z° signiert, wenn sie nicht geeignet ist, Überforderung zu vermeiden, wenn sie irreführend oder falsch ist, oder wenn sie in anderer Weise dem Partner nichts nützt.
3. Geben von Informationen, die der Empfänger schon hat, weil sie ihm schon unzählige Male gegeben wurde, wird als Z° gewertet, gleichgültig ob der Partner danach gefragt hat oder nicht.
4. Verletzend vorgetragene Kritik wird als Z° gewertet, weil sie es dem Partner schwer macht, sie anzunehmen.
5. Wiederholung einer Hilfe, wenn sie schon beim ersten Einsatz nicht zur Lösung geführt hat. Es ist meist nicht zu erwarten, daß Hilfe bei der Wiederholung effektiver sei.

6. Wird jemand im Satz unterbrochen, so signieren wir den abgebrochenen Satz als Z°, es sei denn, der angefangene Satz ist als oppositionelle Steuerung identifizierbar. Im letzteren Falle wird Z^- signiert.
7. Einsatz von Strafe bei sachlicher Überforderung oder bei sachlich schwierigen Aufgaben.

8. Beobachtungsklasse Z

Allgemeine Zuordnungsregel. Eine Klasse von Reaktionen eines Interaktionspartners wird mit Z signiert, wenn diese eine Anpassung an die Erwartungen des Partners darstellt, d. h. wenn sie „sich steuern lassen" bedeuten. Z. B. Befolgen von Aufforderungen, in einer Auseinandersetzung einlenken und nachgeben, oder allgemein das tun was der andere will.

Regel: Beobachtungssequenzen, in denen das getan wird, was der Partner wünscht, werden als Z signiert.

Zusatzregeln:
1. Sagen der Lösung bei Problemaufgaben wird als Z signiert.
2. Jemandem eine Aufgabe abnehmen, für ihn die Aufgabe erledigen, wird ebenfalls als Z signiert.
3. Untätigkeit folgend auf ein Z^- signieren wir mit Z, es sei denn, auf der K-Dimension wird „Nicht Eingehen" signiert. Untätigkeit stellt in diesen Fällen ein Nachgeben gegenüber der oppositionellen Steuerung dar.
4. Bei den Hausaufgaben erzählt das Kind etwas, das mit der Aufgabe nichts zu tun hat und als Ablenkungsversuch gedeutet wird. Reagiert die Mutter darauf mit „Zuhören", so wird Zuhören als Z signiert (Eingehen auf den Ablenkungsversuch).

9. Beobachtungsklasse 0

Allgemeine Zuordnungsregel. Neben dem Bestreben auf den Partner Einfluß zu nehmen und der Bereitschaft sich steuern zu lassen, gibt es noch Reaktionsweisen, die man am besten als Verzicht auf Steuerung und sich steuern lassen beschreiben kann. Darunter zählen wir Ereignisse wie: Ausblenden von Hilfe, stilles Zuhören, Abwarten und „Zeitlassen", Befolgen einer Spielregel, usw.

Regel: Beobachtungssequenzen, in denen auf Lenkung verzichtet wird, ohne daß Z kodiert wird, werden als 0 gewertet.

Zusatzregeln:
1. Zwei Reaktionen, die verschieden signiert werden, müssen auch als zwei Beobachtungssequenzen behandelt werden. Oft folgen zwei solche Reaktionen dicht aufeinander, ohne daß der Partner eine Reaktion äußern kann, bzw. ohne daß wir sie registrieren können. Z. B. auf die Bitte des Kindes spielen zu dürfen antwortet die Mutter: „Nein, mach die Hausaufgaben." Das „Nein" wird als Z^-, die erste Aufforderung die Hausaufgaben zu machen als Z^+ signiert, d. h. wir haben zwei eigenständige Sequenzen. Aus Gründen der statistischen Berechnung

müssen wir dazwischen eine Sequenz des Partners einschieben. Diese Sequenz wird als 0 signiert. Das sieht so aus:

M: „Nein“ (Z^-);
K: K(eine) R(eaktion) (0);
M: „Mach die Hausaufgaben“ (Z^+).

2. Auf eine Aufforderung der Mutter (Z^+) opponiert das Kind (Z^-). Die Mutter bleibt ruhig (keine beobachtbare Reaktion) und bleibt auf das Kind gerichtet. Diese Reaktion wird als 0 signiert.

2.4.3. Anpassung des Kategoriensystems an den einzelnen Fall

Das Kategoriensystem, wie es nun vorgestellt wurde, stellt den allgemeinen Rahmen, eine allgemeine Ordnung, für die Beobachtung und Klassifikation dar. Wir haben jedoch die Erfahrung gemacht, daß es von Fall zu Fall individuelle Unterschiede gibt, die auf keinen Fall vernachlässigt werden dürfen, da es im Training gerade auf die individuellen Details ankommt. Die Individualisierung liegt natürlich nicht in den Lerngesetzen, sondern in der Erlebnisweise und im Lernniveau, die bestimmen, was als Verstärker und was als Hilfe im Einzelfalle zu gelten hat. Die Individualisierung zeigt sich also nur in den Zuordnungsregeln für die einzelnen Beobachtungsklassen, bzw. in ihrer exemplarischen Definition. Wir wollen diesen wichtigen Schritt nicht einfach der Intuition des Beobachters überlassen und haben darum eine Methode zu entwickeln versucht, nach der die individuelle Anpassung des Kategoriensystems in objektiver Weise geschehen soll.

Gründe für die individuellen Unterschiede. Wir sehen die Gründe für individuelle Unterschiede der funktionalen Bedeutung von Verhaltensereignissen vor allem in folgenden drei Faktoren:

1. Verschiedene Ziele. Hinsichtlich der Ziele gibt es nicht nur von Person zu Person, sondern auch bei ein und derselben Person zu verschiedenen Zeiten eine große Variation. Und die Kenntnis der Ziele ist notwendig, um Umweltereignisse sowohl nach ihrer sachlich-direkt steuernden Funktionalität zu beurteilen als auch hinsichtlich ihres Verstärkungswertes. Dabei wäre es auch wichtig etwas über die Wertigkeit der einzelnen Ziele zu wissen. Bei einer Mutter, die für die Hausaufgabensituation die beiden Ziele angab „ruhig sitzen“ und „nicht spiegelverkehrt schreiben“ registrierten wir „gereiztes Ermahnen“ auf „spiegelverkehrt schreiben“ 1 : 2. Traf „unruhiges Sitzen“ mit „spiegelverkehrt schreiben“ zusammen, registrierten wir jedesmal eine „gereizte Ermahnung“ bei der Mutter, also ein Verhältnis von 1 : 1. „Unruhiges Sitzen“ ist für diese Mutter bei der Hausaufgabensituation eine leichte Strafe, „unruhiges Sitzen“ und „spiegelverkehrt schreiben“ hingegen eine schwere Strafe.
2. Verschiedene Lerngeschichte. Wie notwendig die Kenntnis der individuellen Lerngeschichte eines Menschen ist, um seine ihn steuernden Ereignisse zu erfassen, wird dort deutlich, wo Menschen mit stark unterschiedlicher Lerngeschichte zusammentreffen — der Generationskonflikt ist teilweise auf die verschiedenen Lerngeschichten zurückzuführen. Hierher gehören Werthaltungen, Gesellschaftsnormen usw., aber auch feste Reiz-Reaktionsmuster im Sinne eines bedingten Reflexes. Bei einem Kind registrierten wir „Nein“, „mag nicht“ in weinerlichem Ton, wenn ihm die Mutter den Rechenkasten als Hilfe zum Rechnen anbot.

3. Verschiedene situative Bedingungen. Die Schulprobleme des Kindes bedrücken in der Regel die Mutter weniger, wenn sie in einer guten Partnerbeziehung lebt. Sie ist eher bereit, an einem therapeutischen Programm mitzuarbeiten, wenn sie nicht gleichzeitig berufstätig sein muß. Die Trotzanfälle des Vierjährigen wirken sich in der sechsköpfigen Familie, die eine Dreizimmerwohnung bewohnt, anders aus, als in der Familie im eigenen Heim ohne Geschwister. Über die Art der Interaktion zwischen situativen Variablen und Verhalten wissen wir wenig, wir können nur immer feststellen, daß situative Variablen hoch mit Verhaltensvariablen korrelieren (INNERHOFER und WARNKE, im Druck).

Vorgehensweise der Anpassung. In einer Reihe von Schritten versuchen wir individuell abweichende Bedingungen zu erfassen und sie in die Beobachtung mit einzubeziehen.
Erster Schritt: Erwartungen, Ziele, Wertvorstellungen und situative Bedingungen der Interaktionspartner werden erfragt. Danach wird entschieden, ob einzelne Beobachtungsklassen aufgespalten werden sollen. Ein Beispiel für eine solche Aufspaltung einzelner Beobachtungsklassen bringen wir auf S. 151 f.
Zweiter Schritt: Der Beobachter signiert die einzelnen Beobachtungssequenzen nach den allgemeinen Zuordnungsregeln für die einzelnen Beobachtungsklassen, wobei er die Kenntnis der Erwartung, Ziele, Werthaltungen und situativen Bedingungen in die Bewertung mit einbezieht. Auftretende Zweifel und Entscheidungsschwierigkeiten werden notiert.
Dritter Schritt: Übergangswahrscheinlichkeiten werden errechnet und mit allgemeinen Erwartungswerten verglichen (vgl. III. Teil, Abschnitt 2.5.). Wo die erhobenen Wahrscheinlichkeitswerte mit den Erwartungswerten nicht übereinstimmen, geht man das Protokoll erneut durch und korrigiert die allgemeinen Zuordnungsregeln nach rationalen Gründen, wobei die gesamte, über den Fall verfügbare Information herangezogen wird.
Vierter Schritt: Erneute Berechnung der Übergangswahrscheinlichkeiten und eventuell erneute Korrektur.
Fünfter Schritt: Erwartungen und Ziele der Interaktionspartner werden endgültig festgelegt und schriftlich fixiert. Ferner werden die Beobachtungsklassen in der Weise exemplarisch definiert, daß häufig vorkommende Reaktionen aufgeführt werden und alle individuellen Sonderfälle. Diese beiden qualitativen Protokolle dienen als Interpretationshilfe der quantitativen Daten.

Instruktion 4:

Die abstrakte Signierung erfolgt nach den Zuordnungsregeln. Darüber hinaus gelten noch folgende Regeln:
1. Jede Beobachtungssequenz wird jeweils nur einmal nach der K-Dimension und einmal nach der Z-Dimension bewertet.
2. Der Übersichtlichkeit halber wird die K- und die Z-Signierung untereinander geschrieben, zuerst die K- und dann die Z-Signierung.
3. Werden von einer Person mehrere Reaktionen gleichzeitig registriert, so werden sie nach der Dimension der Konsequenzen und nach der Z-Dimension nur jeweils einmal klassifiziert. Die Klassifikation wird nach der Reaktion vorgenommen, die als dominant angesehen wird.

Beispiel:
Vater: Trommelt mit den Fingern auf der Tischplatte, sagt: „Ja, gut, schön“.
Dieser Beitrag hat ein strafendes Moment (die Ungeduld des Vaters über das langsame Arbeiten des Kindes) und ein belohnendes Moment (die Worte „gut“, „schön“). Wir würden diesen Beitrag mit K^- bewerten, weil das *averbale Verhalten* in diesem Falle bedeutsamer erscheint als die Worte. Wir geben in diesen Fällen dem *averbalen Verhalten* meist den Vorzug.
4. Signierungen, bei denen der Beobachter unsicher ist, werden mit einem Kreis gekennzeichnet.
Zum Schluß geht er die als unsicher gekennzeichneten Signierungen nochmals durch, legt eine Entscheidung fest und begründet sie, wobei er auch Information aus anderen Informationsquellen hinzunehmen soll.

2.5. Einbeziehung des Kontextes einer Reaktion durch die sachlich-zeitliche Vergröberung der Kategorien

In der Analyse der Verhaltensbeschreibung streben wir die Reduzierung der Information in einer Weise an, daß daraus kontrollierte Entscheidungen in ökonomisch vertretbarer Zeit getroffen werden können. Bevor wir jedoch pädagogisch-therapeutische Entscheidungen aus den Daten ableiten können, müssen wir die einzelne Reaktion in den Kontext ihres Auftretens stellen. Wir müssen die Reaktionen zu Interaktionen verarbeiten. Dies wird erreicht indem wir unsere Beobachtungskategorien sachlich und zeitlich vergröbern. *Sachliche Vergröberung.* Die Werte zweier oder mehrerer Variablen werden aufeinander bezogen und daraus neue Einheiten gebildet. *Zeitliche Vergröberung:* Zwei oder mehrere zeitlich aufeinanderfolgende Werte einer oder mehrerer Variablen werden in neuen Einheiten zusammengefaßt.
Auf diese Weise soll die einzelne Reaktion wieder in ihren räumlich-zeitlichen Kontext hineingestellt werden.
Die Durchführung besteht darin, daß ein Wert der steuernden Dimension (Z-Dimension) mit dem Wert der Konsequenzen-Dimension (K-Dimension) der folgenden Reaktion des Partners zu einer Einheit zusammengefaßt wird. An einem Beispiel erläutert:

				Einheiten		
Mutter:	„Wird's bald?“ (aggressiv)	K^- Z°	 Z°	 K^-	 K^- K^-	 Z° Z^-
Kind:	„Mag nicht“ (weinerlich)	K^- Z^-	Z^-	K^-		
Mutter:	Hebt die Hand (drohend)	K^- Z°			Z°	K^-

Wir bekommen pro Person zwei Werte:
1. einen Wert über die Art der Interaktion;
2. einen Wert über die Art der Reaktion.

Danach ergeben sich zwei Interaktionsschemata und zwei Schemata für die Bewertung des Stils der Reaktionen:

Wie reagiert das Kind auf die Steuerung der Mutter? Wie reagiert die Mutter auf die Steuerung des Kindes?
Wie sind die Reaktionen der Mutter? Wie sind die Reaktionen des Kindes? Diese Beziehungen sind in den Tabellen 2 und 3 dargestellt.

Tabelle 2. *Interaktionsschema für Erzieher und Kind*

	1	2	3	4	5	6	7	8	9
1	$\overset{K}{K^{+}}$ (1.1)	$\overset{K^{-}}{K^{+}}$ (2.1)	$\overset{K^{\circ}}{K^{+}}$ (3.1)	$\overset{K}{K^{+}}$ (4.1)	$\overset{Z^{+}}{K^{+}}$ (5.1)	$\overset{Z^{-}}{K^{+}}$ (6.1)	$\overset{Z^{\circ}}{K^{+}}$ (7.1)	$\overset{Z}{K^{+}}$ (8.1)	$\overset{0}{K^{+}}$ (9.1)
2	$\overset{K^{+}}{K^{-}}$ (1.2)	$\overset{K^{-}}{K^{-}}$ (2.2)	$\overset{K^{\circ}}{K^{-}}$ (3.2)	$\overset{K}{K^{-}}$ (4.2)	$\overset{Z^{+}}{K^{-}}$ (5.2)	$\overset{Z^{-}}{K^{-}}$ (6.2)	$\overset{Z^{\circ}}{K^{-}}$ (7.2)	$\overset{Z}{K^{-}}$ (8.2)	$\overset{0}{K^{-}}$ (9.2)
3	$\overset{K^{+}}{K^{\circ}}$ (1.3)	$\overset{K^{-}}{K^{\circ}}$ (2.3)	$\overset{K^{\circ}}{K^{\circ}}$ (3.3)	$\overset{K}{K^{\circ}}$ (4.3)	$\overset{Z^{+}}{K^{\circ}}$ (5.3)	$\overset{Z^{-}}{K^{\circ}}$ (6.3)	$\overset{Z^{\circ}}{K^{\circ}}$ (7.3)	$\overset{Z}{K^{\circ}}$ (8.3)	$\overset{0}{K^{\circ}}$ (9.3)
4	$\overset{K^{+}}{K}$ (1.4)	$\overset{K^{-}}{K}$ (2.4)	$\overset{K^{\circ}}{K}$ (3.4)	$\overset{K}{K}$ (4.4)	$\overset{Z^{+}}{K}$ (5.4)	$\overset{Z^{-}}{K}$ (6.4)	$\overset{Z^{\circ}}{K}$ (7.4)	$\overset{Z}{K}$ (8.4)	$\overset{0}{K}$ (9.4)
5	$\overset{K^{+}}{K^{+}}$ (1.5)	$\overset{K^{-}}{Z^{+}}$ (2.5)	$\overset{K^{\circ}}{Z^{+}}$ (3.5)	$\overset{K}{Z^{+}}$ (4.5)	$\overset{Z^{+}}{Z^{+}}$ (5.5)	$\overset{Z^{-}}{Z^{+}}$ (6.5)	$\overset{Z^{\circ}}{Z^{+}}$ (7.5)	$\overset{Z}{Z^{+}}$ (8.5)	$\overset{0}{Z^{+}}$ (9.5)
6	$\overset{K^{+}}{Z^{-}}$ (1.6)	$\overset{K^{-}}{Z^{-}}$ (2.6)	$\overset{K^{\circ}}{Z^{-}}$ (3.6)	$\overset{K}{Z^{-}}$ (4.6)	$\overset{Z^{+}}{Z^{-}}$ (5.6)	$\overset{Z^{-}}{Z^{-}}$ (6.6)	$\overset{Z^{\circ}}{Z^{-}}$ (7.6)	$\overset{Z}{Z^{-}}$ (8.6)	$\overset{0}{Z^{-}}$ (9.6)
7	$\overset{K^{+}}{Z^{\circ}}$ (1.7)	$\overset{K^{-}}{Z^{\circ}}$ (2.7)	$\overset{K^{\circ}}{Z^{\circ}}$ (3.7)	$\overset{K}{Z^{\circ}}$ (4.7)	$\overset{Z^{+}}{Z^{\circ}}$ (5.7)	$\overset{Z^{-}}{Z^{\circ}}$ (6.7)	$\overset{Z^{\circ}}{Z^{\circ}}$ (7.7)	$\overset{Z}{Z^{\circ}}$ (8.7)	$\overset{0}{Z^{\circ}}$ (9.7)
8	$\overset{K^{+}}{Z}$ (1.8)	$\overset{K^{-}}{Z}$ (2.8)	$\overset{K^{\circ}}{Z}$ (3.8)	$\overset{K}{Z}$ (4.8)	$\overset{Z^{+}}{Z}$ (5.8)	$\overset{Z^{-}}{Z}$ (6.8)	$\overset{Z^{\circ}}{Z}$ (7.8)	$\overset{Z}{Z}$ (8.8)	$\overset{0}{Z}$ (9.8)
9	$\overset{K^{+}}{0}$ (1.9)	$\overset{K^{-}}{0}$ (2.9)	$\overset{K^{\circ}}{0}$ (3.9)	$\overset{K}{0}$ (4.9)	$\overset{Z^{+}}{0}$ (5.9)	$\overset{Z^{-}}{0}$ (6.9)	$\overset{Z^{\circ}}{0}$ (7.9)	$\overset{Z}{0}$ (8.9)	$\overset{0}{0}$ (9.9)

Tabelle 3. *Reaktionsschema für Erzieher und Kind*

	1	2	3	4
1	$\overset{K^{+}}{Z^{+}}$ (1.1)	$\overset{K^{-}}{Z^{+}}$ (2.1)	$\overset{K^{\circ}}{Z^{+}}$ (3.1)	$\overset{K}{Z^{+}}$ (4.1)
2	$\overset{K^{+}}{Z^{-}}$ (1.2)	$\overset{K^{-}}{Z^{-}}$ (2.2)	$\overset{K^{\circ}}{Z^{-}}$ (3.2)	$\overset{K}{Z^{-}}$ (4.2)
3	$\overset{K^{+}}{Z^{\circ}}$ (1.3)	$\overset{K^{-}}{Z^{\circ}}$ (2.3)	$\overset{K^{\circ}}{Z^{\circ}}$ (3.3)	$\overset{K}{Z^{\circ}}$ (4.3)
4	$\overset{K^{+}}{Z}$ (1.4)	$\overset{K^{-}}{Z}$ (2.4)	$\overset{K^{\circ}}{Z}$ (3.4)	$\overset{K}{Z}$ (4.4)
5	$\overset{K^{+}}{0}$ (1.5)	$\overset{K^{-}}{0}$ (2.5)	$\overset{K^{\circ}}{0}$ (3.5)	$\overset{K}{0}$ (4.5)

Instruktion 5:

Die sachlich-zeitliche Vergröberung der Beobachtungsklassen geschieht nach den Tabellen 1 und 2, wobei folgendes zu beachten ist:

1. Wir verwenden bei der Übertragung zwei Interaktionsschemata: eines, in dem der Erzieher als steuernd und das Kind als darauf reagierend betrachtet wird und dann noch ein Interaktionsschema für die umgekehrte Folge.
Ferner brauchen wir für Erzieher und Kind getrennt je ein Reaktionsschema.
2. Bei einzelnen Beispielen verwenden wir die Indikatoren E = Erzieher und Ki = Kind, um Verwechslungen auszuschließen.
3. Welche Muster gebildet werden sollen, muß vor der Auswertung festgelegt werden und ist von der Fragestellung abhängig. Es hat sich als *ineffektiv* erwiesen, alle möglichen Muster ausdrucken zu lassen. Beispiele dieser Vorgehensweise finden sich auf S. 149 f.

Es zeigt sich hier nochmals eindringlich, daß — wie schon die Beobachtung selbst — auch die Auswertung unter einer spezifischen Fragestellung gesehen werden muß, und daß es ziemlich sinnlos ist einfach drauflos zu protokollieren. Die orientierende Beobachtung ersetzt nicht andere Informationsquellen, sondern ergänzt und präzisiert sie. Eine andere Verwendung ist nicht zu rechtfertigen.

2.6. Pädagogisch-therapeutische Bewertung der Interaktionen

Den Schlußstein der Informationsverarbeitung bildet die Entscheidung darüber, ob eine bestimmte Einheit erwünscht oder unerwünscht ist. Diese Entscheidung ist davon abhängig, welches Endziel angestrebt wird, und ob die Interaktion das Erreichen des Endzieles wahrscheinlich oder unwahrscheinlich macht. Die erste Entscheidung hängt von der Zielsetzung des Individuums ab, das Hilfe sucht, bzw. das trainiert werden soll. Die zweite Entscheidung hängt von den Lerngesetzen ab, bzw. wir entscheiden sie durch Anwendung der Lerngesetze.
Das Lernziel. Der Erzieher oder der Erzieher und das Kind, oder alle von der Entscheidung mitbetroffenen Personen, müssen sich darüber äußern welches Verhalten sie wollen, und sie müssen sich auf ein gemeinsames Lernziel einigen. Das Ziel kann z. B. lauten: „Ich möchte, daß das Kind seine Spielsachen am Abend aufräumt, ohne daß es dabei zu Streit kommt.“ Oder: „Ich möchte, daß mein Kind in der Spielgruppe akzeptiert wird, d. h. daß es vom Spiel nicht öfter ausgeschlossen wird als andere Kinder, und daß es nicht öfter Verletzungen hinnehmen muß als andere Kinder auch“, usw. Ist erst einmal festgelegt was erreicht werden soll, können wir unter Anwendung der Lerngesetze entscheiden, welche Interaktionen das Erreichen des Zieles wahrscheinlich, und welche es unwahrscheinlich machen.
Je nach Zielsetzung kann — muß nicht — sich eine verschiedene Bewertung der Interaktionseinheiten ergeben. Wenn z. B. von Eltern beklagt wird, ihr Kind sei in der Spielgruppe isoliert, so wird „nicht Eingehen auf Vorschläge anderer“ (die Folge: $Z^{+}_{Ki}\ K^{\circ}_{PK}$)/(K = irgendein Kind; PK = Problemkind) negativ bewertet, d. h. das Verhalten des Problemkindes ist nicht geeignet es in der Spielgruppe akzeptierter zu machen. Beklagen die Eltern hingegen, daß sie das Kind schwer kontrollieren können, so würden wir die Folge: Nicht-Eingehen der Eltern auf ablenkendes Verhalten des Kindes (Z^{+}_{PK}–K°_{E}/E = Erzieher) positiv bewerten, denn es ist ein Erzieherverhalten, das Folgsamkeit beim Kind wahrscheinlich macht.

Gesichtspunkte der Bewertung

Von großer Hilfe für die Bewertung ist die übersichtliche Darstellung der Daten, von der wir bereits gesprochen haben, und wofür wir in Abb. 1 ein Beispiel bringen. Überblickt man den zeitlichen Ablauf der Interaktionen, so lassen sich viel leichter fundierte Arbeitshypothesen bilden. Einige typische Muster wollen wir kurz besprechen.

a) Eine Mutter gibt an sie habe große *Schwierigkeiten mit dem Kind bei den Hausaufgaben in Rechnen.* Bei den Hausaufgaben in anderen Fächern würde es keine Schwierigkeiten geben. Die Auswertung von Hausaufgaben in Diktat und Rechnen ergibt folgende Auffälligkeiten:

1. Die Interaktionsmuster (= IM) „$L^{-}_{Ki}K^{-}_{M}$“ und „$(K^{-}Z^{+})_{M}Z^{-}_{Ki}$“ haben eine hohe Wahrscheinlichkeit, d. h. wird L^{-}_{Ki} registriert, so ist die Wahrscheinlichkeit groß, daß in der unmittelbaren Folge K^{-}_{M} registriert wird, und wenn $(K^{-}Z^{+})_{M}$ registriert wird, so wird die nächste Kodierung Z^{-}_{Ki} sein.
2. L^{-} kommt in Rechnen häufig, im Diktat kaum jemals vor. Sonst sind keine Auffälligkeiten im Protokoll zu erkennen.
3. Auch das Reaktionsmuster „$(K^{-}Z^{+})_{M}$“ hat eine hohe Wahrscheinlichkeit, d. h. K^{-}_{M} ist wahrscheinlich unter der Bedingung Z^{+}_{M}.

Folgerungen. Die Mutter muß lernen dem Kind Hilfe (Z^{+}) ohne Strafe (K^{-}) zu geben.
Sie kommt mit dem Kind gut aus, so lange es keinen Fehler macht. Die Hilfe, die sie ihm daraufhin gibt, ist für das Kind strafend, und auf Strafe reagiert es bockig — es verweigert die Arbeit.

b) Bei einem Kind liegt Schulversagen bei normaler Intelligenz vor. Die Lehrerin klagt, das Kind sei andauernd „abwesend“ (mit den Gedanken woanders). Die Mutter hingegen berichtet sie habe keine Schwierigkeiten bei den Hausaufgaben.
Die Auswertung der Hausaufgabenbeobachtung ergibt folgendes Bild:

1. Das Interaktionsmuster „$Z^{+}_{M}Z_{Ki}$“ hat eine hohe, das IM „$Z_{Ki}0_{M}$“ eine entsprechend niedrigere Wahrscheinlichkeit.
2. Das Reaktionsmuster „$(K^{+}Z^{+})_{M}$“ hat eine hohe Wahrscheinlichkeit.

Folgerungen. Diese Mutter muß lernen, Hilfe auszublenden bzw. nur dann Hilfe zu geben, wenn das Kind überfordert ist oder wenn es Hilfe sucht.
Die Mutter gibt pausenlos Hilfe, und sie macht keinen Versuch, die Hilfe wieder auszublenden (niedrige Wahrscheinlichkeit von „$Z_{Ki}0_{M}$“).
In der Schule, wo das Kind nicht ständig die Hilfe bekommt, die es gewohnt ist, versagt es daher.

c) In der Beobachtung eines Kindes, bei dem die Mutter schwere Lenkbarkeit beklagt, haben die Interaktionsmuster „$Z^{-}(K^{\circ}Z^{+})_{Ki}$“ und „$Z^{+}_{Ki}K^{+}$“ eine hohe Wahrscheinlichkeit.

Folgerungen. Die Mutter muß lernen, die Ablenkungsversuche des Kindes zu ignorieren.
Das Kind übergeht ganz einfach die Aufforderungen der Mutter und lenkt sie durch Fragen ab, worauf die Mutter eingeht.

d) Bei einer Eßstörung hat das Interaktionsmuster „$Z^{-}_{Ki}K^{+}_{M}$“ und das Reaktionsmuster „$(K^{+}Z^{\circ})_{M}$“ eine hohe Wahrscheinlichkeit.

Folgerungen. Die Mutter muß lernen das oppositionelle Verhalten des Kindes zu ignorieren, und sie muß lernen wirksame Hilfe zu geben. Auf die Weigerung des Kindes zu essen geht die Mutter liebevoll und mit ständigem Wiederholen der Aufforderung zu essen ein. Das Wiederholen der Aufforderung ist für das Kind keine Hilfe, und die Belohnung baut Essensverweigerung zu einem Operant auf.

e) Eine Mutter beklagt, daß ihr Kind bei den Hausaufgaben häufig Zornausbrüche habe. Die durchschnittliche Länge des Hausaufgabenmachens wird mit 3–4 Std angegeben. Anschließend seien Kind und Mutter „total erledigt".
   Wir bekommen durch die Beobachtung folgendes Bild:
   Hohe Wahrscheinlichkeit der Interaktionsmuster: „$Z_{\overline{Ki}} K_{\overline{M}}$"; „$Z_{Ki} K_{\overline{M}}$"; „$Z_{M}^{\circ} (K^{-} Z^{-})$ Ki";
   Niedrige Wahrscheinlichkeit der IM: „$Z_{Ki} K_{M}^{+}$"; „$L/L_{\overline{Ki}} Z_{M}^{+}$";
   Hohe Wahrscheinlichkeit des RM: „$(K^{-} Z^{\circ})_{M}$".

Folgerungen. Die Mutter muß lernen auf Arbeiten des Kindes mit Belohnung statt mit Strafe zu reagieren, und wenn sie hilft, muß sie effektiver helfen.
Die Mutter redet pausenlos auf das Kind ein, so daß es nicht zum Arbeiten kommt („halt die Feder gerade", „wie sitzt du denn", „Kopf hoch" usw.). Die gutgemeinte Hilfe erweist sich als Störung.
In den ersten Trainingsversuchen formulierten wir die Trainingsziele noch recht allgemein, z. B. „Erhöhung von Belohnung", „Löschung von Strafverhalten", usw. Die Erfolge waren mäßig, wobei natürlich auch die Validität der Messung relativ niedrig sein dürfte. Im Laufe der Zeit versuchten wir die Erziehungsfehler immer konkreter und genauer zu lokalisieren und sie von den neutralen oder positiven Mustern abzuheben. So ergibt sich für den Erzieher eine differenzierte Kritik und nicht einfach die globale Forderung seinen ganzen Erziehungsstil zu ändern.

Bewertungsnormen. Die Bewertung des erzieherischen Verhaltens ist zwar von den jeweiligen Umständen abhängig, und sie muß entsprechend variabel sein. Das bedeutet jedoch nicht, daß man nicht für die einzelnen Situationen und Probleme verbindliche Richtlinien der Bewertung aufstellen kann. Diese Normen müssen zwei Kriterien genügen: einem sachlich-lernpsychologischen und einem ethischen.
Das lernpsychologische Kriterium ist die Effizienz der beschlossenen Maßnahme. Die Lerngesetze geben uns grobe Hinweise dafür, aber sie reichen bei weitem nicht aus, um eine sichere Voraussage im individuellen Falle treffen zu können. Vielmehr müssen die gesamte Situation, die Lerngeschichte, Persönlichkeit des Erziehers und des Kindes mit in die Überlegungen einbezogen werden. Wir sind z. Z. dabei, einen Katalog von erzieherischen Maßnahmen zu erstellen mit Angaben über gewonnene Erfahrungen.
Für die ethische Bewertung ein Kriterium zu finden, auf das sich die Familie, der Trainer und andere Bezugspersonen einigen können, ist zwar schwierig, u. U. aber nicht aussichtslos. Solche Kriterien jedoch in einer größeren Gruppe zu rechtfertigen ist eine Sisyphusarbeit.

Instruktion 6:

Genaue Anweisungen für die pädagogisch-therapeutische Bewertung können wir heute noch nicht geben. Man muß sich bei der Bewertung auf jeden Fall streng an die Fragestellung halten und darauf achten, ob wir die Interaktions-

und die Reaktionsmuster, die Fragestellung sowie die globalen Arbeitshypothesen, wie sie sich aus Interview und anderen Informationsquellen ergeben, präzisieren und konkretisieren können. Die Bewertung muß sich auf die Stärke der Wahrscheinlichkeit der kritischen Muster beziehen, so daß die Entscheidung selbst nachvollziehbar und rekonstruierbar wird.

2.7. Demonstration an einem Beispiel

Zum leichteren Verständnis soll nun die Vorgehensweise an einem Beispiel erläutert werden. Wir nehmen dafür einen Fall aus dem Hausaufgabentraining.

Problemstellung. Die Mutter beklagt, daß die Hausaufgaben meist mehrere Std dauern.
Es stört sie, daß P. bei den Hausaufgaben so oft ablenkt. Sie glaubt, daß ihr Sohn sehr wohl rechnen könne, jedoch bittet er sie oft gleich um das Ergebnis. Seine Schrift sei sehr schlecht. Wenn von der Schule kein so großer Wert auf Schönschrift gelegt würde, würde sie dies aber nicht stören. Besonders schlimm findet Frau K., daß P. häufig spiegelverkehrt schreibt. Außerdem „vergißt" er fast täglich Bücher und Hefte, so daß es unmöglich ist alle Hausaufgaben zu machen.
Die Mutter verliere nach eigenen Angaben sehr oft die Geduld. Zuerst ermahnt sie P. sanft zur Weiterarbeit. Nützt es nichts, kommt es vor, daß sie schreit und auf den Tisch schlägt. Leider würde P. trotzdem nicht weiterarbeiten. Er habe aber Angst wenn sie schreit.

Beobachtungssituation. Nachforschungen ergaben, daß P. normal intelligent ist, trotzdem erscheint die Versetzung in die nächste Klasse gefährdet (P. ist zur Zeit der Intervention 8 Jahre alt). Aller Wahrscheinlichkeit nach sind die schlechten Schulleistungen auf das Verhalten der Umwelt zurückzuführen, und ein Teil dieser Umwelt ist das Verhalten der Mutter. Um die Interaktionen zwischen Mutter und P. beobachten zu können, werden Ausschnitte aus der Situation, in der die Mutter mit dem Kind die Hausaufgaben macht, auf Videoband aufgenommen.

Erwartungen und Ziele der Interaktionspartner. Wir geben hier die bereits korrigierte Darstellung wieder.
Mutter: P. soll kontinuierlich arbeiten — Zahlen und Buchstaben nicht spiegelverkehrt schreiben — alleine arbeiten — nicht um Lösung bitten — bei Erklärungen der Mutter Aufmerksamkeit zeigen.
Kind: Über die Erwartungen und Ziele des Kindes wissen wir nichts Sicheres. Wir beobachten, das es (selbständiges) Arbeiten vermeidet und schließen daraus, daß es erwartet von der Mutter die Lösungen diktiert, den Bleistift gespitzt zu bekommen, daß von ihm wenig gefordert wird. Es ist nicht entscheidbar, ob die Arbeitsvermeidung Ergebnis der Interaktion ist, oder ob sie als unabhängige Erwartung die Interaktion bestimmt.

Anpassung des Beobachtungssystems an die Hausaufgabensituation. Zwei Eigenheiten bestimmen die Hausaufgabensituation, auf die das Beobachtungssystem eingehen muß: Fehlerhaftes Arbeiten und Steuerung als Hilfesuchen. Fehlerhaftes Arbeiten ist charakterisiert durch „Arbeiten", was die Mutter wünscht, und „Fehler", was die Mutter nicht wünscht. Um diesen Unterschied sichtbar zu machen, haben wir die Beobachtungsklasse „Arbeiten des Kindes", das als Erfüllung der Erwartung der Mutter als „Z" signiert wird, aufgespalten in:

„Z" = Sich steuern lassen mit der Ausnahme Kind arbeitet und macht Fehler (als Fehler gilt u. U. auch „unter die Zeile schreiben", je nachdem, was vom Kind erwartet wird).

„L^-" = Einen Fehler machen (z. B. falsch lesen, Rechtschreibfehler, u. a., je nachdem, welche Leistung das Kind erbringen soll). „Fehler" bedeutet aber nicht nur etwas falsch schreiben, sondern allgemein nicht nach den Erwartungen der Mutter arbeiten. Wir haben uns daher entschlossen auch dann L^- zu signieren, wenn das Kind die Antwort verzögert sagt, d. h. in einem zeitlichen Abstand von mehr als einer sec.

Funktional unterscheiden sich Beobachtungssequenzen die als Z bzw. die als L^- signiert werden darin, daß der Erzieher erstere als belohnende Zielannäherung erlebt, letztere jedoch als Hemmung und mithin als aversiv. So registrieren wir auf L^- häufig eine Sequenz beim Erzieher, die als K^- signiert wird.
Steuerung als Hilfesuchen: Wir registrieren beim Kind zwei Formen der Steuerung (Z^+), die funktional zu unterscheiden sind. Einmal Ablenkungsversuche, Initiativen usw. und dann Reaktionen des Hilfesuchens. Das Eingehen der Mutter auf einen Ablenkungsversuch des Kindes ist pädagogisch anders zu werten als das Eingehen der Mutter auf Hilfesuchen des Kindes. Wir haben daher auch die Beobachtungsklasse direkte Steuerung (Z^+_{Ki}) aufgespaltet in:

„Z^+" = Zweckmäßige Steuerung mit der Ausnahme „Hilfe suchen".

„L" = Hilfe suchen. Dazu gehört: „Fragen, wie man ein Wort schreibt, wie ein Problem zu lösen ist", „Anblicken (fragend)", „Ausdrücke, die angeben, daß man die Lösung nicht weiß", u. a.

Ausschnitt aus dem korrigierten Beobachtungsprotokoll. Als nächstes bringen wir jetzt einen Ausschnitt aus dem Beobachtungsprotokoll mit Signierung. Die individuell exemplarische Definition der Beobachtungsklassen lassen wir weg, weil wir dazu zuviel Platz benötigen würden.

Beobachtung	Sig.	Erläuterungen
K spielt mit Füller, schaut M nicht an,		Ausdruck d. Mißfallens, frustrativer
stöhnt, setzt sich etwas zurück,	K^-	Aspekt der Zielhemmung
schaut Füller an	Z^-	provokative Verzögerung
M sagt nichts (überlegt): „plus 22 ist 78,		Verärgerung
ja" „das müß mir wieder anders	K^-	sagt Lösung
rumdrehn", schaut K an (verärgert)	Z	
K spielt mit Füller, stöhnt, wippt mit		Ausdruck des Mißfallens, frustrativer
Körper vor u. zurück: „Ein siebner,	K^-	Aspekt der Erwartungshemmung
ein achter" (gähnend), schaut kurz zu M	Z^-	provokative Verzögerung
M schaut mehrmals K direkt an (erbost, verärgert)		Verärgerung
	K^-	erboster Blick, hilft dem Kind nicht
	Z°	konzentriert zu sein
K schaut auf Heft „7 mal 8" (schnell),		frustrativer Aspekt der Erwartungs-
schaut kurz zu M (provokativ)	K^-	hemmung
	Z^-	provokative Verzögerung

Beobachtung	Sig.	Erläuterungen
M (sofort) „56“ (drängend), geht mit Oberkörper vor, schaut K direkt an (ungeduldig, verärgert) (Gesichtsausdruck verkrampft)	K^- Z^+	Verärgerung Konzentrationshilfe
K rekelt sich, stößt mit Fuß gegen Schuh der M, setzt sich näher an Tisch, nimmt Schreibhaltung ein (zögernd) „56“ will anfangen zu schreiben	K^- L^-	frustrativer Aspekt der Erwartungshemmung verzögertes Schreiben
M beugt sich vor, deutet in's Heft: „Da bitte, in den Strich, das ist doch“ (ärgerlich, drängend)	K^- Z°	Verärgerung das Drängen ist keine zweckmäßige Hilfe
K nimmt Füller vom Heft, läßt Kopf fast auf's Heft fallen, stöhnt, nimmt Kopf hoch, schaut ins Heft, nimmt Füller in Schreibstellung „Ein Fünfer + ein Sechser“, fängt an zu schreiben	K^- L^-	Ausdruck des Mißfallens langsames verzögertes Arbeiten
M schaut auf's Heft „mhm, da ...“ deutet ins Heft „... zum Abschreiben“, lehnt sich zurück, verschränkt Arm, beugt sich vor (etwas ungeduldig, etwas ärgerlich)	K^- Z°	Verärgerung das Drängen ist keine zweckmäßige Hilfe
K schreibt, spricht dazu „5 und 6“, nimmt Füller auf „Na (Nein) das war nicht“ (schreibt 65)	K^- L^-	frustrativer Aspekt der Erwartungshemmung Schreibfehler: verwechselt Zahlen
M „mhm“ leise „Na, das macht nichts“	K^+ 0	positives Eingehen Restkategorie
K schaut M nicht an, keine Reaktion	K 0	Sonderregelung: keine Reaktion
M „plus 22“ (drängend), beugt sich vor	K^- Z°	Ausdruck der Verärgerung im Ton Drängen ist keine Hilfe
K schaut aufs Heft, kaut am Füller „plus 22“ (langsam, zögernd)	K^- Z^-	frustrativer Aspekt der Erwartungshemmung provokative Verzögerung
M unterbricht „plus 22 ist 78“ (drängend), schaut K an, dann aufs Heft (ärgerlich)	K^- Z	Verärgerung sagt Lösung
K beginnt zu schreiben „minus ist“ (sagt Aufgabe absichtlich falsch)	K^- Z^-	Provokation Opposition
M „mhm“, schaut ins Heft, geht mit Oberkörper etwas vor und zurück (etwas ungeduldig), stöhnt (sehr leise)	K^- 0	Ausdruck des Mißfallens Restkategorie
K „minus 22, da schau, da mache ich da den Strich gleich darüber“, schreibt, wackelt mit Bein	K^- Z^-	Provokation Opposition

Statistische Darstellung der Daten. Aufgrund der Signierungen werden nun Reaktions- und Interaktionsmuster gebildet, Praediktoren errechnet und als Wahrscheinlichkeitsschätzungen generalisiert.
In der nachfolgenden Matrix sind die Interaktionswerte Reaktion Kind folgend auf Reaktion Mutter dargestellt. In der Matrix sind die Beobachtungswerte einer Beobachtungsstunde verwertet. Die Zahlen in den Kästchen geben an, wievielmal das betreffende Muster gezählt wurde im Vergleich zur Häufigkeit, die nach einer empirischen Zufallsverteilung zu erwarten gewesen wäre. Die Randsummen geben die relativen Häufigkeiten der einzelnen Beobachtungsklasse an. Diese Dinge sind in Tabelle 4 wiedergegeben.

Tabelle 4. Interaktionsmatrix. Reaktion Kind folgend auf Reaktion Mutter. Die Häufigkeitsverteilung der Beobachtungsklassen (Randsummen) und Häufigkeitsangaben über die Interaktionsmuster (Einzelwerte) bezogen auf die empirische Zufallswahrscheinlichkeit

Mutter/ Kind	K^+	K^-	K°	K	Σ	Z^+	Z^-	Z°	Z	0	Σ
K^+	4,5	0,29	0	0,5	0,15	1,75	0	0,2	0,67	2	0,15
K^-	0,13	1,27	2	0,96	0,58	0,53	1,5	1,42	1,17	0,6	0,58
K°	0	0	0	0	0,01	0	0	1	0	0	0,02
K	0,75	0,75	0	1,4	0,26	1,75	1	0,56	0,8	1,5	0,26
Σ	0,14	0,45	0,02	0,4		0,26	0,04	0,33	0,2	0,17	
Z^+	1,5	0,43	0	1,33	0,15	0,5	1	0,2	3,33	0,67	0,15
Z^-	0	1,33	1	0,92	0,33	0,33	2	1,73	0,86	0,5	0,33
Z°	0	2	0	0	0,02	0	0	1	0	0	0,02
Z	1,5	0,92	0	0,9	0,26	2	1	0,33	0,2	1,5	0,26
0	3	0,33	0	1	0,06	1	0	0	1	3	0,05
L^-	0	1	0	1,33	0,08	1,5	0	1,67	0	0	0,08
L	0	0,8	0	1,25	0,1	1	0	1,33	0,5	1	0,1
Σ	0,14	0,45	0,02	0,4		0,26	0,04	0,33	0,2	0,17	

Interpretation. Die Matrix ist aufschlußreich für die Interaktionen zwischen Mutter und Kind. So stehen z. B. 45% strafenden Reaktionen der Mutter 58% strafende Reaktionen des Kindes gegenüber, und das Kind bestraft die Mutter am häufigsten, wenn diese zuvor das Kind abblockt (1.5.), oder wenn sie schlechte und unerbetene Hilfe gibt (1.4.2.). Parallel dazu sehen wir, daß das Kind immer dann belohnend auf die Mutter eingeht, wenn diese zuerst eine Belohnung gesetzt hat (4.5.), kaum jedoch, wenn es die Mutter bestraft hat (0,29).
Uns interessiert jedoch stärker die Frage, unter welchen Bedingungen das Kind die Arbeit verweigert. Z^- registrieren wir beim Kind vor allem dann, wenn die Mutter unerbeten und unzweckmäßig Hilfe gibt (Z°). Ein Blick auf die exemplarische Definition von Z°_M zeigt uns, daß dies Reaktionen sind wie: Erklärungen schnell und hastig gesprochen; Aufforderung die Mutter anzuschauen; Vorwürfe („Du mußt die Hausaufgaben machen"); immer wieder Teile aus der Aufgabe wiederholen, wenn K Lösung nicht findet; nach Fehlern nur sagen wie es nicht zu machen ist; Drohungen („Ich werde es der Lehrerin sagen"); Ermunterungen („Es geht schon", „Du kannst es doch"); Nennen mehrerer Teilschritte, so daß das Kind nicht mehr weiß was es tun soll; falsche Erklärungen; Aufforderungen („Jetzt bemühe dich doch", „Du willst mir doch eine Freude machen"); Hinweise („Steht

doch alles da", „Ist schon verkehrt"); ironische Bemerkungen („Ja, in der Luft siehst du's nicht"); Aufforderung zu besserer Sitzhaltung. Solche Reaktionen machen ein Drittel aller Reaktionen der Mutter aus.
Noch häufiger reagiert das Kind oppositionell, wenn es zuvor von der Mutter abgeblockt wird (2), aber das Abblocken hat insgesamt nicht die Bedeutung der unzweckmäßigen Hilfe, weil die Mutter solche Reaktionen relativ selten äußert (4% der Fälle). Auf der anderen Seite ist Z^- beim Kind unwahrscheinlich, wenn es die Mutter zuvor belohnt (0), oder wenn die Mutter eine zweckmäßige Steuerung gibt (0,33), wobei zweckmäßige Steuerung immerhin in 26% der Fälle vorkommt.
Auffällig ist der hohe Wert $Z^+_{Mu} : L^-_{Ki}$ (1.5.). Dieser hohe Wert macht uns darauf aufmerksam, daß der Beobachter manche Reaktionen der Mutter als positive Hilfe beurteilt hat, die in Wirklichkeit ineffektiv war und/oder er hat Reaktionen des Kindes als Fehler bewertet, die keine Fehler waren.
Das Muster $Z^+_{Mu} : L^-_{Ki}$ ist insgesamt 11mal registriert worden. Die Reaktionen verteilen sich wie folgt:

	verzögertes Arbeiten L^-	Schreibfehler L^-
Hilfe in drängender Form Z^+	1	6
Warten (aufmerksam) Z^+	4	0

Nach diesem Ergebnis änderten wir die exemplarischen Definitionen der Beobachtungsklassen Z^+_{Mu} und L^-_{Ki} in folgender Weise:
Daß in vier von fünf Fällen „verzögerten Arbeitens" ein „Drängen" der Mutter vorausging, bewog uns, jede Form der Verzögerung als oppositionelle Steuerung (Z^-) zu bewerten, und bei der Mutter alle drängenden Reaktionen als unzweckmäßige Hilfe (Z°). Wir hatten bei der vorausgehenden Signierung zwei Formen der „Verzögerung" unterschieden: 1. „provokatives Verzögern", das als Z^- signiert wurde, und 2. „verzögertes Arbeiten", das wir als ehrliches Bemühen des Kindes werteten, das der Mutter jedoch zu langsam ging, und wir signierten es daher als fehlerhaftes Arbeiten (L^-).
Auch die Reaktion „Warten (aufmerksam)", das im allgemeinen Kindern hilft, sich besser konzentrieren zu können, werden wir bei diesem Kind nicht mehr als positive Hilfe (Z^+), sondern als unzweckmäßige Hilfe (Z°) werten.
Um aus der Matrix Schlußfolgerungen für die Therapie ziehen zu können, müssen nun noch weitere Matrizen erstellt werden. So ist es nun wichtig zu erfahren, daß die Mutter vor allem dann straft und unzweckmäßige Hilfe gibt, wenn das Kind einen Fehler macht, oder wenn es um Hilfe bittet. Außerdem äußert die Mutter häufig das Reaktionsmuster $K^- Z^\circ$, d. h. sie versucht in strafender Form zu helfen. Das strafende Verhalten der Mutter ist Ausdruck ihrer Hilflosigkeit und daher am wirkungsvollsten zu verändern, indem wir helfen effektivere Formen der Hilfestellung zu erwerben.

3. Anmerkungen zur Beobachtung und Interaktionsanalyse

Über die Bedeutung der Verhaltensbeobachtung im Rahmen unseres Trainingsmodells wurde schon gesprochen. Sie dient nicht nur diagnostischen Absichten, sondern ist darüber hinaus Teil der Intervention. Es ist daher ohne weiteres verständlich, daß die theoretische Konzeption des Trainings eng mit der Konzeption, die wir von der Verhaltensbeobachtung haben, zusammenhängt. Ohne nun die theoretische Begründung des Trainingsmodells vorwegzunehmen — sie soll in einer weiteren Arbeit geschehen — muß nun doch nochmals das Grundverständnis angesprochen werden, weil nur auf diesem Hintergrund die Lösungen konkreter Beobachtungsprobleme verstanden werden können.

3.1. Wissenschaftstheoretische Ansätze

Die Stichworte Meßgenauigkeit (1), Objektivität (2), Validität des Systems (3), Generalisation (4) und Ökonomie (5) charakterisieren 5 Gruppen von Problemen, die mit jeder wissenschaftlich kontrollierten Beobachtung untrennbar verbunden sind. Da wir in der orientierenden Beobachtung die gewonnenen Daten zur Bildung von Arbeitshypothesen benutzen, also funktional interpretieren, haben Probleme der Meßgenauigkeit und der Generalisation über die Zeit (Umfang der Beobachtungsstichprobe), über die Situation (Auswahl der Beobachtungssituation), sowie die Validität des Beobachtungssystems (Auswahl der Variablen) besondere Bedeutung.
Es gibt nun zwar eine reichhaltige Forschung zum Thema Beobachtung, aber trotzdem drängt sich der Eindruck auf, daß auf diesem Gebiet in nächster Zeit tiefgreifende Veränderungen zu erwarten sind. Einmal müssen wir feststellen, daß einzelne Probleme wie z. B. das Problem der Validität von Beobachtungssystemen (MEIXNER, 1974) überhaupt noch nicht in Angriff genommen wurde, oder die sogenannte „äußere Validität" von Beobachtungsexperimenten ist so gering, daß in den einzelnen Problembereichen der Therapie eigene Beobachtungsuntersuchungen angestellt werden müssen. In einer eigenen Untersuchung konnten wir nachweisen, daß bei Hausaufgabenproblemen die im Labor und zu Hause gewonnenen Beobachtungsdaten sich nicht voneinander unterscheiden.
Die Generalisation über die Situation der Beobachtungsdaten ist in diesem Problembereich gewährleistet, aber dieses Ergebnis kann — nach unsystematischen Beobachtungen — nicht auf den Problembereich „Eßstörung" oder „Trotzreaktionen" übertragen werden. Da also wenig experimentelle Evidenz zu diesen Problemen vorliegt, hängt es nun stark von der Grundvorstellung über den Zusammenhang von Beobachtung und Realität ab, welche Lösung für die angeführten Probleme man geneigt ist zu akzeptieren. Eine Aufhellung dieses Hintergrundes erscheint uns daher dringend geboten.
Mit zwei Theorien haben wir uns stärker auseinandergesetzt: mit dem „kritischen Realismus" und mit dem „Operationalismus". Wir haben die erstere verworfen aus Gründen der Unbrauchbarkeit, die letztere angenommen und mit ihrer Hilfe die Konzeption kritisch reflektiert.

Der kritische Realismus
Eine Vorbemerkung. Es ist mir wohl bewußt, daß es wenig Sinn ergibt, von „der Theorie" des kritischen Realismus zu sprechen. Man müßte differenzieren zwischen

der Theorie dieses oder jenes Autors, und selbst das wäre noch zu grob. Wir brauchen uns nur z. B. die verschiedenen Entwicklungen von POPPER anzusehen, die verschiedenen und, wie mir scheint, oft auch widersprüchlichen Randbemerkungen in seinen einzelnen Werken, oder die hermeneutischen Probleme, die uns das Lesen eines wissenschaftstheoretischen Werkes aufgibt, um zu sehen wie schwer es bei einer Theorie ist von einem „geschlossenen Ganzen" zu sprechen.

Ein anschauliches Bild der hermeneutischen Probleme bietet uns das Sammelbändchen „Der Positivismusstreit in der deutschen Soziologie", ADORNO et al., 1970, wo die Autoren sich wechselseitig der Mißinterpretation bezichtigen.

Hier kommt es nur darauf an, einen zentralen Gedanken dieser Theorie hervorzuheben und ihn in seinen Konsequenzen für die Lösung von Beobachtungsproblemen zu beleuchten.
Der Ansatz des kritischen Realismus den Zusammenhang von Beobachtung (Sprache) und Wirklichkeit (Objekt der Sprache) zu erklären, ist die Abbildtheorie. Dabei beziehen sich manche Autoren (z. B. WITTGENSTEIN im „Tractatus logico-philosophicus", London, 1963) ganz explizit auf die Abbildtheorie. Andere tun es nur indirekt, wie z. B. POPPER, der durch eine Reihe von Zusatzannahmen teilweise den Eindruck erweckt als habe er das „Abbild"-denken überwunden.

Weitere Literatur zum Thema: HOLZKAMP, K.: Kritische Psychologie, Frankfurt a. M.: Fischer, 1972; POPPER, K. R.: Truth, rationality, and the growth of scientific knowledge. In: Conjectures and Refutations, London, 1963; ALBERT, H.: Konstruktivismus oder Realismus? Bemerkungen zu Holzkamps dialektischer Überwindung der modernen Wissenschaftslehre, Z. Sozialpsychol. **2,** 5–23 (1971).

Es handelt sich hierbei um ein erkenntnistheoretisches Grundmodell, das weit in die Antike zurückverfolgt werden kann, und das die abendländische Philosophie zeitweise völlig beherrschte. Wichtige Begriffe der heute gängigen Wissenschaftstheorie wie z. B. die Unterscheidung von theoretischen und empirischen Sätzen, der Begriff „logische Gegenstände" usw. können nur anhand dieses Modells erklärt werden.

WITTGENSTEIN zitiert eine Stelle aus dem Theätetus von Platon, die ein Summary seines Frühwerkes darstellen könnte:
„Sokrates (im Theätetus): ‚Täusche ich mich nämlich nicht, so habe ich von Etlichen gehört: für die *Urelemente* — um mich so auszudrücken — aus denen wir und alles übrige zusammengesetzt sind, gebe es keine Erklärung; denn alles, was an und für sich ist, könne man nur mit Namen *bezeichnen;* eine andere Bestimmung sei nicht möglich, weder die, es sei, noch die, es *sei nicht* ... Was aber an und für sich ist, müsse man ... ohne alle anderen Bestimmungen benennen. Somit aber sei es unmöglich, von irgend einem Urelement erklärungsweise zu reden; denn für dieses gebe es nichts als die bloße Benennung; es habe ja nur seinen Namen. Wie aber das, was aus diesen Urelementen sich zusammengesetzt, selbst ein verflochtenes Gebilde sei, so seien auch seine Benennungen in dieser Verflechtung zu erklärender Rede geworden; denn deren Wesen sei die Verflechtung von Namen'" (Platon, Theätetus, zit. nach WITTGENSTEIN, 1967).

In dieser pointierten Weise hat auch WITTGENSTEIN selbst die Abbildtheorie herausgearbeitet:

> „Die Welt ist die Gesamtheit der Tatsachen ..." (1.1.)
> „Wir machen uns Bilder der Tatsachen." (2.1.)
> „Das Bild besteht darin, daß sich seine Elemente in bestimmter Art und Weise zueinander verhalten." (2.1.4.)

> „Das logische Bild der Tatsachen ist der Gedanke.“ (3.)
> „Im Satz drückt sich der Gedanke sinnlich wahrnehmbar aus.“ (3.1.)
> „Das Zeichen, durch welches wir den Gedanken ausdrücken, nenne ich das Satzzeichen . . .“ (3.1.3.)
> „Das Satzzeichen besteht darin, daß sich seine Elemente, die Wörter, in ihm auf bestimmte Art und Weise zueinander verhalten.“ (3.1.4.)

Zusammenfassend können wir sagen: Nach dem Modell der Abbildtheorie besteht eine Dualität von Wirklichkeit und Sprache (Gedanke), wobei die Sprache die Welt logisch abbildet. Ein Satz ist „wahr“ bedeutet in diesem Modell, daß er in Wirklichkeit richtig abbildet: „Das Bild stimmt mit der Wirklichkeit überein oder nicht; es ist richtig oder unrichtig, wahr oder falsch.“ (2.2.1.) (WITTGENSTEIN, 1963).

In diesem Modell — angewandt auf unseren Problemkreis — wird die Beobachtung bzw. das Beobachtungsprotokoll als eine Art „Abbilden“ aufgefaßt, wodurch der Begriff „Validität von Beobachtungsdaten“ eine spezifische Deutung erfährt. Ist nämlich Beobachten eine Art Abbilden, so sind Beobachtungsdaten valide, wenn sie die Wirklichkeit richtig wiedergeben, d. h. „die Wirklichkeit richtig abbilden“. Die Validität gibt den Grad der *Übereinstimmung zwischen Beobachtungsprotokoll und Realität* an.

Auch der Begriff „Meßgenauigkeit“ wird von diesem Validitätsbegriff betroffen. Genauer beobachten (beschreiben) bedeutet hier zu einer präziseren Übereinstimmung zwischen Bild und Abgebildetem zu kommen, Genauigkeit also im Sinne von Übereinstimmung zwischen Sprache und Wirklichkeit. Das ist aber nichts anderes als die Validität der Beobachtungsdaten, von der wir eben gesprochen haben. Im Abbildmodell ist also für einen eigenen Problembereich „Meßgenauigkeit“ kein Platz.

Werden aber Validität und Meßgenauigkeit identisch gesetzt, so ergibt sich eine Maxime mit weitreichenden Folgen für die Praxis: *Je genauer beobachtet wird, desto besser!* Die Meßgenauigkeit wird zur Grundnorm, zum Maßstab schlechthin für Beobachtungsdaten. Und die Beobachtung kann verbessert werden, ohne daß man sich Gedanken darüber macht zu welchem Zweck beobachtet wird, ja — in konsequenter Durchführung dieser Richtlinie kommt man zur Forderung der Beobachter solle möglichst wenig von Zweck und Ziel seiner Arbeit wissen, weil das Wissen um die Verwendung der Daten nur zu einer Verunsachlichung des Prozesses des Abbildens führen könne. Der Beobachter ist demnach eine Art Kameramann, der Aufnahmen macht, und der sich nicht weiter zu kümmern hat, was nachher mit den Aufnahmen geschieht.

Fassen wir zusammen: Wird der Beobachtungsprozeß nach dem Abbildmodell beschrieben, so ist das Kriterium für die Beurteilung der Beobachtung die „Wirklichkeit“, „Realität“. Die Validierung selbst besteht im wesentlichen im Vergleich der Protokolle mit der Wirklichkeit. Als wichtigste Forderung für den Beobachter ergibt sich daraus, daß Beobachtungsdaten dann valide sind, wenn sie die Wirklichkeit genau wiedergeben, und besser beobachten bedeutet: genauer, detaillierter, umfassender beobachten.

Die Filmaufnahme und das Beobachtungsprotokoll

Ein Modell ist eine Art „Erklärungs-Werkzeug“. Was für jedes Werkzeug gilt, gilt auch für ein Modell: es ist begrenzt verwendungsfähig. *Das Abbildmodell kann*

die stellvertretende Funktion der Sprache sehr gut beschreiben. Wir können uns in Abwesenheit der Dinge über sie unterhalten, ein Reporter kann uns berichten was meilenweit von uns geschehen ist, er kann es so berichten, daß wir darüber Bescheid wissen als wären wir am Tatort gewesen.
Das ist ein erstaunliches Phänomen, eine Fähigkeit der Sprache. Die Abbildtheorie beschreibt uns diese Leistung; die Sprache gibt uns ein Bild vom Sachverhalt. Du bist fern der Heimat, ziehst ein Photo aus der Tasche und zeigst es deinem Begleiter. Du sagst: Das ist meine Familie, Frau und Kinder. So arbeitet auch die Sprache.
Aber andere Funktionen wiederum, die die Sprache ebenfalls zu leisten vermag, können mit dem Abbildmodell nicht beschrieben werden: *Handeln des Menschen vorzubereiten und zu bestimmen.* Nach dem Abbildmodell leistet eine Filmaufnahme und ein Beobachtungsprotokoll dasselbe. Sie liefern uns Bilder. Aber das ist nur die halbe Wahrheit. Würde das Beobachtungsprotokoll nur Bilder liefern, so wäre der Beobachter ein „sehr schlechter Videorekorder", und wir würden auf die mühselige Arbeit Videoaufzeichnungen zu machen und sie hinterher beobachten zu lassen wohl verzichten.
Wir tun es nicht. Der Videorekorder leistet eben nicht dasselbe wie der Beobachter, er leistet etwas anderes. Er speichert ein bestimmtes Reizmaterial.

Zur grundsätzlichen Auseinandersetzung über die Funktion des Satzes bzw. die Funktion des Bildes cf. P. INNERHOFER: Die Genese des Frühwerkes von L. WITTGENSTEIN, Innsbruck, 1969; G. PATZIG: Satz und Tatsache. In: H. DELIUS und G. PATZIG (Hrsg.), Argumentationen. Festschrift f. J. KÖNIG, Göttingen, 1964.

Was aber tut der Beobachter? Wir haben gesehen, wie diese Antwort im Abbildmodell des kritischen Realismus aussieht. Sie aber reicht nicht hin um zu erklären, weshalb wir neben hochwertigen Filmaufnahmen immer noch den Beobachter benötigen. Man könnte sagen: der Beobachter macht aus dem Reizmaterial eine Orientierung, eine Handlungsweise, er stellt eine Art Diagnose usw. Doch diesen Begriffen fehlt die Präzision, die Begriffe haben, wenn sie sich auf ein Modell beziehen und nicht im allgemeinen Verständnis der Umgangssprache schwimmen müssen. Der Vergleich von Filmaufnahme und Beobachtungsprotokoll kann uns nur darauf aufmerksam machen, daß sich die Funktion des Beobachtungsprotokolls nicht auf die Funktion des Bildes beschränkt. Wenn dem Trainer vor Beginn seiner Arbeit das gesamte Reizmaterial gleichsam wie ein Film im Gedächtnis zur Verfügung stünde, so wüßte er doch nicht *welche Trainingsziele sinnvoll wären, welche Ereignisse andere Ereignisse steuern, welche Ereignisse für seine Aufgabe vernachlässigt werden können usw.*
Er müßte mit einem Wort die Aufgabe der Beobachtung doch noch leisten, um das Training in gezielter Weise durchführen zu können. Der Videorekorder macht aus dem Reizmaterial noch nichts, er speichert es nur; der Beobachter hingegen macht daraus etwas Neues. Er beantwortet Fragen, er trifft nach vorgegebenen Regeln Entscheidungen.

Der Operationalismus

Unter „Operationalismus" versteht man allgemein eine bestimmte Art, wissenschaftliche Termini zu definieren. STEVENS definiert Operationalismus „als eine Methode, mit deren Hilfe die Bedeutung von Begriffen getestet wird, indem man sich auf die konkreten Operationen beruft, durch die der Begriff bestimmt ist" (STEVENS, 1935). In Anlehnung an WITTGENSTEIN möchten wir den Begriff weiter ausdehnen auf den erkenntnistheoretischen Versuch in Anlehnung an die operative Deutung der logischen Konstanten die Sprache insgesamt operativ zu interpretieren (INNERHOFER und GOTTWALD, 1975).

Wie stark sich das Abbild-Modell zur Beschreibung des Zusammenhanges von Sprache und Gegenwart der Sprache anbietet, erfahren wir, wenn man nach einem alternativen Modell Ausschau hält. Was die Handlichkeit und die Präzision anbelangt, gibt es da nichts Gleichwertiges. Man vergleiche die Umständlichkeit der Sprache bei HABERMAS und GADAMER mit der Einfachheit und Klarheit, in der POPPER mit Hilfe der Korrespondenztheorie über denselben Sachverhalt reden kann. Nach HABERMAS gelten die Annahmen als empirisch wahr, „die ein erfolgskontrolliertes Handeln leiten können ohne bisher durch experimentell angestrebte Mißerfolge problematisiert worden zu sein" (HABERMAS, 1970). Auch dieser Satz läßt Konturen eines Modells erkennen, aber sie sind nicht in eine präzise Terminologie gefaßt, und es haftet ihnen daher die Plausibilität und Vagheit vorwissenschaftlicher Erkenntnis an.
Soweit ich die Literatur überblicke, sind diese Konturen eines Modells im Spätwerk WITTGENSTEINS am schärfsten herausgearbeitet worden.
Den ersten Schritt dazu tat er bereits im Frühwerk und paradoxerweise als Versuch, die Abbildtheorie als Erklärungsmodell zu retten.
WITTGENSTEIN stieß auf die Grenzen der Brauchbarkeit des Abbildmodells bei der Beschreibung der Funktion der logischen Konstanten. Wird die Abbildtheorie radikal durchkonstruiert auf die logischen Konstanten angewandt, so ergibt sich die Frage: Was bilden logische Konstanten ab? FREGE, der Lehrer WITTGENSTEINS, entschied sich dafür „logische Gegenstände" zu postulieren:

> „Ich habe mich lange dagegen gesträubt, die Wertverläufe und damit die Klassen anzuerkennen; aber ich habe keine andere Möglichkeit gesehen, die Arithmetik logisch zu begründen. Es handelt sich dabei um die Frage: Wie fassen wir logische Gegenstände? Und ich habe keine Antwort darauf gefunden als die: wir fassen sie als Umfänge von Begriffen, oder allgemeiner als Wertverläufe von Funktionen. Daß dies mit Schwierigkeiten verknüpft ist, habe ich nie verkannt ... aber welchen anderen Weg hat man?" (zit. nach RICHTER, 1965).

Noch unbefangener äußert sich RUSSELL:

> „Die Arithmetik muß in genau gleichem Sinn entdeckt werden, in dem Kolumbus Westindien entdeckte; wir erschaffen die Zahlen ebensowenig, als er die Indianer erschuf" (zit. nach RICHTER, 1965).

WITTGENSTEIN erkannte, daß diese Zusatzannahme mit den logischen Gegenständen wohl die Anwendbarkeit der Abbildtheorie auf die logischen Sätze rettet, aber daß diese Zusatzannahme nichts einbringt. So versucht er das Problem auf andere Weise zu lösen, er entwickelt seine Theorie der Tautologie, bzw. er interpretiert die logischen Konstanten als Operationen:

> „Verneinung, logische Addition, logische Multiplikation, etc. sind Operationen" (5.2341 op. cit.).

Logische Begriffe stellen somit eine Art Handlungsanweisung (Regel) dar und stehen in Kontrast zu den „empirischen Begriffen", die abbilden. Stellt im Frühwerk die operationale Deutung der logischen Konstanten eine Ergänzung zur Abbildtheorie dar, so dreht WITTGENSTEIN im Spätwerk den Spieß um: Mit Hilfe der beiden Begriffe „Spiel“ und „Werkzeug“ kommt WITTGENSTEIN zu einer operationalen Interpretation der gesamten Sprache, *in der die Abbildtheorie als Beschreibung einer Teilfunktion der Sprache bestehen bleibt*. Der Dualismus von Sprache und Wirklichkeit wird aufgelöst. Der Wahrheitsbegriff wird nun nicht mehr in der Vorstellung der Übereinstimmung von Satz und Wirklichkeit fundiert, sondern im Funktionszusammenhang von Werkzeug — Handlung — Ziel, wobei natürlich das Abbilden von Wirklichkeit mit zu den Funktionen der Sprache gehört. Ein Satz ist wahr, bedeutet somit: ein Satz ist brauchbar. Da aber die Zwecke, zu denen Sprache eingesetzt wird, vielfältig sind, ist dementsprechend auch der Begriff „brauchbar“ vielfältig.

Daß wissenschaftstheoretische Aussagen, die aus dem Abbildmodell heraus entwickelt werden, haarscharf an der Realität einzelwissenschaftlicher Arbeit vorbeigehen, wird u. a. an der Aussage POPPERS, man könne Hypothesen wohl falsifizieren aber nicht verifizieren, deutlich. Die Aussage POPPERS erweckt den Eindruck, daß man in der Wissenschaft wohl weiß, was falsch ist, aber man weiß nie, was richtig ist. Auf den praktischen Fall angewandt bedeutet dies: Wir wissen zwar, *daß durch Zureden Ängste nicht* gelöst werden, aber wir sollen nicht wissen dürfen, daß durch die systematische Desensibilisierung Ängste gelöscht werden. Wieviel brauchbarer und effektiver in der Beschreibung ist die Aussage im operationalen Modell: die Hypothese von der Löschung von Ängsten durch „gut Zureden“ erweist sich für den Therapeuten als unbrauchbar, während sich die Hypothese von der Löschung von Ängsten durch die systematische Desensibilisierung als brauchbar erwies. *Diese Aussage muß immer historisch gemacht werden,* bezogen auf die Bedingungen der Zeit, in der die Aussage gemacht wird. Sie läßt es offen, daß eine spätere Zeit vielleicht noch effektivere Formen der Desensibilisierung findet, oder vielleicht auch, daß infolge eines veränderten Informationsstandes des Patienten die Methode der systematischen Desensibilisierung unbrauchbar wird zur Löschung von Ängsten. Die Tatsache, daß eine spätere Zeit vielleicht effektivere Formen der Angstbekämpfung besitzen wird, schmälert nicht den Wahrheitsgehalt der Aussage „Ängste können durch die Methode der Desensibilisierung gelöscht werden.“ Und der Wahrheitsgehalt der Aussage wird auch dadurch nicht beeinträchtigt, daß nicht alle Ängste mit der systematischen Desensibilisierung gelöscht werden. Die Hypothese ist eben nur begrenzt brauchbar wie fast jedes Instrument.

Welche Folgerungen für die Beobachtung ergeben sich, wenn wir den Validitätsbegriff im Modell des Operationalismus verankern? Wir haben gesehen, daß im Abbildmodell Validität gleichbedeutend mit Meßgenauigkeit ist. Im operationalen Modell fallen die beiden Begriffe praktisch nur dann zusammen, wenn die Funktion des Beobachtens als Abbilden festgelegt worden ist. In unserem Falle der orientierenden Beobachtung geht es um die Bildung von Arbeitshypothesen über Interaktionszusammenhänge. Wir beobachten, um Verhalten zu verändern. Eine Beobachtung ist *unter dieser Zielsetzung* valide, d. h. brauchbar, wenn sie die Arbeit des Trainers optimiert (durch Verkürzung der Trainingszeit; durch günstigere Veränderung des Zielverhaltens; usw.). Aber auch andere Ziele können wir im konkreten Falle haben, z. B. die Unterscheidung eines guten von einem schlechten Training, usw.

HÖRMANN (1964) geht von einem ähnlichen Standpunkt aus bei seiner Kritik der diagnostischen Praxis. „Der Prozeß des Diagnostizierens kann umgewandelt werden in eine Kette von Entscheidungen, wie es von CRONBACH und GLESER (1957) vorgeschlagen wird. Dann ist nicht mehr die genaue, zutreffende Voraussage oder Einschätzung, sondern die qualitativ richtige Entscheidung ... das Ziel des Diagnostikers" (S. 32). (Vgl. dazu auch HÖRMANN, 1967.)

Es ist festzuhalten. Im operationalen Verständnis von Beobachtung liegen die Maßstäbe für ihre Bewertung nicht mehr im Vergleich des Beobachtungsprotokolls mit der Wirklichkeit, sondern *im Vergleich von Handlungen und Handlungsergebnissen.* Ein Beobachtungssystem ist demnach nicht ohne weiteres schon valider, weil es mehr Verhaltensweisen erfaßt als ein anderes, oder weil es diese Verhaltensweisen genauer erfaßt. Es ist erst dann als valider zu beurteilen, wenn nachgewiesen wird, daß das Training, das auf ihm aufbaut, effektiver ist. Das kann aber u. U. bedeuten, daß ein globales Beobachtungssystem mit wenigen Klassen valider ist als ein differenziertes, weil man z. B. beim ersteren zu einer effektiveren Daterverarbeitung kommt.
Das ist auch letztlich der Grund, weshalb Videoaufzeichnungen *ohne Auswertung* für das Training von geringem Nutzen sind. Die Fülle der möglichen Information kann nicht in der Weise verarbeitet werden, daß daraus kontrollierbare Handlungsanweisungen abgeleitet werden könnten. Die Beobachtung hat dabei die Aufgabe für das Training irrelevante Informationen auszuscheiden und die relevante Information in einer Weise zu ordnen, daß sie für den Trainer überschaubar wird und, d. h., daß sie für den Trainer brauchbar wird.
Auf die eingangs gestellte Frage: „Was tut ein Beobachter?" können wir nun auch im operationalen Modell eine Antwort geben:

Der Beobachter selegiert und sammelt aus Filmaufzeichnungen die Information, die der Trainer für die Durchführung des Trainings braucht, und er stellt sie in einer Weise geordnet dar, daß er die Information unmittelbar verwerten kann.
Im Abbildmodell muß die Kenntnis von Ziel und Zweck der Beobachtung für die Durchführung der Beobachtung eher störend wirken — im operationalen Modell ist sie eine Voraussetzung um beobachten zu können. Im Abbildmodell steht die Forderung nach Genauigkeit an erster Stelle als Maßstab für die Beurteilung von Beobachtungsdaten schlechthin. Im operationalen Modell muß ein Beobachter rechtfertigen weshalb er genauer beobachtet als ein zweiter, wenn damit ein zusätzlicher Aufwand verbunden ist.
Fassen wir zusammen. Wird der Beobachtungsprozeß nach dem operationalen Modell beschrieben, so ist das Beurteilungskriterium der Erfolg. Die Validierung besteht im Vergleich von Handlungen oder Handlungsergebnissen, die auf Informationen fußen und die mit verschiedenen Beobachtungssystemen gewonnen wurden. *Für die Bewertung eines Beobachtungssystems kann also nur ein anderes Beobachtungssystem herangezogen werden und nicht die „Wirklichkeit".*

3.2. Ziel und Aufgabe der orientierenden Beobachtung

Wir haben uns entschlossen das operationale Modell für die Beschreibung der Beobachtung, ihrer Aufgaben und Probleme zu benutzen. Wir können sie in folgende Fragen gliedern, die jeweils mit bestimmten Aufgaben und Problemen verbunden sind: Zu welchem Zwecke (Klärung des Zieles der orientierenden Beobachtung) (1) soll welche Information (Auswahl der Variablen) (2) in was für einer Menge (Auswahl der Beobachtungsstichprobe) (3), unter welchen Bedingungen (Wahl der Beobachtungssituation) (4), mit welcher Genauigkeit (Definition der Variablen und Beobachtungseinheiten) (5) und Objektivität (Ausbildung der Beobachter) (6) und mit welchem Aufwand (Ökonomie der Datenerhebung an Apparaten und Zeitaufwand) (7) erhoben werden, und wie soll die erhobene Information dargestellt werden (statistische Verarbeitung des Rohmaterials (8)?

3.2.1. Klärung des Zieles der orientierenden Beobachtung

Wir beobachten um Verhalten zu verändern und damit Probleme zu lösen, unter denen eine Familie oder einzelne Mitglieder einer Familie leiden. Dies ist in der Reihe der Ziele das letzte, gleichsam das oberste Ziel, das dem Beobachter vorgegeben ist. Etwas weniger grundsätzlich und damit auch näher der Wirklichkeit können wir sagen: Wir beobachten, um ein Training vorzubereiten. Die Beobachtung soll dem Trainer zusammen mit anderen Informationsquellen die Information liefern, die er braucht um im Training das Verhalten oder mittelbar gesehen die Situation so zu verändern, daß ein Erlöschen der Probleme erwartet werden kann. Zwei Aufgaben vor allem sind auf die unmittelbare Verhaltensbeobachtung angewiesen: Die Klärung der Trainingsziele auf dem konkreten Niveau von Verhaltenseinheiten sowie die Problemanalyse.

Klärung der Trainingsziele. Die Probleme werden dem Psychologen von den Eltern meist in einer globalen Form beschrieben, die ihm nicht mehr als eine Orientierung für die Beobachtung bietet. Sie kann nur in manchen Fällen bzw. nur zum Teil die Beobachtung ersetzen. Z. B. Klagen wie „das Kind sei faul, unfolgsam, jähzornig, aggressiv usw.“ bedürfen immer der exemplarischen Definition durch beobachtete Verhaltensereignisse.
Eine weitere Forderung nach Verhaltensbeobachtung ergibt sich aus der Tatsache, daß das Auffällige am Verhalten eines Kindes häufig nicht qualitativ beschrieben werden kann, weil dieselben Verhaltensweisen bei jedem Kinde zuweilen vorkommen, sondern quantitativ beschrieben werden muß als Abweichung von der Norm bezüglich der Häufigkeit.
Aber gerade Häufigkeiten lassen sich schwer schätzen. Hier ist die systematische Verhaltensbeobachtung unumgänglich. Sie muß aber in einer Art durchgeführt werden, daß quantitative Aussagen über einzelne Verhaltensklassen gemacht werden können.
Die Bewertung eines Verhaltens als „auffällig“ ist unter anderem auch eine Frage des Ermessens. Nicht selten wird ein Verhalten des Kindes nur von seinen Eltern als auffällig beurteilt, d. h. aber, daß nur die Bewertungsnormen, die Erwartungen der Eltern von der Norm abweichen, nicht aber das Verhalten des Kindes. Man kann diese Schwierigkeiten auch als Sprachprobleme darstellen; Psychologe und Eltern verstehen häufig nicht dasselbe unter einem bestimmten Begriff. Auch solche Probleme können meist nur durch die ergänzende Information aus der Verhaltensbeobachtung geklärt werden.

Analyse der Problemereignisse. Wir gehen im Training von der Voraussetzung aus, daß das Verhalten des Kindes über eine Umweltveränderung gesteuert werden kann. Und, da der Großteil der veränderbaren Umweltvariablen im Verhalten der Erzieher des Kindes liegen, ergibt sich die Aufgabe, das Verhalten der Erzieher nach Reaktionen abzufragen, die eine Kontrolle auf das Verhalten des Kindes ausüben.

Aber auch das Verhalten der Erzieher ist umweltbedingt und soll im Training über eine Umweltveränderung gesteuert werden. Und so wie für das Kind die primäre Steuerung im Verhalten des Erziehers liegt, so liegen die steuernden Variablen für den Erzieher zu einem großen Teil im Verhalten des Kindes. Diesen Interaktionsprozeß, den Prozeß wechselseitiger Steuerung, muß der Trainer kennen, will er erfolgreich und auf Dauer Probleme der Familie lösen.
Das Training selbst liefert die Erfahrung, daß ein Verhalten effektiver verändert werden kann, wenn es auf der anschaulichen Ebene, und wenn es im Kontext seines Vorkommens beschrieben wird. Z. B.: Die Mutter sagt: „A, was, überleg doch a bisserl", wenn das Kind einen Fehler macht. Abstrakter ausgedrückt: Die Mutter greift strafend ein, sobald das Kind einen Fehler macht. Der Trainer wird — falls sonst keine Erziehungsfehler vorkommen — das Verhalten der Mutter nur auf die Zeitmarke „Kind macht Fehler" verändern. In solcher Genauigkeit und Präzision kann uns nur die Verhaltensbeobachtung die Information bringen.

3.2.2. Die Konstruktion des Beobachtungssystems: Die Auswahl der Variablen

Wir wollen in diesem Abschnitt zunächst einige Anmerkungen zur Konstruktion des Beobachtungssystems bringen, vor allem zu den beiden Dimensionen, nach denen die Information ausgesondert und geordnet wird und daran anschließend Anmerkungen zur Validität des Systems.

Anmerkungen zur Konstruktion des Beobachtungssystems. Das Beobachtungssystem, das der Trainingsvorbereitung gerecht wird, muß aufzeigen, von welchen Umweltereignissen das jeweilige Verhalten abhängig ist. Es muß mit seiner Hilfe die irrelevante Information von der relevanten geschieden werden können, und die relevante Information muß in einer Weise klassifizierbar sein, daß funktional gleiche und ähnliche Ereignisse zu einer Beobachtungsklasse zusammengefaßt werden können und funktional unähnliche Ereignisse in verschiedene Beobachtungsklassen.
Der Schwierigkeit dieser Aufgabe wird man sich erst bewußt, wenn man sieht, daß Verhalten auch unter funktionalem Aspekt nicht kategoriell, sondern kontinuierlich ist. Parallel zum psychiatrischen Begriff des „ambivalenten Verhaltens", die Verbindung von Annäherung und Vermeidung, können wir von ambivalenten Funktionen sprechen. Typisch dafür ist das „nörgelnde Verhalten" des Erziehers. Häufig genug wurde in Fallstudien die belohnende Funktion des „Nörgelns" nachgewiesen. Aber ebenso bekannt ist, daß Tadel zur Vermeidung führt, also strafende Eigenschaften besitzt. Wir vermuten, daß dabei die Lerngeschichte eine wichtige Rolle spielt. Ein sozial depriviertes Kind mag das Nörgeln als Zuwendung empfinden, als Belohnung vom Typ II, Unterbrechung des Strafreizes, Isolation. Aber selten läßt sich dies überzeugend nachweisen.
Bei der Identifikation von positiven Hilfen und von Störreizen ist das Problem nicht geringer. Wir konnten beobachten, daß Kinder gut arbeiteten, während im Klassenzimmer „die Hölle los war". Für diese Kinder war in dieser Situation „Lärm" kein Störreiz für Arbeiten.
Wir mußten feststellen, daß Beobachter in solchen Fällen sich sträuben „Lärm" als irrelevantes Ereignis zu betrachten. Es entwickelt sich bei ihnen eine Art a priorische Wertung: „Lärm ist ein Störreiz." Wir beanspruchen jedoch nicht Verhalten im allgemeinen zu erklären, sondern das hic et nunc auftretende Verhalten auf Umweltreize zurückzuführen. Aber „die Wirklichkeit ist unbeschreiblich aus-

führlich", und wir sind gezwungen, diese Vielfalt in wenige Begriffe zu pressen, weil uns die Vielfalt wieder unüberwindliche Verarbeitungsprobleme aufbürden würde.
Ein besonderes Problem ergibt sich beim Ignorieren. Nicht-Eingehen muß noch nicht unbedingt Ignorieren bedeuten. Es ist in diesem Zusammenhang interessant, was F. HOPF bei Affen beobachtet hat, daß nämlich Löschung des Annäherungsverhaltens des Kindes an die Mutter am wahrscheinlichsten ist, wenn das Muttertier dem Kind nicht ausweicht, sondern einfach etwas anderes tut, sobald das Kind einen Annäherungsversuch macht (HOPF, 1972, und im persönlichen Gespräch). Im Verhältnis Mutter und Kind können wir ähnliche Phänomene beobachten. Das aufmerksamkeitssuchende Wimmern des Kindes wird oft bei Nicht-Reagieren der Mutter über sehr lange Zeit fortgesetzt. Nimmt jedoch die Mutter ein Buch zur Hand und beginnt zu lesen, wird die Sequenz vom Kind rasch beendet. Das „bewußt eingesetzte" Ignorieren wirkt auf das Kind wie eine Provokation. Aber auch diesen Satz kann man nicht verallgemeinern. Häufig genug tritt nämlich auch bei „gezieltem Ignorieren" Löschung ein.
Das von uns entwickelte Kategoriensystem ist aus einem erweiterten operanten Modell, dem sogenannten Regel-Modell (INNERHOFER, 1974) abgeleitet. Es ordnet die Beobachtungsklassen nach den beiden Dimensionen der K-Dimension (Konsequenzen) und der Z-Dimension (Praesequenzen).
Diese Unterscheidung geht davon aus, daß im Training von einer doppelten Form der Beeinflussung von Verhalten ausgegangen wird; grob gesprochen ist es die emotional-indirekte Steuerung von Belohnung und Bestrafung sowie die sachlich-direkte Steuerung von Hilfe und Behinderung.

Die Dimension der Konsequenzen. Sie umfaßt die Beobachtungsklasse: „Belohnung" (K^+), „Bestrafung" (K^-), „Ignorieren" (K°) und eine irrelevante Restkategorie (K), wie wir sie fast identisch auch im operanten Modell von SKINNER finden. Unterschiede ergeben sich lediglich durch die Änderung der Zuordnungsregeln, aber sie betreffen nicht die System-Validität, sondern die Meßgenauigkeit. Das Belohnende an einem Ereignis kann im Sozialen liegen: im Inhalt einer Aussage (Lob, Versprechen, usw.), im Ton der Aussage (freundlich, lebhaft, usw.), im Ausdruck (lächeln, interessierter Blick, usw.), oder in der Gebärde (Streicheln, Umarmen, usw.).
Das Belohnende an einem Ereignis kann auch in Triebbefriedigung liegen: Befriedigung von Hunger und Durst, sexuelle Befriedigung, Befriedigung von Neugier und von Drang nach Bewegung und Stimulation.
Das Belohnende an einem Ereignis kann auch im Erreichen eines Zieles, in der Rückmeldung über erfolgreiche Annäherung eines Zieles, über die Beseitigung von Hindernissen usw. liegen.
Das Belohnende eines Ereignisses kann schließlich in der Befriedigung von Kompetition liegen: im positiven Abschneiden im Vergleich mit anderen; in der Meldung von Mißerfolg des Gegners; im Ausdruck des Leidens beim Gegner, in der Unterwürfigkeit, der Angst und der emotionalen Erregung, usw.
All diese Ereignisse sind meist nur unter bestimmten Bedingungen im Sinne einer Verstärkung wirksam. Soziale Ereignisse sind abhängig von der Beziehung, die zwischen Sender und Empfänger besteht; Ereignisse der Triebbefriedigung sind abhängig vom Triebzustand; belohnende Ereignisse der Zielannäherung vom Anspruchsniveau usw.

Ereignisse der Bestrafung sind konträr zu denen der Belohnung, und ihre Aufschlüsselung erfolgt daher spiegelbildlich zu der der belohnenden Ereignisse.
Vor ein besonderes Problem der Klassifizierung stellen uns die gemischten Ereignisse, Ereignisse also, die zeitlich gesehen gleichzeitig belohnend und bestrafend sind, wie wir sie besonders bei sozialer Zuwendung und bei kompetitiven Ereignissen finden. Wir haben uns darauf geeinigt solche Ereignisse nach dem vorherrschenden Aspekt zu klassifizieren.
Ignorieren liegt vor, wenn eine Belohnung oder Bestrafung (Verstärkung), die vorher auf eine bestimmte Reaktion des Empfängers gegeben wurde, nicht mehr gegeben wird. In der Praxis läßt sich der Begriff schwer abgrenzen von der diskontinuierlichen Verstärkung (ein Verstärkungsplan, in dem in variabler Form nur einzelne Reaktionen verstärkt werden). Auch bei der diskontinuierlichen Verstärkung unterbleibt die Verstärkung auf Reaktionen, die in der Vergangenheit verstärkt wurden. Die beiden Begriffe Ignorieren und diskontinuierliche Verstärkung können nur dann voneinander abgegrenzt werden, wenn wir etwas über die Zeitlänge oder über die Reaktionsquote aussagen könnten, die keine Verstärkung erhalten dürfen, damit Löschung eintritt. Darüber können wir aber wegen der großen intra- und interindividuellen Streuung nichts aussagen.
Um den Begriff praktikabel zu halten, haben wir ihn dahingehend abgeändert, daß „Ignorieren" registriert wird, wenn erstens das antezedente Ereignis die Erwartung einer bestimmten Reaktion des Partners erkennen läßt, und zweitens diese Reaktion einfach ausbleibt. D. h. wir registrieren auch dann noch Ignorieren, wenn u. U. eine längere Beobachtung diskontinuierliche Verstärkung registrieren würde. Diese Definition berücksichtigt nur die Zeitlänge einer Interaktion und bevorzugt verbales Verhalten. Man wird daher in jedem Falle prüfen müssen, ob diese Voraussetzungen gemacht werden dürfen und bei auftretenden Zweifeln eine andere Entscheidung treffen.
Reagiert die Mutter auf die Frage des Kindes „warum muß ich jetzt aufräumen?" mit „bring das rote Klötzchen dort!", so wird bei der Mutter Ignorieren signiert, weil die Antwort auf die Frage einfach ausbleibt. Hingegen, wenn sie gesagt hätte „das weißt du doch", oder „denk mal nach", oder „das will ich dir nicht nochmals sagen", signieren wir nicht Ignorieren, weil die erwartete Reaktion der Mutter nicht einfach ausfällt, sie setzt eine konträre.
Graphisch können wir diese Dimension als Fläche darstellen, wobei die räumliche Nähe die Ähnlichkeit der Phänomene bzw. die Ähnlichkeit in der Auswirkung auf den Partner anzeigt. Gemessen werden könnte die räumliche Nähe zweier Ereignisse durch die Wahrscheinlichkeit der Übereinstimmung verschiedener, unabhängiger und untrainierter Beobachter in der Klassifizierung desselben Ereignisses (Abb. 3).

Die Dimension der Praesequenzen. Wir versuchen uns Interaktionen als eine Verhaltenskette vorzustellen, in der die vorausgehende Reaktion die nachfolgende bestimmt. Dieser Ansatz ist natürlich nicht neu. WEIZENBAUM (1967) berichtet sogar von einem Versuch, in dem ein Computer nach Interaktionsregeln programmiert wurde, um als Gesprächspartner eingesetzt zu werden. BALES (1950) hat nachweisen können, daß in Gruppengesprächen in 46% der Fälle eine Meinung geäußert wird, wenn der Partner danach fragt; daß in 49% der Fälle auf das Äußern einer Meinung eine Zustimmung erfolgt, usw. Auch zur Reziprozität von averbalen Parametern gibt es eine Reihe von Untersuchungen wie die von CHAPLE

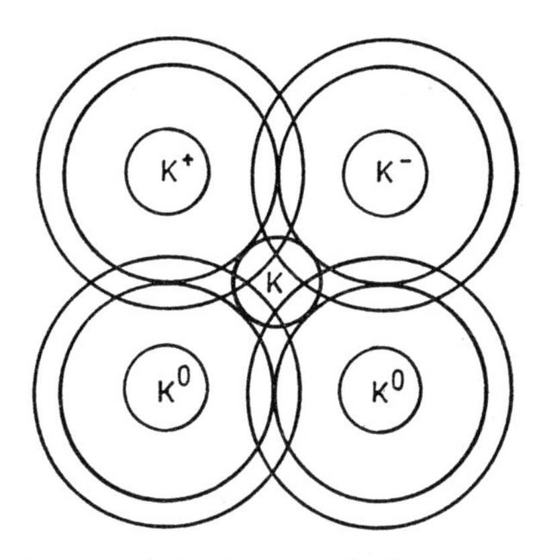

Abb. 3. Reizmenge. Graphischer Ausdruck der Klassifikation von Beobachtungsereignissen nach der K-Dimension. Die räumliche Nähe drückt die funktionale Ähnlichkeit aus. Die überschneidenden Kreise sind Ausdruck des kritischen Grenzbereiches

(1953) oder von MATARAZZO (1965), aber ein Eingehen auf die umfangreiche Literatur zu diesem Thema übersteigt den Rahmen dieser Arbeit.
Es bleibt festzuhalten: Fragen wie „Wenn ich das tue, wie wird der Partner darauf reagieren?" können mit Hilfe der Verstärkungsgesetze nicht beantwortet werden. Diese mehr direkte Steuerung, oder Kurzzeiteffekte von Verhalten, versuchen wir mit Hilfe der Dimension der Praesequenzen zu erfassen. Sie umfaßt die Beobachtungsklassen: „zweckmäßige Steuerung" (Z^+), „oppositionelle Steuerung" (Z^-), „unzweckmäßige Steuerung" (Z°), „Fremdsteuerung oder sich steuern lassen" (Z), und die Restkategorie „Null-Steuerung" oder „nicht steuernd" (0).

Zweckmäßige Steuerung. Verhaltensereignisse, durch die eine Person den Partner effektiv dazu bringt das zu tun, was er von ihm aktiv erwartet, signieren wir als „zweckmäßige Steuerung". Die Bewertung einer Reaktion als zweckmäßig bedeutet nicht unbedingt auch pädagogisch angemessen, sondern nur, daß der Steuerungsversuch geschickt/effektiv gestartet wurde. Ähnlich wie die Klassifikation der Ereignisse nach der K-Dimension, will auch die Klassifikation nach der Z-Dimension nur Verhaltenszusammenhänge, d. h. also funktionale und nicht pädagogische Eigenschaften erfassen.
Das Verhalten einer Mutter z. B., die in der Beziehung zum Kind eine dominante Stellung einnimmt und das Kind dadurch in seiner Entwicklung hemmt, indem sie ihm alle Initiative abnimmt, könnte durch einen hohen Anteil von „zweckmäßiger Steuerung" charakterisiert sein, d. h. sie steuert das Kind nach ihren eigenen Vorstellungen, und sie verfolgt ihr Ziel effektiv.
Der Zusammenhang von „steuerndem Ereignis" und „reaktivem Verhalten" ist ähnlich wie der Zusammenhang von Konsequenzen und Verhalten nur ein wahrscheinlicher, und ebenso wie die Konsequenzen intra- und interindividuell verschieden sind, so sind auch die praesequenten Ereignisse individuell festzulegen. Schwierigkeiten bereitet dabei die Beurteilung ob ein steuerndes Ereignis effektiv ist oder nicht bzw., da nur ein wahrscheinlicher Zusammenhang mit dem nachfolgenden Ereignis besteht, ob das praesequente Ereignis die erwünschte Reaktion erleichtert. Oft kommt man dabei um die zeitaufwendige Aufgabe des Austestens eines mutmaßlich steuernden Ereignisses nicht herum.

Unzweckmäßige Steuerung. Die positive Steuerung wird aufgespaltet in eine zweckmäßige (Z^+) und eine unzweckmäßige (Z°). Auch die unzweckmäßige Steuerung ist so angelegt, daß sie primär nicht reaktiv ist sondern ausgerichtet, sein eigenes Ziel dem Partner aufzudrängen. Aber im Unterschied zur zweckmäßigen Steuerung ist die unzweckmäßige ineffektiv. Das Ereignis ist nicht so angelegt, daß das Ziel erreicht werden kann. In diese Klasse fallen vor allem die vielfältigen Versuche des Erziehers dem Kind zu helfen, wobei er durch seine Aktivität das Kind tatsächlich eher behindert.

Die Aufspaltung der positiven Steuerung ist für den Trainer aus folgendem Grunde wichtig. Es gibt in der Erziehung eine Reihe von asymmetrischen Situationen, d. h. Situationen, in denen der Erzieher dem Kind ein Ziel aufdrängen muß und dem Kind helfen soll ein entsprechendes Verhalten auszubilden. Dazu gehören vor allem die vielfältigen Lernsituationen, denen das Kind wegen der damit verbundenen Anstrengung oder Frustration von selbst ausweichen würde. In diesen Fällen beurteilen wir Z^+ positiv-erwünscht und Z° negativ-erwünscht. Der Trainer wird also versuchen Ereignisse, die als Z° klassifiziert werden durch Ereignisse zu ersetzen, die als Z^+ klassifiziert werden.

Eine Ausweitung der Klasse auf Ereignisse der „Fremdsteuerung" besprechen wir weiter unten.

Oppositionelle Steuerung. Ist die zweckmäßige Steuerung der effektive Versuch den Partner für ein fremdes Ziel zu motivieren, so besteht die oppositionelle Steuerung in der angestrebten Blockierung des Partners das selbstgesetzte Ziel zu realisieren, bzw. in der angestrebten Blockierung des Partners bei seinem Versuch der Fremdsteuerung. Das oppositionelle Ereignis behindert also den Partner bei der Realisierung seiner Ziele. Die zweckmäßige und die oppositionelle Steuerung sind konträr zueinander.

Während wir bei der positiven Steuerung die zweckmäßige (effektive) von der unzweckmäßigen (ineffektiven) unterscheiden, versuchen wir bei der oppositionellen Steuerung mit einer Klasse auszukommen. Z^- charakterisiert also gleichermaßen effektive wie nicht effektive Ereignisse der blockierenden (und negativen) Steuerung. Diese globale Behandlung von Z^- erscheint uns deshalb gerechtfertigt, weil wir in der Therapie die Ereignisse der oppositionellen Steuerung nicht differenzierter behandeln. Z^- als Reaktion des Kindes auf eine pädagogisch negativ zu bewertende zweckmäßige Steuerung der Mutter ist eine unangemessene Reaktion. Wir würden in einem solchen Falle das Kind Methoden lehren wie es sich positiv (also durch Ereignisse, die als Z^+ zu klassifizieren wären) den Übergriffen des Erziehers entziehen kann; d. h. wir halten die negative Steuerung in jedem Falle für unangemessen, und daher wäre für den Trainer eine größere Differenziertheit mehr hinderlich als hilfreich.

Selbst wenn wir die Steuerung der Mutter als pädagogisch unangemessen beurteilen, und das Kind sich nicht steuern lassen sollte, beurteilen wir die oppositionelle Steuerung negativ, weil sie nicht dazu angetan ist sich durchzusetzen. D. h., wir halten die negativ oppositionelle Steuerung immer für unangebracht.

Zu einer ähnlichen Gliederung der steuernden Ereignisse kommt auch PATTERSON, wenn er von „accelerators" und „decelerators" spricht (PATTERSON, COBB, 1971). In anderer Weise hat sich RAUSCH (1965) mit der Frage beschäftigt wieweit Verhalten von Ereignissen bestimmt wird, die dem Verhalten vorausgehen. Nach ihm erklärt das vorausgehende Verhalten 23% der Varianz des Verhaltens aggressiver Kinder (SCHULTE und KEMMLER, 1974).

Fremdsteuerung. Erziehungsprobleme haben häufig die Form: Das Kind läßt sich von den Eltern nicht in dem Ausmaß steuern wie diese es für gut befinden. Relativ selten kommt es hingegen vor, daß Eltern beklagen ihr Kind lasse sich zu willig steuern. Dieses letztere Problem kommt eher in der Form vor: Das Kind kann sich in der Gruppe der Gleichaltrigen nicht durchsetzen. Die mangelnde Durchsetzungsfähigkeit kann auch auf Seiten des Erziehers liegen, und wir finden sie besonders häufig bei Müttern behinderter Kinder. Viele Mütter glauben sie müßten das behinderte Kind besonders schonend behandeln, und sie müßten jeden Hilferuf des Kindes erfüllen. Das Hilfesuchen wird damit als Steuerung seiner Umwelt aufgebaut und verhindert eben dadurch den Lernfortschritt in anderen Bereichen.
Eine besondere Art der Steuerung haben wir bei Interaktionen, die die Form haben: „Was soll ich tun?" — „Das sollst du tun!". Jemand erbittet eine Orientierung und bekommt eine Verhaltensanweisung. Nach vielen Versuchen haben wir uns entschlossen jede Form des Hilfesuchens als spontane Steuerung zu signieren (als Z^+ oder als Z°) und das Geben von Hilfe konsequenter Weise als Fremdsteuerung (Z). Wird die Hilfe jedoch nicht in der Form gegeben, wie sie erbeten wurde, oder wird sie nur teilweise gegeben, so signieren wir spontane Steuerung. Z. B. Kind fragt: „Wieviel ist 51+8?". Mutter antwortet: „59" (Z) oder: „1+8 ist 9" (Z^+), oder: „Geh, Peterle, vorhin hast du's auch noch gewußt" (Z°).

Null-Steuerung. Die Beobachtungsklasse „Null-Steuerung" ist nicht nur eine lästige Restklasse. Gleichwohl ist diese Klasse vieldeutig und auf eine sorgfältige exemplarische Definition ist daher bei ihr besonderer Wert zu legen. Drei recht unterschiedliche Reaktionsklassen werden unter diese Kategorie subsumiert: Erstens Reaktionen, die ein Zurückweisen von Hilfesuchen bedeuten. Z. B. „Das mußt du selber wissen", oder: „Denk nach", oder: Auf Hilfesuchen ohne Reaktion verharren. Zweitens Reaktionen, die an und für sich als oppositionelle Steuerung signiert werden müßten ähnlich wie die Zurückweisung von Hilfesuchen, aber als solche nicht aktiv in Erscheinung treten.
Z. B. „Kaffee-trinken", „sich eine Zigarette anzünden", „in seiner Tasche herumkramen" in einer Situation, die eine aktive Mitarbeit erfordern würde. Solche Reaktionen konnten wir bei Erziehern beobachten, die sich nicht exponieren wollen. Man könnte auch sagen, die gewohnt sind von anderen gesteuert zu werden. Manchmal werden solche Reaktionen ganz bewußt und gezielt eingesetzt, um die Umwelt zu steuern. Dieser Fall tritt ein, wenn wir den Erziehern den Rat geben nach einer Aufforderung nichts zu tun und ruhig zu warten falls das Kind darauf nicht eingeht.
Drittens schließlich Reaktionen, die wir in keiner anderen Klasse unterbringen können. Eine neutrale Restkategorie also.
Was bei dieser Beobachtungsklasse besonders deutlich wird, gilt auch für alle anderen. Der Beobachter muß im einzelnen Falle entscheiden was aus dem Beobachtungsprotokoll reproduzierbar sein muß und was nicht. Das Ausblenden von Hilfe z. B. kann leicht reproduziert werden, wenn Hilfesuchen mit einem eigenen Symbol signiert wird. In unserem Falle folgen alle Null-Signierungen auf L-Signierungen.

Weitere Differenzierungen. Bei einer bestimmten Fragestellung oder Trainingsaufgabe kann es sich als notwendig erweisen, einzelne Klassen noch weiter zu differenzieren. So haben wir bei Hausaufgaben-Problemen die beiden Klassen „Z^{+}_{Kind}" und „Z_{Kind}" weiter differenziert. Bestand die positive Steuerung des Kindes im Hilfesuchen, so wurde „L" registriert. Diese zusätzliche Differenzierung erwies sich als brauchbar, weil in diesem Falle der Erzieher Hilfe geben sollte. Gibt er die Hilfe nicht, verweigert er sie, so überfordert er das Kind. In den anderen Fällen jedoch, wo das Kind keinen Fehler macht und auch nicht Hilfe erbittet, sollte er nicht helfend eingreifen, um das Kind am selbständigen Arbeiten nicht zu hindern. Wir sehen, daß diese Differenzierung für die pädagogische Bewertung notwendig war.

Aus anderen Gründen wiederum war eine differenzierte Erhebung von Z_{Kind} notwendig. Wir beobachteten, daß viele Erzieher in belohnender Weise auf das Kind eingehen, solange bis es einen Fehler macht. Auf einen Fehler des Kindes reagieren sie mit Strafe.

Unter Umständen konnte bei einem Erzieher, dann nämlich, wenn das Kind häufig Fehler machte, ein hoher Strafwert errechnet werden. Trotzdem hätte es im Training wenig gebracht beim Erzieher allgemein Strafverhalten abzubauen. Vielmehr war es notwendig das Strafverhalten auf Fehler des Kindes zu löschen und durch zweckmäßige Hilfe zu ersetzen. Mütter, die nur kontingent mit Fehlern strafen, sind meist Mütter, die sich engagiert für das Kind einsetzen, und die es gern mögen. Sie müssen im Training anders behandelt werden als Mütter, die wahllos strafen. Bei ihnen ist das Strafverhalten eher Ausdruck dafür, daß sie das Kind nicht akzeptieren können, also Ausdruck des Disengagements.

Wir sind davon ausgegangen, daß die orientierende Beobachtung dem Training dienen soll. Von der Aufgabe ausgehend, die im Training zu leisten ist, müssen daher die Beobachtungsklassen begründet werden. Von da aus muß jeweils entschieden werden welche Beobachtungsklassen ergänzend eingeführt werden sollen, oder welche man globaler behandeln kann.

Analog zur K-Dimension können wir auch die Z-Dimension als Fläche darstellen und die Beobachtungsklassen als Anteile dieser Fläche, wobei wiederum die räumliche Nähe die Wahrscheinlichkeit anzeigt, daß verschiedene Beobachter zu einer verschiedenen Klassifizierung kommen werden. Die graphische Darstellung kann dem Beobachter plausibel machen, daß es Grenzfälle gibt, die in ihrer wahrscheinlichen Auswirkung nicht eindeutig sind, und daß daher die konstante Zuordnung zur Restkategorie das geringste Risiko bedeutet (Abb. 4).

Die Frage der Validität des Beobachtungssystems. Die Frage der Validität behandelt im operationalen Modell die Brauchbarkeit des Beobachtungssystems für den Zweck dessentwegen es konstruiert und eingesetzt wird. In unserem Falle der orientierenden Beobachtung ist also die Frage zu behandeln, wieweit dieses System die Information liefern kann, die der Trainer benötigt, um effektiv operieren zu können. Vor allem von verhaltenstherapeutischer Seite werden Fragen nach der Notwendigkeit der zweiten Dimension geäußert werden.

Ist es sinnvoll das Verhalten nach zwei Dimensionen zu ordnen? Reicht die Dimension der Konsequenzen nicht aus?

Die Frage verlockt Überlegungen der Art anzustellen: Gibt es neben den Konsequenzen noch so etwas wie „motivierende Ereignisse"? Gibt es nur Birnen und Äpfel, oder gibt es auch Sommer- und Winterobst? Unser Standpunkt bei der

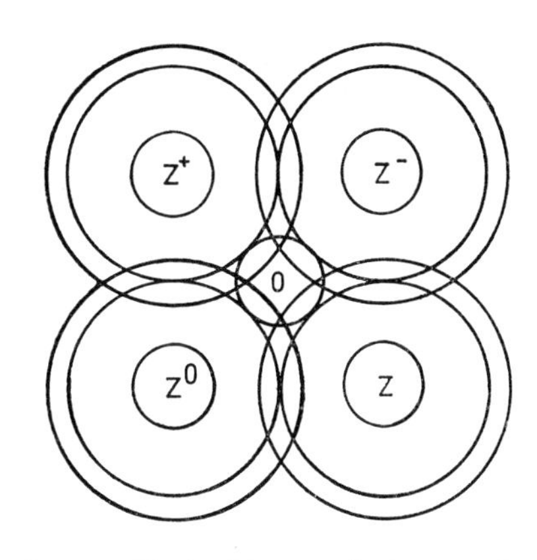

Abb. 4. Reizmenge. Graphischer Ausdruck der Klassifikation von Beobachtungsereignissen nach der Z-Dimension. Die räumliche Nähe drückt die funktionale Ähnlichkeit aus. Die überschneidenden Kreise sind Ausdruck des kritischen Grenzbereiches

Beantwortung der Frage ist die Brauchbarkeit, und wir müssen uns daher fragen: Welche Probleme löst diese Unterscheidung? Warum erleichtert sie die Konzeption von Maßnahmen? Worin besteht die Optimierung des Trainings durch diese Unterscheidung?
Diese Fragen können letztlich nur durch eine Vergleichsstudie entschieden werden, in der die Beobachtung und die darauf aufbauende Intervention variiert wird. Aber es gibt auch eine Reihe von rationalen Gründen, die wir durch die Darstellung der Arbeitsweise gewinnen können. Sie sei daher an zwei Beispielen erläutert:

Beispiel 1:

Eine Mutter bekommt die Aufgabe dafür zu sorgen, daß das Kind nach dem Spiel den Matadorbaukasten aufräumt. Dazu müssen die durch Holznut verklammerten Klötze gelöst und in den Karton eingeordnet werden. Die Lösung der Verklammerung schafft das Kind ohne Hilfe nicht.

Ausschnitte aus dem Interaktionsverlauf:

Problem: Kind kommt Aufforderung der Mutter nicht nach, wodurch es zu Streit kommt.

1/a	M:	„Geh, mach weiter“ (drängend)	K^- Z°
1/b	K:	Probiert erneut und schafft es nicht. Blickt zu M.	K^+ $Z(L^-)$
2/a	M:	„Das kannst du schon“ (freundlich)	K^+ Z°
2/b	K:	Seufzer. Probiert erneut	K^-
3/a	M:	„Schau, es geht schon“ (freundlich)	$Z(L)$ K^-
3/b	K:	„Es geht nicht“ (aggressiv)	Z^- K^+

4/a	M:	Nimmt Klotz in die Hand, wendet ihn, stellt ihn wieder vor das Kind hin und sagt: „Versuch's nur“ (freundlich)	Z°
4/b	K:	„Nein“ (aggressiv) und wendet sich von der Aufgabe ab.	K^{-} Z^{-}

Analyse: Die Interaktionsanalyse nach der K-Dimension ergibt wenig Aufschluß. Die Mutter beginnt die Interaktionsfolge mit einem Strafreiz, belohnt dann zweimal das Bemühen des Kindes und einmal belohnt sie Arbeitsverweigerung. Das Kind belohnt einmal die Aufforderung der Mutter, und dreimal bestraft es sie.
Folgerung: Langfristig müßte sich bei der Mutter eine Vermeidung der Interaktion mit dem Kind ergeben, beim Kind hingegen eher ein verstärktes Aufsuchen der Situation.
Der erste Teil dieser Aussage wird eintreffen, der zweite nicht. Für das Training, in dem die Mutter lernen soll wie sie das Kind zum Befolgen ihrer Anweisungen bringen kann, ist daraus wenig zu entnehmen.
Die Interaktionsanalyse nach der Z-Dimension zeigt uns, daß das Kind zunächst den Aufforderungen der Mutter nachkommt (zweimal Z), aber daß es die Aufgabe nicht meistert (beide Z sind L^{-}). Daraufhin verweigert es die Aufgabe (zweimal Z^{-}). Bei der Mutter haben wir parallel dazu viermal unzweckmäßige Hilfe. Sie will das Kind zum Lösen der Aufgabe bringen aber in einer Weise, die dem Kind nicht hilft.
Folgerung: Die Mutter muß lernen dem Kind zweckmäßige Hilfe zu geben, sobald es in der Arbeit überfordert ist. D. h. die Mutter muß lernen, daß wiederholte Aufforderungen dem Kind nichts nützen. Sie muß lernen darauf zu achten ob das Kind überfordert ist. Sie muß lernen zu überlegen wie sie ihm effektiv helfen könnte.
Der Schlüssel für das Verständnis dieses Interaktionsverlaufes ist der Mißerfolg des Kindes. Er kann nur durch effektive Hilfe, nicht aber durch Freundlichkeit verhindert werden.

Beispiel 2:

Eine Mutter, die beim Kind Tobsuchtsanfälle beklagt, schildert eine Auseinandersetzung so:

K:	„Mami, ich will zu Bettina.“	K Z^{+}
M:	„Nein, Gabi, wir wollen jetzt bald essen.“	K^{-} Z^{-}
K:	Fängt an zu schreien, „ich will raus“, und wirft sich auf den Boden.	K^{-} Z^{+}
M:	„Dann geb ich halt nach.“	K^{+} Z
K:	Hört auf zu schreien und geht.	K^{+} Z^{+}

Analyse: Dieses Beispiel läßt sich gut aus der K-Dimension verstehen. Die Mutter baut beim Kind „Tobsuchtsanfälle“ auf indem sie dieses Verhalten durch Nachgeben belohnt. Das Kind baut bei der Mutter Nachgeben auf indem es Nachgeben durch Beendigung des Strafreizes Schreien belohnt.

Folgerung: Ignoriert die Mutter konsequent die Tobsuchtsanfälle des Kindes, so werden sie allmählich erlöschen.
Die Z-Dimension beschreibt wie das Kind zunächst Bitten und dann Schreien als direkt kontrollierendes Ereignis einsetzt, dem die Mutter nichts entgegenzusetzen hat.
Folgerung: Das einfache Abblocken der Bitte des Kindes muß ersetzt werden durch eine positive Hilfe.
In diesem Falle ergänzen sich die beiden Analysen, und der Trainer wird daher die Mutter einerseits veranlassen auf die Bitte des Kindes nicht einzugehen (K°), andererseits jedoch eine effektive Hilfe zu setzen (Z^{+}). Die Hilfe wird in diesem Falle in irgendeiner Form des Ablenkens bestehen.
Die Kombination der Maßnahmen empfiehlt sich hier auch deshalb, weil der Mutter ignorieren leichter fällt wenn sie gleichzeitig etwas tun kann. D. h. die Wahrscheinlichkeit, daß die Mutter die Anweisung des Trainers befolgt steigt an, wenn sie gleichzeitig die Aufgabe bekommt das Kind abzulenken.
Bekannt sind die Probleme mit Kleinkindern, wenn in der Familie Besuch ist. Die Erwachsenen sitzen beim Kaffee und wollen sich unterhalten. Die Kinder werden zwangsläufig weniger beachtet und um die Beachtung der Erwachsenen wieder auf sich zu lenken unternehmen sie nun allerlei, das den Erwachsenen wenig Spaß macht.
Das Verhalten der Kinder läßt sich mit Hilfe der Gesetze der positiven Verstärkung gut beschreiben und theoretisch lassen sich daraus auch pädagogische Maßnahmen zur Lösung des Problems angeben. Die Erwachsenen müßten das aufmerksamkeitssuchende Verhalten der Kinder ignorieren. Praktisch ist dieser Rat jedoch kaum durchzuführen.
Angemessener in solchen Fällen ist nicht abzuwarten bis das Problem auftritt, sondern praeventiv einzugreifen, d. h. nach Ereignissen zu suchen, die geeignet sind das Problem schon gar nicht aufkommen zu lassen. Diese Ereignisse liegen jedoch auf der Z-Dimension. Die Eltern müssen lernen Probleme vorherzusehen, ein Gespür zu bekommen für aufkommende Problemsituationen. Sie müssen lernen, daß sie durch Situationsänderungen das Entstehen von Problemen verhindern können. Man lädt z. B. Besuch am Abend ein wenn die Kinder im Bett sind; oder die Kinder setzen sich mit einem Erwachsenen an einen anderen Tisch usw.
In diesen drei Beispielen ist die Arbeitsweise demonstriert worden, und es zeigt sich u. E., daß die Unterscheidung der beiden Dimensionen neue Möglichkeiten der Intervention ergibt.
So grundlegend die Dimension der Konsequenzen für die Verhaltenskontrolle auch sein mag, in der Praxis des Elterntrainings und der Erziehungsberatung erscheinen uns die Möglichkeiten der Verhaltenskontrolle durch Hilfestellung und durch Ausblenden von Störverhalten nicht minder bedeutsam.
Ein Mißverständnis, das Kritiker dieses Ansatzes zu falschen Annahmen führt, besteht darin, daß ein theoretischer Gegensatz zwischen den „praesequenten Ereignissen“ und den „Konsequenzen“ postuliert wird.
Dieser Gegensatz besteht nicht. Eine gute Hilfestellung, die dem Kind hilft sein Ziel zu erreichen, ist nicht minder belohnend wie ein Lob oder eine materielle Bekräftigung. Und die Hindernisse, die uns in den Weg gelegt werden, so daß wir das angestrebte Ziel nicht erreichen, sind genauso bestrafend wie Tadel usw. Andererseits kann man sagen, daß in den Konsequenzen auch Feedback liegt, das für die Zielannäherung nicht unbedeutend ist. Nicht aus theoretischen, sondern aus

praktischen Überlegungen heraus sind wir zu dieser Differenzierung gelangt. Zunächst waren es Reaktionen der Kritik, deren Einfluß auf den Partner mit Belohnung und Bestrafung nicht angemessen beschrieben werden konnte, denn Kritik ist verletzend (also Strafe), und trotzdem suchen wir häufig Kritik, weil sie hilft Überforderungen zu meiden. Man könnte nun sagen Kritik ist einerseits Strafe, andererseits ein S^D für Belohnung. Damit wäre das Gröbste gerettet. Aber ist es dann nicht einfacher zu sagen: Kritik ist Strafe, aber konstruktive Kritik ist gleichzeitig eine Hilfe? Es soll also *keineswegs behauptet* werden man könne diese Sachverhalte im operanten Modell ganz und gar nicht darstellen. Wir glauben aber, daß im Elterntraining die Unterscheidung der beiden Dimensionen die Information *effektiver* vermittelt. Um im Bild zu bleiben. Es werden vom Handel mit einer Bohrmaschine Zusatzgeräte geliefert mit denen man dann auch sägen, schleifen, usw. kann. Aber oft empfiehlt es sich an Stelle des Zusatzgerätes eben eine Sägemaschine, eine Schleifmaschine usw. zu kaufen.

3.2.3. Wahl des Umfanges der Beobachtungsstichprobe

Als Außenkriterium für die orientierende Beobachtung nannten wir „die Brauchbarkeit für den Trainer“. Diese „Brauchbarkeit“ wiederum orientiert sich an den Zielen des Trainings. Eine glatte Durchführung der verschiedenen Übungen des Trainings ist ein erstes Ziel. Aber wir wollen nicht nur eine Verhaltensänderung im Training erzielen, sie soll stabil darüber hinaus sein. Dieser Zeitaspekt, Abschätzung der Stabilität des Verhaltens, beeinflußt ein Training, und die Beobachtung muß auch dafür die Grundlage schaffen. Die Stabilität von Verhalten kann nur abgeschätzt werden, wenn über längere Zeit beobachtet wird. So ergibt sich für die Beobachtung die Aufgabe zu entscheiden, welchen Umfang die Beobachtungsstichprobe haben soll.

Es wurde schon gesagt, daß wir nie soviel Zeit für die Beobachtung zur Verfügung haben, als wir bräuchten. Eine Beschränkung auf das absolut Notwendige ist daher eine erste Forderung. Die Frage, in welchem Umfang beobachtet werden muß, ist abhängig von der tatsächlichen Variabilität des Verhaltens. D. h. also man kann diese Frage erst entscheiden wenn man beobachtet hat, weil man erst sozusagen hinterher Aufschluß über die Schwankungen des Verhaltens bekommen kann. Ausgedehnte Beobachtungsstudien könnten helfen diese Frage zu entscheiden, da zu vermuten ist, daß diese Schwankungen für bestimmte Problembereiche, Problemsituationen und Alter der Person, typische Verläufe haben. Aber solche Studien fehlen bzw. sind nicht verwertbar, weil die Ergebnisse nicht generalisierbar sind. Alles, was wir wissen ist, daß Verhalten, das an Erziehungsproblemen beteiligt ist, in erheblichem Ausmaße über verschiedene Tage schwankt. Es ist zu erwarten, daß es auch über die verschiedenen Stunden eines Tages schwankt (z. B. vom frischen Zustand des Kindes am Morgen zum ermüdeten Zustand am Abend mit der damit verbundenen allgemeinen Zunahme an störendem Verhalten), und wahrscheinlich ist auch die Schwankung im Laufe einer Tätigkeit nicht unbedeutend (z. B. Anfangen mit den Hausaufgaben — gegen Ende der Hausaufgaben).

Wir haben im Bereich „Hausaufgabenprobleme“ begonnen in bescheidenem Umfange diese Fragen experimentell zu entscheiden.

Die Ergebnisse können sicherlich *nicht* ohne weiteres auf andere Bereiche übertragen werden. Beobachtet wurden 8 Kinder und Mütter beim Hausaufgabenmachen über 20 Tage (10 vor der Intervention und 10 nachher). Die Länge der Stichproben betrug 20 min. Dabei zeigte sich:

Am ersten Tag straften die Mütter signifikant weniger, und sie gaben mehr Belohnung als an den anderen Tagen. Wir interpretieren dieses Ergebnis: Die Mütter vermuteten, daß Bestrafung vom Trainer negativ und Belohnung positiv beurteilt werde, und sie waren bestrebt sich erwünscht zu verhalten.
Bei den praesequenten Ereignissen zeigten sich keine signifikanten Veränderungen. Interpretation: Die Mütter wußten nicht, daß ihr Verhalten von uns auch nach dieser Dimension beurteilt wird. Am ersten Tag nach der Intervention (zwischen letzter Beobachtung vor der Intervention und erster nach der Intervention, lag ein Zeitraum von 10–15 Tagen) war eine Zunahme von untypischen Verhaltensweisen (positiv und negativ) vor allem bei der Mutter zu verzeichnen. Interpretation: Die Mütter waren zunächst verunsichert.
Die Schwankung im Verhalten des Kindes ist nach der Intervention größer als vor der Intervention. Interpretation: Wenn der Erzieher sein Verhalten dem Kind gegenüber ändert, ergibt sich beim Kind eine Phase der Umstellung, in der es wechselweise das alte Verhalten zeigt und dann wieder das angemessene.
Aus diesen Ergebnissen zogen wir die Folgerung, daß man auf jeden Fall zwei Beobachtungsstunden vor dem Training durchführen muß, von denen jedoch nur die zweite ausgewertet werden muß.
Für die testende Beobachtung ergibt sich daraus: Die erste Stunde nach der Intervention braucht nicht ausgewertet zu werden. Um die Auswirkungen des Trainings auf das Verhalten des Kindes zu erfassen, muß der Zeitraum vom Beginn der Intervention bis zur letzten Nachtestung länger als drei Wochen sein..
Um das Verhalten der Kinder gültig abschätzen zu können, muß noch die häufige Aussage der Mütter beobachtet werden, die angaben, das Kind verhalte sich in der beobachteten Situation angemessener als sonst — eine Aussage, die kaum objektiv überprüft werden kann.
Einen Hinweis für die Brauchbarkeit der Aussage der Mütter sehen wir darin, daß die Kinder unter Beobachtungsbedingungen mehr Aufgaben in einer halben Stunde schaffen als unter normalen Bedingungen. Das Problem der Tagesschwankungen zeigt sich bei den Hausaufgaben nicht, da sie fast ausschließlich am Nachmittag gurchgeführt werden. Von Bedeutung hingegen ist die Frage wie die Schwankungen im Laufe der Ausführungszeit sind. Wir haben die 20 Beobachtungsminuten geviertelt und die einzelnen Viertel miteinander verglichen. Dabei zeigten sich beträchtliche Schwankungen.

> Kinder haben es im allgemeinen leichter sich sozial erwünscht zu verhalten, weil sie genau wissen, was erwünscht ist. Bei den Hausaufgaben: sie sollen sich anstrengen und arbeiten. Daher gelingt es ihnen auch leichter, sich entsprechend den Erwartungen des Trainers zu verhalten.

Eine unsystematische Erfahrung: Im Team wird die Überzeugung zusehends stärker, es reichen für das Training einige wenige Minuten, genau und gründlich analysiert, um die kritischen Momente des Interaktionsverlaufes zwischen Erzieher und Kind zu erfassen. Um jedoch einen Überblick über das Arbeitsverhalten sowie über die Häufigkeit des Auftretens kritischer Ereignisse zu bekommen, müßte über viele Tage beobachtet werden. Für das Training sind die quantitativen Verhältnisse weniger bedeutsam, wenn man einmal von der Definition der Trainingsziele absieht. Für die Definition der Trainingsziele sind die quantitativen Verhältnisse meist entscheidend. Bedeutsamer für das Training ist die Frage: Wie verändert sich das Verhalten unter den verschiedenen situativen Bedingungen, die der Alltag setzt?

3.2.4. Wahl und Variation der Beobachtungssituation

Wir sind oben auf die quantitativen Schwankungen der Häufigkeiten in einer Beobachtungsklasse eingegangen. Ebenso wichtig sind jedoch auch die quantitativen Schwankungen, die auf die Variation der situativen Bedingungen im Alltag zurückzuführen sind.

Hier wird ein weiterer Aspekt der Validität angesprochen. Die Verhaltensänderung im Training ist an die *Trainingssituation* gebunden.

Der Erzieher soll jedoch letztlich für die Situation lernen, in der er ohne Anwesenheit des Trainers unter den meist schwierigeren und komplexeren Bedingungen der Heimsituation dem Kind gegenübertritt. Aufgabe der Beobachtung wäre es dabei nicht nur die Veränderung des Verhaltens unter verschiedenen situativen Bedingungen aufzuzeigen, sondern auch Aufschluß über die situativen Bedingungen und ihre Variation, wie sie im Erzieheralltag auftreten, zu geben.

Wir kommen somit zu einer weiteren Aufgabe des Trainings, die in der Beobachtung vorbereitet wird: Veränderung von Verhalten, die sich auf verschiedene Situationen generalisieren läßt.

Wir stehen hier vor einer Fülle von Problemen, wohl die schwierigsten, die uns die Beobachtungsaufgabe aufgiebt. Einige davon wurden schon früher besprochen (Labor versus natürliche Umgebung, S. 125 ff.; Einfluß des Beobachters, S. 128 ff.). Am schwerwiegendsten zählt, daß wir auch dann, wenn wir in die Wohnung oder in die Schule des Kindes gehen, eine beeinflußte Situation haben, beeinflußt durch die Anwesenheit des Beobachters oder durch das Aufstellen einer Kamera.

Erschwerend wirkt sich die Tatsche aus, daß wir wenig Vorstellungen darüber haben wie sich *situative Variablen des Settings* — als Abhebung von situativen Verhaltensvariablen — auf das Verhalten auswirken. Dadurch ist es auch nicht möglich begründbare Hypothesen über mögliche Transfer-Effekte aufzustellen.

In einer noch nicht abgeschlossenen Untersuchung testeten INNERHOFER et al. die Hypothese, ob situativ bedingter Streß auf belohnende/bestrafende Verhaltenstendenzen des Erziehers sich im Sinne einer Moderatorvariable auswirkt. Nach den ersten Ergebnissen kann die Hypothese angenommen werden. Unter Streßbedingungen äußert die belohnende Gruppe mehr belohnende Reaktionen, und die bestrafte Gruppe äußert mehr bestrafende Reaktionen als die entsprechende Kontrollgruppe.

Dieses Ergebnis stellt unser Baseline-Denken in Frage. Es ist anzunehmen, daß eine Mutter, die ins Labor kommt, um ihre Interaktionen mit dem Problemkind aufnehmen zu lassen, unter erheblichem Streß steht. Ihr Verhalten ist demnach überzeichnet. Weiters muß angenommen werden, daß diese Streßbedingungen sich in der Phase der Intervention, in der sie engeren Kontakt mit dem Trainingspersonal bekommt, verändern. Selbst wenn mit Kontrollgruppen gearbeitet wird, läßt sich wahrscheinlich dieser Effekt nicht völlig kontrollieren weil die Art der Intervention sicherlich auf das subjektive Streßbefinden einwirkt. Ein solcher Effekt konnte auch in der eben erwähnten Untersuchung isoliert werden. Sein Einfluß auf das Verhalten des Erziehers im Sinne der erwähnten Hypothese war noch stärker.

Ansätze den Zusammenhang von Verhalten und Situationsvariablen des Settings zu erforschen sind alt. BARKER und WRIGHT (1955) führten eine umfangreiche Feldstudie durch und untersuchten das Verhalten der Einwohner eines Dorfes in Kansas im Gottesdienst, im Schulunterricht, beim Friseur usw. Das Verhalten der Schulkinder unter verschiedenen Klassenraumbedingungen war oftmals Gegenstand

von Untersuchungen (Jackson, 1968; Kounim, 1970). Über die soziologischen Arbeiten zur Umweltabhängigkeit von Verhalten geben Moos und Insel (Hrsg.), Issues in social ecology (1974), einen guten Überblick.
Während in den angeführten Untersuchungen im wesentlichen nur Korrelationen zwischen verschiedenen Merkmalen errechnet wurden (z. B. die Korrelation zwischen der Einschätzung der Kooperativität von Eltern und sozioökonomischen Bedingungen, bei Innerhofer und Warnke (1975) gibt es erste Ansätze zu prozeßanalytischen Untersuchungen (Ehni, 1975; Mischel, 1973). Nur sie können uns Hinweise bringen, in welcher Art und Weise Situationsvariablen des Settings Verhalten beeinflussen. Kennt man die Art der Interaktion, so kann es möglich werden kompensatorisch einzugreifen. Hier böten sich neue Möglichkeiten für die Verhaltensänderung der Erziehungsberatung und der Beratung im Training (cf. 4. Tag).

3.2.5. Die Meßgenauigkeit (die empirische Definition der Beobachtungsklassen und der Beobachtungssequenzen)
Die Auswahl der Variablen betrifft die System-Validität; die empirische Definition der Variablen, wie sie sich in den Zuordnungsregeln darstellt, betrifft die Meßgenauigkeit. Die Schwierigkeit eine hinreichende Meßgenauigkeit zu erzielen, versuchen wir in drei Schritten zu behandeln:

a) Die Wahl des Abstraktionsniveaus;
b) die Zuordnungsprinzipien;
c) die Segmentierung des Reizstromes.

a) *Die Wahl des Abstraktionsniveaus.* Die Auswahl der zu beobachtenden Variablen geschieht im Elterntraining nach funktionalen Gesichtspunkten. Damit ist aber noch offen, ob eine Variable mit einer Beobachtungsklasse oder mit mehreren erfaßt werden soll. Je mehr Beobachtungsklassen für eine Variable definiert werden, desto konkreter werden die Definitionen sein und umgekehrt, und je mehr Beobachtungsklassen für eine Variable definiert werden, desto größer der Beobachtungsaufwand, da ein Beobachter zu gleicher Zeit nur begrenzt viele Beobachtungsklassen registrieren kann.
Es wird im allgemeinen angenommen, daß die Objektivität der Beobachtung (als Maß dient meist die Übereinstimmung zwischen zwei unabhängigen Beobachtern) zunimmt, je enger die Beobachtungsklassen definiert werden. Wird in einer Beobachtungsklasse nur ein „Merkmal" erfaßt (z. B. „Hand hochheben"), so erhöht sich die Wahrscheinlichkeit, daß zwei unabhängige Beobachter zu nahezu gleichen Beobachtungsprotokollen kommen.
Entscheidender jedoch als die Frage nach dem Umfang einer Beobachtungsklasse ist die Frage, welche Eigenschaften herangezogen werden sollen, um eine Klasse zu definieren. Der Beobachter diskriminiert Ereignisse primär nach ihren akustischen und visuellen Eigenschaften, er erfaßt also Ereignisse primär strukturell.
Ziel unserer orientierenden Beobachtung ist hingegen die Erfassung der funktionalen Eigenschaften von Ereignissen im Interaktionsprozeß. Die funktionalen Eigenschaften eines Ereignisses können also nur aus anderen Eigenschaften, letztlich aus visuell-akustischen, erschlossen werden. Um diese beiden Aufgaben kommt keine Beobachtung herum: Registrierung von Ereignissen nach visuell-akustischen Eigenschaften plus Interpretation (meist handelt es sich um die Erschließung der Funktion dieser Ereignisse in ihrem Kontext) der Ereignisse.

Nach MEDLEY und MITZEL (1963) unterscheidet man unter dem Gesichtspunkt in welchem Ausmaß vom Beobachter selbst Schlußfolgerungen erwartet werden, 3 Gruppen von Beobachtungssystemen:
Die Merkmalsbeobachtung (die Ereignisse, die der Beobachter kodiert, sind primär visuell-akustisch definiert), in der der Beobachter hauptsächlich Nominalurteile zu fällen hat (ein Ereignis hat die und die visuell-akustischen Eigenschaften, oder es hat sie nicht).
Die kategorielle Beobachtung (die Ereignisse, die der Beobachter kodiert, sind primär nicht visuell-akustisch definiert), in der vom Beobachter Schlußfolgerungen von visuell-akustisch registrierten Ereignissen auf die Absicht des Senders, auf die Wirkung beim Empfänger usw. verlangt werden; und die Schätzskalen, die vom Beobachter über die Schlußfolgerungen der kategoriellen Beobachtung hinaus noch Ausprägungsgrad und Häufigkeiten schätzen lassen.
Graphisch können wir diese Gliederung so darstellen (Tab. 5).

Tabelle 5. Urteilsprozesse beim systematischen Beobachten. Ausmaß von Beurteilungsprozessen, die in verschiedenen Beobachtungssystemen vom Beobachter verlangt werden.

	Merkmals-Beobachtung	Kategorielle Beobachtung	Schätz-Skalen
Nominal-Urteile	×	×	×
Komplexe Urteile		×	×
Häufigkeits-Schätzung			×

Diese Gliederung zeigt nicht auf, daß auch bei der Merkmalsbeobachtung strukturell registrierte Ereignisse interpretiert werden. Im Grunde unterscheiden sich diese Beobachtungssysteme eher darin, zu welchem Zeitpunkt die Interpretation erfolgt.
Die folgende graphische Darstellung macht dies deutlich, wenn auch in etwas simplifizierter Form (Tabelle 6):

Tabelle 6. Registrierung und Interpretation verteilt auf die verschiedenen Phasen des Beobachtungsprozesses bei verschiedenen Beobachtungssystemen.

Beobachtungs-Systeme / Phasen der Beobachtung	Vorbereitungsphase	Durchführungsphase	Weiterverarbeitungsphase
Modell I	Registrierung + Interpretation	Registrierung	—
Modell II	—	Registrierung + Interpretation	—
Modell III	—	Registrierung	Interpretation

Die Merkmalsbeobachtung ist primär nach dem Modell I konstruiert, die kategorielle Beobachtung kombiniert Modell II und I, und die Schätzskalen funktionieren nach dem Modell II. Unser Beobachtungssystem stellt eine Kombination der Mo-

delle II und III dar, denn die psychischen Eigenschaften von Ereignissen (z. B. freundlich, verletzend, ironisch, usw.) müssen in der Beobachtungsphase angegeben werden, während die Schlußfolgerungen auf die Wirkung im Interaktionsprozeß in der Phase der Weiterverarbeitung gezogen werden.
Die Lösung nach dem Modell I lehnen wir aus folgenden Gründen ab: Strukturell gleiche Verhaltenseinheiten können funktional verschieden sein (z. B. ein Lächeln kann belohnend sein, aber auch bestrafend, wenn es ironisch aufgefaßt wird, und ob es ironisch zu interpretieren ist, wird meist nur aus dem Kontext ersichtlich), und strukturell verschiedene Ereignisse können funktional gleich sein (Streicheln und die verbale Äußerung „schön"). Funktional gleiche Ereignisse getrennt zu erheben sehen wir keinen Grund, und funktional verschiedene Ereignisse dürfen nie gemeinsam erhoben werden.
Ob man die Lösung in der Kombination von Modell I und II suchen wird, hängt auch von ökonomischen Überlegungen und von Überlegungen der Durchführbarkeit ab. Die Lösung nach der Kombination von Modell II und III ist nur dort möglich, wo der Verhaltensstrom akustisch und visuell gespeichert werden kann, d. h. er ist nur möglich, wenn man auf Videotape aufnehmen kann. Und das bedeutet gleichzeitig, daß man ein Vielfaches des Aufwandes der kategoriellen Beobachtung in Kauf nehmen kann. Überlegungen der Ökonomie sind letztlich wohl auch dafür verantwortlich, daß noch immer Schätzverfahren angewandt werden, obwohl sie ihre Zuverlässigkeit ziemlich wertlos erscheinen lassen.
Wie die Lösung nach dem Modell I, so ist auch eine Lösung allein nach Modell III abzulehnen. Die völlige Ausschaltung des Kontextes (der Kontext eines Ereignisses wird bei dessen Interpretation verwendet) aus dem Beobachtungsprozeß ist ohnehin nur eine Grenzvorstellung. So schreiben von CRANACH und FRENZ (1969): „Dies (die Einbeziehung des Kontextes) ist möglicherweise nicht zu umgehen und vielleicht kann im Verlauf der Untersuchung niemand besser als der am Tatort anwesende Beobachter angeben, zu wem A wirklich gesprochen hat."
Dafür ein alltägliches Beispiel:
Der Beobachter registriert: „Lächeln (verletzend)". Die Registrierung folgenden Geschehens hat den Beobachter veranlaßt das Lächeln als „verletzend" zu interpretieren:

> „Während der Sender lacht (Mimik), schaut er den Partner nicht an (Blickkontakt) und macht mit der rechten Hand eine (abwehrende) Handbewegung (Pantomimik).
> Der Partner unterbricht daraufhin den angefangenen Satz und sagt: ‚Was ist denn?' (Verbalverhalten) und bleibt dabei ernst (Mimik)."

Diese Schilderung ließe sich auch in beobachtbare Klassen aufteilen, für sich getrennt beobachten, und man könnte hinterher aus der Zusammenschau der Werte in den einzelnen Beobachtungsklassen auch zu der angegebenen Deutung gelangen. Diese Möglichkeit gibt es praktisch nicht. Nicht nur, daß unendlich viele Klassen aufgestellt werden müßten, und daß die Beobachtung auch was die zeitliche Fixierung anlangt eine Präzision haben müßte, die sie tatsächlich kaum jemals hat. So ist es auch denkbar, daß der Gesamtkontext jede einzelne Reaktion interpretiert. Die Handbewegung wird zur „abwehrenden Handbewegung" erst in diesem Kontext.
Uns erscheint es daher als die beste Lösung Modell II und III miteinander zu verbinden. Während der eigentlichen Beobachtungsphase sollte so konkret als

möglich das Verhalten registriert und kodiert werden, wobei jedoch auch die psychischen Eigenschaften eines Ereignisses mit erfaßt werden sollen. Wir benützen dafür die Umgangssprache, die reichhaltiger an Differenzierungsmöglichkeiten ist. Erst in einem zweiten Arbeitsgang wird die Fülle der Information, die die Beschreibung liefert, auf die Beobachtungsklassen reduziert, die wir unmittelbar als Variablen des Regelmodells interpretieren. Dabei haben wir den Vorschlag von GARDENER (1959) aufgegriffen, der meint man solle die Gesetze der Schlußfolgerung explizit angeben und damit den Vorgang des Schließens zu regulieren und kontrollierbar zu machen.

b) *Die Zuordnungsprinzipien: Konvergenz- und Analogieschluß sowie experimentelles Austesten.* Man unterscheidet in der Wissenschaftstheorie mehrere Arten von Definitionen von Begriffen. Für uns sind zwei Definitionsformen von Bedeutung: die logische Definition (sie leitet Begriffe aus einem Modell ab und gibt in der Definition die Position des Begriffes im Modell an) und die exemplarische Definition (sie führt eine Reihe von Beispielen auf, die unter den Begriff subsumiert werden sollen).
Die Klassen, wie sie im Beobachtungssystem (S. 138 und 140) aufgeführt werden, sind aus dem Regelmodell abgeleitet und ordnen Ereignisse unter einem funktionalen Gesichtspunkt. Die Unmöglichkeit, Funktionszusammenhänge direkt zu beobachten, gibt uns die Aufgabe auf eine Prozedur anzugeben, wie man von strukturell definierten Ereignisklassen (zu denen wir über Beobachtungen gelangen) zu funktional definierten gelangen können.
Wir haben eine Reihe von Zuordnungsregeln aufgestellt (S. 138–144), nach denen die Informationsreduktion vorgenommen werden soll. Aber diese Regeln haben nur relative Gültigkeit. Sie gestatten Ausnahmen, ja wir nehmen an, daß sie in jedem individuellen Falle präzisiert und abgeändert werden müssen. Nach welchen Prinzipien sollen nun die Zuordnungsregeln abgeändert werden?
Die Zuordnungsregeln basieren auf 3 Formen des Schlußfolgerns von visuell-akustisch definierten Ereignissen auf deren funktionale Bedeutung: die Form experimentellen Austestens, der Konvergenz- und der Analogieschluß.

Ansatzweises Austesten durch gezielte Beobachtung. Bei manchen Ereignissen ist der Beobachter unsicher wie er sie klassifizieren soll, oder er schöpft Verdacht, daß es sich in einem individuellen Falle anders als im Normalfall handelt.

Ein Beispiel:

Ein Kind kotet ein. Die Mutter ist darüber verärgert, schimpft das Kind, wenn es einkotet, und sie läßt es meistens sich selber umziehen und die schmutzige Hose wegräumen.

Schimpfen und eine unangenehme Aufgabe auftragen (wegräumen der Hose) wird meist strafende Qualitäten haben.
Doch der Beobachter schöpft Verdacht, daß es sich bei diesem Kinde anders verhält. Der Verdacht kommt aus zwei Überlegungen: 1. Es werden keine Variablen gefunden, von denen Einkoten abhängig sein könnte; 2. es fällt auf, daß die Mutter kaum Kontakt mit dem Kind hat, und daß das Einkoten zu einem Kontakt führt. Wenn auch die Äußerungen der Mutter gegenüber dem Kind nicht sehr freundlich sind, so könnte unter diesen Isolationsbedingungen für das Kind auch der nega-

tive Kontakt mit der Mutter belohnend sein. Um hinreichende Gewißheit zu erhalten, wie der schimpfende Kontakt der Mutter mit dem Kind funktional zu klassifizieren ist, wird man entweder das Kind über längere Zeit beobachten, oder man wird den Kontakt der Mutter kontingent auf Einkoten verändern und aus dem darauffolgenden Verhalten des Kindes die funktionale Bedeutung erschließen.
Das experimentelle Austesten der funktionalen Eigenschaften eines Ereignisses ist für eine wissenschaftlich befriedigende aber ökonomisch sehr aufwendige und häufig genug undurchführbare Schlußfolgerungstechnik. Wir müssen daher nach Alternativen suchen, die weniger aufwendig sind.

Der Konvergenzschluß. Als solche Alternative kann der Konvergenzschluß gelten. Wir beobachten eine „Reaktion" nicht isoliert, sondern eingebettet in ihrem Kontext. Im vorausgehenden Beispiel registrierte der Beobachter, daß die Mutter kaum Kontakt hat zum Kind. Er registriert, daß er keine Ereignisse angeben kann, die in Beziehung zum Einkoten stehen, usw. In der Zusammenschau der verschiedenen Ereignisse, die „Hinweise" geben auf die funktionalen Eigenschaften eines Ereignisses, können wir oft recht zuverlässig und gültig funktionale Eigenschaften erschließen.

Ein Beispiel:

Die Lehrerin in der Klasse geht zu einem Schüler hin und sagt etwas zu ihm. Wegen des hohen Lautpegels in der Klasse kann der Beobachter die Worte der Lehrerin nicht verstehen. Er beobachtet aber weiterhin, daß das Kind daraufhin sich von der Lehrerin abwendet und zu weinen beginnt.

In diesem Falle wird er die Worte der Lehrerin, die er nicht gehört hat, als K^-, als Strafreiz klassifizieren.
Der Vorteil des Konvergenzschlusses liegt darin, daß es die methodisch aufwendige experimentelle Testung ersetzt durch einen einfachen kognitiven Akt.
Doch der ökonomische Vorteil wird durch ein Anwachsen der Fehlerwahrscheinlichkeit erkauft. In dem angeführten Beispiel dürfte sich der Beobachter kaum geirrt haben, aber nicht immer sind die Hinweise, aus denen er Schlüsse ziehen muß, so eindeutig. Es kann auch vorkommen, daß überhaupt keine Hinweise vorliegen. In solchen Fällen können wir auf eine weitere Form des Schließens zurückgreifen.

Der Analogieschluß. Diese Form des Schlußfolgerns geht von der Annahme aus, daß verschiedene Individuen hinsichtlich der Art, wie sie gelenkt werden, vergleichbar sind. Trifft diese Annahme zu, so ist es erlaubt, daß der Beobachter von der Wirkung, die ein Ereignis auf ihn selbst hat, auf die Wirkung schließt, die dasselbe Ereignis auf die beobachtete Person haben wird.

Ein Beispiel:

Felix soll Hausaufgaben machen. Im Zimmer ist das Fenster offen, und der Lärm des Straßenverkehrs ist so stark, daß Felix das Anklopfen des Therapeuten nicht hören konnte. Ich selbst könnte bei diesem Lärm nicht konzentriert arbeiten, und analog schließe ich: Der Lärm hindert Felix konzentriert zu arbeiten.

Der Analogieschluß ist noch unsicherer als der Konvergenzschluß. Trotzdem finden wir diese Schlußfolgerungstechnik in der psychologischen Diagnostik recht häufig, wenn auch als solche selten explizit ausgewiesen.
Im vorigen Beispiel halte ich den Analogieschluß für irreführend, da ich gegenteilige Erfahrungen gemacht habe (Konvergenzschluß). Kinder werden beim Arbeiten normalerweise weniger gestört als Erwachsene, sie sind gegenüber Lärm allgemein toleranter.
Es zeigt sich bei unseren Beobachtern, daß es mitunter gar nicht einfach ist den implizierten Analogieschluß auszuschließen. Wenn der Beobachter den Lärm im Klassenzimmer selbst als störend empfindet, neigt er stark dazu Lärm auch für das Kind als Störreiz zu protokollieren.
Trotz der Fehlerhäufigkeit ist der Analogieschluß häufig die einzig anwendbare Schlußfolgerungstechnik. Einen Hinweis auf ihre Validität gibt uns in diesem Falle auch die Objektivität: Mangelnde Übereinstimmung zwischen zwei unabhängigen Beobachtern kann darauf beruhen, daß sie zwar dasselbe gesehen/gehört haben, aber daraus verschiedene Folgerungen ziehen.

Zielannäherung als Belohnung — Zielhemmung als Bestrafung
Neben dem experimentellen Austesten, dem Konvergenz- und dem Analogieschluß gibt es für die Erschließung der funktionalen Eigenschaften von Ereignissen nach der K-Dimension noch ein weiteres Prinzip. Der Schluß von den Eigenschaften des Erleichterns oder Erschwerens der Zielannäherung auf belohnend-bestrafende Eigenschaften.
Nicht nur die Befriedigung von Erwartungen und Bedürfnissen, also das Erreichen von Zielen, ist belohnend, sondern auch das Feedback über die Annäherung an diese Befriedigung, an die Annäherung von Zielen. Dementsprechend ist nicht nur der Entzug von Befriedigung Bestrafung, sondern auch die Hemmung der Annäherung an diese Ziele.
Dieser Schluß ist naturgemäß mit einer relativ großen Fehlerwahrscheinlichkeit belastet. Trotzdem kommt man ohne ihn nicht aus. Ein alltägliches Beispiel mag dies erläutern:

> Eine Mutter fragt das Kind Englischvokabeln ab. Das Kind ist sichtlich bemüht, richtig zu antworten und macht kaum Fehler. Nach ca. 7 min unterbricht die Mutter die Arbeit und sagt: „Das geht aber nicht sehr gut.“ Sie ist sehr verärgert. Das Abfragen geht wieder weiter. Nach weiteren 3 min unterbricht sie erneut und sagt: „Du brauchst eine lange Ewigkeit, bis dir einmal etwas einfällt. Du mußt sie schon besser lernen.“

Die Mutter fühlt sich verletzt, aber wie kam diese Bestrafung zustande? Die Mutter, selbst sehr nervös, spricht schnell und reagiert auf Verzögerungen mit Ungeduld, hat die Erwartung das Kind solle die Vokabeln *ohne Fehler* plus *ohne Verzögerung* hersagen. Wir einigen uns bei dieser Mutter auf folgende Zusatzregeln:

> Antworten des Kindes, die richtig *plus* ohne Denkpause erfolgen sind als K^+ zu werten;
> Antworten des Kindes, die einen Fehler enthalten, oder die mit mehr als 1 sec Denkpause erfolgen, werden als K^- gewertet.

Die Frustration der Mutter läßt sich erklären, wenn wir Hemmung der Zielannäherung als Strafreiz definieren.

Die Bedeutung dieses Prinzips für die Klassifizierung ist so groß, wie groß der Anteil von Reaktionen der Zielannäherung, bzw. der Hemmung von Zielannäherung im Rahmen eines Interaktionsprozesses ist.
Nach diesen 4 Formen des Schließens können eine Reihe von Regeln angegeben werden, die eine sichere Zuordnung eines Ereignisses zu einer der Beobachtungsklassen garantieren. Es sind unsere Zuordnungsregeln auf den S. 138 ff.
Danach können dann die Beobachtungsklassen exemplarisch definiert werden. Damit haben wir eine Kombination einer relativ starren und allgemein verbindlichen Auswahl der Beobachtungsklassen (variabel sind sie nur noch hinsichtlich der Problembereiche, nicht jedoch interindividuell), und eine flexible Anpassung der exemplarischen Definitionen der Klassen auf interindividuelle Unterschiede in Verhaltensgewohnheiten. Diese Kombination von Konsistenz und Flexibilität erscheint uns wichtig, um einerseits die Beobachtungsklassen und die darauf aufbauende Intervention theoretisch verankern zu können und andererseits auch der großen interindividuellen Variation Rechnung tragen zu können und die einzelnen Personen nicht in ein Prokrustesbett zwängen zu müssen.

c) *Die Segmentierung des Reizstromes.* Für jede systematische Beobachtung, und unsere orientierende Beobachtung gehört zu den systematischen Verfahren, müssen die Beobachtungsereignisse nicht nur inhaltlich, sondern auch zeitlich definiert sein, d. h. der Beobachter muß wissen, wann ein bestimmtes Ereignis anfängt, und wann es zu Ende ist. Daß hier ein erhebliches Problem der Beobachtung liegt, zeigen die vielen verschiedenen Ansätze, das Problem zu lösen, wobei wir drei grundsätzlich verschiedene Wege unterscheiden können:

1. Kontinuierliche Registrierung:
   Es wird nur die Aufeinanderfolge der Reaktionen registriert. Die Länge der einzelnen Reaktionen wird übergangen. Dieses Verfahren wird hauptsächlich bei der orientierenden Beobachtung angewandt, bei der es um die Gewinnung von Information für die Bildung von Arbeitshypothesen geht (Schulte und Kemmler, 1974).
   Es wird die Aufeinanderfolge der Reaktionen zugleich mit deren zeitlicher Länge registriert (z. B. mit Hilfe eines „Kanalschreibers". Dieses Verfahren wird z. B. bei Konzentrationsverlaufsuntersuchungen angewandt.).

2. Registrierung mit festen Zeitmarken der sogenannten time sampling Methode (Olson, 1929).
   Der Verhaltensstrom wird in gleich lange Zeiteinheiten unterteilt, und es wird registriert, ob in einer Zeiteinheit ein bestimmtes Verhalten auftritt oder nicht. Dabei gibt es verschiedene Regeln, z. B. das Verhalten muß während der gesamten Zeitlänge auftreten, oder es braucht nur kurz aufzutreten usw.
   Ursprünglich scheint die sogenannte „time-sampling-Methode" angewandt worden zu sein, um sicherzustellen, daß der Beobachter bei der Beurteilung einer Reaktion (aufgetreten — nicht aufgetreten) vom kontextualen Geschehen unbeeinflußt bleibt (Weick, 1969); Purcell und Brady, 1965). Wir stimmen aber Meixner (1974) zu, die meint: „Durch das time-sampling wird dem Beobachter lediglich erleichtert zu entscheiden, wann eine Interaktion beginnt, und wann sie aufhört." (1974)
   Übliche Zeitlängen sind 45, 15, 10 sec. Flanders (1961) ist sogar bis auf 3 sec gegangen.

3. Ereignisabhängige Registrierung:

   Das Auftreten eines Ereignisses wird abgewartet, und das damit kontingent auftretende Verhalten wird registriert. Eine Abart davon haben wir, wenn der Versuchsleiter direkt eingreift, wie wir es bei einem Großteil der Lernexperimente haben. Dadurch wird eine künstliche Segmentierung erreicht (BARKER, 1963).

Wir haben uns zu einer Form der kontinuierlichen Registrierung entschlossen, und zwar aus folgenden Gründen:

Uns kommt es wesentlich auf die Aufeinanderfolge der Interaktionen an. Das time-sampling kommt zu verzerrten Ergebnissen, wenn die einzelnen Reaktionen wesentlich länger oder kürzer sind als die feste Registrierzeit.
Das Problem, daß zwei unabhängige Beobachter über die Abgrenzung der Verhaltenseinheiten zu keiner hinreichenden Übereinstimmung gelangen, wie es SCHULTE und KEMMLER darstellen, trifft in unserem Falle nicht zu. Die getestete Übereinstimmung liegt zwischen 85 und 93%, was wir als ausreichend erachten. Möglicherweise trifft die Vermutung DICKMANS (1963) zu, wonach die mangelnde Übereinstimmung auf mangelnde Übereinstimmung in den Ordnungsgesichtspunkten der Beobachter herkommt, denn in unserem Falle wird darüber ausführlich mit den Beobachtern gesprochen (eine gründliche Einführung in Ziel und Zweck der Beobachtung gehört zum festen Bestand unseres Beobachtertrainings).
DICKMAN (1963) hat nachgewiesen, daß die Segmentierung unter bestimmten Umständen willkürlich sein kann, d. h. daß verschiedene Beobachter zu einer verschiedenen Einteilung kommen. Die Übereinstimmung zwischen zwei unabhängigen Beobachtern ist hingegen in unserem Falle sehr hoch. Den Grund für die hohe Übereinstimmung sehen wir darin, daß die Einteilung unter einem bestimmten Gesichtspunkt geschieht, nämlich dem der funktionalen Analyse von Verhalten, und daß die Beobachter mit dem theoretischen System, das der Beobachtung zugrunde liegt, gründlich vertraut gemacht werden. Auch DICKMAN vermutet den Grund für die starke interindividuelle Variation bei der Einteilung in verschiedenen Ordnungsprinzipien bei den Versuchspersonen seines Experimentes.
Schließlich mußten wir feststellen, daß die Beobachter, auch wenn sie gut eintrainiert werden, überfordert sind, wenn sie zu gleicher Zeit auf die Sprache, die Mimik, die Pantomimik — und soweit der weitere Kontext des Partners für die Beurteilung erforderlich ist auch noch das Verhalten des Partners zu beobachten. Bei der kontinuierlichen Beobachtung kann der Beobachter beliebig oft den Film vor- und zurückspielen. Auch in der Durchführung ist die kontinuierliche Beobachtung einfach, wenn auch nicht ökonomischer, weil für die Beobachtung nicht gleich ein ganzes Team nötig ist (mit der time-sampling-Methode benötigen wir für die Anwendung des Systems ein Team von 5 Beobachtern), sondern lediglich einer bzw. zwei zur Testung der Reliabilität.
Um die Frage letztlich beantworten zu können, ob ein Beobachtungssystem zu genau oder zu ungenau die Beobachtungsvariablen erfaßt, müßte eine Vergleichsstudie mit einem Nutzen-Kostenvergleich durchgeführt werden. Solche Untersuchungen fehlen bislang völlig. Das hängt auch damit zusammen, daß es nur wenige Beobachtungssysteme gibt, die über eine längere Tradition verfügen. Die meisten Beobachtungssysteme sind für einen Versuch konstruiert worden, dabei sind die Anforderungen, die an ein Beobachtungssystem gestellt werden, sicherlich

nicht geringer als die, die man an einen Intelligenztest oder an andere psychometrische Tests stellt. Aber solche Gedanken sind offensichtlich noch nicht Allgemeingut.

3.2.6. Die Objektivität von Beobachtungsdaten und das Beobachtertraining

Eine Reihe von Problemen ergibt sich daraus, daß die Beobachtung nicht von einem technischen Apparat, sondern von Menschen durchgeführt wird, die zu einem „Beobachtungsinstrument" (HEYNS und ZANDER, 1965) erzogen werden sollen. Die Objektivität charakterisiert also Beobachtungsdaten hinsichtlich der vermutlichen Fehler durch den Beobachter.

Zur Objektivität von Beobachtungssystemen gibt es eine reiche Literatur, wobei verschiedene Sachgebiete der Psychologie Ergebnisse beisteuern. Es ist hier nicht der Ort das zu wiederholen, was schon oft gründlich und übersichtlich dargestellt worden ist. Wir begnügen uns hier deshalb mit Literaturhinweisen für die einzelnen Themenbereiche, wobei wir die Fehlerquellen nach den 3 Phasen des Beobachtungsprozesses in Fehler der Reizwahrnehmung, Fehler der Reizverarbeitung und in Fehler der Reizkodierung einteilen.

In die Reizwahrnehmung spielen allgemeine Wahrnehmungsprobleme herein. Sie wurden u. a. von WOODWORTH und SCHLOSSBERG (1965) dargestellt. Speziell zur Entdeckung von Ereignissen ist richtungweisend die Signalentdeckungstheorie von SWETS (1964). Auch Ermüdungsprobleme spielen eine Rolle, über die verschiedene Vigilanztheorien aufgestellt wurden. Einen Überblick über diesen Problembereich gibt DEESE (1955). Auch soziale Variablen bzw. Einstellungsvariablen beeinflussen den Wahrnehmungsprozeß.

Eine Zusammenfassung der Ergebnisse dieser Forschungsrichtung findet man bei SOCORD und BACKMAN (1964), und in deutscher Sprache bei LILLI (1975).

Bei der Reizverarbeitung kommen vor allem Beurteilungs- und Schlußfolgerungsfehler vor. Einen kurzen Überblick über die wichtigsten Beurteilungsfehler gibt HASEMANN (1964). Auf Fehler des Schlußfolgerns geht WEICK (1968) ein und gibt eine zusammenfassende Darstellung.

Diese vorgenommene Aufteilung schließt Überschneidungen nicht aus, vielmehr werden die gleichen Probleme von verschiedener Seite und mit verschiedener Absicht behandelt und beschrieben. Man kann den gesamten Problemkomplex auch als Problem der Informationsübertragung darstellen wie es CAMPBELL (1958) versucht, oder als Problem der indirekten Steuerung (JACKSON, 1959).

Eine weitere Quelle von Beobachtungsfehlern liegt in der technischen Durchführung der Beobachtung. Wiewohl solche Probleme von geringem theoretischem Interesse sind, können sie nicht minder die Aussagekraft von Beobachtungsdaten einschränken. Diese Fehler sind anders, wenn die Beobachtung im Feld durchgeführt wird (Ausfall eines Gerätes, Störung des Beobachters durch das zu beobachtende Kind oder durch andere Personen, umständliche Kodierung, wenn Bleistift und Papier dazu verwendet werden usw.), oder wenn sie indirekt über Videoaufzeichnungen durchgeführt wird (Ausfälle von Aufnahmen wegen schadhafter Geräte, schlechte Bild- und Tonqualität, usw.). Probleme solcher Art werden in Untersuchungen kaum erwähnt, obwohl wir nicht glauben können, daß die technische Durchführung der Beobachtung in anderen Forschungsgruppen soviel störungsfreier ist, als bei uns. Wir hatten große technische Probleme. Einmal fiel ein Videogerät aus, manchmal wurden bei den Aufnahmen Fehler gemacht, so daß eine Aufnahme nicht verwertbar war, oder die Licht-Tonverhältnisse waren zu schlecht, usw.

Ein weiteres Problem stellt die Motivierung der Beobachter dar. Beobachten ist eine ermüdende und aufreibende Arbeit. Sehr schnell stellen sich Gewohnheitsfehler ein oder Ermüdungsfehler usw., und die Durchführungsbestimmungen müßten peinlich genau eingehalten werden.
Die Durchführung von Parallelbeobachtungen ist daher nicht nur eine methodische Routineangelegenheit, sondern eine Feedback-Kontrolle für Beobachter und Versuchsleiter von zentraler Bedeutung. Wirksam ist diese Kontrolle jedoch nur, wenn der Beobachter nicht weiß, welche Stichproben kontrolliert werden. Weiß er, daß eine Parallelbeobachtung vorgenommen wird, so besteht die Gefahr, daß er sich in diesen Stunden ganz besonders anstrengt um in den restlichen Stunden noch sorgloser zu kodieren — eine solche Kontrolle besteht nur zum Schein (REID und DE MASTER, 1972).

Das Beobachtertraining

Die Reduzierung von Beobachtungsfehlern wird allgemein durch eine entsprechende Schulung der Beobachter zu erreichen versucht. So schreiben CRANACH und FRENZ (1969): „Grundsätzlich verdient das Problem der Beobachterschulung größte Bedeutung. Es gilt die ... Fehlermöglichkeiten zu reduzieren und eine hohe Übereinstimmung zwischen mehreren unabhängigen Beobachtern zu erreichen" (CRANACH und FRENZ, 1969). Wir versuchen dieses Problem einmal dadurch in Griff zu bekommen, daß wir die Beobachtungsmethode so konstruieren, daß der Beobachter nicht überlastet wird und am Originalmaterial eingeübt wird und zweitens durch ein systematisches Beobachtertraining.
Wir haben uns bei der Konstruktion des Beobachtertrainings stark an das von HEYNS und ZANDER (1953) und MEIXNER (1974) angelehnt, haben es aber unseren Zwecken angepaßt. Dabei galt es vor allem zu berücksichtigen, daß in unserem Falle die Beobachtung die Grundlage für die Interaktionsanalyse darstellt.
Die Entwicklung ist sicherlich noch nicht abgeschlossen, vielmehr handelt es sich um einen ersten Versuch, das Training zu systematisieren.

Da wir nicht Live-Beobachtung durchführen, sondern eine mittelbare über Videoaufzeichnungen, können die Beobachter anhand des Originalmaterials eingeführt werden. Generalisierungsprobleme scheiden somit aus. Da wir ferner eine Form der kontinuierlichen Beobachtung gewählt haben, können wir auf die anspruchsvollere time-sampling-Technik verzichten, womit die Durchführungs-Technik wesentlich vereinfacht wird. Der Beobachter hat genug Zeit zur Verfügung sich das Verhalten genau anzusehen und die Entscheidung zu treffen.

Aufbau des Beobachtertrainings

Erster Schritt. Vermittlung von Ziel und Zweck der Beobachtung.
Ähnlich wie HEYNS und ZANDER (1953) beginnen auch wir das Beobachtertraining mit einer ausführlichen Einführung in das Elterntraining und in die Aufgaben, die die Beobachtung dabei erfüllen muß.
Im *zweiten Schritt* lernen die Beobachter Szenen in der Umgangssprache minutiös zu beschreiben. Die ersten Szenen werden mit dem Versuchsleiter zusammen beschrieben, dann folgt eine Übung, in der jeder Beobachter allein eine Szene beschreibt. Das Ergebnis wird unter den Beobachtern verglichen. Der Beobachter macht dabei die Erfahrung, daß im Alltag meist nur eine Reizquelle verwertet wird (das Gesprochene, Mimik, Pantomimik, Schweigen, Tonlage), und daß bei gleichzeitiger Verwertung anderer Reizquellen neue Perspektiven des Verhaltens sicht-

bar werden. Ferner macht er die Erfahrung, daß das Verhalten einer Person durchaus nicht so eindeutig ist, wie wir im Alltag annehmen.
Im *dritten Schritt* wird das Beobachtungssystem eingeführt. Die funktionalen Kategorien werden erklärt, und der Beobachter bekommt die Zuordnungsregeln für die Klassifikation des Verhaltens in die Hand. Diese Regeln muß er auswendig lernen. Anschließend daran werden die Protokolle von der umgangssprachlichen Beschreibung der Szenen hervorgeholt, und die Klassifizierung der Reaktionen wird vorgenommen. Auch hier wiederum werden die Beobachter erst aufgefordert allein ein Protokoll auszuwerten, wenn sie zuvor einige Protokolle gemeinsam mit dem Versuchsleiter ausgewertet haben.
Die Übung des Signierens ist so aufgebaut:

Eine Beobachtungssequenz wird vorgelesen. Es werden nun Vorschläge für die Signierung gebracht. Jeder Vorschlag muß begründet werden. Die Begründung besteht: erstens in der Angabe des Prinzips, aufgrund dessen die funktionalen Eigenschaften erschlossen wurden und zweitens in der Aufführung der Argumente.

Ein Beispiel: Ein Teilnehmer schlägt vor die verbale Äußerung „Warum?" eines Kindes als K^- für die Mutter zu werten. Er schließt auf die bestrafenden Eigenschaften dieses Items mit Hilfe des Konvergenzschlusses und führt als Argumente auf:

Die Mutter reagiert darauf erregt (1), der Ton der Aussage ist akzentuiert (2). Dem geht voraus, daß die Mutter dem Kind einen für ihn verletzenden Rat gegeben hat (3), aus dem Kontext geht hervor, daß die Frage *eher* als Ablehnung denn als echte Frage zu verstehen ist (die Antwort, die die Mutter darauf geben wird, konnte das Kind aus ähnlichen Fällen schließen) (4).
Ob der Beobachtungstrainer diese Argumente gelten läßt oder nicht, ist damit nicht entschieden, aber auf jeden Fall muß der Prozeß des Schließens aufgehellt werden, um sich auf gemeinsame Normen einigen zu können. Früher, als wir noch nicht in dieser Weise verfuhren, gab es oft lange und unnütze Gespräche darüber, wie ein bestimmtes Ereignis zu klassifizieren sei. Nachdem nun jeder gezwungen wird Schlußform und Argumente anzugeben, kommt viel schneller Einigung zustande (man vermeidet aneinander vorbeizureden).
Gibt einer als Schlußform den Analogieschluß an, so erübrigt sich langes Reden. Wir fragen in solchen Fällen nur, wer — nach der gleichen Schlußform — zu einer anderen Wertung gekommen ist. Der Beobachter bekommt damit ein Feedback, ob er ähnlich „erlebt" wie die anderen Beobachter. Weicht ein Beobachter häufig in seiner subjektiven Erfahrung von den anderen ab, so ist zu fragen ob er, aufgrund welcher Vergangenheit auch immer, für die Aufgabe des Beobachtens mit unserem System geeignet sei. Systematische Abweichungen aufgrund einer bestimmten Lerngeschichte oder vielleicht aufgrund einer bestimmten ideologischen Vorprägung können vorkommen.
Im *vierten Schritt* wird die Übertragung der Daten nach dem Interaktionsanalyseschema und die Bewertung nach dem Bewertungsschema geübt, denn jeder Beobachter muß anschließend an die Beobachtung die Daten in einer Form übertragen, daß sie abgelocht oder sonst bequem verarbeitet werden können.

Im *fünften Schritt* wird die routinemäßige Beobachtung geübt. Anhand der Protokolle werden die Kategorien exemplarisch für eine Familie definiert.
Kontrolliert wird die Objektivität, indem das Beobachtungsmaterial von einem zweiten unabhängigen Beobachter ausgewertet wird.

Anfangs wird jeder Film doppelt ausgewertet, später wird nur noch stichprobenweise die Objektivität überprüft. Dabei ist natürlich von größter Wichtigkeit, daß der Beobachter nicht weiß, was kontrolliert wird.
Ergeben sich dabei größere Diskrepanzen, so muß erneut geübt werden, bis die Übereinstimmung ausreichend ist.

3.2.7. Der Aufwand der Beobachtung

Verhaltensbeobachtung ist arbeitsintensiv, und wer Beobachter in einem Projekt einsetzt, muß sich zuallererst fragen wie er sie finanzieren kann, und in welchem Umfang er sie einsetzen kann. Parallel dazu muß überlegt werden in welchem Ausmaß beobachtet werden muß, um Beobachtungsdaten beweiskräftig zu machen. Diese Fragen sind schwierig genug. Zur zweiten Frage, in welchem Ausmaß und mit welcher Genauigkeit der Beobachtungsaufwand noch vertretbar ist, kommt man meist schon gar nicht mehr, weil kaum jemand mehr als er für unbedingt notwendig erachtet beobachten will.
Um diese Frage überzeugend beantworten zu können, müßte eine Nutzen-Kostenrechnung durchgeführt werden. Aber eine solche Untersuchung ist nicht nur deshalb kaum durchzuführen, weil die meisten Beobachtungssysteme zu kurzlebig sind, sondern auch, weil uns die Definition der Begriffe „Nutzen“ und „Kosten“ vor kaum zu überwindende Schwierigkeiten stellen würde.
Dieses Problem ist noch kaum in seinem Umfang sichtbar geworden. Im Sozialbereich wird systematische Beobachtung fast nur bei wissenschaftlichen Projekten angewandt, und dort wird die Arbeitszeit noch nicht so hoch veranschlagt als in der Praxis oder in der Wirtschaft. Aber die Verhaltenstherapie möchte und kann auch nicht die Beobachtungsverfahren durch die ökonomischeren Testverfahren ersetzen. Um so dringender erscheint uns die intensive Beschäftigung mit diesen Problemen. Wahrscheinlich wäre schon viel gewonnen, wenn dem Praktiker in den einzelnen Problembereichen standardisierte und erprobte Beobachtungsverfahren zur Verfügung stünden ähnlich denen der psychometrischen Tests. Der Umfang der Beobachtungsstichprobe sollte nicht nur von der Streuung des Verhaltens abhängig gemacht werden, wie oft gesagt wird (SIDMAN, 1960). Es gibt Verfahren zur Nivellierung von Streuungen, die die intendierte Beweiskraft nicht schmälert. In der Ethologie sind solche Verfahren mit Erfolg angewandt worden. Wieweit aber bei solchen künstlichen Nivellierungen relevante Information verloren geht, muß wahrscheinlich für jeden Problembereich gesondert und empirisch nachgewiesen werden.

3.2.8. Statistische Verarbeitung und Darstellung der Daten

Die Statistik ist die wichtigste Hilfe ein unüberschaubares Datenmaterial praktisch verfügbar zu machen. Durch verschiedene Gruppierungen der Daten, durch Darstellen von Streuung und Interkorrelationen kann oft erst die Information aus den Daten geholt werden, die man braucht. Überall dort, wo das Datenmaterial einen Umfang hat, daß es ohne zusammenfassende Darstellungen nicht mehr überblickt werden kann, wird man statistische Verfahren heranziehen. Die Ordnungsgesichtspunkte selbst jedoch kann uns die Statistik nicht liefern, diese müssen wir selbst aus der Kenntnis von Ziel und Zweck der Beobachtung, aus dem Konzept und den aufgestellten Arbeitshypothesen vorgeben.
Die Verwendung statistischer Verfahren ist also nur sinnvoll,

1. wenn das Datenmaterial zu unübersichtlich ist, um daraus diese Schlüsse ziehen zu können,
2. wenn wir genau wissen, welche Schlüsse wir aus dem Datenmaterial ziehen wollen.

Die elektronische Datenverarbeitung verführt dazu alles mögliche berechnen zu lassen. Ich habe schon manchen Diplomanden vor einem dicken Packen EDV-Blättern ratlos sitzen gesehen. Da zeigen sich dann alle möglichen Trends und Beziehungen, und der beschriebene Prozeß, wie er sich in den Daten vorstellt, wird immer unverständlicher. Planloses Vorgehen ist nirgends unangebrachter als in der elektronischen Datenverarbeitung.

Nun ist es aber oft so, daß die Hypothesen für ein Projekt aus unsystematischen Beobachtungen heraus gebildet werden. Das ist vor allem dann der Fall, wenn ein Experiment nicht auf anderen Experimenten aufbaut. In solchen Fällen kann sich dann in den Daten oft etwas ganz anderes zeigen, als man ursprünglich gehofft hat finden zu können. Um diese Information nicht verlorengehen zu lassen, ist es nötig, in der statistischen Auswertung flexibel bleiben zu können.

Bei uns hat sich daher eine stufenweise Berechnung herauskristallisiert. In der ersten Phase wird versucht einen Ausschnitt des Datenmaterials (z. B. ein, zwei für typisch erachtete Sitzungen) vollständig und im zeitlichen Verlauf darzustellen. Eine solche Darstellung wird am schnellsten mit der Hand gemacht. Auf dieser Matrix wird alles angestrichen, was auffällt. Diese Hinweise werden in Hinblick auf die Fragestellung durchdacht, und daraus werden die Richtlinien für die statistische Beschreibung der Daten gewonnen.

Daraus wiederum ergibt sich die Möglichkeit mit dem Datenmaterial intensiver bekannt zu werden, und dann werden, soweit es sinnvoll erachtet wird, weitere Berechnungen angestellt.

Die Unkosten sind bei dieser stufenweisen Auswertung größer, aber man vermeidet sinnlose Berechnungen, hat mehr Zeit sich mit den Rohdaten vertraut zu machen, und damit steigt die Gewißheit, daß man das Wesentliche aus den Daten herausholt.

Es darf nicht vergessen werden, daß die statistische Verarbeitung teilweise mit einer Informationsreduktion verbunden ist. Es muß daher gefragt werden: Was darf nivelliert werden? Was muß individuell herausgearbeitet werden? Wo kann man Unterschiede übergehen, und wo müssen sie sichtbar gemacht werden?

Randsummen z. B. nivellieren den zeitlichen Verlauf. Wenn es aber nur darum geht zu erfassen, wieviel der Arbeitszeit das Kind arbeitet, bedeutet diese Nivellierung keinen Verlust. Besteht jedoch die Hypothese, daß das schlechte Arbeitsverhalten eines Kindes auf eine zeitliche Überforderung zurückzuführen sei, so muß der Konzentrationsverlauf unbedingt herausgearbeitet werden.

So können die Entscheidungen der Datenverarbeitung wie viele andere Entscheidungen nur aus der Arbeit selbst gerechtfertigt werden.

Abschließende Bemerkung

Zum Schluß möchten wir noch auf ein recht grundsätzliches Problem hinweisen. Es beginnt damit, daß die Beobachtung von Menschen der Zustimmung dessen bedürfen, der beobachtet werden soll.

Von uns selber wissen wir, daß uns Zuschauer nicht willkommen sind, wenn wir zeigen können, was wir vermögen. Aber gerade darum geht es bei der Verhaltensbeobachtung im Rahmen des Elterntrainings nicht. Wir interessieren uns — in der

Regel — erst dann für die Arbeit des Erziehers, wenn er Probleme hat, wenn sein Unvermögen zur Diskussion steht. Im Grunde fragen wir die Eltern oder den Lehrer um die Erlaubnis, seine erzieherischen Fehler möglichst genau und umfassend beobachten und registrieren zu können. Das setzt ein starkes Selbstvertrauen und Souveränität auf seiten des Beobachteten und auf seiten des Beobachtenden voraus.
Ein Stück der Problematik der Verhaltensbeobachtung bei Erziehungsproblemen wird hier deutlich. Der Erzieher kommt mit dem Kind nicht zurecht. Dieser Mißerfolg verunsichert ihn. Nun kommt der Therapeut und beobachtet seine Fehler. Die Verunsicherung verschärft sich. Unsicherheit macht den Menschen häufig in seinem Verhalten rigide, rechthaberisch, unehrlich (Vertuschung von Fehlern), sie bremst die Risikobereitschaft, lähmt die Initiative usw., und das alles sind Verhaltensmuster, die der Erziehung sehr abträglich sind.
Die Drop-out-Quote ist während der Beobachtungsphase am größten (SCHULZE, 1974).
Einen der Gründe für dieses Ergebnis sehen wir in der Angst, die die Beobachtung bei den Eltern auslöst.
Beobachtung von außen berührt die Intimsphäre der Familie. Es gibt eine Reihe von Situationen in der Familie, in denen ein Beobachter nicht anwesend sein kann, und in denen es die Beobachteten auch nicht tolerieren, daß ein Tonbandgerät die Gespräche aufzeichnet, oder daß eine Kamera das Geschehen festhält. Und wenn in solchen Situationen ein Beobachter anwesend ist, so besteht die Gefahr, daß ein theatralisches Moment die Szene bestimmt.
Dieses Problem ist Teil der Aporie, die wahrscheinlich jedem Streben die soziale Wirklichkeit zu verändern innewohnt. Ob wir Patient, Beobachter oder Therapeut sind, wir sind es nie isoliert für uns, wir sind es immer als Teil eines größeren Ganzen, als Teil der Trainingsgruppe, als Teil der Beobachtungsgruppe usw.
Dabei ergeben oft die wechselseitigen Beeinflussungen recht eigenartige Koalitionen und neue Interaktionsgebilde. Man fragt sich manchmal als Trainer wer wohl wen beeinflußt hat und als Beobachter wer wohl wen beobachtet hat. Dabei mag es uns mit den Kindern und ihren Eltern oft nicht besser gehen als dem Ethologen BUTLER, bei seiner Beobachtung von Affen:

> „Ich untersuchte Affen bei einem Essen-Belohnungsproblem. Er (der Affe) arbeitete hinter einer Wand, von wo aus er den Versuchsleiter nicht sehen konnte. Umgekehrt konnte auch der Versuchsleiter den Affen nicht beobachten, und daher war das Bestreben groß herauszufinden, was das Tier tat. Zuerst machte ich ein schmales Guckloch in die Wand, aber der Affe entdeckte es gleich, und so beeilte er sich, mich zu beobachten, wie ich ihn. Als nächstes versuchte ich einen Spiegel so anzubringen, daß ich das Tier ununterbrochen beobachten konnte. Der Affe drehte den Spieß um, er hörte auf zu arbeiten und begann mich mittels des Spiegels zu beobachten“ (BUTLER, 1969).

4. Andere Methoden der Beobachtung und der Interaktionsanalyse

Die Anzahl verschiedener Beobachtungssysteme ist im letzten Jahrzehnt erheblich angestiegen. Sie hat heute ein Ausmaß angenommen, das kaum noch überblickt werden kann. Eine Vorstellung davon geben die 17 Bände der „Mirrors for

Behavior" (Hrsg. Anita Simon u. E. Gil Boyer, 1970), in denen 92 verschiedene Beobachtungssysteme beschrieben werden, die vornehmlich in der Klassenzimmerbeobachtung gesetzt wurden, und diese Darstellung ist selbst für den engen Bereich der Klassenzimmerbeobachtung nicht repräsentativ, geschweige denn umfassend. So sind darin die Beobachtungssysteme verhaltenstherapeutisch orientierter Schulprojekte überhaupt nicht berücksichtigt. Dem Unerfahrenen vermittelt dies leicht den Eindruck als könne er sich nun aus dem reichen Angebot bedienen und sich ein für seinen Zweck passendes Beobachtungsinstrument aussuchen. Bald jedoch wird er merken, daß ein großer Teil der Beobachtungssysteme auf den engen Zweck einer bestimmten Untersuchung zugeschnitten ist. ROSENSHINE und FURST (1973) berichten, daß von 73 Beobachtungssystemen 67 nur vom Autor selbst verwendet wurden.

Die meisten Beobachtungssysteme sind Eintagsfliegen. Das bedeutet aber, daß ihre Eigenschaften unbekannt sind. Meist werden nur Daten zur Objektivität angegeben, wobei die Objektivität mit der Parallelbeobachtungsmethode erhoben wird. Von den 73 Beobachtungssystemen, die ROSENSHINE und FURST untersuchten, bezogen sich nur 15 explizit auf eine Theorie. Häufig hat der Autor nicht einmal eine klare Vorstellung darüber, wie die gewonnenen Daten zu verwenden sind.

Was heute dringend gefordert ist, sind Beobachtungssysteme, die in vergleichbarer Weise mit den psychomotorischen Tests standardisiert sind. Der Anwendungsbereich eines solchen Meßverfahrens dürfte sehr eng sein. Er müßte wahrscheinlich beschränkt werden auf eine bestimmte Situation, auf einen eingegrenzten Problembereich und streng bezogen auf eine bestimmte Theorie und eine bestimmte Interventionsmethode. Ansätze in diese Richtung sehen wir in der „Interaktions Prozeß-Analyse" von BALES (1950) zur Erforschung von Gruppendiskussionen, und in der Interaktionsanalyse von FLANDERS (1960), um das Lehrerverhalten zu verändern.

Doch beide Beobachtungssysteme, sowohl das von BALES als das von FLANDERS, erfüllen nur zum Teil die Erwartungen, die wir an ein solches Instrument stellen müssen. BALES gibt als Ziel einer Methode die Erforschung von Kleingruppenprozessen, von Gesprächsverläufen und diagnostische Aufgaben an (BALES, 1950; 1969; BALES und BORGATTA, 1966). Soll jedoch die Zielbeschreibung zum Bezugspunkt der Wahl des Außenkriteriums für die Validierung des Beobachtungsinstrumentes werden, so muß es auf einer viel niedrigeren Abstraktionsstufe beschrieben werden. Diese bleibt uns BALES schuldig, wie er sich überhaupt nicht um die Gültigkeit seiner Analysen kümmert. Das ist um so befremdlicher als das Verhalten, das er mit seinem System in Gruppensitzungen beobachtet, sehr instabil ist (BORGATTA und BALES, 1953) und daß BALES diese Instabilität im Sinne seiner Theorie als „Entwicklung des Gruppenprozesses" interpretiert. Am überzeugendsten sind daher die Ergebnisse, wenn sie im Sinne eines Abbildens benutzt und nicht funktional interpretiert werden. So ergibt sich, daß zu 74% auf Fragen nach Orientierung mit Geben von Orientierung geantwortet wird; oder wer nach einer Meinung fragt bekommt sie in 46% der Fälle, usw. Welchen Gebrauch man von solchen Ergebnissen machen kann ist mit ihnen noch nicht ausgemacht, aber für eine solche Anwendung des Beobachtungssystems brauche man es nicht weiter zu validieren, der Nachweis der Objektivität der Daten genügt.

FLANDERS gibt als Ziel für seine Interaktionsanalyse des Lehrer-Schüler-Verhaltens die Aus- und Fortbildung des Lehrers an (FLANDERS, 1960; AMIDON und FLANDERS, 1967). Dieses Globalziel wird auch hinreichend präzisiert (HANKE et al.,

1973), aber auch dieses Beobachtungsinstrument erlaubt beim heutigen Stand keine funktionale Interpretation seiner Kategorien, da eine entsprechende Theorie fehlt, die den Zusammenhang zwischen Beobachtungsergebnis und Zielerreichung angibt. Was bedeutet es, ein direkter oder ein indirekter Lehrer zu sein im Hinblick auf das Erreichen des Lernzieles? Was bedeutet es für die Entwicklung der Schüler, wenn der Lehrer Gefühle akzeptiert? Wahrscheinlich lassen sich diese Fragen so global gestellt überhaupt nicht beantworten. Es gibt Kinder, die sich in die Spielgruppe nicht einordnen können, weil sie in der Familie nicht gelernt haben auf andere einzugehen, und es gibt Kinder, die sich nicht einordnen können, weil in der Familie jede Regelung von selbständigem Verhalten unterdrückt wurde. Aber wahrscheinlich stellt uns die individuelle Anpassung des Beobachtungssystems an den einzelnen Fall, wie wir sie in der Elternarbeit versuchen, im Klassenzimmer vor unüberwindliche Schwierigkeiten. Wir sind primär von dyadischen Situationen ausgegangen, um indirekte Effekte ausschalten zu können. Wendet sich z. B. Person 1 der Person 2 zu, so kann das für Person 3 eine Bestrafung bedeuten. Dieser Sachverhalt hat für die Beobachtung in der Klasse unübersehbare Folgen, da nicht nur häufig ungeklärt bleiben muß welche Auswirkungen die Interaktion des Lehrers mit einem Schüler auf seine Kameraden haben wird, sondern auch, wieweit die anderen Schüler die Interaktion überhaupt mitbekommen.

Für die Beobachtung von Eltern-Kind-Interaktionen gibt es auch schon eine große Anzahl von Instrumenten. LYTTON (1971) referiert in einer Überblicksarbeit 50 verschiedene Arbeiten, in denen Eltern-Kind-Interaktionen mit Hilfe eines Beobachtungsinstrumentes erfaßt wurden. Auch hier bestätigt sich die Feststellung von ROSENSHINE und FURST, daß der Großteil der Beobachtungsinstrumente nur jeweils vom Autor, der es entwickelt hat, benutzt wird. Der Grund für diese Zersplitterung ist wiederum teilweise in der nicht übertragbaren Zielsetzung der jeweiligen Untersuchung zu sehen (z. B. Beobachtung von Säuglingen in den ersten 3 Lebensmonaten, GEWIRTZ und GEWIRTZ, 1965), teilweise aber auch in der verkürzten Darstellung der Beobachtung, die eine Replikation nicht erlaubt. Bevor man dann den umständlichen Weg der Kontaktaufnahme mit dem Autor einschlägt, konstruiert man lieber selber ein entsprechendes Instrument. Das war mit ein Grund weshalb wir unser System so ausführlich dargestellt haben. Es ist inzwischen auch von anderen Forschungsgruppen übernommen worden, und wir hoffen über die Zusammenarbeit mit anderen Forschungsgruppen das System noch weiter optimieren zu können.

5. Die testende Beobachtung zur Überprüfung von Hypothesen

In der testenden Beobachtung verfolgen wir ein anderes Ziel als in der orientierenden Beobachtung. Hier geht es um die Annahme oder um die Verwerfung von Hypothesen. Die testende Beobachtung ist daher in ihrem Aufbau und in ihrer Durchführung anders angelegt als die orientierende. Von der testenden Beobachtung erwarten wir kein differenziertes Bild, keine Fülle von Informationen, ja auch nicht unbedingt eine übersichtliche Darstellung, weil sie nur für eine Entscheidung herangezogen wird: Annahme — Ablehnung der Hypothese. Wir werden von ihr daher vor allem die Eigenschaften verlangen, die diese Entscheidung beeinflussen:

Sensibilität bezüglich der zu messenden Dimension, große und stabile Häufigkeiten über verschiedene Stichproben, um einerseits statistische Unterschiede nachweisen und andererseits um das Ergebnis soweit als möglich generalisieren zu können.

Erfolgskontrolle durch testende Beobachtung
Im Rahmen eines Elterntrainings können verschiedene Hypothesen getestet werden. Es ist leicht einzusehen, daß Eltern, die in einem Training effektive Hilfe erfahren, eher bereit sind ihren Erziehungsstil und dessen Auswirkungen auf das Kindverhalten untersuchen zu lassen, und daß man in einem solchen Kontext leichter valide Daten erheben kann, als in einer frei schwebenden Untersuchung.
Primär geht es jedoch beim Training um die Erfolgskontrolle. Für den Praktiker wäre es sichtlich zu aufwendig, jedes Training zu kontrollieren, aber auch er sollte nicht ganz auf eine Erfolgskontrolle verzichten. Es mag genügen stichprobenweise, wie z. B. bei der Überprüfung der Objektivität von Daten seine Arbeit zu kontrollieren. Aber dabei müssen auch die Eltern gefragt werden.
Wenn wir den Eltern erklären, weshalb wir vor und nach dem Training Kontrollstunden durchführen, stoßen wir nicht selten auf Unverständnis. „Das werde ich Ihnen schon sagen, wenn der ganze Aufwand für die Katz war“, äußerte eine Frau. Und in der Tat, es klingt plausibel. Die Eltern suchen Hilfe, weil sie Probleme haben, und warum sollte es dann nicht ausreichen, ihre Aussagen als Beweis für den Erfolg oder Mißerfolg eines Trainings zu nehmen?
Oft genug, ja zu oft, wie wir meinen, wird tatsächlich nur die Aussage der Eltern als Erfolgsfeedback genommen, denn ihr Urteil kann durch eine Reihe anderer Faktoren als die des Verhaltens in kritischen Situationen beeinflußt sein. So z. B. können die Eltern während der Behandlung das Vertrauen in die Kunst des Trainers und seiner Methoden verloren haben und möchten die Behandlung beenden. Sie fürchten aber, daß sie noch weiter mitmachen müssen, wenn sie den Mißerfolg eingestehen. Es kann auch sein, daß sie befürchten der Trainer schlösse aus dem Mißerfolg sie hätten seine Anweisungen nicht oder unzureichend befolgt, so daß sie selbst für den Mißerfolg verantwortlich gemacht werden könnten. Oder wenn die Beziehung zum Trainer sich menschlich sehr positiv entwickelt hat, sie wollen ihn nicht kränken.
So gibt es eine ganze Reihe von Gründen, daß Eltern den Mißerfolg der Behandlung dem Trainer nicht eingestehen. Aber es gibt auch eine Reihe von Gründen den Erfolg nicht zuzugeben. Während der Behandlung werden z. B. einige Probleme gelöst. Dafür werden andere deutlicher sichtbar, und die Eltern denken zu stark an die noch bestehenden Probleme und übersehen was sich alles geändert hat. In einer Fallstudie mit einem Kind, das die Symptomatik hatte „depressives Verhalten“ (Inaktivität, stundenlanges Heulen usw.) und „Leistungsversagen in der Schule“, konstatierte der Vater, das Training habe nichts genützt, offensichtlich weil das Kind nicht versetzt werden konnte. Erst auf den Einwand der Mutter „weißt du nicht mehr, wie er vorher stundenlang geheult hat?“ sagte der Vater abwehrend: „ja, das hat sich gebessert“. Ihm war das Schulproblem weit wichtiger als das depressive Verhalten, wodurch bei ihm der Eindruck entstand das Training habe nichts gebracht.
Auch kommt es häufig vor, daß Eltern später die Probleme bagatellisieren und kommen daher zum Schluß, „es war ja gar nicht so schlimm“, „mein Gott, ab und zu alleine spielen tut er auch heut’ noch“. Dadurch wird die eingetretene Verhaltensänderung ebenfalls verdeckt.

So gibt es gute Gründe sich bei der Trainingskontrolle nicht einseitig auf die Aussagen der Eltern zu verlassen, auch wenn sie ganz sicherlich ein wichtiges Kriterium darstellen.
Ergänzend zu den Aussagen der Eltern gibt es eine Reihe von Verfahren, die heute bei Elterntrainings zur Erfolgskontrolle eingesetzt werden. So setzen schon RISLEY und WOLF (1964) die Mutter in der häuslichen Situation als systematischen Beobachter ein. Wieweit Mütter als zuverlässige Beobachter ihrer eigenen Kinder eingesetzt werden können, ist vor allem von KANE et al. (1974) untersucht worden.
Die wissenschaftlich anerkannteste Methode den Trainingserfolg zu messen, ist die Beobachtung des kritischen Verhaltens in Form einer Baselineerhebung in standardisierten Situationen (WAHLER et al., 1965; HANF und KLING, 1973). Diese Methode ist jedoch nicht unproblematisch, denn angestrebt wird im Elterntraining die Veränderung in der Heimsituation unter natürlichen Bedingungen, und die Generalisation ist nicht immer gewährleistet. PATTERSON (1969) entwickelte daher ein eigenes Beobachtungssystem, um die Familie zu Hause zu beobachten. Er führte 1974 eine Studie an 27 Familien durch in 6–10 Baselinesitzungen. Häufig wird auch eine kombinierte Beobachtung im Labor unter standardisierten Bedingungen und zu Hause durchgeführt (SALZINGER et al., 1970).
Wir sind nicht in allen Experimenten gleich vorgegangen. Auf die Beobachtung unter standardisierten Bedingungen im Labor haben wir jedoch nie verzichtet. Ergänzend dazu wurden den Müttern Beobachtungsbögen mitgegeben, auf denen sie das Auftreten einzelner Ereignisse registrieren sollten, wurden Beobachtungen im Klassenzimmer durchgeführt, und es wurden die Eltern interviewt.
Erst allmählich setzte sich die Erkenntnis durch, daß man sich bei der testenden Beobachtung radikal auf das Wesentliche beschränken muß, daß oft Verschiebungen gemessen werden müssen, usw. Wir werden auf diese Probleme in einer weiteren Arbeit bei der Darstellung der Experimente zu sprechen kommen. Hier sollte nur der Vollständigkeit halber auf die testende Beobachtung hingewiesen werden.

Anhang I – XI

Anhang I

Leitfaden für das orientierte Gespräch am Anfang des Trainings

Hilfe für Erzieher und Kind. „Wir treffen uns hier, weil uns die Kinder Sorgen machen. Sie haben sich viel Mühe gegeben und haben trotzdem den Eindruck, die Probleme nicht im Griff zu haben. Das Kind braucht Ihre Hilfe, und Sie sehen sich nicht in der Lage, ihm diese Hilfe zu geben. Und Sie werden sich oft sagen, daß auch Sie selbst Hilfe brauchen. Diese Aufgabe wollen wir nun gemeinsam angehen und wir haben dafür zwei volle Tage Zeit."

Eingrenzung der Aufgabe: „Was können wir Eltern tun, um den Kindern in ihrer Entwicklung zu helfen? Wo sind uns Grenzen gesetzt?
Versuchen wir einmal aufzuzählen, was alles auf das Kind einwirkt, und das Kind in seinem Verhalten bestimmt.

1. Da wären als erstes die *Erbanlagen* zu nennen, all das, was das Kind mit in die Wiege bekommt (z. B. Geschlecht, Aussehen, Begabungen, usw.).
2. Auch frühere *Lernerfahrungen,* die das Kind im Laufe seines Lebens gemacht hat, haben einen Einfluß auf sein Verhalten heute. Es ist z. B. ein Unterschied, ob ein Kind allein oder mit Geschwistern aufwächst, ob es längere Zeit von den Eltern getrennt war (z. B. durch einen Krankenhausaufenthalt, usw.).
3. Das Verhalten des Kindes wird auch davon bestimmt, welche *Zeitungen* und *Bücher* es liest, von *Fernsehen* und *Rundfunk* und vor allem auch durch die *Mode* (Kleidung, Hobbys, Wünsche usw.).
4. Auch äußere Gegebenheiten wie *Wohnung, finanzielle Lage* der Eltern, *Verhältnis der Eltern* zueinander, *Berufstätigkeit* von Mutter und Vater, usw. üben einen Einfluß auf das Verhalten des Kindes aus.
5. Eine wichtige Rolle spielen natürlich die Erzieher. Da ist an erster Stelle das *erzieherische Verhalten der Eltern* zu nennen.
6. Neben den Eltern tun sich auch die Geschwister und Freunde des Kindes hervor. Auch sie versuchen direkt oder indirekt Einfluß auf das Verhalten des Kindes zu gewinnen.
7. Für das Schulkind hat die Schule einen nicht unwichtigen prägenden Einfluß, der weit über das Klassenzimmer hinausreicht.
8. Und schließlich wären noch die stummen Erzieher zu nennen, die Nachbarschaft und die Bekannten, die oft allein durch ihre Anwesenheit oder auch nur durch ihr schlichtes Vorhandensein einen Einfluß ausüben."

„Wenn wir uns all diese Einflüsse ansehen, so nehmen sich unsere Möglichkeiten als Eltern recht bescheiden aus. Wir wollen uns dieses Geflecht von Abhängigkeiten im Laufe des Trainings öfters vergegenwärtigen. Es soll uns helfen das Kind besser zu verstehen, sowie auch unsere Rolle als Erzieher, denn wir können und müssen

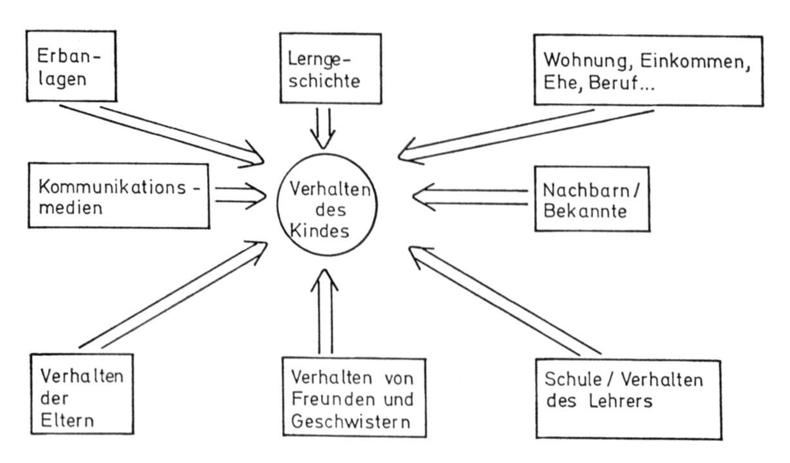

Abb. 5. Die wichtigsten Einflüsse, die das Kind in seinem Verhalten bestimmen

unsere Kinder auch indirekt über Gespräche mit dem Lehrer, den Geschwistern usw. lenken, und auch bei der Wahl der Wohnung, der Wohnungseinrichtung, der Berufstätigkeit der Mutter usw. sollten wir erzieherische Gesichtspunkte mit einbeziehen."

Eine Gruppe von vier Eltern: „Sie sind vier Eltern. Vielleicht haben Sie sich schon gefragt, warum wir die Probleme in einer Gruppe behandeln. Wir haben uns für eine Gruppe von Eltern entschlossen, weil wir in der Gruppe besser lernen können. Zunächst werden Sie die tröstliche Erfahrung machen, daß auch andere Eltern Probleme mit ihren Kindern haben, ja, daß Erziehungsprobleme wohl mehr oder weniger zu jeder Familie gehören. Zum anderen werden wir versuchen, im Spiel die Probleme nachzubilden, um sie in ihrem Ablauf genau studieren zu können. Dazu brauchen wir mehrere Personen, und wir haben die Erfahrung gemacht, daß Eltern gut die Probleme ihrer Kinder, bzw. die Probleme, die sie mit den Kindern haben, darstellen können.
Wer bei einem Spiel nicht mitspielt, wird zuschauen und im Beobachten lernen. Bei anderen sehen wir unsere eigenen Fehler oft klarer und besser als an uns selbst."

Aufbau des Trainings: „Ich möchte Ihnen noch vier Stichworte geben, die den Ablauf des Trainings skizzieren: beobachten — verstehen — lenken (durch Belohnung oder Wegnahme von Belohnung) — helfend eingreifen. Heute vormittag wollen wir nicht mehr tun, als eine Reihe von Problemen darstellen und sie uns anschließend ganz genau, Schritt um Schritt, ansehen."

Fragebogen zur Erhebung der Folgen von Belohnungs- bzw. von Bestrafungsbedingungen, wie sie von den Eltern erlebt werden.

Fragebogen A

Datum . . . .
Frau/Herr . . . .

Kreuzen Sie bitte die jeweils zutreffende Antwort an.

1. Vor der Gruppe zu sprechen, fiel mir hier
   - ☐ schwerer als erwartet
   - ☐ leichter als erwartet
2. Weshalb glauben Sie, daß es Ihnen hier eher leichter bzw. eher schwerer gefallen ist zu antworten? Schreiben Sie bitte kurz in Stichworten den Grund auf.

3. Glauben Sie, daß Sie uns einen guten Einblick in den Tagesablauf geben konnten?
   - ☐ ja
   - ☐ nein
4. Glauben Sie, daß die anderen von Ihren Ausführungen lernen konnten?
   - ☐ eher ja
   - ☐ eher nein
5. Würde es Ihnen schwerfallen, hier über dieses Thema noch einmal ausführlicher zu sprechen?
   - ☐ eher ja
   - ☐ eher nein
6. Die Einteilung des Tagesablaufs beeinflußt gewöhnlich auch die Erziehungsarbeit mit dem Kind. Glauben Sie, daß bei Ihnen der Tagesablauf im wesentlichen so bleiben kann?
   - ☐ ich weiß nicht
   - ☐ eher ja
   - ☐ eher nein

Datum . . . .
Frau/Herr . . . .

Fragebogen B

Frau/Herr . . . . wirkte auf mich:

gelöst	1	2	3	4	5	6	verkrampft
selbstsicher	1	2	3	4	5	6	ängstlich
frei	1	2	3	4	5	6	unfrei
selbständig	1	2	3	4	5	6	unselbständig
gelassen	1	2	3	4	5	6	besorgt

Die Schilderung von Frau/Herrn . . . . empfand ich als:

lebendig	1	2	3	4	5	6	blaß
flüssig	1	2	3	4	5	6	stockend
informativ	1	2	3	4	5	6	dürftig
überzeugend	1	2	3	4	5	6	wenig beeindruckend
bedeutsam	1	2	3	4	5	6	unbedeutsam

Frau/Herr . . . . war der Gruppe gegenüber:

offen	1	2	3	4	5	6	verschlossen
vertrauensvoll	1	2	3	4	5	6	mißtrauisch
entgegenkommend	1	2	3	4	5	6	abweisend
herzlich	1	2	3	4	5	6	steif

Was ist Bestrafung?

- Enttäuschung einer Erwartung
- wegschauen, wenn jemand mit uns spricht
- „eisiges Schweigen“
- gähnen, Langeweile zeigen
- abwenden, uninteressiert sein
- Abbruch des Blickkontaktes (= auf die Uhr sehen)
- geistesabwesend sein, träumen
- von der Unterhaltung ausschließen
- nicht zuhören, nicht mitreden lassen
- kein Feedback, sich reserviert zeigen
- mit anderen reden
- kritische Bemerkungen, mißverstehen
- Infragestellen, dauernde Einwände
- nicht selbst Stellung nehmen zur eigenen Aussage
- dazwischenreden
- sich mit anderen Dingen beschäftigen, während eine Person Zuwendung erwartet
- motorische Unruhe (wegrücken)
- Unterstellungen in Frageform
- Leistungen nicht anerkennen, nicht sehen des Positiven und der Anstrengung, es gut zu machen
- Unterbrechung der sprechenden Person
- häufiger Widerspruch
- Fragen stellen, die negativ beantwortet werden müssen
- Vorwürfe machen, Fehler betonen
- Kritik andeuten, die man nicht preisgeben möchte
- dominantes Verhalten, nicht weiterreden lassen
- arrogant sein, Bevormundung, Redegenehmigung erteilen
- ungeduldiges Drängeln
- Unruhe, wenn man sich konzentrieren muß
- unmotiviertes Lächeln, Lachen
- Sarkasmus, Ironie
- aggressive Blick- und Kopfbewegungen, herausfordernd auftreten
- vieldeutiges Verhalten
- Besserwissen, überlegene Erklärungen
- Belohnung aus der Mottenkiste (unmotiviert)
- Versprechen nicht einhalten, Aufforderungen nicht nachkommen
- Bloßstellen vor der Gruppe, Verleumdung
- willkürliche und eigenmächtige Eingriffe in den Gesprächsstil
- Verweigerung von Kooperativität und Hilfe

Wie wirkt Bestrafung?

- man wird unsicher, unruhig, nervös
- ängstlich, unkonzentriert, verliert den Faden
- passiv, einfallslos, verschlossen, unfrei, auch Fehler zuzugeben
- depressiv, verzweifelt, verliert die Lust zu sprechen und den Spaß an der Aufgabe
- Seufzen und schweres Atmen
- Vermeidung von Blickkontakt
- starre Haltung des Körpers
- eingeschränkte Motorik
- stocken, stottern, wiederholen, zögern
- Leistungsabfall
- zerrissene, unvollständige Sätze (ungeordneter Satzbau)
- viel „öh" und „äh"
- vorsichtiges Sprechen, „manchmal — eigentlich — vielleicht"
- man spricht stichwortartig
- man widerspricht sich, die Stimme wird leiser
- Verteidigung, Rechtfertigung
- Kopf- und Blicksenken (man ist geknickt)
- monotoner, kraftloser Tonfall
- man weicht aus, flieht
- Gesichtsausdruck wird ernster
- Mimik wird verschlossener (Fassade-Kampfstellung)
- Nachlassen der Kreativität (keine Lösungen, Vorschläge)
- Schwierigkeiten, aus einem Konflikt auszusteigen (Eskalation)
- Trotzhaltung, zunehmende Opposition, Blockierung
- Nichtaussprechen von Dingen, die man eigentlich sagen will oder weiß
- man geht sich aus dem Weg (Vermeidung)
- man fühlt sich minderwertig
- man versteht weniger, fragt nach, als höre man nicht richtig
- zeigt keine Bereitschaft zum Risiko
- Kommunikation und Kontakt nehmen immer mehr ab
- vor sich hin reden, statt zum Partner sprechen
- es kommt zu Tränen und Selbstvorwürfen
- man wird müde, kapituliert vor Schwierigkeiten
- Konzentrationsstörungen, Lernhemmung
- man wird rigide, einfallslos
- führt zu Desorganisation und steriler Wiederholung
- macht argwöhnisch und mißtrauisch
- provoziert Mißverständnisse
- bewirkt Opposition, verleitet zu verletzenden Äußerungen
- macht doktrinär und rechthaberisch
- macht verschlagen, lügnerisch, hinterhältig, aggressiv
- man denkt nicht voraus, zeigt keine Risikobereitschaft

Auch bestrafen und bestraft werden sind ein häufig beobachtetes Paar.

Was ist Belohnung?

- Hilfe geben, wo wir sie erbitten und Distanz halten, wo wir Distanz wünschen
- Aufforderungen befolgen, Verbote beachten, Ansichten teilen
- Gelegenheit geben vor der Gemeinschaft zu glänzen oder beachtet zu werden
- helfen eine öffentliche Blamage zu vermeiden, Auftun eines Auswegs
- körperliche Zärtlichkeiten oder auch Wahren von Distanz (der Partner, der sich auf den anderen einstellt, weiß, wann das eine oder andere von ihm erwartet wird)
- belohnend kann auch die Zuwendung des Partners sein, die durch Kritik, Nörgeln, Schimpfen usw. geschieht, wenn sie „ignorieren" unterbricht
- belohnend kann u. U. zugefügtes Unrecht sein, wenn wir den anderen hassen oder über ihn verärgert sind
- Zeit für den anderen haben
- interessiertes Zuhören
- Zeit lassen einen Gedanken oder ein Problem zu formulieren
- den anderen ausreden lassen
- in Pausen geschickt weiterhelfen
- Zulächeln, Zunicken, Zustimmen
- Blickkontakt halten
- zugewandte Haltung
- averbales Einverständnis herstellen, mitschwingen
- Meinung des Partners so ausdrücken, daß dieser das Feedback bejahen kann
- Schwierigkeiten des Partners anerkennen und verstehen
- Anerkennung und Lob auf die Situation bezogen aussprechen
- kurze Verständnisbemerkungen („ja — mhm")
- Ermutigung geben weiterzusprechen
- Begeisterung und Freude zeigen
- sich über Leistungen berichten lassen
- Leistungen anerkennen und bestätigen
- Mühe anerkennen, über Fehler hinwegsehen, Verständnis äußern
- Gesprächspartner vor der Gruppe anerkennen
- Mitfühlen äußern, Ruhe bewahren
- nachgeben
- mit Worten und Taten unterstützen
- Fragen stellen, die positiv beantwortet werden können
- helfende und ergänzende Fragen stellen
- streicheln
- nicht unterbrechen

Wie wirkt Belohnung?

- man wird selbstbewußter, selbstsicherer, konzentrierter
- anschaulicher, zugänglicher, motorisch gelöster
- offener, redseliger, risikofreudiger, zuversichtlicher
- genauer, plastischer, mitteilsamer, phantasievoller
- freier, auch andere zu loben und anzuerkennen
- aktiver, einfallsreicher, kreativer, unternehmungslustiger, ideenreicher
- bejahender, vorausschauender, informativer
- man lächelt, ist freundlich
- redet mit erhobenem Kopf
- reagiert ruhig auf Fragen und Kritik
- redet flüssiger
- setzt sich durch
- gibt Schwierigkeiten zu
- erzählt klarer und anschaulicher
- redet mit fester Stimme
- kann Fehler leichter eingestehen
- man geht zur direkten Rede über und kann spielen
- man wird bereit sich anzustrengen
- wird ruhig, überlegt
- weckt Interesse, Anteilnahme und Entgegenkommen
- bewirkt Engagement und Identifikation
- bewirkt Toleranz und Kompromißbereitschaft
- macht kooperativ und flexibel
- bewirkt Aufgeschlossenheit für Argumente und Anliegen des anderen

Belohnung geben und Belohnung wiederbekommen, ist ein häufig beobachtetes Paar.

Was ist Hilfe?

- Ruhe und Konzentriertheit
- Ansätze zur richtigen Lösung bestätigen
- Eingehen auf die Person, von der man etwas fordert
- entgegenkommend sein, sich selbst kooperativ benehmen
- konkrete und eindeutige Forderungen geben
- aktiv werden und konkrete Alternativvorschläge machen
- auf Weigerung und Argumentieren nicht eingehen
- Bitten und Forderungen höflich stellen, nicht als Befehle
- nicht zu viele Aufforderungen hintereinander
- klare Instruktionen geben
- Interesse zeigen und zusehen
- Anpassung der Schwierigkeit einer Aufgabe an das Leistungsvermögen
- Hinweise zum Verständnis der Aufgabenstellung
- sachlich auf Fehler hinweisen und zur richtigen Lösung hinführen
- auf sachliche Fragen eingehen
- auf richtige Lösungen/Fragen eingehen

Was ist keine Hilfe?

- Informationen geben, die bereits bekannt sind
- Aufforderung zu mehr Anstrengung
- Unterbrechung und Störung des Arbeitsablaufes
- Empfehlungen in zu abstrakter Rede
- überflüssige Ratschläge
- abwertende Bemerkungen, nicht aufgabenbezogene Bemerkungen
- Leistungsdruck unangemessen erhöhen („die Aufgabe ist doch ganz einfach“)
- Ablenkungsmanöver
- zu häufiges Wiederholen von Aufgabenstellungen
- zu lautem Denken anhalten
- zu viel reden und lenken („mach so oder so“)
- überflüssige oder zu viele Hilfestellungen geben (dem Kind jede Mühe abnehmen)
- Verlegenheitsäußerungen („Ach, das schaffst du schon“)
- verbessern mit strafendem Unterton („das macht man doch ganz anders“)
- unsachliche Fragen stellen
- ungeduldig werden
- sich über Nebensächlichkeiten auslassen
- sinnlose Aufforderungen geben (wie z. B.: „Sitz gerade!“, „du mußt systematisch vorgehen“, „denk ruhig nach“)

- irrelevante Informationen geben (beispielsweise: „das ist keine schwere Aufgabe", „ein anderer kann das in einer min lösen", „das kannst du schon, nur ruhig Blut bewahren")
- unnötig ablenken („laß dich nur nicht aus dem Konzept bringen", „ich kann dir die Lösung leider nicht sagen", „es ist ärgerlich wenn man nicht weiterkommt", „du verdirbst dir bloß die Augen, wenn du so nahe herangehst", „ohne Fleiß keinen Preis", „der Tisch wackelt", „nur mutig voran!")

Anhang VI

Muster der Formblätter für die Problemkarten

Blatt A

Datum: . . . .

Problemereignis:

Personen:

Problem:

Situation:

Zielsetzung:

Blatt B

Blatt Nr.: . . . .

Handlung	Vom Erzieher/Kind erwartete Folge	Bewertung	Nach psychologischen Gesetzmäßigkeiten zu erwartende Folge

Erläuterungen zur Aufgabenstellung „Strukturierung der Hausaufgabensituation"

Wahl des Arbeitsplatzes zum Hausaufgabenmachen
„Es ist wichtig, daß wir den Arbeitsplatz richtig wählen. Wenn das Kind im Wohnzimmer Hausaufgaben machen muß, wo die anderen Geschwister sind, wird es durch Gespräche der Erwachsenen, durch die anderen Geschwister, durch den Besuch des Postboten oder anderer Besucher, durch das Klingeln des Telefons usw. abgelenkt. Ungünstig ist auch der Arbeitsplatz im Kinderzimmer, wo in den Regalen und Schränken das Spielzeug ist. Es bietet Anreiz, die Arbeit zu unterbrechen und zu spielen. Das Kind, wenn es ungern Hausaufgaben macht, wird förmlich nach Gelegenheiten der Ablenkung suchen.
Der Raum, in dem das Kind arbeitet, muß nicht gemütlich sein. Es soll sich auch nur für die begrenzte Zeit des Hausaufgabenmachens darin aufhalten. Der Arbeitsort soll kein Ort gemütlicher Unterhaltung sein, sondern ein Ort, an dem konzentriert gearbeitet wird, an dem sich das Kind nur für die Zeit der Hausaufgaben aufhält."

Gestaltung des Arbeitsplatzes
„Auch für die Gestaltung des Arbeitsplatzes gilt die Forderung: Weg mit allem, was das Kind von der Arbeit ablenken könnte. Wenn es an einem Tisch die Hausaufgaben macht, an dem rund herum seine Spielsachen liegen, wird es verführt werden, einmal mit dem Ball, dem Kassettenrecorder oder anderen Sachen zu spielen.
Wir können sagen: Der Arbeitsplatz soll so sein, daß das Kind weder durch Gespräche, noch durch Spielsachen, noch durch herumliegende Gegenstände, Bilderbücher usw. abgelenkt wird.
Sie verstehen jetzt auch, daß wir sagen, der Arbeitsplatz am Fenster sei ungünstig. Er verleitet das Kind, ab und zu aus dem Fenster zu schauen, und wenn es draußen etwas Interessantes entdeckt, wird es nicht so schnell wieder zur Arbeit zurückkehren. Am zweckmäßigsten ist ein leerer Tisch in einer Ecke des Zimmers, in dem sonst nichts ist."

Gleicher Raum und gleiche Zeit
„Werden die Hausaufgaben immer am gleichen Ort gemacht, und ist das Kind an diesem Ort nur um die Hausaufgaben zu machen, so bekommt der Ort Signalfunktion für das Arbeiten. So hilft ihnen der Ort im Bemühen das Kind zu konzentrieren und auf die Arbeit einzustimmen.
Das gleiche gilt für die Zeit. Macht das Kind immer zur gleichen Zeit die Hausaufgaben, so bekommt auch diese Uhrzeit Signalfunktion für Arbeiten. Die Regelmäßigkeit begünstigt die Ausbildung einer Gewohnheit, und wenn Arbeiten zu einem bestimmten Zeitpunkt und an einem bestimmten Ort zur Gewohnheit geworden ist, müssen viele Ermahnungen nicht mehr ausgesprochen werden. Aber

wir dürfen nie vergessen: Gewohnheiten entstehen nur dort, wo auf strenge Regelmäßigkeit über lange Zeit geachtet wird."

Natürliche Einschnitte erleichtern das Anfangen
„Legen sie den Zeitpunkt nicht so, daß das Kind vom Spiel weg zu den Hausaufgaben geholt werden muß. Es würde in diesem Falle die Hausaufgaben als Quelle von Strafe erleben, als Grund dafür, daß das Spiel abgebrochen werden muß.
Ebenso ungünstig ist es, die Hausaufgaben in eine Zeit zu verlegen, in der der Rest der Familie sich zu einer angenehmen Tätigkeit versammelt, z. B. zum Fernsehen. Auch hier werden die Hausaufgaben in unnötiger Weise als Quelle von Strafe erlebt.
Recht zweckmäßig haben sich natürliche Tageseinschnitte erwiesen, z. B. nach dem Essen, oder gleich nach der Schule. Das Kind hat sich noch nicht einer bestimmten Tätigkeit zugewandt, und daher fällt es ihm leichter mit den Hausaufgaben zu beginnen."

Wie lange Hausaufgaben machen?
„Nicht selten sitzt ein Kind 4, 5 oder gar 6 Std bei den Hausaufgaben. Die kostbare Zeit wird mit Tagträumen und mit Trödeln vertan. Keiner von uns, weder Sie noch ich, sind imstande, länger als 2 Std konzentriert zu arbeiten. Das Kind ist meist schon überfordert, wenn es eine volle Stunde konzentriert arbeiten soll. Sitzt ein Kind aber mehrere Stunden bei den Hausaufgaben, so wird es schon physisch überfordert, und die Folge ist: Es muß anfangen zu trödeln.
Wir wollen die Arbeit in Teile aufgliedern, die das Kind in 15–30 min schaffen kann. Solche Abschnitte sind für das Kind überschaubar, und es wird nicht überfordert, so daß es sich notwendigerweise das Trödeln angewöhnt. Nach einem solchen Abschnitt sollten Sie dem Kind erlauben, aus dem Zimmer zu gehen und sich für 5 min zu erholen. Es soll etwas Angenehmes tun dürfen, spielen, Limonade trinken usw.
Beobachten Sie, daß das Kind tagträumt, oder wissen Sie aus Erfahrung, daß es zu Tagträumen neigt, sollten Sie es unbedingt unterbrechen. Geben Sie ihm einen kurzen Auftrag, und erst dann soll es sich wieder zu den Aufgaben setzen."

Regeln zum Elterntraining zur Verbesserung der Hausaufgabensituation

Regeln für das Kind:

1. Mache deine Hausaufgaben immer am selben Platz, nämlich

   . . . .

2. Räume den Tisch leer, bevor du mit den Hausaufgaben beginnst.
3. Mache deine Hausaufgaben immer zur selben Zeit, nämlich

   . . . .

4. Bleibe während der Hausaufgaben in dem Zimmer, in dem du sie machst.
5. Beginne sofort, nachdem deine Mutter dich einmal erinnert hat.
6. Arbeite . . . . min konzentriert alleine und entspanne dich in den . . . . min Pause.
7. Wenn du etwas nicht weißt, so frage deine Mutter in den Pausen.

Regeln für die Mutter:

1. Erinnern Sie ihr Kind zur festgesetzten Zeit *einmal* daran, mit den Hausaufgaben zu beginnen.
2. Befolgt ihr Kind diese Aufforderung, d. h. begibt es sich an den Arbeitsplatz, so loben sie es auf jeden Fall, auch wenn es lange gedauert hat.
3. Befolgt es diese Aufforderung nicht, wiederholen Sie die Aufforderung höchstens einmal. Beachten Sie das Kind dann nicht, d. h. sprechen Sie nicht mit ihm, solange bis es die Aufforderung befolgt.
4. Loben Sie ihr Kind dafür, daß es überhaupt arbeitet, auch wenn es Fehler macht, und loben Sie richtig Gelerntes. Gewöhnen Sie sich daran, das Positive zu sehen.
5. Geben Sie keine Strafen, wie z. B. Kritik, daß etwas zu langsam geht, daß er (sie) wieder alles falsch macht. Sagen Sie nicht „na endlich“ oder „es wird Zeit“, wenn er (sie) etwas richtig macht.
6. Ignorieren Sie provozierende Fragen, Reden über andere Dinge, schlechte Haltung und mangelnde Schönschrift.
7. Unterlassen Sie alles überflüssige Reden.
8. Bei Hilfestellungen für das Kind warten Sie geduldig, bis eine Antwort kommt.
9. Achten Sie darauf, daß der Raum, in dem Sie mit ihrem Kind arbeiten, in dieser Zeit von den Geschwistern nicht betreten wird. Die Geschwister beschäftigen Sie so . . . .

   . . . .

   . . . .

10. Halten Sie sich genau an das vorgesehene Programm.

Interviewleitfaden

Leitfaden für das Interview mit Eltern, Lehrern und anderen Bezugspersonen des Kindes um ergänzende Information für die Durchführung des Trainings zu bekommen.
Es wurde bei den Fragenbereichen, die im Leitfaden aufgeführt werden, nicht auf Vollständigkeit geachtet. Die Fragen verstehen sich vielmehr als Anregung und als Beispiele. Trotzdem werden mehr Fragen angerissen, als der Interviewer im einzelnen Interview stellen wird. Er muß selbst entscheiden, ob eine Frage angebracht ist oder nicht, oder ob er einen Fragenkomplex noch vertiefen muß.
Die Reihenfolge der Fragen ist nicht als zeitlicher, sondern als logischer Aufbau zu sehen, d. h. der Interviewer soll nur darauf achten, daß er irgendwann im Laufe des Interviews die Information zu den einzelnen Fragen bekommt. Wann er eine Frage anbringt, ist ganz seinem Ermessen überlassen.
Wie auf S. 105 f. erläutert wurde, bauen wir das Interview auf Gegenseitigkeit auf: als gegenseitiger Informationsaustausch. Um den Eltern ein gutes Modell zu sein, beginnt der Interviewer, zuerst den Eltern Informationen über das Training zu geben.

Instruktion am Beginn des Interviews:

„Sie haben sich entschieden bei uns an einem Elternkurs teilzunehmen. Wir müssen darauf achten, daß von Anfang an keine Mißverständnisse entstehen. Ich möchte Ihnen daher jetzt Einblick in unsere Arbeitsweise geben. Sie ersehen daraus, welchen Einblick in Ihre Familie Sie uns geben müssen, daß die Zusammenarbeit fruchtbar werden kann.“

Der Interviewer erläutert nun, daß wir im Training nur ein bis zwei Probleme angehen werden aus der Erfahrung, daß man auf einmal nur weniges verändern kann. Hierauf erläutert er, daß nach unserer Auffassung Erziehungsprobleme verschiedene Gründe haben können (Erbfaktoren, Lerngeschichte, Einfluß von Spielgruppe, Fernsehen, Zeitung, sozioökonomische Bedingungen wie kleine Wohnung usw., und Verhalten der Eltern). Wenn wir zuerst auch genau sehen wollen, wie das Verhalten entstanden ist, so werden wir uns im Training ganz darauf konzentrieren zu sehen, was sie vor allem tun können um das Problem zu lösen.

Wir haben 4 Fragenkreise
Wir brauchen einen so weit als möglich vollständigen Überblick über die Erziehungsprobleme der Familie (1). Ferner sollten wir wichtige situative und nicht reaktionskontingente Ereignisse kennen, weil auch sie in einem möglichen Zusammenhang mit den Erziehungsproblemen stehen können (2). Auch die allgemeinen Lebensgewohnheiten der Familie müssen wir kennen um uns in die Situation dareinfinden zu können (3). Nicht vergessen sollten wir schließlich auszukundschaften, wie die Eltern unseren Methoden gegenüberstehen.

1. *Der Fragenkreis: Erziehungsprobleme*
Wir müssen einen Überblick über die Erziehungsprobleme bekommen, aber auch über den Kontext und die bedingenden Variablen, um die Probleme verstehen zu können.
   1.1. Kurze Charakterisierung des Problemereignisses
   Das Ergebnis muß nicht genau in seinem Ablauf beschrieben werden. Das wird im Rollenspiel gemacht, aber es soll trotzdem nach Ereignissen und nicht nach Problemen gefragt werden. „Schildern sie doch bitte wie das kürzlich (gestern, letzte Woche . . .) war."
   1.2. Angaben zum räumlich-zeitlichen Kontext eines Problemereignisses
   Wo war es, Wann war es? Welche Personen waren anwesend? Was war im Raum?
   Der Interviewer muß bei diesen Fragen unterscheiden, welche Komponenten des Kontextes das Problemereignis wesentlich bestimmen, und nur danach soll er fragen.
   1.3. Angaben zu eventuellen Modellen oder verbalen Beeinflussungen
   Was könnte das Kind mit dem Problemverhalten bezwecken? Welche Konsequenzen vermutet das Kind? Zeigen andere Personen in der Umgebung des Kindes gleiche oder ähnliche Verhaltensweisen?
   1.4. Angaben zur Lerngeschichte (Der Interviewer muß selbst einschätzen, wann Fragen zur Genese einer Störung wichtig sind.)
   Wann ist ihnen das Verhalten zum ersten Mal aufgefallen? Wie hat es sich dann weiter entwickelt? Was haben sie schon unternommen die Schwierigkeiten zu lösen? Mit welchem Erfolg?

2. *Der Fragenkreis: situative und nicht-reaktionskontingente Ereignisse*
Es gibt Ereignisse und situative Faktoren, die nicht unmittelbar im Umfeld der Erziehungsprobleme angesiedelt sind, die wir aber trotzdem in die Überlegungen des Trainings mit einbeziehen müssen, weil sie möglicherweise den grundsätzlichen Spielraum für eine Verhaltensänderung bestimmen.
   2.1. Angaben zu Todes-, Unglücks- oder Krankheitsfällen in der Familie
   (Welche Veränderungen haben sich dadurch in der Familie ergeben? Wie verkraften die einzelnen Familienmitglieder diese Veränderungen? Welche langfristigen Auswirkungen sind zu befürchten?)
   2.2. Angaben zur beruflichen Situation
   Nebenberufliche Tätigkeit der Mutter, des Vaters? Gibt es besondere berufliche Belastungen? War in letzter Zeit eine berufliche Veränderung? Mit welchen Auswirkungen? Haben sie besondere berufliche Wünsche?
   2.3. Angaben zur finanziellen Situation der Familie
   Gibt es Auseinandersetzungen wegen des Haushaltsgeldes? Hat die Familie Schulden? Wegen sonstiger Auslagen?
   2.4. Angaben über die Einstellung zum Kind
   Gibt es Auseinandersetzungen, weil sich ein Kind benachteiligt fühlt? Wie sind die Anlässe dazu? Was mögen die Eltern an ihrem Kind? Was stört sie? Haben sie Wünsche bezüglich der beruflichen Laufbahn ihres Kindes? Haben sie konkrete Pläne?
   2.5. Angaben über die Einstellung zum Partner
   Gibt es Auseinandersetzungen, weil einer sich ungerecht behandelt fühlt? Welche Anlässe führen dazu? Wie enden diese Auseinandersetzungen? Was

mögen sie an ihrem Partner besonders gerne? Was stört sie? Haben sie besondere familiäre Wünsche?
Information über die Einstellung zum Partner ist für die Durchführung des Trainings wichtig, andererseits jedoch können Eltern solche Fragen als zudringlich oder bedrohlich erleben, in deren Folge es dann zu Vermeidungsverhalten kommt (unehrliche Antworten, Verschlossenheit, bis zu Fernbleiben vom Training).
Der Interviewer wird mit diesen Fragen vorsichtig umgehen müssen und u. U. ganz auf sie verzichten, wenn er den Eindruck hat, daß die Distanz noch zu groß ist, oder wenn noch Ängstlichkeit, Mißtrauen vorhanden sind.

2.6. Angaben zu Außenkontakten der Familie
Gibt es viele Besuche in der Familie? Bringt das Kind Freunde mit in die Wohnung? Darf es Freunde besuchen? Werden von der gesamten Familie öfters Besuche gemacht? Hat das Kind Kontakte zu Freunden? Haben die Eltern Kontakte zu Freunden? Wie ist das Verhältnis zur Nachbarschaft?, zur Verwandtschaft?, zu Mitarbeitern?

2.7. Angaben zu Hobbies der Familienmitglieder
(Sind es Hobbies, die Konflikte mit sich bringen; sind es Hobbies, welche die Problematik der Familie verschärfen, weil sie den Vater aus der Familie führen, z. B. Kartenspielen)?

3. *Der Fragenkreis: Allgemeine Lebensgewohnheiten*
Die Veränderungen im erzieherischen Verhalten der Eltern sowie in der Organisation müssen so konzipiert werden, daß die Eltern nicht überfordert werden, daß begründete Aussicht besteht, daß die Maßnahmen auch durchgeführt werden. Das „Einpassen“ der Maßnahmen in das Leben der Familie ist leichter, wenn wir die allgemeinen Lebensgewohnheiten der Familienmitglieder kennen. Hinzu kommt, daß die Schilderung der Lebensgewohnheiten häufig einen organisatorischen Leitfaden bilden, nach dem der Interviewer auch intimere Fragen stellen kann ohne den Gesprächspartner zu verschrecken.

3.1. Angaben zur Gestaltung eines Wochentages
Wie läuft ein Tag ab? Wann wird aufgestanden? Wer macht das Frühstück? Wird das Frühstück gemeinsam eingenommen? usw.
(An die Angaben über die Gestaltung eines Wochentages schließen sich zwanglos die Fragen über die berufliche Situation an.)

3.2. Angaben zur Gestaltung eines Wochenendes
Was tun die Familienmitglieder am Wochenende? Was haben sie am letzten Wochenende getan? Wie wird geplant? usw.
(An die Angaben über die Gestaltung eines Wochenendes schließen sich zwanglos die Fragen über die Beziehung zum Ehepartner an.)

4. *Der Fragenkreis: Verhaltenstraining*
Nach unserer Erfahrung ist es für den Trainer wichtig über folgende Fragen näheres zu wissen:

4.1. Kritikfähigkeit: Ist jemand während seiner Kindheit oder in der Ehe häufig kritisiert worden, so kann u. U. jede Form der Kritik Angst und Abwehr auslösen. Der Trainer wird diesem Problem sinnvollerweise so begegnen, daß er nur positive Ansätze spielen und analysieren läßt. Dazu muß er aber wissen: Löst Kritik Angst und Abwehr aus? Wird der Erzieher vom Ehepartner in bezug auf Erziehung viel kritisiert? Wie reagiert er auf Kritik? Welche positiven Alternativen zu den Problemereignissen gibt es?

4.2. Leistungsanspruch: Das Training setzt den Erzieher unter Leistungsdruck. Er erfährt, daß er durch sein Verhalten Probleme verursacht hat, oder daß er Probleme verhindern könnte. Dieser Anspruch kann bei manchen Eltern Angst, Schuldgefühle, verkrampftes Bemühen usw. bewirken. Erfragt werden soll: Wie reagiert der Befragte auf Streß, auf Anforderungen? Ist er ohnehin schon überlastet? Neigt er zu übertriebener Genauigkeit? Wurstigkeit? Gleichgültigkeit? Kommt Wurstigkeit als Vermeidungsverhalten wegen eines zu hohen Anspruchsniveaus vor?

4.3. Widerstände gegenüber der Trainingsmethode in der Gruppe: Sind die Eltern bereit ihre Probleme in einer Gruppe aufzurollen? Welche intellektuellen Fähigkeiten bringen sie mit? Welche emotionale Belastung bringt für die Eltern das Aufrollen familiärer Probleme mit sich?

4.4. Auswirkungen auf Partnerbeziehung: Das Training hat auch Auswirkungen auf die Partnerbeziehung, die u. U. zu neuen Problemen führen können. Wie ist die Partnerbeziehung? Welche Freiheiten gesteht der Mann der Frau zu? Wie sind die Aufgaben in der Erziehung verteilt? Könnte einer der Partner durch das Eingreifen des Trainers die Beziehung gefährdet sehen?

Soziographischer Fragebogen

Person-Nr.

I. Angaben zur Mutter

Name . . . .

Anschrift . . . .

Alter . . . .

Telefon . . . .

II. Angaben zum Vater

Name . . . .

Anschrift . . . .

Alter . . . .

Telefon . . . .

III. Angaben zum Kind

Name . . . .

Anschrift . . . .

Alter . . . .

Schulklasse . . . .

Art der besuchten Schule Sonderschule 1

Volksschule 2

Mittelschule 3

Höhere Schule 4

Art der Behinderung . . . .

. . . .

. . . .

. . . .

Bisherige Therapien . . . .

. . . .

. . . .

. . . .

Datum der Bearbeitung . . . .

Bearbeiter . . . .

Fragenblatt II

Mutter-Nummer . . . .

Folgende Fragen beziehen sich auf die Mutter (Ziffern Spalte I) und auf den Vater (Ziffern Spalte II).
Zutreffende *Ziffer ankreuzen.*

		Mutter I	Vater II
1. Familienstand	ledig	1	1
	verheiratet	2	2
	verwitwet	3	3
	geschieden/getrennt	4	4
2. Schulbildung	Sonderschule	1	1
	Volksschule	2	2
	Mittlere Reife	3	3
	Abitur	4	4
3. Beruf (ausgeübter)	ungelernter Arbeiter	1	1
	Facharbeiter	2	2
	Handwerker (selbst.)	3	3
	Landwirt (selbst.)	4	4
	Kaufmann (selbst.)	5	5
	Angest. o. Beamter einf.	6	6
	Angest. o. Beamter mittl.	7	7
	Angest. o. Beamter höher.	8	8
	Akademiker	9	9
	freiberuflich	10	10
	Invalide, Rentner	11	11
	noch in Ausbildung	12	12
	ohne Beruf	13	13
	„nur Hausfrau“	14	14
4. In welche Gruppe läßt sich der angegebene Beruf einordnen?	– Hilfstätigkeiten, die keine besonderen Fähigkeiten u. Erfahrungen im Betrieb erfordern	1	1
	– Hilfstätigkeiten mit einer Anlernzeit im Betrieb bis zu 3 Jahren (Lehre), bis zu einem Jahr	2	2
	– Tätigkeiten mit system. Ausbildung im Betrieb bis zu 3 Jahren (Lehre)	3	3
	– Tätigkeit nach angeschlossener Fachschulausbildung	4	4
	– Tätigkeit nach Hochschulausbildung	5	5

			Mutter I	Vater II
5.	In welchen Bereich läßt sich der Berufstätige einordnen?	– trifft praktisch keine eigenen Entscheidungen	1	1
		– leitet hauptsächlich Entscheidungen weiter	2	2
		– führt Entscheidungen aus, trifft aber auch selbst welche	3	3
		– die höchsten Entscheidungen liegen bei ihm	4	4
6.	Berufliche Beanspruchung	ganztägig	1	1
		halbtägig	2	2
		stundenweise	3	3
		nicht berufstätig	4	4
7.	Wirtschaftliche Lage	sehr wohlhabend	1	1
		gut	2	2
		ausreichend	3	3
		schlecht	4	4
8.	Mietverhältnis	Eigentümer des Hauses	1	1
		Eigentümer der Wohnung	2	2
		Hauptmieter	3	3
		Untermieter	4	4
		Wohnheim, Pension, Internat usw.	5	5
9.	Wohnverhältnisse	großzügig	1	1
		gut	2	2
		ausreichend	3	3
		sehr beengt	4	4
10.	Fahrzeit von Wohnung zur Schule	bis zu 30 min	1	1
		mehr als 30 min	2	2
		mehr als 60 min	3	3
11.	Es ist unmöglich, daß die Eltern für ihre Kinder eine Aufsicht (Babysitter etc.) finden	immer	1	1
		häufig	2	2
		selten	3	3
		nie	4	4
12.	Um das Kind kümmert sich	sehr intensiv	1	1
		normal	2	2
		oberflächlich	3	3
		gar nicht	4	4
13.	Gesundheitszustand	gut (praktisch nicht krank)	1	1
		mittel	2	2
		schlecht (häufig oder ständig krank oder behindert)	3	3

		Mutter I	Vater II
14. Zusammenarbeit mit dem Lehrer bzw. der Schule	stört oder behindert die Arbeit des Lehrers	1	1
	nicht interessiert an Zusammenarbeit	2	2
	nur sporadisch zur Zusammenarbeit bereit	3	3
	interessiert ohne besonderes Engagement	4	4
	sehr bemüht und opferbereit	5	5
15. Alter	25 und jünger	1	1
	26–30	2	2
	31–35	3	3
	36–40	4	4
	41–45	5	5
	46–50	6	6
	51 und älter	7	7

Folgende Fragen beziehen sich auf das behinderte Kind.
Zutreffende *Ziffer ankreuzen.*

		Kind III
16. Schwere der Behinderung	leicht	1
	mittler	2
	schwer	3
	sehr schwer	4
17. Das Kind kommt zur Schule mit:	Straßenbahn, Stadtbus	1
	Schulbus	2
	Privatauto	3
	Taxi	4
	zu Fuß	5
	Bahn	6
18. Das Kind lebt bei	leiblichen Eltern	1
	Pflegeeltern	2
	Adoptiveltern	3
	im Heim	4
	leibl. Vater/Stiefmutter	5
	leibl. Mutter/Stiefvater	6
	Mutter allein	7
	Vater allein	8
	Großeltern, Verwandte	9
19. Das Kind ist	aus normalen Familienverhältnissen	1
	aus stark gestörten Familienverhältnissen	2

			Kind III
20.	Das Kind ist	Vollwaise	1
		Halbwaise	2
		unehelich	3
		aus vollständiger Familie (beide Eltern leben)	4
21.	Geschwisterzahl	ohne	1
		eins	2
		zwei	3
		drei	4
		vier oder mehr	5
22.	Stellung in der Geschwisterreihe	Ältestes	1
		Mittleres	2
		Jüngstes	3
23.	Die Eltern sind geschieden oder leben getrennt	ja	1
		nein	2
24.	Alter des Kindes	6 und jünger	1
		7– 9	2
		10–11	3
		12–13	4
		14–15	5
		16–17	6
		18 und älter	7

Fragebogen für die Mutter

Allein von der Mutter auszufüllen!

Wir bitten Sie, folgende Fragen unbedingt *allein* zu beantworten. Auch Ihr Mann darf Ihnen dabei nicht helfen. Die Mithilfe jeder anderen Person bei der Beantwortung verfälscht die Ergebnisse und macht die Arbeit wertlos.

Wir danken für ihr Verständnis!

Bitte umblättern zur Anweisung auf Seite . . .

Nummer

Anweisung

Wir legen Ihnen eine Reihe von Fragen vor. Bei jeder Frage sollen Sie eine der folgenden Antwortmöglichkeiten ankreuzen:

„Stimmt immer“
„Stimmt häufig“
„Stimmt manchmal“
„Stimmt nicht“

Oft wird ihnen die Antwort schwerfallen. Auch für derart schwierige Fragen, wie für alle anderen Sätze gilt:

- Entscheiden Sie sich für die eine Antwort, die noch am wahrscheinlichsten zutrifft.
- Bitte beantworten Sie *jede* Frage — und fällt Ihnen die Antwort auch noch so schwer.
- Bei jeder Frage nur *eine* Antwort ankreuzen. Nur die *eine* Antwort ankreuzen, die am besten zutrifft.
- Kreuzen Sie in dem einen Kreis ⊗ an, der zu Ihrer Antwort gehört.

Bitte umblättern zu dem Beispiel auf Seite . . .

Ich habe die Anleitung gelesen und bin bereit, jeden Satz offen zu beantworten.

		Stimmt immer	häufig	manchmal	nicht
1.	Es tut gut, wenn man ausspannen kann.	○	○	○	○
2.	Ich helfe meinem Kind bei seinen Schulaufgaben.	○	○	○	○
3.	Ich habe Angst, es könnte meinem Kind etwas passieren, wenn ich es nicht um mich habe.	○	○	○	○
4.	Es wäre für meine Familie besser, wenn das Kind in ein Heim käme.	○	○	○	○
5.	Ich bin überlastet, wenn die Therapie meines Kindes mich zusätzlich Zeit kostet.	○	○	○	○
6.	Kinder erziehen befriedigt mich wenig.	○	○	○	○
7.	Die Nachbarschaft behandelt mich weniger freundlich wegen meines Kindes.	○	○	○	○
8.	Ich bin Therapien gegenüber argwöhnisch.	○	○	○	○
9.	Mein Kind darf mir widersprechen, wenn es mit etwas nicht einverstanden ist.	○	○	○	○
10.	Mein Kind darf sich im Spiel mit anderen balgen.	○	○	○	○
11.	Ich dringe bei meinem Kind auf Pünktlichkeit.	○	○	○	○
12.	Mitbewohner oder Nachbarn schimpfen mein Kind aus oder weisen es zurecht.	○	○	○	○
13.	Ein guter Therapeut wird ein Kind behandeln, ohne die Mutter zu beanspruchen.	○	○	○	○
14.	Ich denke, ich kann mein Kind nicht länger ertragen.	○	○	○	○
15.	Ich bin für Kritik an meinem Erziehungsverhalten zugänglich.	○	○	○	○
16.	Ich kann dem Kind manches nicht erlauben, weil sich die Nachbarn beschweren würden.	○	○	○	○
17.	Ich finde neben der Kindererziehung keine Zeit für meine Hobbies.	○	○	○	○
18.	Ich nehme mir Zeit mit dem Kind zu spielen.	○	○	○	○
19.	Durch Erziehung kann Verhalten eines Kindes verändert werden.	○	○	○	○
20.	Ich arbeite bei der Behandlung meines Kindes mit dem Therapeuten gern zusammen.	○	○	○	○

	Stimmt immer	häufig	manch-mal	nicht
21. Dem Kind ist es egal, ob sich die Mutter für seine Angelegenheiten interessiert oder nicht.	○	○	○	○
22. Es stört mich, wenn ich eine Verabredung nicht einhalte.	○	○	○	○
23. Mein Kind überfordert mich.	○	○	○	○
24. Ich lasse mir in der Erziehung nicht dreinreden.	○	○	○	○
25. Ein Kind hat im Leben so viele Dinge zu lernen, daß es nicht durch Spielen seine Zeit vergeuden darf.	○	○	○	○
26. Es ist schlecht für ein Kind, wenn es viel allein ist.	○	○	○	○
27. Die Nachbarn sind freundlich zu meinem Kind.	○	○	○	○
28. Mein Kind kann mich froh machen.	○	○	○	○
29. Ich lese gern über Kindererziehung.	○	○	○	○
30. Die Familie läßt mich allein mit den Problemen der Erziehung meines Kindes.	○	○	○	○

Literaturverzeichnis

ADORNO, TH. W., et al.: Der Positivismusstreit in der deutschen Soziologie, 2. Aufl., Berlin, Neuwied: Luchterhand 1970.

ALBERT, H.: Konstruktivismus oder Realismus? Bemerkungen zu Holzkamps dialektischer Überwindung der modernen Wissenschaftslehre. Z. Sozialpsychol. **2,** 5–23 (1971).

AMIDON, E. J., FLANDERS, N. A. (Hrsg.): The role of the teacher in the classroom. A manual for understanding and improving teacher classroom behavior. Minneapolis: Association for productive teaching 1967.

ANTONS, K.: Praxis der Gruppendynamik. Übungen und Techniken. Göttingen: Verlag für Psychologie, C. J. Hogrefe 1973.

ARGYLE, M.: Soziale Interaktion. Köln: Kiepenheuer & Witsch 1975.

AZRIN, N. H., HOLZ, W., ULRICH, R., GOLDIAMOND, I.: The control of the content of conversation through reinforcement. J. exp. anal. Behav. **4,** 25–30 (1961).

BACH, G. R.: Aggression Lab. Dubuque: Kendall Hunt Publishing 1971 (auszugsweise Übersetzung ins Deutsche 1972).

BALES, R. F.: Interaction process analysis. Cambridge/Mass.: Addison-Wesley 1950.

BALES, R. F.: How people interact in conferences. Sci. Amer. **1,** 311–316 (1969).

BALES, R. F., BORGATTA, E. F.: Size of group as a factor in the interaction profile. In: Paul, A., Hare, E., Borgatta, F., Bales, R. F. (Eds.): Small Groups, p. 495—512. New York: Alfred Knopp 1966.

BANDURA, A.: Principles of Behavior Modification. New York: Holt, Rinehart and Winston 1969.

BARKER, R. G.: The stream of behavior as an empirical problem. In: Barker, R. G. (Ed.): The Stream of Behavior, p. 1–23. New York: Appleton-Century-Crofts 1963.

BARKER, R. G., WRIGHT, H. F.: Psychological ecology and the problem of psychological development. Child Develop. **20,** 131–143 (1949).

BARKER, R. G., WRIGHT, H. F.: Midwest and its Children. Evanstone/Ill.: Row, Peterson 1955.

BAYER, G.: Verhaltensdiagnose und Verhaltensbeobachtung. In: Kraiker, C. (Hrsg.): Handbuch der Verhaltenstherapie, p. 255–275. München: Kindler 1974.

BECHTEL, R. B.: The study of man: Human movement and architecture. Transaction **1967,** 53–56.

BERGIN, A. E., GARFIELD, S. L. (Eds.): Handbook of psychotherapy and behavior change. New York: Wiley 1971.

BERKOWITZ, B. P., GRAZIANO, A. M.: Training parents as behavior therapists: A review. Behav. Res. Therapy **10,** 297–317 (1972).

BERLYNE, D. E.: Conflict, arousal and curiosity. New York: McGraw-Hill 1960.

BERNAL, M. E.: Behavioral feedback in the modification of brat behaviors. J. nerv. ment. Dis. **148,** 375–385 (1969).

BÖDIKER, H. L., LANGE, W.: Gruppendynamische Trainingsformen. Hamburg: Rororo Taschenbuch 1975.

BORGATTA, E. F., BALES, R. F.: The consistency of subject behavior and the reliability of scoring in interaction process analysis. In: Hare, A. P., Borgatta, E. F., Bales, R. F. (Eds.): Small Groups. New York: Alfred Knopp 1966.

BRANDT, G. A.: Probleme und Erfolge der Erziehungsberatung. Beiträge zur Erziehungsberatung, Bd. 2. Weinheim: Beltz 1967.

BUTLER, R. A.: Curiosity in Monkeys. Sci. Amer. **1,** 159 (1969).

CAMPELL, J. D.: Peer relations in childhood. In: Hoffmann, M. L., Hoffmann, L. W. (Eds.): Review of Child Development Research I, p. 289–322. New York: Russel Sage Foundation 1964.

CHAPPLE, E. D.: The standard interviews as used in interaction chronograph investigations. Hum. Org. **12,** 23–32 (1953).
CHEEK, F. E., LAUCIUS, J., WAHNKE, M., BECK, R. A.: A behavior modification program for parents of convalescent schizophrenics. In: Rubin (Eds.): Advances in Behavior Modification. New York: Academic Press 1971.
CLEMENT, P. W.: Elimination of sleepwalking in a seven-year-old boy. J. cons. clin. Psychol. **34,** 22–26 (1970).
CRANACH, M. v., FRENZ, H. G.: Systematische Beobachtung. In: Graumann, C. F. (Hrsg.): Handbuch der Psychologie, Bd. 7: Sozialpsychologie. Göttingen: Verlag für Psychologie, C. J. Hogrefe 1969.
CRONBACH, F. M., GLESER, G. C.: Psychological tests and personnel decisions. Urbana: Univ. Illinois Press 1965.
CULBERTSON, F. M.: Modification of an emotionally held attitude through role playing. J. abnorm. soc. Psychol. **54,** 230–233 (1957).

DEESE, J.: Some problems in the theory of vigilance. Psychol. Rev. **62,** 359–368 (1955).
DICKMAN, H. R.: The perception of behavioral units. In: Barker, R. G. (Ed.): The Stream of Behavior, p. 23–41. New York: Appleton-Century-Crofts 1963.
DOLLARD, J., MILLER, N. E.: Personality and Psychotherapy: An analysis in terms of learning, thinking and culture. New York: McGraw-Hill 1950.

EGG, M.: Andere Kinder – andere Erziehung. Zürich: Spiegel-Verlag 1965.
EHNI, H.: Beobachtung der Abhängigkeit des Sozialverhaltens von Variablen der Situation, der Persönlichkeit, der Beobachtungsmodelle und der Interaktion. Unveröff. Diplomarbeit, München 1975.

FIEDLER, P. A.: Gesprächsführung bei verhaltenstherapeutischen Explorationen. In: Schulte, Dietmar (Hrsg.): Diagnostik in der Verhaltenstherapie, S. 128–151. München: Urban & Schwarzenberg 1974.
FLANDERS, N. A.: Interaction analysis in the classroom: A manual for observers. Minnesota: College of Education 1960.
FLANDERS, N. A.: Analysing teacher behavior as a part of the teaching-learning process. Educ. Leadership **1961,** 12.
FLOWERS, J. V.: Simulation and role playing methods. In: Kanfer, F. H., Goldstein, A. P. (Eds.): Helping people change: A textbook of methods. New York: Pergamon Press 1975.
FOPPA, K.: Lernen, Gedächtnis, Verhalten. Köln-Berlin: Kiepenheuer & Witsch 1965.

GARDENER, G. E.: Observational research with emotionally disturbed children. Session II, Symposium 1958, Diskussion. Amer. J. Orthopsychiat. **29,** 590—591 (1959).
GEWIRTZ, J. L., GEWIRTZ, H. B.: Stimulus conditions, infant behaviors and social learning in four Israeli child-rearing-environments. In: Foss, B. M. (Eds.): Determinants of Infant Behavior. London: Methuen 1965.
GOTTWALD, P., REDLIN, W.: Verhaltenstherapie bei geistig behinderten Kindern. Z. klin. Psychol. **1,** 93–149 (1972).
GREENSPOON, J.: The reinforcing effects of two spoken sounds on the frequency of two responses. Amer. J. Psychol. **68,** 409–416 (1955).
GRELL, J.: Techniken des Lehrerverhaltens. Weinheim, Basel: Beltz 1974.

HABERMAS, J.: Gegen einen positivistisch halbierten Rationalismus. In: Adorno, Th., et al.: Der Positivismusstreit in der deutschen Soziologie, 2. Aufl., S. 235–266. Neuwied, Berlin: Luchterhand 1970.
HALL, R. V., AXELROD, S., TYLER, L., GRIEF, E., JONES, F. C., ROBERTSON, R.: Modification of behavior problems in the home with a parents as observer and experimenter. J. appl. Behav. Anal. **5,** 53–64 (1972).
HANF, C., KLING, J.: Facilitating parent-child interaction: A two-stage training model. Unpublished manuscript, University of Oregon 1973.
HANKE, B., MANDL, H., PRELL, S.: Soziale Interaktion im Unterricht. München: Oldenburg 1973.
HASEMANN, K.: Verhaltensbeobachtung. In: Handbuch der Psychologie, Bd. 6: Psychologische Diagnostik (Hrsg. Heiss, R., et al.). Göttingen: Verlag für Psychologie 1964.

HECKHAUSEN, H.: Entwurf einer Psychologie des Spielens. Psychol. Forschung **27**, 225–243 (1964).
HERBERT, E. W., BAER, E. M.: Training parents as behavior modifiers: Self recording of contingent attention. J. appl. Behav. Anal. **5**, 139–149 (1972).
HERBERT, E. W., PINKSTONE, E. M., HAYDEN, M. L., SAJWAJ, T. E., PINKSTONE, S., CORDUA, G., JACKSON, C.: Adverse effects of differential parental attention. J. appl. Behav. Anal. **6**, 15–30 (1973).
HEYNS, R. W., ZANDER, A. F.: Observation of group behavior. In: Festinger, L., Katz, D. (Eds.): Research methods in the behavioral sciences, p. 381–418. New York: Holt, Rinehart & Winston 1965.
HOLLAND, J. G., SKINNER, B. F.: Analyse des Verhaltens. München: Urban & Schwarzenberg 1971.
HOLZKAMP, K.: Kritische Psychologie. Vorbereitende Arbeiten. Frankfurt: Fischer 1972.
HÖRMANN, H.: Aussagemöglichkeiten psychologischer Diagnostik, S. 5–43. Göttingen: Verlag für Psychologie, C. J. Hogrefe 1964.
HÖRMANN, H.: Symposium-Beitrag. In Hörmann, H. et al.: Die Beziehung zwischen psychologischer Diagnostik und Grundlagenforschung. In: Ber. 25. Kongr. Dtsch. Ges., S. 101—106. Göttingen: Verlag für Psychologie, C. J. Hogrefe 1967.
HOPF, S.: Sozialpsychologische Untersuchungen zur Verhaltensentwicklung des Totenkopfaffen. Dissertation, Marburg 1972.
HUIZINGA, J.: Homo Ludens. Vom Ursprung der Kultur im Spiel. Reinbek b. Hamburg: Rowolt 1956.
HUTT, S. J., HUTT, C.: Direct Observation and Measurement of Behavior. Springfield/Ill.: Ch. C. Thomas 1970.

INNERHOFER, P.: Die Genese des Frühwerkes von L. Wittgenstein. Dissertation, Innsbruck 1969.
INNERHOFER, P.: Ein Regelmodell zur Analyse und Intervention in Familie und Schule. Abänderung und Erweiterung des S-R-K-Modells. Z. klin. Psychol. **3**, 1–29 (1974).
INNERHOFER, P.: Kleine Psychologie für Eltern. München: Moderne Verlagsgesellschaft für Industrie 1975.
INNERHOFER, P.: Stabilität von Interaktionen während des Hausaufgabenmachens (in Vorbereitung).
INNERHOFER, P., GOTTWALD, P.: Welche Bedeutung haben wissenschaftstheoretische Überlegungen für den klinisch arbeitenden Psychologen? In: Handbuch der Psychologie, Bd. 8: Klinische Psychologie (Hrsg. Pongratz, L.). Göttingen: Verlag für Psychologie, C. J. Hogrefe, im Druck.
INNERHOFER, P., MÜLLER, G. F.: Elternarbeit im Rahmen der Verhaltenstherapie. Eine Literaturübersicht. In: Elternarbeit in der Verhaltenstherapie (Hrsg. Gottwald, P., Egetmeyer, A.). Sonderheft I/1974 der Mitteilungen der GVT München, S. 7–59 (1974).
INNERHOFER, P., WARNKE, A.: Kooperation und Elterntraining. Eine Motivationsanalyse der Mitarbeit von Eltern geistig behinderter Kinder bei der Therapie ihrer eigenen Kinder. Unveröff. Manuskript 1974.
INNERHOFER, P., WARNKE, A.: Eltern als Verhaltenstherapeuten ihrer geistig behinderten Kinder. In Vorbereitung.

JACKSON, D. D.: The question of family homeostasis. Psychiat. Quart. Supp. **31**, 79–90 (1959).
JACKSON, P. W.: Life in classroom. New York: Holt, Rinehart and Winston 1968.
JACOBSON, E.: Progressive Relaxation. Chicago: University of Chicago Press 1938.
JANIS, I. L., FESHBACH, S.: Effects of fear-arousing communications. J. abnorm. soc. Psychol. **48**, 78–92 (1953).
JANIS, I. L., GILMORE, J. B.: The influence of incentive conditions on the success of role playing in modifying attitudes. J. person. soc. Psychol. **1**, 17–27 (1965).
JANIS, I. L., KING, B. T.: The influence of role playing on opinion change. J. abnorm. soc. Psychol. **49**, 211–218 (1954).
JOHNSON, C. A., KATZ, R. C.: Using parents as change agents for their children: A review. J. Child Psychol. Psychiat. **14**, 181–200 (1973).
JOHNSON, S. M., BROWN, R. A.: Producing behavior change in parents of disturbed children. J. Child Psychol. Psychiat. **10**, 107–121 (1969).
JUDD, C. H.: The relation of special training to general intelligence. Educ. Rev. **36**, 28–42 (1908).

KANE, G., KANE, J. F., AMOROSA, H., KUMPMANN, S.: Einweisung von Eltern in die Verhaltenstherapie ihrer geistig behinderten Kinder. Z. Kinder- und Jugendpsychiatrie **2,** 87–110 (1974).
KANFER, F. H., ELWOOD, D.: Structuring behavior therapy. Im Druck, 1974.
KANFER, F. H., PHILLIPS, J.: Learning foundations of behaviour therapy. New York: Wiley 1970.
KÖNIG, RENÉ (Hrsg.): Das Interview. Köln: Kiepenheuer und Witsch 1954.
KOUNIN, J. S.: Discipline and group management in classroom. New York: Holt, Rinehart and Winston 1970.
KRASNER, L.: Studies of the conditioning of verbal behavior. Psychol. Bull. **55,** 148–170 (1958).
KUHLEN, V.: Verhaltenstherapie im Kindesalter. München: Juventa 1972.

LILLI, W.: Soziale Akzentuierung. Stuttgart, Berlin, Köln, Mainz: W. Kohlhammer 1975.
LOVAAS, O. I.: A behavior therapy approach to the treatment of childhood schizophrenia. In: Hill, J. P. (Ed.): Minnesota Symposia on Childhood Psychology, Vol. 1, p. 108–159. Minneapolis: University Press 1967.
LYTTON, H.: Observation study of parent-child interaction: A methodological review. Child Develop. **42,** 651–684 (1971).

MANDEL, K. H., MANDEL, A., ROSENTHAL, H.: Einübung der Liebesfähigkeit. München: J. Pfeiffer 1975.
MATHIS, H. I.: Training a "disturbed" boy using the mother as therapist: A case study. Behav. Ther. **2,** 233–239 (1971).
MATARAZZO, J. D.: Psychotherapeutic process. Ann. Rev. Psychol. **16,** 181–224 (1965).
MEDLEY, D., MITZEL, H. E.: Measuring classroom behavior by systematic observation. In: Gage (Ed.): Handbook of Research on Teaching. Chicago: Rand McNally 1963.
MEIXNER, K.: Vergleich von vier Methoden der systematischen Verhaltensbeobachtung. Diplomarbeit, München 1974.
MERTON, R. K., FISKE, M., KENDALL, P. L.: The focused interview. Glencoe/Illinois: The free press 1956.
MIRA, M.: Results of a behavior modification training program for parents and teachers. Behav. Res. Ther. **6,** 309–311 (1970).
MISCHEL, W.: Toward a cognitive social learning reconceptualization of personality. Psychol. Rev. **80,** 252–284 (1973).
MOOS, R. H., INSEL, P. M. (Eds.): Issues in Social Ecology Human Milieus. Palo Alto, Cal.: National Press 1974.

O'DELL, S.: Training parents in behavior modification: A Review. Psychol. Bull. **7,** 418–433 (1974).
OLSON, W. C.: The measurement of nervous habits in normal children. Minneapolis: University Minnesota Press 1929.

PATTERSON, G. R.: Behavioral intervention procedures in the classroom and in the home. In: Bergin, A. E., Garfield, S. I. (Eds.): Handbook of Psychotherapy and Behavior Change. New York: Wiley 1971.
PATTERSON, G. R., COBB, J. A.: A dyadic analysis of "aggressive" behaviors. In: Hill, J. P. (Ed.): Minnesota Symposium on Child Psychology, Bd. V, p. 72—129 (1971).
PATTERSON, G. R.: Interventions for boys with conduct problems: Multiple settings, treatments and criteria. J. cons. clin. Psychol. 1974, in press.
PATTERSON, G. R., BRODSKY, G. A.: A behavior modification program for a child with multiple problem behavior. J. Child Psychol. Psychiat. **7,** 277–295 (1966).
PATTERSON, G. R., SHAW, D., EBNER, M.: Teachers, peers, and parents as agents of change in the classroom. In: Modifying deviant social behaviors in various classroom settings (Benson, Ed.), p. 13–47 (1969).
PATTERSON, G. R., RAY, R. S., SHAW, D. A., COBB, J. A.: Manual for coding of family interaction. Manuskript 1969.
PATZIG, G.: Satz und Tatsache. In: Delius, Patzig (Hrsg.): Argumentation. Festschrift für J. König, Göttingen 1964.
PAVLOV, I. P.: Conditioned reflexes. Oxford: Clarendon Press 1927.
PEINE, H., MUNRO, B.: Training parents using lecture demonstration procedures and a contingency managed program. Unveröff. Manuskript. Salt Lake City: University of Utah 1970.

POPPER, K. R.: Truth, rationality, and the growth of scientific knowledge. In: Conjectures and Refutations, p. 215–250. London 1963.
PURCELL, K., BRADY, K.: Assessment of interpersonal behavior in natural settings: a research technique and manual. Denver: Childrens Asthma research institute 1965.

RAUSH, H. L.: Interaktion sequences. J. person. soc. Psychol. **2**, 487–499 (1965).
REID, J. B., DEMASTERS, B.: The efficacy of the spot-check. Procedure in maintaining the reliability of data collected by observers in quasi-natural settings: Two pilot-studies. Oregon Research Institute Bull. **6**, 175–184 (1972).
RICHTER, V.: Untersuchungen zur operativen Logik der Gegenwart. Freiburg/München 1965.
RISLEY, T., WOLF, M. M.: Experimental manipulation of autistic behaviors and generalization into the home. Paper read at American Psychol. Assoc., Los Angeles 1964.
ROSENSHINE, B., FURST, N.: The use of direct observation to study teaching. In: Robert, N. W., Travers (Eds.): Second handbook of Research on Teaching, p. 122–183. Chicago: McNally 1973.
ROSENTHAL, R.: Experimental effects in behavioral research. New York: Appleton-Century Crofts 1966.
RUSSO, S.: Adaptions in behavioral therapy with children. Behav. Res. Ther. **2**, 43–47 (1964).

SALZINGER, K., FELDMAN, R., PORTNOY, S.: Training parents of brain injured children in the use of operant conditioning procedures. Behav. Ther. **1**, 4–32 (1970).
SATIR, V.: Peoplemaking. Palo Alto: Science and Behavior Books, National press 1972.
SCHULTE, D., KEMMLER, L.: Systematische Beobachtung in der Verhaltenstherapie. In: Schulte, D. (Hrsg.): Diagnostik in der Verhaltenstherapie, S. 152–195. München: Urban und Schwarzenberg 1974.
SCHULZE, B.: Analyse der Literatur zum Elterntraining unter dem Aspekt der Kooperation der Eltern. In: Gottwald, Egetmeyer (Hrsg.): Elternarbeit in der Verhaltenstherapie, S. 107 bis 126. Sonderheft I/1974 der Mitteilung der GVT München 1974.
SCHULZE, B., ELLGRING, H., GOTTWALD, P., INNERHOFER, P., MOSKAU, G.: Probleme beim Elterntraining während eines Projektes zur Verhaltensmodifikation von emotional gestörten Kindern in einer Münchner Sonderschule. In: Gottwald, P., Egetmeyer, A. (Hrsg.): Elternarbeit in der Verhaltenstherapie, S. 127–143. Sonderheft I/1974 der Mitteilungen der GVT München 1974.
SECORD, P. F., BACKMAN, C. W.: An interpersonal approach to personality research. Progr. exp. Pers. Res. **2**, 91–125 (1965).
SIDMAN, M.: Tactics of scientific research. Evaluating experimental data in Psychology. New York: Basic Books 1960.
SIMON, A., BOYER, E. G. (Eds.): Mirrors for behavior: An anthology of classroom observation instruments, Vol. 7–14 and Summary. Philadelphia: Research for better Schools 1970.
SKINNER, B. F.: Science and human behavior. New York: MacMillan 1953.
SOLOMON, M. L.: Family therapy drop-outs. Canad. psychol. Ass. J. **14**, 21–29 (1969).
STEVENS, S. S.: The operational basis of psychology. Amer. J. Psychol. **47**, 323–330 (1935).
STONES, E., MORRIS, S.: Teaching Practice: Problems and Perspectives. London 1972.
SWETS, J. A.: Signal detection and recognition by human observers. New York, London, Sydney: Wiley 1964.

TAHMISIAN, J. A., MCREYNOLDS, W. T.: Use of parents as behavioral engineers in the treatment of a school-phobic girl. J. counsel. Psychol. **18**, 3, 225–228 (1971).
TAUSCH, R.: Gesprächspsychotherapie. Göttingen: Verlag für Psychologie, C. J. Hogrefe 1970.
TAYLOR, D. A.: Some aspects of the development of interpersonal relationship: social penetration processes. Washington: Naval medical Res. Inst. 1965.
TOULMIN, S.: Einführung in die Philosophie der Wissenschaft. Übers. v. Everhard Bubser, Göttingen: Vandenhoeck u. Ruprecht. Original: The Philosophy of science, an Introduction. London: Hutchinsons University Library 1953.

ULLMANN, L. P., KRASNER, L.: A psychological approach to abnormal behavior. Englewood Cliffs/N. J.: Prentice Hall 1969.

VERPLANCK, W. S.: The operant conditioning of human motor behavior. Psychol. Bull. **53**, 70–82 (1955).

VERPLANCK, W. S.: The control of the content of conversation: Reinforcement of statement of opinion. J. abnorm. soc. Psychol. **51,** 668–676 (1955).
VOPEL, K. W.: Lebendiges Lernen und Lehren. Interaktionsspiele, Heft 1 und 2. Institut für angewandte Sozialpsychologie, Kommunikationstraining und Organisationsentwicklung, Hamburg 1974.
VOPEL, K. W.: Lebendiges Lernen und Lehren. Interaktionsspiele, Heft 3. Institut für angewandte Sozialpsychologie, Kommunikationstraining und Organisationsentwicklung, Hamburg 1975.

WAHLER, R. G., WINKEL, G. H., PETERSON, R. F., MORRISON, D. C.: Mothers as behavior therapists for their own children. Behav. Res. Ther. **3,** 113–124 (1965).
WALDER, L., COHEN, S., BREITER, D., DASTON, P., HIRSCH, I., LEIBOWITZ, M.: Teaching behavioral principles to parents of disturbed children. Paper read at the Eastern Psychol. Assoc., Boston/Mass. 1967.
WEICK, K. E.: Systematic observational methods. In: Lindzey, G., Aronson, E.: Handbook of social psychology, Vol. II. London: Addison-Wesley Reading 1968.
WEIS, K. E.: Systematic observational methods. In: Lindzey, G., Aronson, E.: Handbook of Social Psychology, Vol. II. London: Addison-Wesley Reading 1968.
WEIZENBAUM, J.: Contextual understanding by computers. Communications of the A.C.M. **10,** 474–480 (1967).
WETZEL, R. J., BAKER, J., RONEY, M., MARTIN, M.: Outpatient treatment of acustic behavior. Behav. Res. Ther. **4,** 169–177 (1966).
WILLIAMS, J. H.: Conditioning of verbalization: A review. Psychol. Bull. **62,** 383–393 (1964).
WITTGENSTEIN, L.: Tractatus logico-philosophicus, 2. Aufl. London: Routledge und Kegan Paul 1963.
WITTGENSTEIN, L.: Philosophische Untersuchungen, S. 1–267. Frankfurt: Suhrkamp 1961.
WITTGENSTEIN, L.: Philosophische Untersuchungen. Frankfurt: Suhrkamp 1967.
WOODWORTH, R. S., SCHLOSSBERG, H.: Experimental Psychology. London: Methuen 1972.
WOLF, M. M., RISLEY, T. R., MEES, H. L.: Application of operant conditioning procedures to the behavior problems of an autistic child. Behav. Res. Ther. **1,** 305–312 (1964).
WOLF, M. M., RISLEY, T. R., JOHNSTON, M., HARRIS, F., ALLEN, E.: Application of operant conditioning procedures to the behavior problems of an autistic child. Behav. Res. Ther. **5,** 103–111 (1967).

Sachverzeichnis

Springer-Psychologie
Psychotherapie/Psychosomatik

Eine Auswahl

W. F. Angermeier
Kontrolle des Verhaltens
Das Lernen am Erfolg
2. neubearbeitete Auflage. 49 Abbildungen, 2 Tabellen. XI, 195 Seiten. 1976
DM 19,80; US $ 8.80
(Heidelberger Taschenbücher, Basistext Psychologie, Band 100)
ISBN 3-540-07575-5

W. F. Angermeier
Praktische Lerntips
Für Studierende aller Fachrichtungen
14 Abbildungen. VIII, 92 Seiten. 1976
DM 10,–; US $ 4.40
ISBN 3-540-07835-5

W. Arnold
Der Pauli-Test
Anweisung zur sachgemäßen Durchführung. Auswertung und Anwendung des Kraepelinschen Arbeitsversuches
5., korrigierte Auflage. 32 Abbildungen, 29 Tabellen. 182 Seiten. 1975
DM 28,–; US $ 12.40
ISBN 3-540-07461-9

N. Birbaumer
Physiologische Psychologie
Eine Einführung an ausgewählten Themen
Für Studenten der Psychologie, Medizin und Zoologie
169 zum Teil farbige Abbildungen. XII, 268 Seiten. 1975
DM 48,–; US $ 21.20
ISBN 3-540-06894-5

C. Bühler, J. Bilz
Das Märchen und die Phantasie des Kindes
Mit einer Einführung von H. Hetzer
4. Auflage. Unveränderter Nachdruck der 3. Auflage. 3 Abbildungen, 144 Seiten. 1977
DM 14,–; US $ 6.20
ISBN 3-540-08221-2

G. Krapf
Autogenes Training aus der Praxis
Ein Gruppenkurs
2., erweiterte Auflage. 144 Seiten. 1976
DM 12,–; US $ 5.30
ISBN 3-540-79777-7

C. Bühler, H. Hetzer
Kleinkindertest
Entwicklungstests vom 1. bis 6. Lebensjahr
4. Auflage. Unveränderter Nachdruck der 3. Auflage. 2 Abbildungen, 2 Ausklapptafeln. VI, 88 Seiten. 1977
DM 13,50; US $ 6.00
ISBN 3-540-08222-0

J.-P. Ewert
Neuro-Ethologie
Einführung in die neurophysiologischen Grundlagen des Verhaltens
136 Abbildungen (größtenteils zweifarbige, eine vierfarbig). XI, 259 Seiten. 1976
DM 24,80; US $ 11.00
(Heidelberger Taschenbücher, Band 181)
ISBN 3-540-07773-1

G. R. Lefrancois
Psychologie des Lernens
Report von Kongor dem Androneaner
Übersetzt und bearbeitet von W. F. Angermeier, P. Leppmann, T. Thiekötter
41 Abbildungen, 10 Tabellen. XI, 215 Seiten. 1976
DM 28,–; US $ 12.40
ISBN 3-540-07588-7

Intelligenz, Lernen und Lernstörungen
Theorie, Praxis und Therapie
Herausgeber: G. Nissen
Mit Beiträgen von: A. Agnoli, P. E. Becker. G. Benedetti, R. B. Cattell, B. Cronholm, G. F. Domagk, J. B. Ebersole, M. Ebersole, H. J. Eyseneck, C. Giurgea, G. Guttmann, H. Heckhausen, K. J. Heinhold, B. Inhelder, R. Lempp, P. Leyhausen, M. Müller-Küppers, G. Nissen, H. Popoušek, H. Remschmidt, M. Schmidt, W. Spiel, H. W. Stevenson
73 Abbildungen, 20 Tabellen. VIII, 202 Seiten. 1977
DM 28,–; US $ 12.40
ISBN 3-540-08164-X

E. Kretschmer
Körperbau und Charakter
Untersuchungen zum Konstitutionsproblem und zur Lehre von den Temperamenten
26. Auflage neubearbeitet und erweitert von W. Kretschmer. 92 Abbildungen, 83 Tabellen. XV, 387 Seiten. 1977
DM 69,–; US $ 31.80
ISBN 3-540-08213-1

B. Luban-Plozza, W. Pöldinger
Der psychosomatisch Kranke in der Praxis
Erkenntnisse und Erfahrungen
Mit einem Geleitwort von M. Balint
Unter Mitarbeit von F. Kröger
3., neubearbeitete und erweiterte Auflage.
26 Abbildungen, 21 Tabellen. XV, 281 Seiten.
1977
DM 38,–; US $ 16.80
ISBN 3-540-08266-2

I. Marks
Bewältigung der Angst
Furcht und nervöse Spannung – leichter gemacht
Herausgeber: J. C. Brengelmann
Übersetzt aus dem Englischen von G. Ramin, R. Bender
XIII, 168 Seiten. 1977
DM 28,–; US $ 12.40
ISBN 3-540-08077-5

Medizinische Psychologie
Herausgeber: M. v. Kerekjarto
Mit Beiträgen von D. Beckmann, K. Grossmann, W. Janke, M. v. Kerekjarto, H.-J. Steingrüber
2. Auflage. 23 Abbildungen, 22 Tabellen.
XV, 304 Seiten. 1976
DM 19,80; US $ 8.80
(Heidelberger Taschenbücher, Basistext Medizin, Band 149)
ISBN 3-540-07578-X

Psychodrama
Theorie und Praxis
Band 1: G. A. Leutz
Das klassische Psychodrama nach J. L. Moreno
17 Abbildungen. XIV, 214 Seiten. 1974
DM 38,–; US $ 16.80
ISBN 3-540-06824-4

Psychologie und Sozialmedizin in der Frauenheilkunde
Vorträge des 6. Fortbildungskurses „Gynäkologie und Geburtshilfe" der I. Frauenklinik der Universität München
Herausgeber: J. Zander, R. Goebel
Mit Beiträgen von H. Schaefer, H. Heuser, M. Mall-Haefeli, E. E. Lau, L. Wachinger, W. Bräutigam, J. M. Wenderlein, D. v. Zerssen, R. Fikentscher, E. Eicher, R. Goebel, H. J. Prill, V. Frick, O. Benkert, G. Kockott
19 Abbildungen. VII, 209 Seiten. 1977
DM 28,–; US $ 12.40
ISBN 3-540-08180-1

H.-R. Rechenberger
Kurzpsychotherapie in der ärztlichen Praxis
Mit einem Vorwort von T. H. Winkler
112 Seiten. 1974
DM 20,–; US $ 8.80
ISBN 3-540-79788-2

F. L. Ruch, P. G. Zimbardo
Lehrbuch der Psychologie
Eine Einführung für Studenten der Psychologie, Medizin und Pädagogik
Übersetzt und bearbeitet von W. F. Angermeier, J. C. Brengelmann, T. Thiekötter, W. Gerl, S. Ortlieb, G. Ramin, R. Schips, C. Schulmerich
2., korrigierte Auflage. 257 zum Teil farbige Abbildungen, 20 Tabellen. XIV, 565 Seiten.
1975
DM 38,–; US $ 16.80
ISBN 3-540-07260-8

W. Spiel
Das Problemkind in der ärztlichen Praxis
Unter Mitarbeit von P. Adam, H. Dieckmann, T. Schönfelder, J. Zauner
88 Seiten. 1974
DM 20,–; US $ 8.80
ISBN 3-540-79794-7

H. Tellenbach
Melancholi
Problemgeschichte – Endogenität – Typologie – Pathogenese – Klinik
Mit einem Geleitwort von V. E. von Gebsattel
3., erweiterte Auflage. 3 Abbildungen.
XV, 220 Seiten. 1976
Gebunden DM 46,–; US $ 20.30
ISBN 3-540-07775-8

Preisänderungen vorbehalten

Springer-Verlag
Berlin
Heidelberg
New York